寧夏珍稀方志叢刊

國家社會科學基金項目「寧夏地方文獻整理與研究」成果

胡玉冰◇主編

嘉慶 靈州誌蹟
光緒 靈州志

蔡淑梅◇校注

中國社會科學出版社

圖書在版編目（CIP）數據

（嘉慶）《靈州誌蹟》（光緒）《靈州志》/蔡淑梅校注．—北京：
中國社會科學出版社，2015.10
ISBN 978-7-5161-6240-8

Ⅰ. ①嘉…　Ⅱ. ①蔡…　Ⅲ. ①靈武市—地方志—清代　Ⅳ. ①K294.34

中國版本圖書館 CIP 數據核字（2015）第 123569 號

出 版 人	趙劍英	
選題策劃	張　林	
責任編輯	張　林	
特約編輯	李祖德	
責任校對	高建春	
責任印製	戴　寬	

出　　版	中国社会科学出版社	
社　　址	北京鼓樓西大街甲 158 號	
郵　　編	100720	
網　　址	http://www.csspw.cn	
發 行 部	010-84083685	
門 市 部	010-84029450	
經　　銷	新華書店及其他書店	

印　　刷	北京市大興區新魏印刷廠	
裝　　訂	廊坊市廣陽區廣增裝訂廠	
版　　次	2015 年 10 月第 1 版	
印　　次	2015 年 10 月第 1 次印刷	

開　　本	710×1000　1/16	
印　　張	20.25	
插　　頁	2	
字　　數	345 千字	
定　　價	76.00 元	

總　序

胡玉冰

　　地方舊志在中國傳統的古籍"四分法"中屬於史部地理類，但它所記載的內容遠遠超出了歷史學、地理學範疇，舉凡政治、經濟、語言、文學等亦多有涉及，故舊志往往被稱為一地之全史，其學術研究價值也就不言而喻。對舊志進行規範整理與研究，既有助於準確理解其內容，也有助於客觀分析其價值，從而達到古為今用、推陳出新的目的。規範的舊志整理會為今人研究提供極大的便利，否則就會有誣古人，貽誤後人。開展陝甘寧三省地方舊志整理與研究工作，是以筆者為學術帶頭人的學術團隊長期堅持的學術方向。2012 年，筆者著《寧夏地方志研究》由中國社會科學出版社正式出版。該書首次對寧夏舊志進行了系統全面的研究，基本摸清了寧夏舊志的家底，尤其梳理清楚了寧夏舊志的版本情況。同年，筆者主持的"寧夏地方文獻整理與研究"獲批為國家社科基金重點項目。以此為契機，筆者提出了全面整理寧夏舊志的科研設想，計劃用三年左右（2015—2018）的時間，將傳世的寧夏舊志全部規范整理，成果分批出版，匯編為叢書《寧夏珍稀方志叢刊》。

　　自元迄清，嚴格意義上的寧夏舊志有 38 種，[①] 傳世的寧夏舊志有 33 種，[②] 其中 9 種為孤本傳世。寧夏舊志中，元代《開成志》成書時代最早，惜已亡佚，完整傳世者最早編修於明代，清代編成者傳世數量最多。傳世舊志中，成於明代者 6 種，成於清代者 20 種，成於民國者 7 種。從

---

　　① 參見胡玉冰《寧夏地方志研究》，附錄一《寧夏地方文獻（舊志）基本情況一覽表》，中國社會科學出版社 2012 年版，第 524 頁至 527 頁。
　　② 參見胡玉冰《寧夏地方志研究》，附錄二《傳世的寧夏地方文獻（舊志）基本情況一覽表》，中國社會科學出版社 2012 年版，第 528 頁至 529 頁。

舊志編纂類型看，有通志 7 種，分志（州志、縣志）26 種。除中國外，日本、美國等也藏有寧夏舊志。日藏數量最多，種類較全，8 家藏書機構共藏有 13 種原版舊志，其中兩種為孤本，主要通過商貿活動與軍事掠奪這兩種方式輸入寧夏舊志。寧夏舊志整理研究工作主要始於 20 世紀 80 年代，在文獻著錄、綜合或專題研究、文本整理刊佈等方面取得了一定的成就，① 為寧夏文史研究奠定了資料基礎。但也要實事求是地認識到，隨着各種與寧夏有關的新資料的不斷發現，尤其是多學科研究視角的不斷創新，已有成果中存在的諸多不足越來越明顯。如在文獻著錄時因部分舊志未能目驗，或者學術見解不同，致使著錄內容存在分歧甚至錯誤。研究成果多為概括性、提要式介紹，多角度、多學科深入分析的成果缺乏。整理成果只是部分解決了舊志存在的文字或內容問題，整理方法不規範、質量不高的現象較為突出。學術發展的需要，要求舊志整理要更加規範化，整體質量要進一步提高。整理研究寧夏舊志，需要科學的理論與方法來指導。在充分吸收他人學術經驗的基礎上，通過整理研究實踐工作，我們也形成了一些自己的認識，在此想總結出來，與大家一起探討。

一　整理前的準備工作

整理舊志，前期需要全面了解整理對象，對其編修者、編修經過、主要內容、文本的語言風格、版本傳世情況等要深入研究。規范整理舊志，要以扎實的研究成果為基礎，以便選擇最佳底本，準備合適的參校文獻，制定規範的整理方法。

（一）確定整理對象

為保證舊志整理工作的順利開展，提高工作效率，確定整理對象是正式開始舊志整理前首先要做的，也是必須要做的工作。確定整理對象時，要綜合分析其學術價值、史料價值、傳世情況及今人閱讀理解該對象的困難程度等，一方面要認真通讀原作，另一方面，要同步查檢古今目錄文獻對原作的著錄情況。

---

① 參見胡玉冰《寧夏地方志研究》，附錄三《寧夏舊志整理出版情況一覽表》、附錄四《寧夏舊志及其編纂者研究論文索引》，中國社會科學出版社 2012 年版，第 530 頁至 542 頁。

　　通讀原作，有助於全面了解志書的內容及其史源、結構體例及其語言特點等情況。對內容及其史源的了解，可以幫助我們確定該志有無整理的必要。如傳世的民國十四年（1925）朱恩昭修纂 6 卷本《豫旺縣志》一直被學界當作寧夏同心縣重要的地方文獻在利用。實際上，這部舊志是撮抄之作，並非編者獨立編修。編纂者直接把（民國）《朔方道志》中與同心縣前身鎮戎縣有關的內容撮抄出來，參考《朔方道志》的體例，再雜以（光緒）《平遠縣志》的部分內容，把資料匯為一編，取名《豫旺縣志》行世。在明晰了《朔方道志》與《豫旺縣志》的關係後，我們認為沒有必要再整理《豫旺縣志》，只需將《朔方道志》整理出來即可。

　　對舊志結構體例的了解有助於對舊志存真復原。如天津古籍出版社1988 年版《寧夏歷代方志萃編》、海南出版社 2001 年版《故宮珍本叢刊》等叢書都影印出版了明朝楊壽等纂修的（萬曆）《朔方新志》，所據底本原有補版現象，某些版面的內容重複，特別在卷二有幾處嚴重的錯頁、錯版現象，天津、海南的影印本都未能給予糾正。這些問題若不能發現，整理成果就會出現內容錯亂現象。

　　每種舊志的編修都有其具體的時代背景，舊志的語言與內容一樣具有時代性，通讀舊志，了解其語言特點，掌握其語言規律，有助於更好地開展標點、分段工作。凡古籍，遣詞造句都有一定的時代風格和特點，只要其內容或文字無誤，就不能按當代行文習慣或理解對原文進行增、刪、改等，否則就是替古人寫書。有些舊志語句原本就是通順的，符合特定時代的語言規範，若整理者在原志語句中隨意增加“之”“於”“以”等字，看似符合當代人的閱讀習慣了，實則畫蛇添足。

　　同步查檢古今目錄文獻對舊志原作的著錄情況，將著錄內容與通讀舊志時了解的情況相對照，一方面，可以加深對舊志基本情況的了解，使得對舊志的了解更具條理性。另一方面，可以驗證著錄是否準確，糾正存在的問題，以求對舊志基本信息的了解更符合實際。如朱栴編修的《寧夏志》，明朝周弘祖編《古今書刻》上編中就有著錄，這是目錄學著作中最早著錄《寧夏志》的。張維 1932 年編《隴右方志錄》時，據（乾隆）《寧夏府志》所載內容著錄《寧夏志》，由於他未經眼《寧夏志》，以為該書已佚，故著錄其為佚書，且將書名誤著錄為《永樂寧夏志》，《寧夏地方志存佚目錄》《稀見地方志提要》等，都沿襲了張維的錯誤。較早披露日藏《寧夏志》信息的是《日本主要圖書館研究所所藏中國地方志總合目録》，但將"朱㮰"誤作"朱㭍"。《中國地方志聯合目録》《寧夏地方文獻聯合目録》《甘肅省圖書館藏地方志目録》《中國地方志總目提要》等對《寧夏志》也作了著録或提要。其中《中國地方志聯合目録》以《寧夏志》重刻時間定其書名為《萬曆寧夏志》，巴兆祥《中國地方志流播日本研究》下編《東傳方志總目》沿襲此說。

（二）了解整理對象的研究現狀

確定整理對象，並對其有基本的認識和了解後，還需要梳理、分析整理對象的學術研究現狀，主要包括目録著録、研究論著、整理成果等三方面的信息。

1. 目録著録

查檢古今目録的著録內容，可以對舊志修纂者、卷數、流傳、內容、館藏、版本等情況有基本的了解。對著録的每一條信息，都要結合原志進行核查，發現問題，一定要深入研究。如《中國地方志聯合目録》《甘肅省圖書館藏地方志目録》均著録了一部（乾隆）《平凉府志》，為"清乾隆間修，光緒增修，抄本"。[①] 此書孤本傳世，原抄本藏於南京圖書館，甘肅省圖書館有傳抄本，筆者在開展陝甘舊志中寧夏史料輯校工作時，最初設想把此志作為重要的參校文獻。國家圖書館出版社 2012 年版《南京圖書館藏稀見方志叢刊》第十五和第十六册即為《平凉府志》。筆者通過研究發現，古代目録書中沒有著録過乾隆時期編修的《平凉府志》，且乾隆以後的平凉各舊志的編纂者也未曾提到過乾隆時期編修《平凉府志》一事，通過對比發現，南圖藏本實際上是撮抄（乾隆）《甘肅通志》中的平凉府部分而成，且成書時間不會早於同治十三年（1874），故其雖為孤本，但無校勘整理價值，所以我們放棄了以此書做參校本的最初設想。

2. 研究論著

充分梳理、分析他人對整理對象的研究成果，一方面，可以使我們清晰地看到學界對整理對象研究的角度及深入程度，避免重複勞動。另一方面，發現已有成果中存在的問題，結合自己的研究糾正這些問題，提高對整理對象的研究水準。如現藏於日本東洋文庫的海內外孤本（光緒）《寧

---

① 中國科學院北京天文臺編：《中國地方志聯合目録》，中華書局 1985 年版，第 212 頁。

靈廳志草》是研究寧靈廳的一手材料，張京生最早撰文研究，[①] 巴兆祥研究最為詳實，[②] 胡建東、張京生提供了整理文本。[③] 各家整理研究各有優長，部分整理研究成果亦多值得商榷之處。通過研究，我們的結論是：該本係編纂者稿本，正文內容有 67 頁。是書類目設置上全同《甘肅通志》，撰寫方法及輯錄內容則多同（嘉慶）《靈州志蹟》。因其非定稿，故編修體例、內容、文字等方面尚需進一步完善、充實、修訂，但其在研究寧靈廳歷史、地理、經濟、教育、語言等方面的價值還是應該值得肯定。

3. 整理成果

充分重視研讀已有的整理成果，可以幫助我們了解目前整理所達到的水準，明確重新整理所要達到的目標。如《寧靈廳志草》出版過兩種整理本，通過比較研究，我們發現，兩種整理本在整理體例、整理方式、整理結論等方面都存在缺憾。兩書出現多處標點錯誤，誤識原抄本文字，任意剪接原書內容，變亂原書體例，校勘粗糙，原稿中的多處錯誤未能校出，注釋不嚴謹，出現多處誤注現象，等等。有鑒於此，儘管《志草》已出版了兩種整理本，但我們決定還是要重新整理它。

（三）確定底本，選擇參校本及其他參考文獻

通過查檢目錄著錄，實地開展館藏調查，將目驗的各本進行分析比較，梳理出舊志的版本系統後，最終確定一種為工作底本。原則上，底本當刊刻或抄錄質量較優，內容最全。底本確定後，還要確定一批參校本和他校資料。一般而言，若舊志版本系統不複雜，建議將傳世各本都列為參校本，以最大限度地發現底本中存在的問題，整理出最優的文本。

他校資料的選擇，在通讀舊志時就開始著手進行。整理者可在通讀原本的基礎上，將舊志中明確提到的他書文獻進行梳理，列為基本參考文獻，並在其後的整理實踐中不斷充實、完善。他校資料的確定，有的可以根據舊志本身提供的信息來選擇。如《弘治寧夏新志·凡例》言："宦蹟在前代者據正史，在國朝者序其時之先後而不遺其人，備參考也。"這就

① 張京生：《〈寧靈廳志草〉考述》，《圖書館理論與實踐》1992 年第 1 期；《歷史的見證——日本藏清稿本〈寧靈廳志草〉的學術價值探析》，《圖書館理論與實踐》2008 年第 6 期。

② 巴兆祥：《日本藏孤本寧夏〈寧靈廳志草〉考述》，《寧夏社會科學》2002 年第 5 期。

③ 《寧靈廳志草》，寧夏人民出版社 2008 年版胡建東整理本；陽光出版社 2010 年版張京生整理本。

提示我們，校勘《弘治寧夏新志》的《人物志》《宦蹟》時，一定要以正史如《史記》《漢書》等為他校材料。《凡例》又說：“沿革、赫連、拓跋三《考證》，悉據經史及朱子《通鑑綱目》、本朝《續綱目》摘編。”這提示我們，《弘治寧夏新志》的三卷考證內容，必須要以宋朝朱熹、趙師淵撰《資治通鑑綱目》、明朝商輅撰《續資治通鑑綱目》為基本的對校資料。《凡例》之後的《引用書目》列舉了編修《弘治寧夏新志》所引的 42 種文獻，基本按引書成書時代排序。這些文獻，只要有傳世，就一定要將其列入參考文獻之中，因為它們都是《弘治寧夏新志》最直接的史料來源。

選擇他校資料時，切不可畫地為牢，只關注某一地區，而是要結合一地的地理沿革情況，擴大他校資料的搜集範圍。歷史上，西北地方陝甘寧三地的地緣關係和政治、文化等關係都非常密切。寧夏在明朝隸屬陝西布政使司管轄，在清朝則隸屬甘肅省管轄，成於明清時期的陝西、甘肅地方文獻特別是舊地方志中，散見有非常豐富且重要的寧夏歷史資料。（嘉靖)《陝西通志》、（萬曆)《陝西通志》、（康熙)《陝西通志》等三志是陝西舊通志中寧夏史料最豐富者。（嘉靖)《平涼府志》所載明朝固原州、隆德縣史料非常系統、豐富。（乾隆)《甘肅通志》、（宣統)《甘肅新通志》是甘肅舊通志中寧夏史料最豐富者。上述六種陝甘舊志中的寧夏史料，為明清寧夏舊志編纂提供了最豐富、最系統的基本史料。明清寧夏舊志多因襲陝甘通志的材料和編纂體例。如寧夏（萬曆)《朔方新志》自（嘉靖)《陝西通志》取材，嘉靖、萬曆《固原州志》自（嘉靖)《平涼府志》取材，（光緒)《花馬池志蹟》自（嘉慶)《定邊縣志》取材，（乾隆)《寧夏府志》、（民國)《朔方道志》從體例到內容分別受（乾隆)《甘肅通志》、（宣統)《甘肅新通志》的影響，等等。同時，明清時期的寧夏舊志也是研究陝甘文史、整理陝甘舊志的重要資料，如明朝正德、弘治、嘉靖三朝《寧夏志》成書時間均早於（嘉靖)《陝西通志》，都可為整理後者提供重要的參校資料。所以，整理陝、甘、寧任何一省的舊志，尤其是通志及相鄰地區的舊志，確定他校資料一定要同時關注另外兩省的舊志資料。

另外，出土文獻和檔案材料也是重要的他校資料，過去的研究者均未予重視。如慶靖王朱㮵之名，文獻中還出現過“朱栴”“朱㫋”等兩種寫法，筆者據出土於寧夏同心縣的《慶王壙志》，結合明清傳世文獻，考證認為，慶王之名當為"朱㮶"而非"朱柍"，更非"朱㫋"。再如，《寧夏府志》卷十三《人物》載，寧夏鄉賢謝王寵"壽七十三卒"，而據寧夏靈武出土的《清通義大夫謝觀齋墓志銘》載，謝王寵生於康熙十年（1671），卒於雍正十一年（1733），享年六十三（虛歲），故可據以改正《寧夏府志》記載的錯誤。

（四）編寫校注說明

校注說明的主要作用有二，一是規範整理方法，二是方便利用整理成果。校注說明要扼要、準確，方法力求易於操作，切忌繁瑣。一篇規範的校注說明是需要反復完善的。舊志正式整理之前，可先據常規的古籍整理規範，就標點、注釋、校勘等工作草擬出基本的校注要求，選擇部分舊志內容先開展預備性整理工作。再結合遇到的具體問題，對校注說明不斷完善。凡多人合作開展舊志整理工作，或在相對固定的時間內整理多部舊志時，校注說明的這些完善步驟尤其重要。必要時，可選擇典型問題，集體討論，形成統一意見。待整理方法合乎規範、易於操作之後，再最後定稿校注說明，让它成為大家都要遵守的原則要求，不能輕易改變。

二　整理的具體環節及方法

整理的前期準備工作結束後，就進入具體的整理環節了。下面主要從"錄文""標點""校勘""注釋"等幾方面談談具體的整理方法。

（一）錄文、標點

具體整理舊志的第一個環節就是錄文。高質量地將底本文字轉錄為可以編輯的文檔，可以有效減少由出版機構照原手稿重新錄排造成的錯誤。一般來說，錄文要求在內容上一仍底本原貌（包括卷帙、卷次、文字、分段等），不改編，以保持內容的原始性、完整性和獨立性，便於整理者與底本對校。將以繁體字出版的舊志，特別需要重視底本存在的異體字、俗體字、通假字、古今字等用字現象，除因特殊的出版要求外，志書原字形不當以意輕改。如有的整理者改"昏"為"婚"，改"禽"為"擒"，改"地里"為"地理"，等等，均顯係誤改。利用軟件進行繁簡字轉換時，要注意其識別率。有些簡體字，軟件無法將其轉換成繁體字，有些甚至會轉換錯誤，如動詞"云"誤轉作"雲"，地支"丑"誤轉作"醜"，職官名"御史"誤轉作"禦史"，表示距離的"里"誤轉作"裏"。因出版要求，還要注意新舊字形問題，如"戶""呂""吳""黃""彥"等為舊字形，相對應的新字形則是"户""吕""吴""黄""彦"。舊志用字，常有字形前後不一現象，如"強、彊、强""蹟、跡、迹""敕、勅、勑""為、爲"等幾組字，可能會在同一部舊志中交替出現，這類字的字形統一當慎重。整理時原則上遵從舊志原版的用字習慣，盡量用原書字形（俗字或異體字）。多種字形混用者，可統一為出現頻次較多的字形。但有的整理者將"並、并、竝、併""采、彩、綵、採""升、陞、昇"三組字分別統改為"並""采""升"，就很值得商榷了。

不同的字形，若有其特殊的用途或意義，就不能隨意地合并統改。特別是地名用字，一定不能以今律古。如寧夏平羅縣之"平羅"係清朝開始使用的地名用字，（萬曆）《朔方新志》卷一《地理》中作"平虜"，（康熙）《陝西通志》卷二《疆域·寧夏衛》避清朝諱改作"平羅"。整理時不能將《朔方新志》的"平虜"改為"平羅"，因為明朝原本就叫"平虜"，清朝因避諱而改，因此不能因其今名而改動明朝舊志的地名用字。同樣，整理清朝舊志，就需要把明朝的地名回改為當時的用字。如《乾隆寧夏府志》卷二《地里·疆域·邊界》"北長城"條"雖有平虜城""以故於平虜城北十里許"兩句，"平虜"原均作"平羅"，當據《朔方新志》卷二《外威·邊防》回改為"平虜"。

整理者錄文時對文稿要做一定的文檔編輯工作，認真閱讀原志，合理區別內容層次及隸屬關係，規範標注各級標題。舊志常用不同的版式風格和大小字體來區分不同類型的內容，錄文時要給予充分的考慮。舊志常用不同類型的符號來標示內容的層級隸屬關係，充分理解了這一點，有助於錄文時對內容進行分段。舊志原版中多雙行小字，有的雙行小字是補充說明性質的文字，有的雙行小字是解釋性文字。錄文排版舊志原版中的雙行小字，若字體、字號同正文文字，就有可能使讀者不能正確判斷原志內容的隸屬關係，有的還可能造成標點符號的混亂，影響對文意的理解。故錄文時，最好以不同的字體、字號把舊志原版雙行小字與正文區別開來。

處理舊志中的地圖等圖像文獻時要注意，舊志往往不用一整幅版面來呈現完整的圖像，而是分兩個半版來呈現，今人整理時最好能將其合二為一。合成後的圖像文獻盡可能保持版面清晰，必要時可將原版中模糊不清的字蹟、綫條等修飾清晰，以便他人的正確利用，但有一個原則，那就是不能以意亂改。不要改變原字體，不能改變原綫條走向等，盡量保持原版原貌。有些整理者會請專業的繪圖人員照舊圖另外繪制新圖，上述原則也應該遵守。修飾原版中模糊不清的文字時，盡量結合正文中的相應內容如《疆域》《城池》等內容，避免出錯。

　　舊志標點，可根據現行標點符號的用法，結合古籍整理的通例，進行規範化標點，具體可參考中華書局編寫的《古籍校點釋例（初稿）》（原載《書品》1991 年第 4 期）。為統一舊志的標點工作，某些要求可以細化。如整理寧夏舊志時統一規定，凡原書中用以注明具體史料出處的"通志""府志""郡志""縣志""新志""舊志"之類，能考證確定所指文獻者，在正文中均加書名號，標點作《通志》《府志》《郡志》《縣志》《新志》《舊志》，並腳注說明具體所指文獻。如："府志：指（乾隆）《寧夏府志》。"凡不能確定具體所指者，則不加書名號，亦腳注說明。如："縣志：具體所指文獻不詳。"

（二）注釋

　　以往舊志整理，多注重對疑難字詞、典故、人名、地名等的注解，為進一步提高舊志的利用價值，還應加強以下幾方面內容的注釋工作：

　　1. 史料出處的注釋。舊志於行文中有時會注明史料出處，但無定制，如朱栴《寧夏志》卷上《河渠》所引史料出處包括："酈道元水經""周禮""西羌傳""唐吐蕃傳""李聽傳""地理志""會要""元和志""元世祖紀""張文謙傳""郭守敬傳"等，考諸其文，分別指酈道元《水經注》、《周禮·地官司徒·遂人》、《後漢書》卷八七《西羌傳》、《新唐書》卷二一六下《吐蕃傳》、《新唐書》卷一五四《李晟傳附李聽傳》、《新唐書》卷三七《地理志》、《唐會要》、《元和郡縣圖志》、《元史》卷五《世祖本紀》、《元史》卷一五七《張文謙傳》、《元史》卷一六四《郭守敬傳》，如果整理者不對其引文細加考究並給予注明，讀者恐怕很難判斷引文的具體出處。

　　2. 原文體例中資料互見者的注釋。地方舊志行文時，常常會出現"見前""見《進士》""見《藝文》""詳見《人物》""詳見《鄉賢》"等字樣，對這些內容進行注釋，一方面可以驗證原志記載是否可信，另一方面，省去讀者查檢之勞。

3. 干支紀年及缺省内容的注釋。舊志紀年多以干支為主，有的会承前省略帝王年号，有些行文中常常不出现人物全名，只称某公，或只称其职官名，具體年代及人物在原文中沒有交代，故整理者當結合上下文來注釋，以幫助讀者正确理解。如多種寧夏舊志中均收錄有唐朝楊炎《靈武受命宮頌并序》一文，其中有“丁卯，廣平王俶、太尉光弼、司徒子儀、尚書左僕射冕、兵部尚書輔國”句。“丁卯”指何時，廣平王等具體指何人，若不熟悉該序寫作時間及歷史背景的話，很難搞清楚。整理者通過查檢文獻注明，“丁卯”即唐玄宗李隆基開元十五年（727），人物分別指廣平王李俶、太尉李光弼、司徒郭子儀、尚書左僕射裴冕、兵部尚書李輔國，這樣的說明顯然有助於更好地理解原文。

（三）校勘

以往寧夏舊志的整理本中，有價值的校勘成果非常少見，由此更說明，舊志整理一定要加強校勘工作。校勘的方法，常用的是校勘四法，即對校、本校、他校、理校，此四法往往需要綜合运用，不能只是简单地运用其中的某一种方法。筆者校勘《寧夏志》卷上《祥異》“永樂甲戌歲金波湖產合歡蓮一”句，查明成祖“永樂”年號紀年干支名（自癸未至甲辰，1403—1424）中無“甲戌”。《寧夏志》卷下《題詠》錄有凝真（朱㭎之號）七律《戊戌歲金波湖合歡蓮》一首，所詠即為永樂年間金波湖出“祥瑞”合歡蓮一事。故知“永樂甲戌歲金波湖產合歡蓮一”句中“甲戌”當作“戊戌”，永樂戊戌歲即永樂十六年（1418）。

古籍整理要充分吸收已有研究成果，以最大限度地減少原始文本中存在的錯誤，避免利用者以訛傳訛。朱㭎編修《寧夏志》卷下錄有兩篇重要的西夏文獻，其中《大夏國葬舍利碣銘》有“大夏天慶三年八月十日建”句，朱㭎考證後認為，葬舍利時間“乃夏桓宗純佑天慶三年、宋寧宗慶元二年丙辰也”。寧夏舊志編者甚至許多當代學者都認同這一結論。據牛達生《〈嘉靖寧夏新志〉中的兩篇西夏佚文》考證，“天慶三年”句當作“大慶三年”，故朱㭎的考證結論當改作“乃夏景宗元昊大慶三年、宋仁宗景祐五年戊寅也”。

校勘所用他校資料不能失之過簡，亦不能失之過濫，某些關係明確的他書資料當作為重要的他校資料重點利用，如《寧夏府志》大量内容來自（萬曆）《朔方新志》和（乾隆）《甘肅通志》，我們就要將這兩種舊

志作為《寧夏府志》最主要的他校資料。關於這一點，可以結合整理前
要進行參校文獻篩選工作來理解。校勘成果的表達要規範、簡練，術語使
用要準確。校勘時凡改必注，改動一定要有堅實的證據，否則只出異文
即可。

三　整理研究舊志規範

（一）整理力求存真復原

整理舊志，不能變亂舊式，隨意在原文中增加原本沒有的文字內容，
切忌以今律古。舊志，特別是明清舊志，都有一定的編修體式，不應隨意
去變亂它。如許多舊志每條凡例之前都會有“一”這一符號，以使凡例
眉目清晰，可有的整理者誤認為其為序號，將其改成阿拉伯數字或漢語數
目字等。有舊志整理者為便於讀者統計，往往在山名、河名、人名、詩
題、文題等之前添加序數詞，看似眉目清晰了，實則違反了古籍整理的原
則。實際上，古人在刻舊志時，往往有一套符號系統表示層次及隸屬關
係，今人的隨意增加，實在有畫蛇添足之嫌。更有甚者，會調整原書內容
的次序、位置，任意刪併原志，這就完全變成是當代整理者編修的地方志
了。宋人彭叔夏在其《文苑英華辨證自序》中記載：“叔夏嘗聞太師益公
先生（指宋人周必大）之言曰：‘校書之法：實事是正，多聞闕疑。’”舊
志整理要力求做到存真復原，按照一定的整理原則對舊志進行規範的
整理。

（二）研究需要實事求是

評價舊志，一定要事實求是，充分了解舊志編纂的時代性特點，不可
苛求古人、求全責備。評價一部舊志的價值，常常從體例、內容兩方面着
手，而內容猶重。譚其驤先生曾說過：“舊方志之所以具有保存價值，主
要在於它們或多或少保留了一些不見於其他記載的原始史料。”① 這實際
上要求我們，在評價舊志內容價值時，要區別看待，只有獨見於志書的內
容價值才更高些，而那些因襲其他志書，或者自其他史書中摘抄的內容，

---

①　譚其驤：《地方史志不可偏廢，舊志資料不可輕信》，載《中國地方史志論叢》，中華書
局 1984 年版，第 12 頁。

其價值就要另當別論了。如寧夏舊志，其科舉、賦稅、公署、學校、藝文等資料多獨見於志書者，而人物類資料多自他志承襲，評價內容價值時，就要慎言人物類資料的價值。另外，寧夏舊志承襲前代史料時多未加以辨別考證，致使其中的錯誤也被承襲，甚至錯上加錯。如隋朝人柳彧徙配地在"朔方懷遠鎮"，自明朝《弘治寧夏新志》始，一直被作為流寓寧夏的歷史名人而載之史冊。明朝胡侍《真珠船》"懷遠鎮"條考證認為，柳彧徙配地"朔方懷遠鎮"在遼東，與今寧夏無關。《弘治寧夏新志》《嘉靖寧夏新志》《嘉靖陝西通志》《朔方新志》等均誤以為柳彧流放在今寧夏故地，故載柳彧為寧夏流寓者。（乾隆）《甘肅通志》亦襲其說。過去研究寧夏舊志者都僅限於舊志本身談其價值，沒能從史料流傳上分析其價值。如評價《銀川小志》內容及學術價值時，有學者認為該志幾乎將與寧夏有關的歷代詩文全部輯錄在志書中，所輯錄的水利、學校、風俗等資料都很有研究價值，等等，這些觀點值得進一步商榷。實際上，《銀川小志》相當多的內容都是照錄明朝人所編寧夏舊志，並非汪繹辰的獨創。從內容的完整性和全面性來看，該志尚不能與明朝所編的寧夏舊志相比。有學者認為，寧夏舊志中以資料而論有三條最為珍貴，其中的一條就是《寧夏府志》中的《恩綸記》。可事實上此段史料最早出自《平定朔漠方略》，《寧夏府志》還將左翼額駙"尚之隆"誤抄作"尚之龍"。

　　加強舊志的比較研究，會有助於提升舊志的研究水準。比如，以往從事西北古代文史研究特別是寧夏古代文史研究者常將寧夏舊志當作第一手資料來利用，而從史源學角度看，這些資料實際上並非"一手"，而多是從陝甘地方志中輯錄的。從現有的寧夏舊志整理成果看，學者也多沒有把陝甘方志資料當作必需的參校資料來利用，致使寧夏舊志沿襲自陝甘方志的文字錯訛衍倒、內容遺漏及新增的文字、內容錯誤問題都沒有得到糾正，使後人以訛傳訛。同時，從事陝甘古代文史研究、開展陝甘舊方志整理研究，也要注意借鑒寧夏舊志的整理研究成果。辨明史料正誤，以避免以訛傳訛。

（三）成果確保完整呈現

　　一部完整的舊志整理之作，至少要包括五部分內容：第一，前言。主要介紹舊志的整理研究現狀、編修始末、編修者、版本、內容、價值等方面。第二，校注說明。說明底本、校本等選擇情況，列舉標點、注釋、校勘等原則。第三，新編目録。舊志一般都有原編目録，但不便今人利用，故要據整理成果編輯眉目清晰、層次分明、使用方便的新目録。第四，舊志正文。第五，參考文獻。目前出版的舊志中，有些不列舉參考文獻，有些參考文獻或按文獻出版時間排序，或按在文中出現的順序排序，或按書名、作者名首字的音序排序，這些都起不到指導學術研究的作用。參考文獻要便於按圖索驥，最好能分類編排。依四庫法進行排列，就是很好的選擇。某些舊志，可根據需要增加索引、附録等内容。編索引可方便使用者查找相關專題資料，附録可在一定程度上彌補舊志正文内容不足的缺點。如民國時期寧夏地區對土地、資源等進行過較為詳細地調查，形成的調查報告是最原始的檔案資料，這些資料往往散見且不能單獨成書，但它們對有關舊志而言具有很好的補充作用，故應該在附録中予以保留。

作為《寧夏珍稀方志叢刊》主編，筆者非常感謝對本叢書出版給予支持的各位學界同仁、學校領導、研究生、責任編輯及家人們。劉鴻雁、柳玉宏、邵敏、蔡淑梅等寧夏大學人文學院青年教師作為本叢書首批成果的作者，盡心盡力，不厭其煩，堅持不懈，保證了書稿的學術質量，為完成好本項目帶了個好頭。按計劃，田富軍、安正發等老師將會在本叢書計劃框架内陸續出版整理成果，期待他們也能推出高質量的學術成果。2011年為寧夏大學“學科建設年”，感謝何建國校長、謝應忠副校長，感謝部門領導王正英、李建設、陳曉芳等老師的大力支持，在他們的直接推動下，以筆者為學術帶頭人，配合學校開展的學科基層組織模式改革試點工作，組建了“寧夏地方民族文獻整理及阿拉伯伊斯蘭文化研究”學術團隊。寧夏大學提供的制度保障和經費支持促成本學術團隊不斷推出新成果，步入了良性發展階段，本叢書順利出版，當是本團隊對學校的最好回報。人文學院研究生在本叢書出版過程中也貢獻良多。孫佳、韓超、孫瑜、曹陽等是本叢書首批成果的作者，張煜坤、何玫玫、馬玲玲、魏舒婧、穆旋、徐遠超、孫小倩、李甜、李榮、張倩、曲絨、張娜娜、劉紅、蒲婧、王敏等同學在舊志整理、書稿校對過程中也付出了辛勤的勞動。這些同學中有的已畢業離校，有的還將繼續求學。無論他們將來身處何方，從事何種工作，大家共同追求學術的這段經歷應該是難忘的。研究生同學的青春朝氣讓我更加堅信：薪火相傳，學術常新。出版社張林等責任編輯的精心審讀，也讓本叢書學術質量得到了提升。本叢書的順利出版，也要感謝各位作者家人的理解與支持——你們默默無聞的奉獻精神，已幻化成萬千文字，在作者的成果中熠熠生輝。學術成績從來就不是無源之水，無本之木。有了巨人的肩膀，我們才會看得更高、更遠。在寧夏，有一批從事地方文獻整理與研究的學者，他們的探索和努力為我們今天的成績奠定了堅實的基礎，吳忠禮、陳明猷、高樹榆等老一輩學者更為我們樹立了治學的榜樣。因篇幅所限，對學界各位同仁，恕不一一列舉大名。

　　此次全面整理寧夏地方舊志，主要由我策劃並組織實施。舊志整理的每一個環節，由我提出具體建議，各舊志底本的選擇、《總序》《前言》《校注說明》的撰寫等也皆由我完成。具體整理過程中，各團隊成員所取得的注釋或校勘等學術成果大家互享，這也體現了我們團隊合作的特色。宋朝沈括在《夢溪筆談》卷二五《雜志二》記載："宋宣獻博學，喜藏異書，皆手自校讎，常謂'校書如掃塵，一面掃，一面生。故有一書每三四校猶有脫謬。'"宋綬（謚曰"宣獻"）家藏萬卷，博校經史，猶有"校書如掃塵"的感概，我輩於整理寧夏地方舊志而言，只能說："盡心而已！"更如《诗經·小雅·小旻》所詠："战战兢兢，如临深渊，如履薄冰。"我們從主觀上力求圓滿，但因學識水平所限，成果中訛誤之處肯定在所難免，敬請學界同仁批評指正。

2015 年 7 月 23 日於寧夏銀川

目　　録

靈州誌蹟卷二

靈州誌蹟卷三

靈州誌蹟卷四

光緒《靈州志》

前　言

胡玉冰

一　(嘉慶)《靈州誌蹟》

(一)　整理與研究現狀

（嘉慶）《靈州誌蹟》4 卷，清朝嘉慶三年（1798）修成，捐修豐延泰，監修楊芳燦，纂修郭楷。四年（1799），正式刊行。該志爲寧夏靈武市舊志中編修時間最早、內容最豐富的志書。

目錄文獻中，張維《隴右方志錄》較早對靈州舊志進行過著錄。① 對《靈州誌蹟》的著錄，除了對志書內容進行介紹外，還附按語，對志書編修質量進行評價："條理秩如，甚便考覽。惟《沿革表》因襲舊說，以寧夏爲夏州，相因致誤，遂於夏州職官多所泛載。又以地圖附星野後，以爲天統乎地，野係乎星，此真支離之說，不可解也。北魏南北朝表分二格，而所載皆北魏事，梁祚以北魏人而列入晉代人物，② 俱爲微誤。志籤題《靈州志書》，而每卷首行均標《靈州誌蹟》，夫曰志書，蓋辭已贅矣，今又曰志蹟，是不辭也。志載靈州田賦，田之名凡三十，……瑣碎繁複，不易究詰。"③ 此外，《中國地方志聯合目錄》《寧夏地方文獻聯合目錄》《甘肅省圖書館藏地方志目錄》《中國地方志總目提要》等方志書目對

---

① 張維著錄的所謂佚失志書《靈州舊志》，學者考證其不可信。參見白述禮《淺談〈靈州誌蹟〉的作者和版本》，《寧夏圖書館通訊》1985 年第 3 期。

② 張說是。《魏書》卷八四、《北史》卷八一均有《梁祚傳》。（乾隆）《寧夏府志》卷十三《人物》中將梁祚誤入晉朝，《靈州誌蹟》實沿襲《寧夏府志》之誤。

③ 張維：《隴右方志錄》，《中國西北文獻叢書》據北平大北印刷局 1934 年版影印，蘭州古籍書店 1990 年版，第 77 冊第 698 至 699 頁。

《靈州誌蹟》都有著録或提要。①《日本主要圖書館研究所所藏中國地方志總合目録》著録東洋文庫藏《靈州誌蹟》。

　　從整理出版情況看，《甘肅省圖書館藏地方志目録》著録，其館藏有民國二十年（1931）臨洮張氏（即張維）抄本 1 冊，1965 年甘肅省圖書館藏有油印本 2 冊。1964 年，寧夏圖書館也據甘肅省圖書館藏刊本複製本油印 2 冊傳世。1968 年，臺灣成文出版社出版《中國方志叢書》，影印《靈州誌蹟》。② 天津古籍出版社 1988 年版《寧夏歷代方志萃編》、寧夏人民出版社 1988 年版《寧夏地方志叢刊》，也影印出版《靈州誌蹟》。1990年，蘭州古籍書店出版《中國西北文獻叢書》第一輯之《西北稀見方志文獻》第 52 卷，影印民國二十年（1931）張維抄本《靈州誌蹟》。2008年，鳳凰出版社等出版《中國地方志集成・寧夏府縣志輯》，據嘉慶三年（1798）刊本影印《靈州誌蹟》。

　　1996 年，寧夏人民出版社出版《嘉慶靈州誌蹟校注》（張建華、蘇昀校注）。該書以甘肅省圖書館藏清嘉慶三年（1798）刊本爲底本，以（嘉靖）《寧夏新志》、（乾隆）《寧夏府志》、國家圖書館藏稿本（光緒)《重修靈州志》、甘肅省圖書館藏 1947 年抄録之（光緒)《重修靈州志》等爲參校本，對《靈州誌蹟》進行標點、勘誤、補遺、注釋等工作。整理者還對兩種光緒修靈州志書與《靈州誌蹟》相異之文作了整理，惜其僅録異文，未將此兩本之全文皆録出。書末附蘇昀《靈州舊志版本介紹與評介》一文，就《靈州誌蹟》版本源流進行説明，並對所見 5 種（光緒)《靈州志》殘本的價值進行探討。

　　研究方面，高樹榆《寧夏方志考》《寧夏方志録》《寧夏方志評述》《寧夏回族自治區地方志述評》等文對《靈州誌蹟》作提要式介紹。專題論文中白述禮先生成果較多。他的《〈靈州誌蹟〉的史料價值》《淺談〈靈州誌蹟〉的作者和版本》《〈靈州誌蹟〉評析》等論文，對《靈州誌蹟》的作者、版本、史料價值等問題進行了探討，認爲《靈州誌蹟》作者當是楊芳燦和郭楷，該志"不但是最早的靈州志，而且，也應是唯一

---

　　① 《寧夏地方文獻聯合目録》分別著録（嘉慶)《靈州志》、（嘉慶)《靈州誌蹟》，實屬不當，兩者實爲同書異名，非不同的兩種志書。

　　② 成文出版社所用底本之內容確係嘉慶三年（1798）本《靈州誌蹟》，但該底本並非抄成於嘉慶三年（1798），而是抄成於光緒三十三年（1907）。《寧夏歷代方志萃編》又影印成文出版社影印本。

的一部寧夏靈州地方志。"① 陳永中《靈武舊志書評價》一文，對傳本
《靈州誌蹟》、國家圖書館藏《重修靈州志》、甘肅省圖書館藏《重修靈州
志》、靈武檔案館藏《靈州志》等 4 種文本的目録、纂修者、編纂特點及
版本等進行考證，比較分析後認爲，《靈州誌蹟》比較全面地記敘了清以
前的靈武歷史面貌，但也存在不足甚至有一些明顯的錯誤；國圖藏本爲我
們保留了一些清末的靈州資料，但非完整的志書；甘圖本也是一個不完整
的本子，其價值比國圖本還低；靈武藏本與甘圖藏本的部分内容和目録著
録相同，它們是相同的志本，靈武藏本是較全的志本，而甘圖藏本是節録
的志本。劉海晏《嘉慶〈靈州誌蹟〉考》一文是對白述禮、蘇昀等人論
文觀點的歸納總結，無甚新見。陳永中《靈州"三賢祠"——〈乾隆寧
夏府志〉、〈靈州誌蹟〉、〈朔方道志〉校勘三則》對《靈州誌蹟》中的史
料進行了校勘。

（二）編修者生平

《靈州誌蹟·修志姓氏》載，共有 7 人參與了志書的編修。其中捐修
者豐延泰，監修者楊芳燦，纂修者郭楷，校閲者梁楚翹，校對者查蒕，校
録者閆光敏、張禄。

1. 楊芳燦

楊芳燦（1752～1815）字蓉裳，江蘇金匱（今江蘇無錫市）人。其
傳世的《芙蓉山館詩鈔》前附清人陳文述撰《蓉裳楊公傳》記述其事甚
詳，《清史稿》卷四八五《文苑傳·邵齊燾傳》亦附《楊芳燦傳》。事蹟
還散見於《欽定蘭州紀略》卷十七、《欽定石峰堡紀略》卷十七至卷十
九、《〈靈州志〉序》等文獻中。《清史稿》本傳稱，楊芳燦乾隆四十二
年（1777）拔貢生，廷試得知縣，補甘肅之伏羌。因鎮壓回民田五起義，
敘功擢知靈州。據《〈靈州志〉序》稱，乾隆五十二年至嘉慶三年
（1787～1798），任靈州知州 12 年。嘉慶三年（1798），調往高平（今寧
夏固原市），後任户部員外郎。《蓉裳楊公傳》稱，芳燦一字才叔，曾與
修《大清會典》《四川全省通志》，嘉慶二十年（1815）冬卒於四川安
縣，年 63。"所著有《真率齋稿》《芙蓉山館詩詞文全集》若干卷行於

世，餘所著未刻者多藏於家。"① 楊芳燦侄楊廷錫對其叔著述刊刻經過敘述頗詳，他說，楊芳燦很多著述在雕版時都由楊芳燦親自審訂，書版就藏於楊芳燦家中。道光十八年（1838），楊芳燦之子楊夔生曾補刻《真率齋詩詞》行世。二十一年（1841）夔生死去，書版仍舊留置楊家中。楊廷錫提及，楊芳燦曾自輯《年譜》1 卷，記事非常精詳。另外還編著有《簡齋先生詩文補箋》《六代三唐駢體文鈔》《三家詞選》《芙蓉山館尺牘稿》等共若干卷，都未雕版，稿存於家中。

　　楊芳燦在寧夏任職多年，他撰寫有多篇詩文涉及寧夏特別是靈州。其《芙蓉山館文鈔》錄《峽口禹廟碑》《靈州移建太平寺碑》《寧朔縣尉聞君（天民）墓誌銘》《送何蘭士爲寧夏守序》等 4 篇文獻，對於研究靈州及寧夏人物都很有價值。前兩篇均被《靈州誌蹟》移錄。《芙蓉山館詞鈔》錄《探春》"寶暈銷痕"（銀川旅舍元夜偶成）一首，也與寧夏有關。

　　《芙蓉山館詩鈔》錄多首與今寧夏、古靈州有關的詩篇，主要有：卷四《六盤山》《過隆德縣》，卷五《九日橫城登高放歌》《積雪篇》《寧夏采風詩》（10 首）、《黃河冰橋》《分賦朔方古跡得元昊宮》，卷六《臨河堡曉發》《受降城》《賀蘭山》《過僕固懷恩墓》《賀蘭山積雪歌》《宿毛蔔喇驛舍偶成五韻詩》，卷八《蕭百堂五十生辰以賀蘭石硯爲壽係之以詩》。除《受降城》《過僕固懷恩墓》兩首被《靈州誌蹟》移錄外，其他均少有人知。與靈州關係最密切的 10 首《寧夏采風詩》更是值得深入研究。

　　這 10 首詩寫成於乾隆五十七年（1792），楊芳燦已任靈州知州 5 年，其《寧夏采風詩序》曰："余牧靈武五年矣，聽斷餘閒，宣上德意，而詢其疾苦，懲其末流，亦吏職宜爾也。靈武隸寧夏，於以徵風土之會，因作詩十章，聊以備輶軒之采云爾。"② 10 首詩的詩題分別是：《沙鹼田》《糧草稅》《渠工稅》《堡渠長》《山田訟》《醮婦辭》《賣兒謠》《兩蕃部》《栽羢毯》《小當子》。從這些詩的內容來分析，充分體

---

　　① 日本京都大學圖書館藏清道光二十三年（1843）楊廷錫刻《芙蓉山館詩鈔·蓉裳楊公傳》第 2 頁。

　　② 日本京都大學圖書館藏清道光二十三年（1843）楊廷錫刻《芙蓉山館詩鈔》卷五第 8 頁。

現出楊芳燦體恤百姓疾苦、疾惡如仇的個性，真實反映了當時靈州的地理環境、賦稅勞役、民間風尚、土物新産品等。《沙鹼田》通過一老農之口，述説靈州地利的實際情況，“喟彼好事者，乃云魚米鄉。斯言孰傳播，重爲吾民傷。”《糧草稅》《渠工稅》對於靈州的賦稅情況進行了實録式的描述。《堡渠長》對靈州最底層官員的選拔及其人品提出了基本要求。《兩蕃部》説明了民族融合的重要性。《栽羢毯》表面看是描述靈州地區的特産，實際上是在批評侈靡之風。《山田訟》《醮婦辭》《賣兒謡》《小當子》等詩歌主要抨擊靈州地區社會上存在的各種不良現象，有刁民亂占田地現象，有婚姻重錢財輕感情現象，有令人髮指的賣兒鬻女現象，有令人心酸的逼迫藝人賣藝現象，有富人喜侈奢、好攀比現象，等等。將這些詩歌串聯起來，可以勾勒出一幅生動的清朝靈州衆生相。

2. 豐延泰

據其《〈靈州志〉跋》及《靈州誌蹟·修志姓氏》等資料，豐延泰字岐東，長白滿洲正白旗人。廩膳生員，曾任甘肅皋蘭縣知縣等職。嘉慶三年（1798），任靈州知州。捐俸銀刻版印刷《靈州誌蹟》。

3. 郭楷

郭楷字雪莊，甘肅涼州武威人，生卒年不詳。乾隆二十四年（1759）進士，候銓知縣。乾隆六十年（1795），應楊芳燦之邀任靈州奎文書院院長。任職期間，先後受楊芳燦、豐延泰之托編纂靈州志書。嘉慶三年（1798）書成，爲傳世的靈州舊志中成書時間最早者。《靈州誌蹟》卷四録其《初至奎文書院呈蓉裳刺史兼示諸生二十韻》等詩。

4. 梁楚翹等

梁楚翹，陜西耀州人，生卒年不詳。據《靈州誌蹟·修志姓氏》載，他於乾隆三十五年（1770）中庚寅科舉人。《靈州誌蹟》卷二載，五十八年（1793）任靈州學正。《靈州誌蹟》卷四録其《督渠工夜宿山村》等詩。

查菖、閆光敏、張禄等 3 人生平事蹟不詳。據《靈州誌蹟·修志姓氏》載，查菖爲江蘇人，監生。閆光敏爲靈州人，寧夏府學廩膳生員。張禄爲靈州人，文生（即文秀才），其他情況不詳。

（三）編修始末及刊行時間

1. 編修始末

從文獻記載看，曾任靈州知州的周人傑最早有編修靈州志書的想法。[①]（乾隆）《寧夏府志》卷二〇《鐘靈書院碑記》（周人傑撰）載："靈武自漢唐以來人材絕盛，著於舊史者，代不乏也。癸巳夏六月，余奉檄攝州事，既釋奠於廟，……又問其州之志，無有也。附於朔方郡者，亦繼自前明嘉靖間。嗚呼，文獻之廢墜如此哉，是亦守土者之責也。當斯之時，欲於承乏數月間，續二百餘年之缺文，勒爲一書，考稽即難，時復不給，誠有志未逮矣。夫徵文必先征獻，十室之邑，有忠信百工居肆，事乃成。"[②] 從碑記看，周人傑於乾隆三十八年（1773）六月到任靈州知州後，[③] 很關注當地文獻，但結果令他很失望。通過調查，他發現靈州沒有單行的專志，現有的載有靈州史料的寧夏志書成書時間最近也要追溯到明朝管律嘉靖十九年（1540）纂修的《寧夏新志》。他認爲爲靈州編修專志應該是地方長官的重要任務，就想花上幾個月的時間，把靈州發生在嘉靖十九年至乾隆三十八年（1540~1773）共230多年間的事情匯爲一編，成一部靈州專志。但由於史料繁多，考證費時，自己又忙於各種政務，所以空有編寫志書的想法但不能付諸實踐。同時他認識到，要想編寫出地方專志，培養專門人才才是關鍵，所以他積極促成靈州鐘靈書院的建成，希望能培養出更多的人才，爲編修志書奠定人才基礎。

周人傑編寫靈州專志的想法最終沒能實現。14年後，即乾隆五十二年（1787），楊芳燦到任靈州知州，靈州專志的編纂才有了實質性的進展。楊芳燦作於嘉慶三年（1798）嘉平月（十二月）穀旦的《〈靈州志〉序》稱："州故無志。丁未歲，余奉簡命來牧茲邑，案牘餘暇，網羅史

---

① （道光）《隆德縣續志·職官續志》載，周人傑，浙江海寧縣優貢，乾隆三十一年（1766）五月任隆德縣知縣，同年十月離任。

② （清）張金城等修纂：《乾隆寧夏府志》，陳明猷點校，寧夏人民出版社1992年版，第779頁。參見《靈州誌蹟》卷三《藝文第十六上》。

③ 據周人傑《鍾靈書院碑記》，他於乾隆三十八年（1773）任靈州知州，但《嘉慶靈州誌蹟》卷二《職官姓氏誌》靈州知州名錄沒有周人傑。乾隆三十七年（1772）任知州者爲奇明，乾隆四十年（1775）黎珠繼任。

籍，搜採方志。每苦紀載繁多，見聞互異，五閱寒暑，未能卒業。"① 楊
芳燦最初有自己纂修靈州志書的打算，他在政務之余，曾花了 5 年的時間
搜集靈州方志資料，仍未完成纂修計畫。乾隆六十年（1795），"延武威
郭君雪莊主講習，時與商榷，又得《一統志》，溯歷代之沿革，考證極爲
精當。曰：'此冊府之巨制也，足據依矣。'因參之《朔方志》及郡志所
載，粗立條理，抄撮成編。"② 楊芳燦延聘郭楷爲靈州奎文書院院長，常
與郭楷就編修靈州志一事相商。楊芳燦又得到《大清一統志》，③ 對於此
書考證之功倍加讚賞。他與郭楷一道，又參考前人所修寧夏志書及（乾
隆）《寧夏府志》，初成靈州志書文稿。就在此時，即嘉慶三年（1798），
楊芳燦又奉命調任高平（今寧夏固原市），新任知州豐延泰繼承楊芳燦創
始之意，"慨然以斯事爲己任。爰偕郭君取舊所蒐輯者，簁其蕭稂，剗其
瑕礫，凡兩閱月而勒成一書。條分件係，釐然井然，不但疆域形勝如畫沙
聚米，而一方之文獻、歷朝之掌故，備載無遺。其通博爲何如也！"④ 從
用兩個月就能夠將《靈州誌蹟》定稿來看，豐延泰到任知州時，楊芳燦
與郭楷其實已經將靈州志書基本纂修完成了。

　　豐延泰常以"舉墜修廢爲己任，未嘗以事之難爲而輒止。"⑤ 在到任
靈州知州後，他對靈州的歷史沿革曾做過了解，"余嘗考歷代故事，知是
邑自漢初建置，迨有唐遂成重鎮，設大都督府，有雞田、鹿塞之州，回
樂、燭龍之境，輪廣近千餘里，其間如山川扼塞、戍守機宜，史官言之詳
矣。然載籍汗漫，搜討頗艱，而邊荒文字殘缺，士大夫家乘復不概見。倘
使經制碩畫有關邑治，與夫潛德幽光爲國史所不載者，一任其散逸放失，
邈不可稽，將何以匯輯憲章、維持政教耶？余曰是不可以無志。"⑥ 然後

---

①　張建華、蘇昀校注：《嘉慶靈州誌蹟校注》，（清）楊芳燦監修、郭楷纂修，寧夏人民出
版社 1996 年版，第 4 頁。

②　同上。

③　《大清一統志》共 424 卷，編纂於乾隆八年（1743），乾隆二十九年（1764）書成，乾
隆四十年（1775）又有補修。

④　張建華、蘇昀校注：《嘉慶靈州誌蹟校注》，（清）楊芳燦監修、郭楷纂修，寧夏人民出
版社 1996 年版，第 4 至 5 頁。按：點校本"蒐輯"誤作"搜輯"，"釐然"誤作"析然"，據嘉
慶三年（1798）原刻本改。

⑤　同上書，第 289 頁。

⑥　同上書，第 289—290 頁。按：點校本脫"復不概見"之"概"，據嘉慶三年（1798）
原刻本補。

鼓勵郭楷，讓他在與楊芳燦編修的基礎上，不要有"採集未備，或苦疏漏"的顧慮，繼續對原稿修飾潤色，郭楷"於是酌定門類，以次編列。書成凡二百餘版。余乃捐俸付梓，使有成績。"①（乾隆）《寧夏府志》卷九《職官》載："靈州知州：每歲俸銀八十兩、養廉銀六百兩、公費銀三百六十兩。"② 正是在豐延泰的鼓勵與支持下，《靈州誌蹟》才最終能夠刊行於世。

郭楷對於《靈州誌蹟》的編修始末也有詳細記敘，他在《〈靈州誌蹟〉序》裏提到："先是梁溪楊公蓉裳官是邑，有心是事，勤加搜輯，囑余補訂之，未及成書，而楊公去任，是事旋廢。"③ 嘉慶戊午（1798）秋，豐延泰接任楊芳燦之職知靈州，即與他商議編修靈州志書一事，"間與余語曰：'靈邑爲近塞要區，地勢極爲廓遠，今欲稽核舊章，釐剔庶務，而典文散佚，志蹟不存，某竊惜之。……矧靈邑自漢初建置，至今幾二千載，昔人之經畫詳矣。顧乃聽其荒廢湮沒而弗顧，則豈特官斯土者之責，亦是方薦紳、先生之恥也。蒐羅補綴，勒成一書，某有志焉，願爲我成之。'……余曰：'斯事體大，而關係尤重，緣非著令之所督，故人率置焉不講，……今復承公之命，幸舊本猶在，遂取而整齊之，刪其煩復，益其疏漏，按《文獻通考》體例，分爲十八門類，類以小序冠之，俾覽者提綱挈領，豁然心目。凡再易稿，而書始成。'既又復於公曰：'夫事創之難，成之尤難。……若夫核訂之未精，裁取之未當，此則余之讓陋，而無所辭其責也夫。"④ 由郭序可知，郭楷是在兩任靈州知州的鼓勵、督促與支持下，在楊芳燦編修草稿的基礎上最終完成《靈州誌蹟》的纂修工作。

據上引各序跋可知，靈州志書的編修發起人當爲楊芳燦，他參考諸多文獻，已經有相當的材料積累。郭楷到奎文書院後積極參與志書的編纂當

---

① 張建華、蘇昀校注：《嘉慶靈州誌蹟校注》，（清）楊芳燦監修、郭楷纂修，寧夏人民出版社 1996 年版，第 290 頁。按：點校本"以次編列"誤作"以此編列"，據嘉慶三年（1798）原刻本改。又，"二百餘版"之"版"相當於"頁"，古籍刻本一版一頁，這是說《靈州誌蹟》一書共刻了 200 多頁，即 200 多塊版，而非有些學者認爲的是印刷了 200 多部。筆者統計，《靈州誌蹟》除封面外，共 234 頁，即至少刻有 234 塊版。

② （清）張金城等修纂：《乾隆寧夏府志》，陳明猷點校，寧夏人民出版社 1992 年版，第 317 頁。

③ 張建華、蘇昀校注：《嘉慶靈州誌蹟校注》，（清）楊芳燦監修、郭楷纂修，寧夏人民出版社 1996 年版，第 2 頁。

④ 同上書，第 1—3 頁。

中，搜集了大量與靈州有關的材料，並且編成了《靈州誌蹟》的初稿。在兩任官員的督促與鼓勵下，尤其是在豐延泰的支持下，郭楷終於在嘉慶三年（1798）十二月完成了《靈州誌蹟》的編修，經豐延泰捐資刻版，最後得以刊行於世。

2. 刊行時間

一般認爲，傳世的《靈州誌蹟》刊行時間是在"嘉慶三年"，筆者認爲不然。《靈州誌蹟》有兩處提及"嘉慶四年"（己未年，1799）事。第一處，卷二《水利源流誌第十》附李培榮《南北滂河記》載：① "嘉慶己未春，② 余署篆靈州。"第二處，卷三《忠孝義烈誌第十五》"烈婦黃氏"條有"嘉慶肆年，詔旌其閭"句。此兩條史料是判斷傳世的《靈州誌蹟》刊行時間的關鍵。李培榮之文附於《水利源流誌第十》，在《靈州誌蹟》卷二第 19 頁、20 頁之間，版心刻頁碼爲"敘十九"，又標示出共 3 頁。而卷三"烈婦黃氏"事蹟位於《忠孝義烈誌第十五》最末，其版心刻頁碼數爲"敘二十四"，前接《靈州誌蹟》卷三第 24 頁，後接 25 頁。這兩處內容版心頁碼寫法均一致，而與其前後其他內容的版心頁碼寫法有明顯不同，所以筆者認爲，李培榮《南北滂河記》和黃氏事蹟當是後刻時補入的。李培榮《南北滂河記》亦曰："因爲錄次其事以附州志，庶使後之君子知前人之深心不可沒，而留心水利者，亦有所藉以考焉。"③

《靈州誌蹟》卷三《藝文第十六上》最末一篇爲宋人劉綜《靈州不可棄議》，該文置於碑銘類之後，這與《靈州誌蹟》體例不符。因爲《藝文》是按文體分類，然後將所收之文按作者朝代排序。劉綜之文屬奏疏，當位於《藝文》最前，因爲劉綜奏疏是後補編的，所以雕版時就於劉綜奏疏題目下以"補遺。此應在《兵餉原額》上"之語說明其文當置於明人楊應聘《請復兵餉原額疏》之前。因爲劉綜奏疏爲《靈州誌蹟》卷三最後一篇，所以其版心頁碼數就順接前面第 55 頁，而爲頁"五十六"。所以筆者認爲，《靈州誌蹟》文本原版在嘉慶三年（1798）已經雕刻完成，嘉慶四年（1799）正式刊印時又補充了部分內容，故又補版，而原

---

① 《道光平羅記略》卷六《職官》載，李培榮於乾隆五十八年（1793）任平羅知縣。

② "己未"原誤作"巳未"，據干支年改。

③ 張建華、蘇昀校注：《嘉慶靈州誌蹟校注》，（清）楊芳燦監修、郭楷纂修，寧夏人民出版社 1996 年版，第 71 頁。按：點校本"藉"誤作"籍"，據嘉慶三年（1798）原刻本改。

版版心頁碼已經按順序編寫好了，所以補版在編寫頁碼時就根據情况變通
處理了。因此，傳世《靈州誌蹟》，其文本當完成於嘉慶三年（1798），
但其最終刊刻行世則是在次年，即嘉慶四年（1799）。①

（四）編修體例及內容溯源

1. 編修體例

據前引楊芳燦序、郭楷序可知，《靈州誌蹟》編修時主要參照的文獻
包括《文獻通考》《大清一統志》、明朝所修寧夏舊志及（乾隆）《寧夏
府志》等。宋末元初馬端臨《文獻通考》348 卷，共 24 門類，包括田賦、
錢幣、戶口、職役、征榷、市糴、土貢、國用、選舉、學校、職官、郊
社、宗廟、王禮、樂、兵、刑、經籍、帝係、封建、象緯、物異、輿地、
四裔等。《文獻通考·自序》曰，24 類目中，經籍、帝係、封建、象緯、
物異等 5 類屬獨創，其他 19 類俱仿唐杜佑《通典》而設。唐杜佑《通
典》200 卷，凡分 8 門，包括食貨、選舉、職官、禮、樂、兵刑、州郡、
邊防，每門又各分子目，如食貨典又分爲田制、鄉黨、賦稅、歷代盛衰戶
口、錢幣、漕運、鬻爵、輕重等子目。《靈州誌蹟》纂修者郭楷談到，該
志按《文獻通考》體例，分爲 18 門類，包括：卷一《歷代沿革表誌第
一》《星野誌第二》《地里山川誌第三》《城池堡寨誌第四》《公署學校誌
第五》《壇廟坊市橋梁津渡名勝誌第六》《風俗物產誌第七》《古蹟誌第
八》，卷二《丁稅賦額誌第九》《水利源流誌第十》《職官姓氏誌第十一》
《兵額營汛驛遞誌第十二》《歷朝宦蹟誌第十三》，卷三《人物鄉獻誌第十
四》《忠孝義烈誌第十五》《藝文誌第十六上》，卷四《藝文誌第十六下》
《歷代邊防事蹟誌第十七》《歷代祥異誌第十八》。

通過比較類目名稱可以發現，《靈州誌蹟》僅僅是從形式上仿《文獻
通考》體例而已，其類目名稱及編次都與《文獻通考》有很大的不同。
從內容看，《靈州誌蹟》基本上撮抄（乾隆）《寧夏府志》中與靈州有關
的內容，而《寧夏府志》體例上主要仿（乾隆）《甘肅通志》，故從史源

---

① 蘇昀《靈州舊志版本介紹與評介》一文認爲："《靈州誌蹟》最後完成的時間應是嘉慶
四年，而不是嘉慶三年。"（載《嘉慶靈州誌蹟校注》，寧夏人民出版社 1996 年版，第 370 頁）
筆者認爲，其文本於嘉慶三年（1798）當已基本完成，嘉慶四年（1799）刊行時又補充了部分
新材料。

角度來看，《靈州誌蹟》諸多內容還是襲自《甘肅通志》。《靈州誌蹟》仿《寧夏府志》的痕跡非常明顯。如《寧夏府志》每門類前均有小序，以說明立目之由，《靈州誌蹟》亦仿此例。《寧夏府志》卷四《地理·風俗》於"祭禮"後有一段纂修者張金城的按語，對寧夏某些習俗的侈靡之風給予抨擊。而《靈州誌蹟·風俗物產誌第七》於"祭禮"後也附有纂修者郭楷的按語，對靈州喪禮風俗之弊給予嚴肅批評。《寧夏府志》卷八《田賦·水利》後附清人王全臣《上撫軍言渠務書》和楊應琚《浚渠條款》等兩篇文章，按志書纂修體例，文章應該入《藝文》，附錄在此，有乖體例。而《靈州誌蹟·水利源流誌第十》後也附清人李培榮撰寫的《南北潊河記》。爲省篇幅，有些內容提示見本書某部分，不再贅述，如《公署學校誌第五》"書院"興修歷史，因《藝文第十六下》收錄有與周人傑撰《鐘靈書院碑記》、廣玉和楊芳燦撰《奎文書院碑記》，對於二書院興修過程記載得非常詳細，所以《靈州誌蹟》以"見《藝文》"之語，表示參見。①

2. 內容溯源

《靈州誌蹟》正文前有《修志姓氏》，署志書修校人員職官名、姓名、籍貫、科第等信息。其後爲郭楷《〈靈州誌蹟〉序》、楊芳燦《〈靈州志〉序》，二序均作於嘉慶三年（1798）嘉平月（12 月）穀旦。二序後爲《目錄》。豐延泰《〈靈州志〉跋》附在卷四後。

《歷代沿革表誌第一》包括《沿革表》《靈州建置沿革》和《〈一統志〉靈州沿革表》等 3 部分內容。《沿革表》其實是寧夏府及其所轄四縣一州（寧夏縣、寧朔縣、中衛縣、平羅縣、靈州）沿革情況，和《靈州建置沿革》一樣，全部襲自《寧夏府志》卷二《地理·沿革》。《〈一統志〉靈州沿革表》則是直接把《大清一統志》卷二〇四《寧夏府沿革表》中"靈州"部分剪輯出來，單列成表。

《星野誌第二》"星野""躔次""五星""步天歌"等內容均襲自

---

①　此處記奎文書院爲知州廣玉、楊芳燦於"乾隆五十一年……相繼於城東南文廟傍建修奎文書院"有誤。據卷四錄廣玉、楊芳燦《奎文書院碑記》載，廣玉任靈州知州時，於乾隆"丁未仲夏"（乾隆五十二年，1787）始議興修奎文書院事，九月開始動工，修建了三個月，至年底，因天寒停工。"丁未仲冬"，楊芳燦接任靈州知州，"戊申之春"（乾隆五十三年，1788）重新開工，"又兩閱月而始落成"奎文書院。故知，奎文書院當興建於乾隆五十二年（1787）九月，建成於乾隆五十三年（1788）三四月間。

《寧夏府志》卷二《星野》，《寧夏府志》則抄録自《甘肅通志》卷二
《星宿》，且抄録有誤，如《步天歌》中，"八星行列河中淨"之"淨"
誤作"浮"。"闕丘二個南河東"句，同《寧夏府志》誤作"闕邱二個河
南東"。正文後附《星野圖》，包括井、鬼、尾、柳等四宿圖，井宿、鬼
宿二星圖遠沒有《甘肅通志》繪製得複雜。《星野圖》後附圖 2 幅，均無
圖題，查勘其圖所繪内容，一爲"靈州周邊形勢圖"，一爲"靈州公署佈
局圖"。《地里山川誌第三》之"地里"内容襲自《寧夏府志》卷二《地
理·疆域》，"山川"内容襲自《寧夏府志》卷三《地理·山川》。

《城池堡寨誌第四》之"城池"記靈州城、花馬池城、清水營城、興
武營城、橫城、惠安堡城、韋州城等 7 座城池的興築歷史，對於改築時
間、地理位置、所用材料、監修人、城池規模大小及所費銀兩數等項内容
多有詳細記載，内容襲自《寧夏府志》卷五《建置·城池》。"堡寨"記
靈州所屬堡寨 36 座，記其堡寨名稱，與靈州、花馬池等城的距離，某些
堡寨還記其興廢情況，内容襲自《寧夏府志》卷五《建置·堡寨》。

《公署學校誌第五》小序曰："靈州公署，在城内者五，散在各營堡
者十有一。凡倉廠庫局附焉。"① 但從記載公署數量看，在靈州城内公署
有 4 處，散在各營堡者有 12 處。對各公署所屬軍器局、火藥局、教場之
方位也有記載。内容均襲自《寧夏府志》卷五《建置·公署》。"學校"
部分主要記載靈州學校興廢歷史及其所屬大成殿、崇聖祠、尊經閣的佈局
和學生的基本情況，學校"存貯書籍"書目爲我們了解清代州學藏書提
供了珍貴的資料。還載有靈州鐘靈書院、奎文書院等二書院興修情況及社
學情況。"學校"内容均襲自《寧夏府志》卷六《建置·學校》。

《壇廟坊市橋梁津渡名勝誌第六》之"壇廟"記靈州轄境内現存著名
"壇廟"如社稷壇、關帝廟、千佛寺等共 24 座，《舊志》所載但現已不存
之石佛寺等 7 座。内容襲自《寧夏府志》卷六《建置·壇廟》。"坊表"
記"翠挹蘭峰"坊、"吳李氏坊"等 10 座"坊表"。記"吳忠堡""忠營
堡"等"市集"9 處。内容均襲自《寧夏府志》卷六《建置·坊市》。記
"哈達橋"等"橋梁"4 座。記"寧河"等"津渡"3 處。内容襲自《寧
夏府志》卷五《建置·橋梁》。記"寧河勝覽"等"名勝"12 處，内容

---

① 張建華、蘇昀校注：《嘉慶靈州誌蹟校注》，（清）楊芳燦監修、郭楷纂修，寧夏人民出
版社 1996 年版，第 29 頁。

襲自《寧夏府志》卷三《地理·名勝》。

《風俗物産誌第七》小序曰："今取其節序、禮俗可觀采者録爲一編，而以物産附之。"① "風俗"記風土人情，另記當地主食、衣著材質等。所記"四時儀節"，自"元旦"迄"除夕"。記"婚禮""喪禮""祭禮"等民間禮俗活動也非常詳細，且以"喪禮"太過繁冗且所費太多民不堪其重而斥之爲"弊俗"。"物産"分穀之屬、菜之屬等 10 項子目介紹。最後用"按"附録明清靈州"土貢"情況。上述内容均襲自《寧夏府志》卷四《地理》之"風俗""物産"。

《古蹟誌第八》共記靈州 25 處古蹟，内容均襲自《寧夏府志》卷四《地理·古蹟》，《寧夏府志》均抄録自《甘肅通志》卷二三《寧夏府》屬縣靈州古蹟。據《甘肅通志》《寧夏府志》，《靈州誌蹟》"保靖廢縣"當作"保静廢縣"，"興昌廢郡"當作"新昌廢郡"。

《丁税賦額誌第九》之《賦額》詳載靈州田畝數量、田地等級、應納税額等，内容均襲自《寧夏府志》卷七《田賦·賦額》。《鹽法》（附《歷代鹽法》）、《茶法》《雜税》等内容均襲自《寧夏府志》卷七《田賦》之《鹽法》（附《歷代鹽法》）、《茶法》《雜税》。

《水利源流誌第十》内容均襲自《寧夏府志》卷八《田賦·水利》之《源流》《靈州渠道》。《寧夏府志》取材自《甘肅通志》卷十五《水利·寧夏府》。據《甘肅通志》，在靈州境内的河渠尚有光禄渠、薄骨律渠和特進渠，而《靈州誌蹟》沿襲《寧夏府志》只録秦渠、漢渠，未録另外三渠。抄録時還有誤字、脱字現象，如"唐書"之"吐蕃傳"同《甘肅通志》《寧夏府志》，均誤作"吐魯番傳"。

《職官姓氏誌第十一》記靈州各級官員的設置情況、俸禄數額及歷任者姓名等，内容均襲自《寧夏府志》卷九、卷十兩卷《職官》。《兵額營汛驛遞誌第十二》内容均襲自《寧夏府志》卷十一《職官》。記"兵額""營汛""驛遞"資料很詳細，但某些資料可能有問題，如各地營汛數，記花馬池營墩有 21 處，但只列出 20 個墩名，記花馬營有 11 處，但卻列營汛名有 13 個。

《歷朝宦蹟誌第十三》内容均襲自《寧夏府志》卷十二《職官》。其

① 張建華、蘇昀校注：《嘉慶靈州誌蹟校注》，（清）楊芳燦監修、郭楷纂修，寧夏人民出版社 1996 年版，第 41 頁。

中周至北周所選人物共 9 人，五代 4 人，明朝 17 人，元朝、清朝無 1 人入《宦蹟》，這些均同《寧夏府志》。① 隋朝、唐朝、宋朝等三朝人物入選者與《寧夏府志》有異，隋朝 2 人，唐朝 15 人，宋朝 19 人。唐朝人中增加了《寧夏府志》所無的江夏郡王道宗、崔敦禮、魏元忠、姚崇等 4 人，宋朝人中增加了《寧夏府志》所無的馮繼業、侯延廣、慕容德豐、李繼隆、丁罕、鄭文寶、張凝等 7 人。

《人物鄉獻誌第十四》共立傳主 30 位。其中，漢、魏、晉、南北朝所列傳主皆爲傅氏家族名人，共 16 位。此後列唐人 4 位，宋人 2 位，西夏人 1 位，明人 2 位，清人 5 位。內容均襲自《寧夏府志》卷十三《人物·鄉獻》。《靈州誌蹟》將《寧夏府志》中歸入清朝的孟養龍調整至明朝。後附"科貢"名單，共 308 人，姓名之下簡單記其籍貫、仕履等。其中進士有 10 人，舉人有 40 人，舉人中"科分無考"者 3 人，貢生有119 人，貢生中"年分無考"者 20 人。內容均襲自《寧夏府志》卷十四《人物·科貢》。武進士有 10 人，武進士中"科分無考"者 5 人，武舉人有 79 人，武舉人中"科分無考"者 22 人。內容均襲自《寧夏府志》卷十五《人物·武科》。從各傳主事蹟來看，清朝的靈武讀書人還是長於學問的。如康熙甲戌（1694）進士孟之珪"天姿穎異，品行端方，文章字學，兼有名於時。立條教闡明理學，至今靈武文壇皆宗仰之。"② 康熙丙戌（1706）進士謝王寵喜讀性理之書，雍正命其"講太極圖說，上大喜。……所著有《反經錄》。"③ 許體元"沈潛理學，尤精於《易》。……著有《春秋傳敘》《易經匯解》。"④

《忠孝義烈誌第十五》立傳主共 46 位，其中"忠"者 9 人，"孝"者7 人，"義"者 2 人，"烈婦"28 人。內容均襲自《寧夏府志》卷十六、卷十七《人物》。

《靈州誌蹟·藝文誌第十六上》小序曰："故余輯《靈州誌》於藝文，所錄率多名臣奏章、廟堂碩畫，其他銘、頌、序、記，亦取按切事勢關係

---

① 北周，《嘉慶靈州誌蹟》原刻本脫"北"字，據（乾隆）《寧夏府志》補。

② （清）張金城等修纂：《乾隆寧夏府志》，陳明猷點校，寧夏人民出版社 1992 年版，第457 頁。按：文壇，《靈州誌蹟》卷三作"學士"。

③ 同上書，第 457—458 頁。按：丙戌，（嘉慶）《靈州誌蹟》原刻本原誤作"丙辰"，（乾隆）《寧夏府志》不誤。點校本徑直改作"丙戌"，未注明校改理由。

④ 同上書，第 468 頁。

政化者詳爲蒐集，庶有益於經濟。至於諷誦之文不過略存梗概而已，後之
覽者，亦將有取於是與！"①《藝文誌》主要按體裁分類編排文獻。《藝文
誌第十六上》録疏奏、賦、頌、碑銘等 14 篇，内容襲自《寧夏府志》卷
十八《藝文》。相比《寧夏府志》，新增宋朝李繼和《奏疏》。《藝文誌第
十六下》録 "記" 14 篇，内容襲自《寧夏府志》卷十九、卷二〇《藝
文》。相比《寧夏府志》，新增清朝廣玉《奎文書院碑記》，楊芳燦《奎
文書院碑記》《峽口禹廟碑》《靈州移建太平寺碑》等 4 篇 "碑記"。録
詩 45 首，内容襲自《寧夏府志》卷二一《藝文》。相比《寧夏府志》，新
增石茂華《宿小鹽池》、郭楷《初至奎文書院呈蓉裳刺史兼示諸生二十
韻》等詩 30 首。

　　《歷代邊防事蹟誌第十七》記漢朝至明朝發生在寧夏的歷史大事，内
容襲自《寧夏府志》卷二二《雜記·紀事》。與《寧夏府志》相比，《靈
州誌蹟》在唐朝寧夏史中新增《新唐書》卷二一五《突厥傳》中的若干
史實，並注明其出處。另外，唐朝大曆九年（774）事，宋朝太祖建隆二
年至元豐四年（961～1081）寧夏史事不是輯録自《寧夏府志》，其出處
不詳。

　　《歷代祥異誌第十八》録發生在寧夏的祥異之事共 18 條，除宋太平
興國三年（978）和雍熙二年（985）兩條出處不詳、最後一條輯自《寧
夏府志》卷二二《雜記·軼事》外，其他内容均襲自《寧夏府志》卷二
二《雜記·祥異》。

　　（五）（嘉慶）《靈州誌蹟》與（乾隆）《寧夏府志》内容相異者舉例

　　從《靈州誌蹟》内容來看，除各志小序屬於纂修者原創外，絕大多
數内容均原封不動因襲《寧夏府志》。與《寧夏府志》内容相異的地方，
有的是屬於新增資料，也有漏輯《寧夏府志》資料的現象，有些不同則
可能是《靈州誌蹟》纂修者對原始資料編輯角度不同或有所考證而致。
今舉其要者如下。

　　《地里山川誌第三》之 "山川" 較《寧夏府志》卷三《地理·山川》
新增 "簡尖山" 一條。《公署學校誌第五》於所記公署 "守備署在城西

①　張建華、蘇昀校注：《嘉慶靈州誌蹟校注》，（清）楊芳燦監修、郭楷纂修，寧夏人民出
版社 1996 年版，第 145 頁。

南"下增注"今無"兩字。另外，對於鐘靈書院的興修比《寧夏府志》
有更加詳盡的補充說明。《壇廟坊市橋梁津渡名勝誌第六》之"壇廟"增
記八蠟廟、忠孝祠、節義祠、南鼓樓、東鼓樓、水洞庵、永寧寺、東塔鎮
海寺等8處，但漏輯《寧夏府志》原載之三清觀。"坊表"中欽賜烈婦
坊，《寧夏府志》記有"李氏坊"，《靈州誌蹟》記爲"吳李氏坊"。《風
俗物産誌第七》之"四時儀節"内容最後，《寧夏府志》原有"舊志載：
'仲冬後，紈綺牽黄臂蒼，畋獵畢舉。'今俗頗革"一段話，①《靈州誌蹟》
刪除未録。本節内容中，《寧夏府志》原有"上元食元宵"之"元宵"，
《靈州誌蹟》改爲"團子"。"物産"中漏輯"六畜：馬、駝、牛、羊、
騾、驢、豕"。②《古蹟誌第八》增記"靈武台"。《丁税賦額誌第九》漏
輯"民銀田四十一頃八十畝零。每畝徵折糧草銀三分、地畝銀二厘一毫
八絲"。③

　　《職官姓氏誌第十一》增補内容較多。於"歷任知州姓氏"中，增加
了乾隆二十年（1755）任職的江鯤，這應該是《寧夏府志》的疏漏。又
增加了乾隆四十年（1775）起接連任知州一職的佟躍岱、黄恩等8人。
於"靈州學正"名單增補乾隆四十七年（1782）起接連任職的楊昆等5
人。但於"武職"之"靈州營參將"中漏輯晏嗣漢1人。④另外，姚承
德、吕自奎、王永若、田元國、吳自端等5人姓名，《寧夏府志》分别作
姚永德、吕自魁、王顕若、田充國、吳曰端。

　　《人物鄉獻誌第十四》沿襲了《寧夏府志》的錯誤，將北魏人梁祚編
入晉人行列。同時又將《寧夏府志》中輯録的晉人傅瑗漏輯。唐朝"康
日知"條中，脱最後一句"承訓亦以功封會稽郡男"10字。收列人物
中，"斡道冲"爲西夏人，而《靈州誌蹟》襲《寧夏府志》將其録爲宋
人。這反映了志書編輯者的政治立場，即没有將西夏看作是一個獨立的封
建王朝政府，而仍然將其視爲宋朝的藩屬地，故將西夏人歸入宋人行列。
另外，録文中有數處誤文。據元人虞集《道園學古録》卷四《西夏相斡

①　（清）張金城等修纂：《乾隆寧夏府志》，陳明猷點校，寧夏人民出版社1992年版，第
110頁。

②　同上書，第114頁。

③　同上書，第223頁。

④　花馬池副將"姚永德"，點校本誤作"姚承德"；靈州營參將"吕自魁"，點校本誤作
"吕自奎"。

公畫像贊有序》載，道冲字宗聖，譯《論語注》，別作解義"二十卷"曰《論語小義》，又作《周易卜筮斷》。《寧夏府志》倒其字作"聖宗"，卷數誤作"三十卷"，《靈州誌蹟》全部承襲了這些錯誤。另外，又增添新的錯誤，將"斡道冲"誤作"幹道冲"，《周易卜筮斷》誤作"周易十筮斷"。①

《忠孝義烈誌第十五》"忠"者中有"史開先"，這是把他從《寧夏府志》卷十二《宦蹟》調整入此的。《靈州誌蹟》增加"孝"者侯知道、程俱羅的事蹟要詳於《寧夏府志》。"烈婦"較《寧夏府志》新增加了萬梃妻王氏、許昭妻周氏、吳忠堡烈婦黃氏等 3 人。《藝文誌第十六上》錄《三受降城碑銘》作者當名"呂溫"，誤作"石溫"，點校本未校出其誤。

（六）版本情況

（嘉慶）《靈州誌蹟》原刻本傳世較廣，國家圖書館、甘肅省圖書館、清華大學圖書館等均有藏。海外藏書機構如東洋文庫也有收藏。寧夏圖書館、甘肅省圖書館還分別據原刻本製成油印本傳世。1968 年，臺灣成文出版社影印《靈州誌蹟》的版本說明是據清嘉慶三年（1798）抄本影印，該本實際上爲光緒三十四年（1908）重修《靈州誌蹟》，其殘本甘肅省圖書館有藏。故（嘉慶）《靈州誌蹟》無所謂"嘉慶三年抄本"傳世。甘肅省圖書館藏有民國三十二年（1943）抄本《靈州誌蹟》一冊，1951 年8 月，甘肅省圖書館從蘭州書市上購得。該書抄寫用紙爲"寧夏省通志館稿紙"，據嘉慶三年（1798）刊本抄錄。前有張維序，後有張令琯跋。抄本抄寫質量較高。

從《靈州誌蹟》整理與研究現狀看，學界主要以國內所藏《靈州誌蹟》文本爲研究整理物件，對於東洋文庫藏本尚未見有介紹。從版本特徵而言，東洋文庫藏本與國家圖書館、甘肅省圖書館藏本當係同一版本，故在此以東洋文庫藏本爲物件進行版本描述，以期加深學界對《靈州誌蹟》的研究和了解。

東洋文庫藏刻本《靈州誌蹟》1 函 4 冊，開本 25.3 × 16.4（釐米）。版框 19.9 × 15.3（釐米）。白口，單、黑魚尾，四周雙邊。序每半頁 9

---

① 《靈州誌蹟》點校本作"聖宗""三十卷"，仍襲嘉慶三年（1798）原刻本之誤。其他兩處錯誤則校正過來。

行，行 22 字；正文每半頁 9 行，行 19 字。《靈州誌蹟》内容共 4 卷，除封面外，目録、修志姓氏、序跋、正文等的總頁數是 234 頁。卷次數在各卷卷端未出現，而是出現在各卷版心。《靈州誌蹟》冊一至冊四每冊最末一頁之左半頁均鈐蓋有陽文"伯衡氏"方形朱印一方。第一、第三、第四冊書衣均缺。第二冊書衣殘存，左上有題簽原題"靈州志書"4 字。4 冊皆有封面，内容全同。其右側竪題"長白岐東氏豐捐廉修輯"10 字，中間題"靈州志"3 大字，左側竪題"嘉慶戊午季冬"6 字。

第一冊封面、修校人員名單、序、目録及卷一正文，共 49 頁。封面之後爲《靈州誌蹟》修校人員名單《修志姓氏》1 頁。此頁卷端下方鈐蓋有陽文"東洋文庫"長形朱印 1 枚。據舊志修纂例，冠"修纂"或"纂修"者往往是實際編修者，故知《靈州誌蹟》實際編修人當爲郭楷。名單後爲郭楷、楊芳燦序。郭楷序題"靈州誌蹟序"序末落款後有陰文"郭楷之印"方形墨印、陽文"雪莊氏"方形墨印各 1 方。楊芳燦序題《靈州志序》，序末落款後有陰文"楊芳燦印"方形墨印、陽文"蓉裳"方形墨印各 1 方。序各 2 頁。

兩序後爲《靈州誌蹟目録》1 頁。目録題名下有朱筆"孟權"二字，不知何人所書。本頁版心頁碼數爲"三"，與前頁版心頁碼數"五"不銜接，疑有脱頁，或者此頁版心頁碼數誤刻。目録著録類目名稱與正文類目名稱稍異，正文類目名稱均有"志"字，目録著録名稱則無，如目録著録名稱爲"歷代沿革表第一"，正文類目名稱則爲"歷代沿革表誌第二"，目録著録名稱爲"星野第一"，正文類目名稱則爲"星野誌第二"，等等。目録後即爲正文。

卷一正文共 42 頁，頁一卷端書名《靈州誌蹟》4 字下有陽文"務本堂印"長形朱印 1 枚，類目名"歷代沿革表誌第一"8 字下有陽文"張炳私印"圓形朱印 1 枚。第二冊即卷二，卷端自下而上鈐蓋有"張炳私印""務本堂印"。本冊頁數據其版心爲 57 頁。但在第 19 頁至 20 頁之間有 3 頁爲清朝李培榮撰寫的《南北漊河記》全文，作爲《水利源流誌第十》的附録部分，故冊二實際頁數應該是 60 頁。另，本冊第 2 頁頁碼數"二"誤刻爲"一"，或者可能會是版片印刷時間太久而出現了脱落筆劃現象。第三冊即卷三，卷端蓋印同卷二卷端。本冊頁數據其版心爲 56 頁。但第 24 下一頁版心刻頁碼數爲"敘二十四"，後接第 25 頁，故冊三實際頁數應該是 57 頁。第四冊即卷四和跋。卷端蓋印同卷二、卷三之卷端。

卷四頁數爲 67 頁。卷四正文後爲豐延泰《靈州志跋》，共 2 頁，跋末落款後有陰文"豐延泰印"方形墨印、陽文"岐東"方形墨印各 1 方。

該志中有避清帝名諱的現象。如"玄"缺末筆一點，"玄宗"作"元宗"，"弘治"作"宏治"等，當是避清聖祖玄燁之"玄"、高宗弘曆之"弘"。

（七）文獻價值

從獨創性角度來看，《靈州誌蹟》不能算是一部質量上乘的地方志書。前文述及，無論是編纂體例，還是内容結構，《靈州誌蹟》因襲的痕蹟非常明顯，基本上可以說是（乾隆）《寧夏府志》的撮抄本。另外，由於對參考文獻中原始材料考證不精，原始材料中的錯誤被以訛傳訛，如以夏州爲寧夏故地之說。原始文獻中存在的脫、訛、衍、倒等錯誤也一併被承襲下來，且又增加了部分新的錯誤。這些錯誤在點校本中有很多已經校正過來，有的仍未糾正。我們想要強調的是，儘管《靈州誌蹟》存在諸多問題，但從文獻利用的角度來看，這部志書還是有一定的價值。

第一，於靈州專志而言，《靈州誌蹟》有首創之功。古靈州資料在多種古文獻中都有，如關於其沿革，在《漢書》卷二八下《地理志第八下》《新唐書》卷三七《地理志》《太平寰宇記》卷三六《關西道十二》《武經總要》前集卷十八下《邊防·西蕃地界》《太平御覽》卷一六四《州郡部十·關西道》《甘肅通志》卷三下《寧夏府》等均有"靈州"專目記述。嘉慶三年（1798）之前成書的寧夏舊志特別是（乾隆）《寧夏府志》中，有關靈州的資料更多，但無專志專記靈州。《靈州誌蹟》捐修者豐延泰對於方志的價值有獨到的認識，其《〈靈州志〉跋》曰："國有史，家有乘，而邑有志，皆所以匯輯憲章、維護政教也。"[①] 由此也可以看出地方專志對於地方政治、教化的重要性。《靈州誌蹟》作爲靈州成書時間最早的一部專志，其重要性自不言而喻。

第二，於靈州史料而言，《靈州誌蹟》有匯輯之功。該志是靈武市現存專志中内容最集中、最豐富、最完整的一部。在該志成書前，雖有《寧夏府志》等文獻輯錄了大量有關靈州的資料，但是諸多資料散見於各

① 張建華、蘇昀校注：《嘉慶靈州誌蹟校注》，（清）楊芳燦監修、郭楷纂修，寧夏人民出版社 1996 年版，第 289 頁。

卷。《靈州誌蹟》將這些資料一一輯録出來，並加以排比編輯，新增了《寧夏府志》沒有的新資料，特別是增補乾隆四十五年（1780）《寧夏府志》刊行後至嘉慶三年（1798）近 20 年間與靈州有關的資料。所以，從資料集中程度、豐富程度和完整性上看，《靈州誌蹟》是最集中、最豐富、最完整的。《靈州誌蹟》增補《寧夏府志》所無的材料，數量最多的是職官部分和藝文部分。這也從一個側面說明，在方志材料中，職官、藝文資料的變化是比較大的，需要時時更新。同時，這也提示我們，在研究方志成書時代或刊行時間時，這兩類資料有時候可能會提供關鍵材料。另外，《靈州誌蹟》附兩張靈州古地圖，是現存靈州古文獻中成圖時間最早的，這爲研究古靈州提供了難得的圖畫文獻。該志輯録的藝文有些不見於有關的著述中，如輯録知州楊芳燦《奎文書院碑記》《初夏放舟青銅峽口因登百塔寺用〈松陵集〉中楞加精舍倡和韻》，這一詩一文在《芙蓉山館文鈔》《芙蓉山館詩鈔》中均未收録，這樣，《靈州誌蹟》又有了輯佚的作用。

　　第三，於其他志書而言，《靈州誌蹟》有發凡起例之功。《靈州誌蹟》對後來的志書編纂有一定影響，特別是成書於清光緒三十四年（1908）的《寧靈廳志草》，受其影響最大。該志基本内容仿《靈州誌蹟》類目體之體例來編纂，部分類目内容完全取材自《靈州誌蹟》，或全文抄録，説明材料出處爲《靈州誌蹟》，或將《靈州誌蹟》内容融入到所纂修内容之中，但對材料出處未加説明，或者只説明相關材料參見《靈州誌蹟》，而不再把材料抄録出來。即便是在遣詞造句、結構安排等方面也明顯受《靈州誌蹟》影響。

二　（光緒）《靈州志》

　　自嘉慶三年（1798）修成《靈州誌蹟》並刊行後，很長時間内再無新修的靈州舊志行世。一個多世紀後，光緒三十一年（1905）、三十四年（1908），陳必淮兩任靈州知州，在其任内有重修《靈州志》（下文稱（光緒）《靈州志》）傳世，惜各傳本均爲殘本。

（一）整理與研究現狀

（光緒）《靈州志》最早著録於張維《隴右方志録》：“光緒《靈州

志》四卷，存，寫本，不全。清光緒三十三年修。維案：此志僅見二冊：第三卷《人物》《藝文》，第四卷《邊防》《祥異》。"① 其《隴右方志錄補》又載："光緒《靈州志》四卷，存，寫本，不全。清光緒三十三年修。卷一，未見。卷二《稅賦》《水利》《職官》《兵制》《驛遞》《宦蹟》。卷三《人物》《藝文》。卷四《邊防》《祥異》。維案：此志初見第三、四兩卷，其後江右趙敦甫又於舊肆得第二卷，亦當時官輯書中較佳之作也。"② 很明顯，張維著錄的（光緒）《靈州志》應該是同一時間纂修的，完整的本子當爲 4 冊，他所見的版本合在一起只存 3 冊，缺第 1 冊卷一。

此外，《中國地方志聯合目錄》《寧夏地方文獻聯合目錄》《甘肅省圖書館藏地方志目錄》《中國地方志總目提要》等方志書目對（光緒）《靈州志》都有著錄或提要。③ 高樹榆《寧夏方志考》《寧夏方志評述》《寧夏回族自治區地方志述評》等文對（光緒）《靈州志》作提要式介紹。陳永中《靈武舊志書評價》對國家圖書館、甘肅省圖書館、靈武檔案館所藏（光緒）《靈州志》手抄殘卷進行了比較和分析，認爲國圖藏本質量較好，檔案館藏本質量低於前兩家藏本。

（光緒）《靈州志》的整理之作附見於《嘉慶靈州誌蹟校注》。校注者對國家圖書館藏 1 卷本、甘肅省圖書館藏 2 卷本分別進行標點、勘誤、補遺、注釋等工作。惜其僅錄與（嘉慶）《靈州誌蹟》相異之文，未將此兩本之全文皆錄出。書末附蘇昀《靈州舊志版本介紹與評介》一文，就其所見 5 種（光緒）《靈州志》殘本的價值進行探討。

（二）編修時間及編修者生平

（光緒）《靈州志》的編修或抄成時間，目錄著錄多同張維《隴右方志錄》，爲光緒三十三年（1907），一般認爲該志記事也至光緒三十三年

---

① 張維：《隴右方志錄》，《中國西北文獻叢書》據北平大北印刷局 1934 年版影印，蘭州古籍書店 1990 年版，第 77 冊第 699 頁。

② 同上書，第 77 冊第 775—776 頁。

③ 《聯合目錄》著錄爲"楊芳燦修、佚名續修"，光緒三十三年抄本，《寧夏目錄》著錄爲"蘭德昌撰"，《甘肅目錄》著錄爲清光緒三十三年（1907）修，《總目提要》載其較前志增加靳桂香等 7 人。這些著錄提要都有問題。筆者考證，該志至晚修成於光緒三十四年（1908），陳必淮監修，纂修及抄錄者佚名，較前志增加張瑞珍等 7 人事蹟。

（1907）。筆者比較認同高樹榆等先生的看法，即該志當抄成於光緒三十四年（1908），記事也至此年。

國家圖書館藏抄本（光緒）《靈州志·丁稅額賦誌第九》載："查靈州自同治紀元回匪變亂，州城兩次失陷，案卷全行焚毀，所有自嘉慶三年以迄道光二十一年丁賦增蠲大半無從查考。茲仿照賦役全書並地丁，考成二冊，互相考核，截至道光二十三年起，光緒三十三年止。"① 有些學者據此認爲，其記事止於光緒三十三年（1907）。但同書《歷朝宦蹟誌第十三》中記載了陳必淮再任靈州事，其時爲光緒三十四年（1908）。

陳必淮光緒三十一年（1905）冬權知靈州州事，三十二年（1906）解任回省，三十四年（1908）二月又重守斯土。他在任期間，勸民辛勤農桑，遇回漢相爭，處理時遇事開導，不偏不倚，勸懲兼施。清朝"庚子維新"，詔立學堂、巡警，令各地就地籌款。陳必淮首禁攤派，整頓舊有款項，儘量不給百姓增加新的負擔。於城內、吳忠堡設立巡警兩處，改舊有的靈文書院爲高等小學堂，招生開學，均爲靈州首倡。再任靈州知州後，興修水利，特別是興修秦渠，使得靈州百姓不再有缺水之憂。嚴查賊人猖狂宰食州屬東山當地百姓羊只的惡事，贏得了百姓的稱讚。（光緒）《靈州志》載："公自再任，求治益切，遇民間有疾苦事，輒爲之廢寢忘餐，尤善於聽訟。人有譽之者曰：'聽訟何奇，惟無訟爲難耳。'嗚呼！此亦可睹公之所志矣。公嘗謂：'兩度靈州，與靈民有緣，倘不能爲民計久遠之安，非獨負我靈民，且大負我上憲也。'噫！斯言也，非仁人君子之用心，曷至此？但祝久於其位，福我靈民，是則億兆蒼生所馨香而默禱者耳。"② 從最後一段祝福語看，（光緒）《靈州志》抄成時候，即光緒三十四年（1908）陳必淮仍然在位，所以百姓盼望他能夠繼續在位，以更好地造福靈州百姓。

從地方志書的修書規律來看，地方長官一般將修志視作是自己分內的事情，故許多地方志都由時任地方長官來監修，甚至親自捉刀。從國圖藏殘本的內容來看，記事止於陳必淮再任靈州知州的光緒三十四年

① 張建華、蘇昀校注：《嘉慶靈州誌蹟校注》，（清）楊芳燦監修、郭楷纂修，寧夏人民出版社1996年版，第298頁。按：校注本"互相"誤作"互相"，"截至"誤作"截止"，據國家圖書館藏抄本改。

② 同上書，第317頁。按："譽之者曰"，校注者誤作"譽之昔曰"。

（1908），所以陳必淮應該是最有可能重修靈州志書的人選。或許他沒有
親自動手去編修，但至少他會監修。民國十四年（1915）成書的《朔方
道志》，即陳必淮在任寧夏道尹時主修，這也說明，他是非常關心地方文
獻編修的。

（三）志書版本及其內容

傳世的（光緒）《靈州志》均爲殘本，主要存藏在國家圖書館和甘肅
省圖書館。

1. 中國國家圖書館藏本

該藏本 1 冊，未題編纂者姓名，未編次頁碼，書名頁題“靈州誌蹟”
4 字，第 2 頁爲目録。從第 3 頁開始爲抄本的正文。正文共 43 頁。抄本
每半頁 10 行，行 22 至 24 字。國家圖書館著録其版本信息是清末咸豐元
年至宣統三年（1851～1911）抄成。藏本上鈐蓋有“國立北平圖書館藏”
“北京圖書館藏”“趙二經眼”等印文印章。

甘肅省圖書館藏民國三十三年（1944）抄本（光緒）《靈州志》扉
頁題識稱，本抄本即據國立北平圖書館藏稿本録副，原底本書眉處曾貼紅
簽若干，部分文字間有注語，個別地方又有圈點，抄者將其“均一一録
出，贈國立西北圖。”本抄本最末一頁題有“大部分係藍德昌君録”9 個
字。查國圖藏本，部分紙頁上端殘留有紅色痕蹟，一處痕蹟上還殘留有
“州人物”三字，個別段落有圈點，但甘肅省圖書館抄本末頁所言“大部
分係藍德昌君録”不知何據。1988 年天津古籍出版社出版《寧夏歷代方
志萃編》以甘肅圖書館抄本爲底本影印。

國家圖書館抄本《目録》顯示，本抄本應包括《丁稅賦額》《水利源
流》《職官姓氏》《兵額營汛驛遞》《歷朝宦蹟》等 5 部分內容，但《職
官姓氏》有目無文，故實際殘存 4 部分內容。從正文抄録格式看，與刻
本《靈州誌蹟》的版刻格式相同，卷端之行均上題書名“靈州誌蹟”4
字，下題門類名稱及其序次，如“靈州誌蹟，丁稅賦額誌第九”之類。
其後爲各門類小序及正文。

《丁稅額賦誌第九》共 14 頁。與刻本《靈州誌蹟》比勘，抄本卷端
門類標目《丁稅賦額》誤抄作“丁賦額稅”，小序中“隱漏”誤抄作
“隱陋”。“而以歷代鹽法、茶法綴其後，俾觀者得裁別焉”句，抄本改寫
作“而以歷代鹽法、茶法今昔同異綴其後，俾觀者得窺全豹而裁別焉”。

正文内容中，《附歷代鹽法》全同刻本《靈州誌蹟》，其他大異於刻本《靈州誌蹟》。主要記載靈州道光二十三年至光緒三十三年（1843～1907）間的各種丁賦稅額，包括田地等級、畝數、應交稅額、鹽法、茶法及其他課稅種類等，資料來源主要爲官府公文檔案。

《水利源流誌第十》共 3 頁。小序内容較刻本《靈州誌蹟》有補充和改寫。刻本《靈州誌蹟》"靈州舊有秦漢二渠，凡臨城上腴諸田，悉沿渠上下以資其灌溉之利"句，抄本補充改寫爲："靈州舊有秦漢二渠，自同治初回匪亂後，經陝甘總督左文襄公，以靈州地方遼闊，漢回雜處，風氣強悍，地方官有鞭長莫及之勢，遂奏請劃安寧靈、平遠二屬，以便控制，而漢渠即分爲寧靈廳所有矣。靈州只剩秦渠一渠，所有劃留之早元、吳忠、新接、胡家等堡，並州城四門三路五牌上腴諸田悉受秦渠灌溉，而寧靈廳屬之金秦四里，亦同受其利焉。""民間自備夫料"句後補"官紳督作" 4 字，"蘆口"改作"渠口"，"猾胥惰民"改爲"猾胥奸民"。① 抄本小序後内容中，對自漢迄清朝雍正四年（1726）間靈州水利之事全同刻本《靈州誌蹟》。其後刻本《靈州誌蹟》還載興修秦渠、漢渠事，因漢渠在同治之後不歸靈州所有，故抄本不再記漢渠事，而對興修秦渠之事又多有補充，② 主要補充知州陳必淮在任期間對秦渠的興修工作。所記光緒三十四年（1908）修築峽口"豬嘴碼頭"事，首見於此志，是秦渠興修史上的重要資料。③

《兵額營汛驛遞誌第十二》共 5 頁。抄本小序移録刻本《靈州誌蹟》起始舊有的文字後，又增加了新的内容，小序曰："此舊有也，迨因邊防無事，庫款支絀，於'裁兵節餉'案内，迭奉裁汰，並自變亂後，劃分寧靈、平遠等處管轄外，現在共有兵二百九十八名，内馬兵五十一，步兵二百一十三，守兵三十四。塘墩合八十五，驛遞六，馬九十四，夫四十七。塘站夫馬廢未安設。"④ 其後的正文中，《兵額》中補充了靈州營、橫城營、興武營、花馬池營等 4 處分防地點、兵員數及兵員構成情況。《營

---

① 張建華、蘇昀校注：《嘉慶靈州誌蹟校注》，（清）楊芳燦監修、郭楷纂修，寧夏人民出版社 1996 年版，第 306 頁。

② 《靈州誌蹟》載秦渠"灌民田一十一萬七百畝零"，抄本作"灌田九萬八千九百餘畝"。

③ 《朔方道志》卷二七録陳必淮《規復秦渠豬嘴碼頭碑記》詳志其事。

④ 張建華、蘇昀校注：《嘉慶靈州誌蹟校注》，（清）楊芳燦監修、郭楷纂修，寧夏人民出版社 1996 年版，第 308 頁。

汛邊墩》中靈州營由 25 處減少爲 17 處，花馬營由 13 處減少至 8 處，其他未變。《驛遞》所記也與《靈州誌蹟》有異。

《歷朝宦蹟誌第十三》共 21 頁，抄本小序内容全同刻本《靈州誌蹟》。刻本《靈州誌蹟·宦蹟》記載了周至明朝的靈州歷史人物事蹟，抄本除了這些人物事蹟外，又補充記載了同治元年至光緒三十四年間（1862~1908）任職於靈州、花馬池的張瑞珍、周浩、王鎮墉、孫承弼、廖葆泰、陳必淮、王式金等 7 位清人的事蹟。① 這 7 人中，尤其以陳必淮的事蹟最詳，爲考證國圖藏抄本的抄成時間提供了非常關鍵的材料。

2. 甘肅省圖書館藏本

甘肅省圖書館藏有 5 種（光緒）《靈州志》的手抄殘本。其中兩種抄寫時間不詳，3 種有明確的抄寫時間。

抄成時間不詳的兩種本子是：

（1）光緒三十三年修《靈州志》

該本 1 冊，線裝，書衣題書名爲《靈州志》，有"光緒三十三年修卷二"9 字，正文題《靈州誌蹟》。殘存内容包括《丁稅賦額誌第九》《水利源流誌第十》《兵額營汛驛遞誌第十二》《歷朝宦蹟誌第十三》，相當於（嘉慶）《靈州誌蹟》卷二。本抄本所依底本不詳。此本或即爲張維所說，是江右趙敦甫於舊肆所得。

（2）光緒三十四年修《靈州志》

該本 2 冊，線裝，封面有"光緒戊申"4 字，鈐蓋有"甘肅省立圖書館"印章。殘存《人物鄉獻誌第十四》《忠孝義烈誌第十五》《藝文誌第十六上》《藝文誌第十六下》《歷代邊防事蹟誌第十七》《歷代祥異誌第十八》，相當於（嘉慶）《靈州誌蹟》卷三、卷四。

抄成時間明確的三種版本依次是：

（1）民國二十年臨洮張氏（即張維）抄本

《甘肅省圖書館藏地方志目錄》著録。《中國西北文獻叢書》影印本上鈐蓋有"臨洮張氏"藏書印章，疑即此抄本。影印說明，張氏抄本版本 26.4×15.2（釐米），版心 18.6×12.4（釐米）。此本前有張維撰寫題識兩則，第一則即《隴右方志録》之《靈州誌蹟》提要，第二則是其補

---

① 《嘉慶靈州誌蹟校注》校注者所編的國家圖書館藏本目錄中遺漏王式金，正文中"王式金"三字上有一"存"字，查原抄本並無此字，校注者不知何據。

題，說明“此志各卷卷末多附同、光間事，蓋爲光緒三十三年續輯之本，已非雪莊原稿。”①

影印抄本內容依次是修志姓氏、序、跋、目録、正文。每半頁 10 行，行 23 至 24 字。抄寫格式與刻本《靈州誌蹟》基本相同，卷端上題書名“靈州誌蹟”4 字，下題各門名稱及其次序。唯按《靈州誌蹟》18 門類，將全書厘分成了 18 卷，版心上象鼻處題書名爲《靈州志》，卷次及各門名稱（有些題簡稱）則題寫於版心中段。如《靈州誌蹟》卷二《丁稅賦額誌第九》，版心自上而下依次題“《靈州志》，卷九《丁賦》”。

細檢影印本內容，自《歷代沿革表誌第一》至《古蹟誌第八》，全同刻本（嘉慶）《靈州誌蹟》，唯漏印星宿圖和兩幅靈州地圖。《丁稅賦額誌第九》《水利源流誌第十》《兵額營汛驛遞誌第十二》《歷朝宦蹟誌第十三》內容全同國圖藏抄本，《職官姓氏誌第十一》有 5 頁空白頁，也同國圖抄本，有目無文。《人物鄉獻誌第十四》至《歷代祥異誌第十八》內容全同（嘉慶）《靈州誌蹟》。（嘉慶）《靈州誌蹟·歷代邊防事蹟誌第十七》中引《新唐書·突厥傳》的內容，但注明出處是《唐書·突厥傳》，影印抄本中《唐書》則補“新”字。

從抄本內容看，卷二內容全同國圖藏本卷二的內容，連《職官姓氏誌第十一》有目無文也完全一樣，卷一、卷三、卷四則與傳世的（嘉慶）《靈州誌蹟》內容相同。

（2）民國三十三年抄本

該本 1 冊，題書名《重修靈州志》，書名下有小字“卷貳光緒戊申”6 字。書內第 2 頁有抄録底本及抄録時間的說明：“據國立北平圖藏稿本録副，原書眉端貼紅簽若干，端間有注語，又有圈點處。均一一録出。琴城趙二，三十三、五、十一。贈國立西北圖，卅三年七月”。書末有“大部分係藍德昌君録”九個字。據此說明，此抄本的抄寫底本是國立北平圖書館（今中國國家圖書館）藏抄本，抄成於民國三十三年（1944）五月十一日。同年七月，贈於當時的國立西北圖書館（今甘肅省圖書館），抄贈者是“琴城趙二”。②

---

① 《靈州志》：《中國西北文獻叢書》第一輯第 52 卷《西北稀見方志文獻》，蘭州古籍書店1990 年影印本，第 272 頁。

② 甘肅省圖書館藏民國三十三年（1944）抄本《乾隆鹽茶廳志》後有琴城趙二識語。

（3）民國三十六年抄本

該本 2 冊，抄成於民國三十六年（1947）。抄寫用紙爲國立蘭州圖書館抄藏專用紙，鈐蓋有"國立蘭州圖書館珍藏"印章，殘存內容包括《人物鄉獻誌第十四》《忠孝義烈誌第十五》《藝文誌第十六上》《藝文誌第十六下》《歷代邊防事蹟誌第十七》《歷代祥異誌第十八》，相當於（嘉慶）《靈州誌蹟》卷三、卷四。細檢其文，《藝文誌第十六上》《歷代邊防事蹟誌第十七》等兩部分內容全同（嘉慶）《靈州誌蹟》，其他都有較多的補充，特別是補充了許多清朝與靈州有關的史實。

（嘉慶）《靈州誌蹟》輯錄的清朝靈州"鄉獻"有 5 人，甘肅省圖書館藏民國三十六年（1947）抄本（光緒）《靈州志》之《人物鄉獻誌第十四》增補了 25 位清朝靈州"鄉獻"。另外，科貢人員名單中，較（嘉慶）《靈州誌蹟》也有新的增加，進士增 2 人，舉人增 8 人，貢生增 26 人，武舉人增 3 人。

《忠孝義烈誌第十五》中，新增 56 人的事蹟，基本上都是清朝同治以後特別是光緒朝的人物。"忠"者增 20 人，"孝"者增 4 人，"義"者增 7 人，"烈"者增 25 人。

《藝文誌第十六下》新增 14 篇碑記、銘文，不僅是研究清朝靈州藝文的重要材料，更爲研究靈州相關歷史事件或人物提供了難得的一手資料。如《御制張公南浦祭文》《張公南浦墓志銘》（薛允升撰）是研究靈州著名人物張煦生平事蹟最直接、最可信的一手材料，《創立靈州高等小學堂碑記》（鄧雲路撰）詳細記載了靈州高等小學堂在兩位靈州知州廖葆泰、陳必淮的關心下由籌建到正式招生開學的過程，碑記有爲執政者歌功頌德的用意，但客觀上也爲研究清末寧夏新政特別是興辦教育留下了寶貴的材料。

發生在靈州的歷代祥異之事，（嘉慶）《靈州誌蹟》只輯錄至明朝，甘圖藏抄本《歷代祥異誌第十八》則補充了靈州發生在清朝的 13 件"祥異"之事，其中多荒誕不經，但也記載了光緒四年（1878）夏靈州發生蝗災，十五年（1889）秋八月、九月靈州地震之事，這些資料爲研究相關問題也提供了線索。

3. 靈武市檔案館 1959 年抄本

甘肅省圖書館藏民國三十六年（1947）抄本是（光緒）《靈州志》殘存內容最多的文本，對於（嘉慶）《靈州誌蹟》補充的內容也最多。

1959 年，靈武市檔案館據此本重抄。

　　4. 各版本之間的關係

　　從國圖藏抄本文本看，（光緒)《靈州志》編修者對有些史料還是有所考證的，刻本《靈州誌蹟》的某些錯誤得到了糾正，有的則仍舊。如《歷朝宦蹟誌第十三》"藥元福"條，《靈州誌蹟》原作"葉元福並州晉縣人"，抄本同，但在"縣"旁又寫一"陽"字。另外，抄本"遇彥超兵七千"之"千"字下補有一小字"餘"，"元福舉旗暉軍繼進"之"旗"字下補有一小字"招"。考《宋史》卷二五四有《藥元福傳》，載其爲"並州晉陽人"。"餘"、"招"二字也係《宋史》原有，補足之後文意方更準確、通順。故知，《靈州誌蹟》"葉"當作"藥"，"縣"當作"陽"。抄本"陽"字當爲糾誤之字，"餘""招"二字爲補足之字①。"張瑞珍"條，抄本"諱瑞徵字寶慶安徽壽州人"句，於"徵""慶""人"字旁分別又書"珍""卿""進士"，表明此句當改爲"諱瑞珍，字寶卿，安徽壽州進士"②。這裏有對原稿誤字的糾正，還有對原稿內容的補充。很明顯，張維藏抄本的抄者非常認真核對過國圖底本，把國圖抄本上的這些糾正或補充文字都一一採納了。有些地方發現抄寫有誤後會有彌補措施。如"張瑞珍"條，抄本原抄作"當炮以大從事"句，後又照國圖藏抄本乙正，並在"炮""以大"等字上加乙正符號，使本句改作"當以大炮從事"。

　　根據抄本內容分析，民國三十三年（1944）抄本與所謂"光緒三十三年（1907）"修《靈州志》均殘存兩卷內容，相沿關係最爲接近。民國三十六年（1947）抄本與光緒三十四年（1908）修《靈州志》均殘存一卷內容，相沿關係最爲接近。

（四）文獻價值

　　傳世的（光緒)《靈州志》均爲殘本，故對其文獻價值無法作出全面

---

　　① 《嘉慶靈州誌蹟校注》校注者認爲"縣"字不誤，"陽"當爲脫字。"餘""招"二字未補出。

　　② （民國)《朔方道志》卷十五《職官志·宦蹟》"張瑞珍"條載文同修改本。《嘉慶靈州誌蹟校注》校注者此句未出校記，沿襲抄本原誤及不足。甘肅省圖書館藏本已照此修改。國家圖書館藏清光緒十六年（1890）活字本《壽州志》卷十七《選舉志》載，張瑞珍於道光三十年（1850）中庚戌科進士。

的分析和研究。從殘本内容看，至少有以下幾個方面的文獻價值。

第一，具有補史價值。自嘉慶三年（1798）修成《靈州誌蹟》並刊行後，至光緒三十四年（1908），110 年的靈州歷史再也沒有被匯輯過。（光緒）《靈州志》恰恰可以部分彌補這一缺憾。前文述及，傳世的殘本中補充了很多（嘉慶）《靈州誌蹟》未載的材料，特別是"丁稅賦額"、"水利""兵額營汛驛遞"、清朝"宦蹟""鄉獻""科貢""忠孝義烈""祥異"等方面的材料，均上續（嘉慶）《靈州誌蹟》。將這類資料全部匯輯起來，就可以比較全面地勾勒出靈州兩千年來特別是有清一代的政治、經濟、人文等諸多面貌，形成一套較爲完整的靈州地方史料。

第二，是研究清末寧夏回族反清運動的重要資料。晚清時期，政權統治腐敗黑暗，中國大地四處風起雲湧，地域相對偏遠的寧夏地區也爆發了由回族哲赫忍耶門宦第五代教主馬化龍（1810—1871）及其子侄組織領導的回族反清運動。關於這段起事歷史經過，在《清實錄·穆宗同治皇帝實錄》《左宗棠年譜》《左文襄公全集·奏稿》《平回志》《平回方略》《平定關隴紀略》《征西紀略》及《甘寧青史略正編》等文獻中有大量的記載。官方文獻多站在統治階級的政治立場上來記述和評價這次起事，多用污蔑性語言辭彙，民族歧視和仇視色彩很濃，很多史實不會秉筆直書。所以我們今天利用這些資料，自然是要對這些現象加以批判。由於馬化龍組織領導的義軍曾與清政府軍在靈州地區發生過激戰，且一度佔領過靈州，故靈州地方史中就不可能回避這段歷史。（光緒）《靈州志》在"宦蹟""鄉獻""忠孝義烈"中輯録了多位親歷戰事者的事蹟，如訥穆棟額、尹泗、鐘蘭等 3 人直接領導過鎮壓回族反清運動，戰死後靈州曾立"三忠祠"來"紀念"他們。（光緒）《靈州志》將這 3 人列入"忠"者之列，在其事蹟中對其戰死過程記敘得非常詳細，還録《重修三忠祠碑記》，記敘人的基本立場當然是反動的，但客觀上爲我們今天研究這段歷史提供了難得的資料。其他如"宦蹟"中的張瑞珍、周浩、王鎮墉，"鄉獻"中的道以德、"忠"者李繡春等人的事蹟資料中主要部分都與回族反清運動有關。這類資料對於研究寧夏回族反清運動顯然也是很好的補充材料。

校注說明

一　本書主要以標點、校勘、注釋等方式對（嘉慶）《靈州誌蹟》、（光緒）《靈州志》進行整理。《靈州誌蹟》以清朝嘉慶四年（1799）刻本（中國國家圖書館藏）爲底本，《靈州志》以光緒三十四年（1908）抄本（中國國家圖書館藏）爲底本，以（乾隆）《甘肅通志》、（乾隆）《寧夏府志》等爲對校本，部分成果參考寧夏人民出版社1996年版張建華、蘇昀校注本。

二　整理成果以繁體橫排形式出版。校勘和注釋條目均以當頁腳注形式注明，用圈碼①、②、③之類排序，圈碼均放在表示停頓的標點符號之後右上角。正文或腳注中以"□"符號表示原本漫漶不清或破損的文字，一個"□"符號代表一個字；原本缺漏內容較多者腳註說明，並以"……"符號表示；正文中以"〔　〕"符號括注的文字，均係整理者增加。

三　以"〔校〕"字樣當頁腳注校勘成果。校勘以校異文爲主，酌校內容異同。因用字習慣不同而出現人名、地名、族名等同名異寫現象，均出校說明。底本或對校本中存在明顯的誤、脫、衍、倒等現象，於正文中校改後出校說明。雖有異文但意可兩通者，不改正文，僅在校記中說明。除特殊需要外，校本有誤，一般不出校。

四　《靈州誌蹟》《靈州志》明顯的誤刻、誤抄之字，如"戊""戌"誤作"戎"，"己""已""巳"及"曰""日"互混等，校勘時徑改，不一一出校說明。兩志刊刻、抄寫或引用他書文獻時，因避當朝名諱而改前朝文字者，如"慶歷"、"宏治"、"元宗"之類，均據原字或原書回改爲"慶曆"、"弘治"、"玄宗"等，僅於首見處出校說明，餘皆徑改，不再一一出校。底本用字中存在的異體字、俗體字、通假字、古今字等現象，如"羣"與"群"、"有"與"又"、"然"與"燃"之类，一律不出校說明其字形相異。某些不規範的異體字、俗體字、古今字等，或前後用字不一者，均按出版要求適當統改成規範、統一的字體，不出校記。《靈州誌蹟》《靈州志》轉引他書文字内容，引文若與該書通行版本文字不同，除引文確實有誤，如誤録人名、地名、時間等需要出校説明外，凡不影響文意理解者一般不改動引文。

　　五　當頁腳注徑出注釋條目。注釋内容主要包括：原文易致惑者（如文獻簡稱或省稱、干支紀年等）、原文提及的詩文或史料出處、原文體例中資料互見者、整理者對輯補史料的出處説明和整理者的補充文字等。

　　六　腳注中，凡言“本誌”“本志”者，均分别指《靈州誌蹟》《靈州志》。凡言“本誌書例”“本志書例”者，均分别指兩誌編修體例。徵引文獻之版本，凡“中華書局點校本”簡稱“中華本”，“文淵閣《四庫全書》本”簡稱“《四庫》本”。書名較長者沿用習慣簡稱，具體簡稱參見《參考文獻》。

　　七　腳注中，凡引古代文獻，均只注明書名、卷次、篇名等，其作者、版本等詳見《參考文獻·古代文獻》。凡引現當代文獻，均只注明作者、書名或論文篇名、頁碼等，其出版社、刊物名、發表時間等詳見《參考文獻·現當代文獻》。若被引用古代文獻已有整理成果，一般直接吸收其合理意見，不再重複敘述校注理由，注明“參見××”字樣。引文出處、他校資料或他人校勘、考證成果，亦注明“參見××”字樣。

　　八　《參考文獻》分《古代文獻》和《現當代文獻》分别著録。其中，《古代文獻》分陝甘寧舊志、經部、史部、子部、集部等五類著録，《現當代文獻》分著作、論文兩類著録。

（嘉慶）《靈州誌蹟》

（清）楊芳燦　監修

（清）郭　楷　纂修

蔡淑梅　校注

〔郭楷〕靈州誌蹟序

陝之境北極鄜延，由鄜延而西為慶環，而銀夏實樹之障；甘之境北極銀夏，迤銀夏而東且南為平慶，而靈武實當其衝。盖朔郡統屬有五，靈邑獨限大河，具喉唇襟帶之勢，故選吏常重於他處。嘉慶戊午秋，① 長白豐公岐東以邊倖報滿，來此署篆，余時適主講是邦，課士之暇，閒與余曰："靈邑為近塞要區，地勢極為廓遠，今欲稽覈舊章，釐剔庶務，而典文散軼，誌蹟不存，某竊惜之。且夫監成憲，整綱維，政之大體也。至於簿書期會，以次振舉要，皆在所後焉而已。今天子聖德罩敷，拓疆萬里之外，凡新造小邑，尚莫不抉幽闡隱，以紀一方之政教。矧靈邑自漢初建置，至今幾二千載，昔人之經畫詳矣。顧乃聽其荒廢湮沒而弗顧，則豈特官斯土者之責，亦是方薦紳、先生之恥也。蒐羅補綴，勒成一書。某有志焉，願為我成之。"余曰："斯事體大而關係尤重，緣非著令之所督，故人率置焉不講。今公之涖斯土也，百務叢冗，蚓結蜎集，而先以整綱維、監成憲為事，豈不真知輕重、識大體哉？"

先是，梁溪楊公蓉裳官是邑，有心是事，勤加搜輯，囑余補訂之。未及成書，而楊公去任，是事旋廢。今復承公之命，幸舊本猶在，遂取而整齊之，刪其煩複，益其疏漏，按《文獻通考》體例分為十八門類，類以小序冠之，俾覽者提綱挈領，豁然心目。凡再易稿，而書始成。既又復於公白："夫事創之難，成之尤難。昔之典文散軼、荒廢湮沒者，非楊公創之於前，則考稽誠無由也。創之矣，使逾數載而無人焉。以成之，亦仍歸於湮沒荒廢而已，其與夫未創之先相去幾何？今公能毅然任其所難，使一州之文物經制歷漢初至今幾二千載者，一旦於公之手而煥然大備，不惟州人士庶引領以仰庶政之維新，而後之官茲土者，稽覈舊章，釐剔庶務，俱

---

① 戊午：清仁宗顒琰嘉慶三年（1798）。

於是乎賴則公之舉墜修廢，為功甚鉅，余故曰公誠知輕重、識大體者也。若夫核訂之未精，裁取之未當，此則余之譾陋，而無所辭其責也夫！"

　　峕嘉慶三年，歲次戊午，嘉平月穀旦，賜進士出身、候銓知縣、武威郭楷雪莊氏敬叙。

〔楊芳燦〕靈州志序

　　蓋聞作史莫難於志，而志地里為尤難。州縣之志，其例當準諸史，則地里不可不考也。班氏云：[①]　"先王之蹟既遠，地名又數改易。"顏師古云：[②]　"中古以來，說地里者競為新異，妄有穿鑿，頗失其真，後之學者莫能尋其根本。"此其所以難也。如地里之沿革既瞭如指掌，凡人物、職官、戶口、賦役胥準諸此矣。靈州為《禹貢》雍州之域，《太平寰宇記》云：[③]　春秋及戰國時屬秦，及始皇時置北地郡。《漢書》注云：[④]　惠帝四年，置靈州，屬北地郡。有河奇苑，又曰河奇。《括地志》云：[⑤]　薄骨律鎮城在河渚之中，隨水上下，未嘗陷沒，故號曰靈洲。歷代以來，廢置不一。或置鎮將，或置總管，或改都督府，或屬關內道。元置州牧，屬寧夏路。明設千戶，屬寧夏衛。我朝定鼎之初，猶沿明制。雍正二年，改為靈州，隸寧夏焉，州故無志。

　　丁未歲，[⑥]　余奉簡命來牧茲邑，竿牘餘暇，網羅史籍，搜採方志。每苦紀載繁多，見聞互異，五閱寒暑，未能卒業。乙卯，[⑦]　延武威郭君雪莊主講席，時與商榷，又得《一統志》，溯歷代之沿革，考証極為精當，曰："此冊府之鉅製也，洵足據依矣。"因參之朔方志及郡志所載，粗立條理，鈔撮成編。適余奉檄假守高平，攝州篆者，為長白岐東豐公，甫下車，即慨然以斯事為己任。爰偕郭君取舊所蒐輯者，搴其蕭稂，剗其瑕

---

① 參見《漢書》卷二八上《地理志》。
② 參見《漢書》卷二八上《地理志》引"師古曰"。
③ 參見《太平寰宇記》卷三六《關西道·靈州》。
④ 參見《漢書》卷二八下《地理志·北地郡》"靈州"條引"師古曰"。
⑤ 參見《資治通鑒》卷一五四梁武帝中大通二年（530）六月庚申條引《括地志》。
⑥ 丁未：乾隆五十二年（1787）。
⑦ 乙卯：乾隆六十年（1795）。

礫，凡兩閱月而勒成一書。條分件繫，釐然井然，不但疆域形勝如畫沙聚米，而一方之文獻、歷朝之掌故，備載無遺，其通博為何如也！豐公能以儒術餚吏治，郭君又淹貫羣雅，以予積年未竟者一旦成之，人之才力相去寧可數計耶？二公復謙抑自居，不沒余創始之意，如習禮之綿蕝、造車之椎輪，益滋余夐陋之愧矣。

　　旹嘉慶三年，歲次戊午，嘉平月穀旦，奉直大夫、知靈州事、金匱楊芳燦蓉裳氏敬叙。

〔修誌姓氏〕

捐修：署知州事豐延泰，滿洲正白旗人，廩膳生員。

監修：前任知州楊芳燦，江蘇金匱人，拔貢生。

纂修：奎文書院長郭楷，涼州武威人，己卯科進士。[①]

校閱：學正梁楚翹，陝西耀州人，庚寅舉人。[②]

校對：吏目查葿，江蘇人，監生。

校錄：寧夏府學廩膳生員閆光敏，本州人。

　　　文生張禄，本州人。

---

① 己卯：清高宗弘曆乾隆二十四年（1759）。

② 庚寅：乾隆三十五年（1770）。

靈州誌蹟目録

目録終

星野圖

〔靈州疆域圖〕

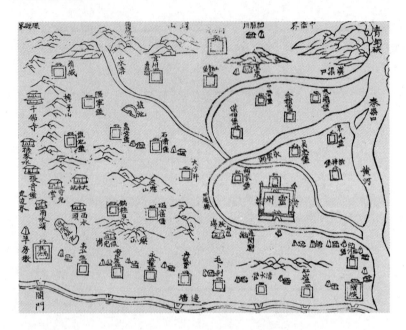

〔靈州城圖〕

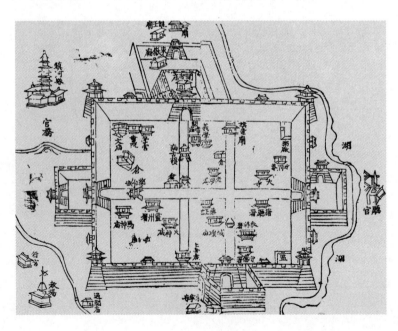

靈州誌蹟卷一①

---

①　本誌各卷卷端原題誌書名"靈州誌蹟"及各類目名稱如"歷代沿革表誌第一"之類，
各卷次如"卷一"之類均標注在版心。茲據誌書例，將卷次字樣析出，題在卷端。

歷代沿革表誌第一

史之有表，猶星辰之有躔紀，衣服之有冠冕也。振綱挈領，條緒斯分。靈州自漢初建置，中更變易不恒。今取歷代沿革始末，標為表識，庶幾觀者如列眉焉。

	秦	漢	後漢	晉	魏	南北朝	隋	唐	五代	宋	元	明
寧夏郡	北地郡。始皇攘卻匈奴得河南北地千里，徙民充之，名曰新秦中	北地郡，朔方郡。① 元朔二年，衛青逐匈奴白羊、樓煩王，取河南	北地郡，涼州刺史。朔方郡，② 并州刺史	北地郡。③ 惠帝後赫連勃勃據統萬城，曰夏州，又曰忻都	化政郡。太和十二年置，④ 屬夏州。西魏置弘化郡。⑤	夏州。後魏始光四年，⑥ 為統萬鎮	朔方郡，靈武郡。開皇初廢弘化、懷遠，分置二郡	靈州，⑦ 屬靈州。朔方郡，屬夏州。僖宗時拓跋思恭鎮夏州，世		咸平中，夏置興州。尋建國，升興慶府，又曰中興府	寧夏路。至元八年立西夏中興等路行省，二十五年改置路。尋罷行	寧夏衛。初置府，洪武五年府廢，九年改置衛，隸陝西都司

① 朔方郡：西漢、東漢之朔方郡在今內蒙古境內，均與今寧夏無關，彼時寧夏處於北地郡與安定郡轄下。本表下文所列魏之化政郡、南北朝之夏州、隋之朔方郡、唐之朔方郡等均在今陝西轄境內，均與今寧夏無涉。

② 參見本頁腳注〔一〕。

③ 〔校〕北地郡：西晉北地郡在今陝西境內，寧夏北部為少數民族駐牧之地，無建置，南部地區屬雍州安定郡。下同。

④ 〔校〕十二年：原作"十一年"，據《魏書》卷一〇六下《地形志》改。

⑤ 〔校〕弘化：原避清高宗弘曆諱改作"宏化"，據《隋書》卷二九《地理志》回改。下同。

⑥ 〔校〕後魏：原作"後衛"，據《乾隆甘志》卷三《建置沿革》改。

⑦ 〔校〕靈州郡：《寧夏府志》卷二《地里·沿革表》作"靈武郡"。

续表

	秦	漢	後漢	晉	魏	南北朝	隋	唐	五代	宋	元	明
寧夏郡		地，又置朔方郡，使平陵侯築朔方城，①屬并州刺史			後周置懷遠郡②			有其地			省，屬甘肅行省	
寧夏縣		富平、廉、靈武三縣地				嚴綠縣，後魏置，屬化政郡。懷遠縣後置。建安縣後周置	嚴綠縣，屬朔方郡。又懷遠、弘靜三縣地，③屬靈武郡	朔方縣，貞觀三年改名為懷遠、靈武、保靜，屬靈武郡	懷遠縣，保靜縣	懷遠鎮	屬寧夏路	寧夏衛
寧朔縣		富平縣				懷遠縣。寧朔縣，後周置	懷遠縣、寧朔縣，屬朔方郡	懷遠縣、寧朔縣，屬夏州朔方郡		懷遠鎮④	屬寧夏路	寧夏右衛
平羅縣		北地郡地										平虜所。⑤洪武初置，屬寧夏衛

---

① ［校］平陵侯：《寧夏府志》卷二《地里·沿革表》此三字後有"蘇建"二字。

② ［校］後周：《寧夏府志》卷二《地里·沿革表》此二字後有"始"字。

③ ［校］弘静：原避清高宗弘曆諱改作"宏静"，據《隋書》卷二九《地理志》回改。下同。

④ ［校］懷遠鎮：此三字原脫，據《寧夏府志》卷二《地里·沿革表》補。

⑤ ［校］平虜所：原作"平羅所"，據《嘉慶重修一統志·寧夏府表》改。

续表

	秦	漢	後漢	晉	魏	南北朝	隋	唐	五代	宋	元	明
靈州		朐衍縣，靈州縣，屬北地郡			鹽州大興郡。西魏改五原郡，置安西州	靈州。迴樂縣及帶普樂郡治	靈郡，大業元年改置。迴樂縣。鹽州五原郡，鹽川郡，五原縣	靈州靈武郡，屬關內道。鹽州五原郡。貞元初陷吐蕃，九年收復。迴樂縣，五原縣，白池縣	靈州，鹽州。迴樂縣，五原縣	靈州，咸平五年陷於西夏，改西平府，又改翔慶軍	靈州復名，屬寧夏路。鹽州，廢為環州地①	靈州所。初改置所，屬寧夏衛，②宣德三年移治
中衛縣		朐卷縣，屬安定郡③			靈州地。周置會州，尋廢		鳴沙縣，開皇十九年置，屬靈武郡。豐樂縣，開皇十年置，屬靈武郡	鳴沙縣。神龍後移置於廢豐安城。威州	鳴沙縣	鳴沙縣，入西夏	應理州，初置，屬寧夏路。④鳴沙州，屬寧夏路	寧夏衛。洪武初廢州，三十二年移建衛，屬陝西都司

靈州，漢惠帝四年置。初曰靈洲，以洲在水中，隨水上下，未嘗淪沒，故號曰靈洲。後魏置薄骨律鎮。孝昌中，改置靈州。西魏又為鹽州

---

① ［校］環州："州"字原脫，據《寧夏府志》卷二《地里·沿革表》補。

② ［校］屬：原作"為"，據本誌書例及《明史》卷四二《地理志》改。

③ ［校］郡：原作"縣"，據《漢書》卷二八上《地理志》、《寧夏府志》卷二《地里·沿革表》改。

④ ［校］屬：原作"所"，據《寧夏府志》卷二《地里·沿革表》改。

地。後周置帶普樂郡及迴樂縣。隋大業三年，改靈武郡。唐為靈州，亦曰靈武郡。開元中，置朔方節度使。天寶初，復改州為靈武。五代為朔方軍治。咸平時，入西夏，改西平府，又名翔慶軍。元復曰靈州，屬寧夏路。明弘治十三年，① 置守禦所千户。② 正德元年，改寧夏後衛，③ 仍以千户攝之，屬寧夏道，國朝因之。雍正三年改州，並省守禦所附入，屬寧夏府。

一統志・靈州沿革表④

國朝	靈州
漢	北地郡移治，永和六年，又徙。富平縣，屬北地郡，後漢郡治，後徙廢。靈洲縣，屬北地郡，後漢廢。朐衍縣，屬北地郡，後漢省
三國晉	
魏	靈州。太延二年，置薄骨律鎮。孝昌中改置州。鹽州大興郡，魏置，西魏改五原郡，尋復名兼置西安州，⑤ 後改名。五原縣，州郡治
周	靈州，兼置普樂郡，迴樂縣。鹽州大興郡，五原縣
隋	靈武郡，初廢郡，大業三年改。迴樂縣，郡治。鹽州，五原縣
唐	靈州。靈武郡復置州，置都督府，屬關內道。迴樂縣。溫池縣，神龍五年置，屬靈州。大中五年，屬威州。靈武縣移治，屬靈州，後廢。鹽州五原郡，白池縣。初置興寧縣，屬鹽州，景龍初改名
五代	靈州，迴樂縣。鹽州，五原縣

---

　　① ［校］十三年：原作"十五年"。《明史》卷四二《地理志》、《明太祖實録》卷一五七、《明孝宗實録》卷一六六、《弘治寧志》卷三《靈州守禦千户所》等載，洪武十六年（1383），廢靈州，置靈州河口守禦千户所，弘治十三年（1500），復置靈州，十七年（1504），革州，置千户所。據改。參見魯人勇等編著《寧夏歷史地理考》卷十四《明朝》"靈州千户所"條。

　　② ［校］守禦所千户：據《明太祖實録》卷一五七，《明武宗實録》卷十七，靈州名"守禦千户所"者只有洪武初置及正德年間，餘皆曰"靈州千户所"。參見魯人勇等編著《寧夏歷史地理考》卷十四《明朝》"靈州千户所"條。

　　③ ［校］寧夏後衛：據《明史》卷四二《地理志》，寧夏後衛原為花馬池守禦千户所，正德元年（1506）改衛。又《明武宗實録》卷十七載，正德元年改靈州千户所為靈州守禦千户所，歸寧夏衛管轄，非改寧夏後衛。

　　④ 參見《大清一統志》卷二〇四《寧夏府表》。

　　⑤ ［校］西安州：此同《大清一統志》卷二〇四《寧夏府表》，本誌卷一《歷代沿革誌第一》作"安西州"。

续表

國朝	靈州
宋	靈州。咸平五年，陷於西夏，改西平府，又改翔慶軍。迴樂縣後入西夏廢。鹽州入西夏。五原縣省
元	靈州，屬寧夏路
明	靈州所。初置所，屬寧夏衛。宣德三年移治。寧夏後衛，弘治中，① 置花馬池所。正德中改衛，屬陝西都司

---

① ［校］弘治：《大清一統志》卷二〇四《寧夏府表》作"成化"。

星野誌第二^①

〔星野〕

古者有分地，無分天。天亦何嘗無分也？地之分以野，天之分以星。張衡云："眾星列布，體生於地，精成於天，列居錯峙，各有攸屬。"^② 然則天統乎地，故野繫乎星。自太史公《天官書》及扶風《地里誌》言之詳矣。^③ 靈州，秦雍之分，星野略與秦雍同。今采載紀可見者列於左。

舊志據《大統曆》：^④ 井八度三十四分九十四秒。入鶉首之次，辰在未。^⑤

赤道：井三十三度三十分，鬼二度二十分，尾十九度一十分，枊十三度三十分。

黃道：井三十一度一分，鬼二度十一分，尾十七度九十五分，枊十三度。

《春秋元命苞》曰：^⑥ 東井、鬼宿為秦。

《史記·天官書》：^⑦ 東井、輿鬼，^⑧ 雍州之分。

《前漢·地里誌》曰：^⑨ 自井十度至枊三度，為鶉首之次，秦之分。

---

① 本誌各類目名稱之前原有誌書名"靈州誌蹟"四字，因各卷卷端已題書名，故均刪省。

② ［校］攸屬：原作"所屬"，據《晉書》卷十一《天文志·天文經星》引"張衡云"改。

③ 太史公《天官書》及扶風《地里誌》：分別指漢司馬遷撰《史記·天官書》和班固撰《漢書·地理志》。

④ ［校］大統曆：原作"大統歷"，據書名用字改。下同。參見《朔方新志》卷一《天文》。

⑤ ［校］辰：此字原脫，據《元史》卷五四《曆志》補。

⑥ 《春秋元命苞》原書已佚，《藝文類聚》卷六《地部·雍州》引曰："東井、鬼星散為雍州，分為秦國。"

⑦ 參見《史記》卷二七《天官書》。

⑧ ［校］輿：原作"與"，據《史記》卷二七《天官書》改。

⑨ 參見《漢書》卷二八下《地理志》。

《後漢・律曆志》曰:① 井十二度至鬼五度，為秦分。

《唐志》云:② 東井、輿鬼，鶉首也。自漢三輔及北地、上郡、安定，西自隴坻至河右,③ 西南盡巴蜀、漢中之地，及西南夷犍為、越嶲、④ 益州郡，極南河之表，東至牂牁、⑤ 古秦、梁、豳、芮、豐、畢、駘杠、有扈、密須、庸、蜀、羌、髳之國。⑥

《晉志》:⑦ 北地、上郡、天水、隴西、酒泉、張掖、金城、武威、燉煌諸郡，各指其所入之星為尾、⑧ 為室、為壁，詳紀度數。

《唐志》又稱:⑨ 東井居兩河之陰,⑩ 自山河上流，當地絡之西北。⑪輿鬼居兩河之陽，自漢中東盡華陽，與鶉火相接，當地絡之東南。鶉火之外,⑫ 雲漢潛流而未達，故狼星在江、河上源之西。⑬ 弧矢、鶏、犬，皆徼外之備也。西羌、吐蕃、⑭ 吐谷渾及西南徼外夷人,⑮ 皆占狼星。⑯

---

① 本段引文見載於《乾隆甘志》卷二《星野》，《後漢書・律曆志》不載，《乾隆甘志》不知何據。

② 參見《新唐書》卷三一《天文志》。

③ ［校］西自隴坻至河右:"隴坻"原作"隴抵"，據《舊唐書》卷三六《天文志》、《新唐書》卷三一《天文志》、《寧夏府志》卷二《地里・星野》改。"河右"，《舊唐書》卷三六《天文志》作"河西"。

④ ［校］越嶲:原作"越裳"，據《舊唐書》卷三六《天文志》、《新唐書》卷三一《天文志》改。

⑤ ［校］牂牁:此同《寧夏府志》卷二《地里・星野》，《舊唐書》卷三六《天文志》作"牂柯"，《新唐書》卷三一《天文志》作"牂牁"。

⑥ ［校］髳:原作"髹"，據《新唐書》卷三一《天文志》、《寧夏府志》卷二《地里・星野》改。

⑦ 參見《晉書》卷十一《天文志・州郡躔次》。

⑧ ［校］星:原作"里"，據《寧夏府志》卷二《地里・星野》改。

⑨ 參見《新唐書》卷三一《天文志》。

⑩ ［校］兩河:"兩"字原脫，據《新唐書》卷三一《天文志》補。

⑪ ［校］地絡:原作"路紀"，據《新唐書》卷三一《天文志》、《寧夏府志》卷二《地里・星野》改。

⑫ ［校］鶉火:此同《寧夏府志》卷二《地里・星野》，《新唐書》卷三一《天文志》作"鶉首"。

⑬ ［校］上源:原作"上流"，據《新唐書》卷三一《天文志》、《寧夏府志》卷二《地里・星野》改。

⑭ ［校］吐蕃:此二字原脫，據《新唐書》卷三一《天文志》補。

⑮ ［校］西南:"西"字原脫，據《新唐書》卷三一《天文志》補。

⑯ ［校］占狼星:"占"字原脫，據《新唐書》卷三一《天文志》補。

躔次

《晉‧天文志》：[①] 上郡、北地，[②] 入尾十度。[③]
《唐志》：[④] 夏州，東井之分。

五星

鶉火實沉，以負西海，至於華山太白位焉。[⑤]

北方水位，自河西皇甫川，西經榆林，至寧夏，又西經蘭州踰河，至嘉峪關四千餘里，得水位之半。

步天歌

井宿

八星橫列河中浮，[⑥] 一星名鉞井邊安。兩河各三南北正，天罇三星井上頭。[⑦] 罇上橫列五諸侯，[⑧] 侯上北河西積水。[⑨] 欲覓積新東畔是，[⑩] 鉞下

---

① 參見《晉書》卷十一《天文志》。

② ［校］地：此字原脫，據《晉書》卷十一《天文志‧州郡躔次》、《寧夏府志》卷二《地里‧星野》補。

③ ［校］入：原作“人”，據《晉書》卷十一《天文志‧州郡躔次》、《寧夏府志》卷二《地里‧星野》改。

④ 參見《新唐書》卷三一《天文志》。

⑤ ［校］至：原作“主”，據《寧夏府志》卷二《地里‧星野》改。

⑥ ［校］八星橫列河中浮：“橫”，原作“行”，據《通志》卷三八《天文略》、《玉海》卷三《天文書》、《中國恒星觀測史》五章一節《校訂〈步天歌〉》、《敦煌天文曆法文獻輯校》所錄嘉慶抄本《步天歌》改。“浮”，《玉海》卷三《天文書》作“靜”。

⑦ ［校］罇：《玉海》卷三《天文書》作“樽”，敦煌本《全天星圖》作“尊”，《寧夏府志》卷二《地里‧星野》作“鐏”。

⑧ ［校］罇：《玉海》卷三《天文書》作“樽”。

⑨ ［校］西：原作“南”，據《通志》卷三八《天文略》、《玉海》卷三《天文書》、嘉慶抄本《步天歌》、《中國恒星觀測史》五章一節《校訂〈步天歌〉》改。另據敦煌本《全天星圖》，積水星在北河星的西側。

⑩ ［校］新：《玉海》卷三《天文書》、《寧夏府志》卷二《地里‧星野》作“薪”。

四星名水府。水位東邊四星序，① 四瀆橫列南河裏。南河下頭是軍市，軍市團圓十三星，中有一個野雞精。孫子丈人市下列，② 各立兩星從東說。闕邱二個南河東，③ 邱下一狼光蓬茸。④ 左畔九個彎弧弓，一矢擬射頑狼胸。有個老人南極中，春秋出來壽無窮。⑤

鬼宿

四星冊方似木櫃，中央白者積尸氣。鬼上四星是爟位，⑥ 天狗七星鬼下是。外廚六間桝星次，天社六個弧東倚，社東一星是天紀。

---

① ［校］邊：原作“畔”，據《通志》卷三八《天文略》、《玉海》卷三《天文書》、《中國恒星觀測史》五章一節《校訂〈步天歌〉》、嘉慶抄本《步天歌》改。

② ［校］列：原作“立”，據《通志》卷三八《天文略》、《玉海》卷三《天文書》、《中國恒星觀測史》五章一節《校訂〈步天歌〉》、嘉慶抄本《步天歌》改。

③ ［校］闕邱二個南河東：“邱”，此同《玉海》卷三《天文書》，《中國恒星觀測史》五章一節《校訂〈步天歌〉》、敦煌本《全天星圖》均作“丘”，清避孔子名諱改。“二”，《玉海》卷三《天文書》作“三”，據敦煌本《全天星圖》，“闕丘”東側的“南河”確為三星。“南河”，原作“河南”，據《通志》卷三八《天文略》《玉海》卷三《天文書》、《中國恒星觀測史》五章一節《校訂〈步天歌〉》、敦煌本《全天星圖》、嘉慶抄本《步天歌》改。

④ ［校］蓬茸：此同《玉海》卷三《天文書》，《通志》卷三八《天文略》、嘉慶抄本《步天歌》均作“蒙茸”。《中國恒星觀測史》五章一節《校訂〈步天歌〉》又言“一本作‘丘下一狼光熊熊’”。

⑤ ［校］來：此同《玉海》卷三《天文書》，《通志》卷三八《天文略》、《中國恒星觀測史》五章一節《校訂〈步天歌〉》均作“人”，嘉慶抄本《步天歌》作“沒”。

⑥ ［校］鬼：原作“冊”，據《通志》卷三八《天文略》、《玉海》卷三《天文書》、《中國恒星觀測史》五章一節《校訂〈步天歌〉》、嘉慶抄本《步天歌》改。

地里山川誌第三

《禹貢》九州皆以山川定疆理，蓋郡國有時改移，山川千古不易也。靈邑地接邊境，舊時為戎馬出入之塲，今雖承平已久，然道里之遠近，崗巒之扼塞，水草之聚衍，為治者置焉不講，可乎？況夫黃河為帶，金積如礪，峽口遙峙西南，馬鞍環抱東北，實北陲形勝之區也。觀是編者，一覽在目矣。

地里

靈州州治在府東南九十里。東至榆林府定邊縣界二百八十里，西至寧夏縣界三十里，南至李旺堡、平涼府固原州界二百八十里，北至橫城邊牆七十里，東南至甜水堡、慶陽府環縣界二百九十里，西南至廣武營、中衛縣界一百二十里，東北至興武營一百四十里，西北至河西寨、寧夏縣界七十里。

山川

馬鞍山，在州東北五十里，形似馬鞍。

磁窰山，在州東六十里，[①] 為陶冶之所，出石炭。成化九年，撫臣馬文升議築磁窰堡於此，以接靈州邊界。

---

① ［校］東六十里：“東”，此同《乾隆甘志》卷六《山川》，《弘治寧志》卷三、《嘉靖寧志》卷三《靈州守禦千户所·山川》及《嘉靖陝志》卷四《山川下·靈州守禦千户所》、《正統寧志》卷上《山川》均作“東北”。“六十里”，此同《弘治寧志》卷三、《嘉靖寧志》卷三《靈州守禦千户所·山川》，《正統寧志》卷上《山川》作“六十餘里”。

　　打狼山，在州東南。《大明一統志》"狼山"即此。① 套虜由韋州入犯鎮原、平涼道。

　　三山，② 在韋州堡東一百里，③ 三峰列峙。

　　樺子山，在三山南。溪澗險惡，豺虎所居，人蹟罕到。

　　金積山，在州西南一百餘里。④ 産文石，山土色如金。北崖石板下，水滴如雨，禱旱有應。⑤

　　炭山，在州南五十里。⑥

　　黑鷹山，在韋州堡南一百五十里，近琥八山。

　　長樂山，在州南。《元和志》：⑦ "迴樂縣有長樂山，舊名達樂山，又名鐸落山，⑧ 以山下有鐸落泉，⑨ 故名。舊吐谷渾所居"。《寰宇記》引《十道記》云：⑩ 山近安樂州。⑪

　　大蠹山，⑫ 在韋州堡西二十五里。⑬ 層巒疊嶂，蒼翠如染。初無名，

─────────

① 參見《大明一統志》卷三七《寧夏衛》。

② ［校］三山：《正統寧志》卷上《山川》、《弘治寧志》卷三《韋州·山川》及《弘治寧志》、《嘉靖寧志》附《國朝混一寧夏境土之圖》、《嘉靖陝志》卷六《土地四·寧夏衛》所附《寧夏衛疆域圖》等均作"三山兒"。

③ ［校］一百里：《嘉靖陝志》卷四《土地二·山川下》作"二百里"。

④ ［校］西南一百餘里：此同《弘治寧志》卷三、《嘉靖寧志》卷三《靈州守禦千户所》及《朔方新志》卷一《山川·靈州》，《嘉靖陝志》卷四《靈州守禦千户所》作"南二百里"。

⑤ ［校］旱：原作"早"，據《寧夏府志》卷三《地里·山川》改。

⑥ ［校］南：此同《弘治寧志》卷三、《嘉靖寧志》卷三《靈州守禦千户所·山川》，《嘉靖陝志》卷四《土地二·山川下》、《正統寧志》卷上《山川》作"東南"。

⑦ 參見《元和郡縣圖志》卷四《關內道·靈州》。

⑧ ［校］鐸落山：《元和郡縣圖志》卷四《關內道·靈州》作"鐸洛山"，本卷《校勘記》［十七］云："今按：殿本作'鐸落山'，它本作'鐸落泉山'。"

⑨ ［校］鐸落泉：《元和郡縣圖志》卷四《關內道·靈州》、《太平寰宇記》卷三六《關西道·靈州》作"鐸洛泉水"。

⑩ 參見《太平寰宇記》卷三六《關西道·靈州》。

⑪ ［校］安樂州：原作"安樂川"，據《太平寰宇記》卷三六《關西道·靈州》改。

⑫ ［校］大蠹山：《正統寧志》卷上《山川》、《弘治寧志》卷三《韋州·山川》作"蠹山"。

⑬ ［校］在韋州堡西二十五里：《正統寧志》卷上《山川》作"在韋城西二十餘里"，《弘治寧志》卷三《韋州·山川》作"城西三十里"，《朔方新志》卷一《山川·韋州》作"在韋州城西二十餘里"。"二十五里"，《古今圖書集成》卷五七六《職方典·寧夏衛山川考》作"二十里"。

明慶府長史劉昉以其峰如蠡，故名。四旁皆平地，屹然獨立，上多奇木、①異卉、良藥。山北有祠，雨暘輒禱之。明慶王諸陵墓皆在焉，②舊尚有宮殿，今皆毀。

小蠡山，在大蠡山之南，③其脉相聯。舊志：在韋州西二十里，亦曰螺山。套虜入寇，常駐牧於此。

琥八山，在韋州堡南八十里。④“琥八”，方言，猶華言“色駁雜”也。

打剌坡山，在韋州堡南四十里。

峽口山，在州西南一百四十里。東北岸為中衛界。

平山，在州東八十里。⑤

囉龐山，在州西。乾道六年，夏相任得敬脅其主仁孝欲分夏國，仁孝分西南路及靈州之囉龐嶺與之，即此。

歡喜嶺，在州東。明成化中，虜入州東永隆墩，諸戍官軍追敗之於此。

黃河，在州西。《水經注》云：⑥“河水又北，逕臨戎縣故城西，⑦又北，有支渠東出，謂之銅口，東逕沃野故城南。”銅口即今峽口山，州之秦、漢渠口亦在焉。

蒲草湖，在州南二十里。⑧

---

① ［校］奇木：原作“奇水”，據《寧夏府志》卷三《地里·山川》改。

② ［校］焉：原作“馬”，據《寧夏府志》卷三《地里·山川》改。

③ ［校］南：《嘉靖陝志》卷四《土地二·山川下》、《正統寧志》卷上《山川》作“東北”，疑當作“東南”。參見吳忠禮《寧夏志箋證》，第60頁《箋證》［四五］。

④ ［校］南八十里：《弘治寧志》卷三、《嘉靖寧志》卷三《韋州·山川》及《朔方新志》卷一《山川·韋州》均作“南八十餘里”，《嘉靖陝志》卷四《土地二·山川下》作“西南八十里”。

⑤ ［校］東：《弘治寧志》卷三《靈州守禦千户所·山川》、《乾隆甘志》卷六《山川》均作“東北”。

⑥ ［校］水經注：“注”字原脫，引文參見《水經注》卷三《河水》。

⑦ ［校］臨戎縣：原作“臨成縣”，據《水經注》卷三《河水》、《寧夏府志》卷三《地里·山川》改。

⑧ ［校］南二十里：此同《乾隆甘志》卷六《山川》，《弘治寧志》卷三《靈州守禦千户所·山川》、《朔方新志》卷一《山川·靈州》作“南一十里”，《古今圖書集成》卷五七六《職方典·寧夏衛山川考》、《宣統甘志》卷七《輿地志·山川下》均作“東南十里”。

安樂川，① 在州南稍東一百八十里。《寰宇記》：川近安樂山。

天麻川，在州東北。

東湖，在韋州東一里。②

鴛鴦湖，在東湖北三里。

草塲湖，在州南三十里。

滾泉，在金積山東。水自地湧出，③ 高丈許，④ 其沸如湯。

滴水，在滾泉東北，⑤ 崖上一石板突出下瞰，⑥ 水自石板亂滴如雨。

暖泉，在舊寧夏所北三十里，⑦ 鹽池西南三十里。明萬曆四十一年，總制黃嘉善檄操守盧文善拓其基，建亭鑿池，為行邊暫憩之所。《元和志》迴樂縣有"溫泉"，⑧ 即此。

富泉，在蠢山之南。⑨ 引以溉田。⑩

旱海，在州東南。宋張洎曰：⑪ "自威州抵靈州，有旱海七百里，斥鹵枯瀉，無溪澗川谷。"張舜民曰："今旱海坪即旱海，⑫ 在清遠軍北。"趙珣曰：⑬ "鹽、夏、清遠軍並係沙磧，俗謂之旱海。自環州出青岡川，

---

① ［校］安樂川：此同《元和郡縣圖志》卷四。《太平寰宇記》卷三六《關西道·靈州》引《十道記》云："安樂州在靈武南稍東一百八十里，近長樂山下。"本誌"州"作"川"，"長樂山"作"安樂山"，疑有誤。參見魯人勇等編著《寧夏歷史地理考》卷十"安樂州"、"長樂州"條。

② ［校］一里：《正統寧志》卷上《山川》作"一里餘"。

③ ［校］地：此同《正統寧志》卷上《山川》、《弘治寧志》卷三《靈州守禦千戶所·山川》，《嘉靖陝志》卷四《土地二·山川下》作"池"。

④ ［校］丈許：《正統寧志》卷上《山川》、《弘治寧志》卷三《靈州守禦千戶所·山川》作"一二尺"。

⑤ ［校］東北：原作"南北"，據《弘治寧志》卷三、《嘉靖寧志》卷三《靈州守禦千戶所·山川》，《正統寧志》卷上《山川》改。

⑥ ［校］石板：此同《正統寧志》卷上《山川》、《弘治寧志》卷三、《嘉靖寧志》卷三《靈州守禦千戶所·山川》，《寧夏府志》卷三《地里·山川》作"石坂"。下同。

⑦ ［校］寧夏所："所"字原脫，據《乾隆甘志》卷六《山川》補。

⑧ ［校］元和志："和志"二字原脫，據《乾隆甘志》卷六《山川》補。

⑨ ［校］蠢山：《乾隆甘志》卷六《山川》作"大蠢山"。

⑩ ［校］溉：《乾隆甘志》卷六《山川》作"灌"。

⑪ ［校］張洎：原作"張泊"，據《長編》卷三九、《宋史》卷二六七《張洎傳》、《乾隆甘志》卷六《山川》改。

⑫ ［校］旱海坪：《乾隆甘志》卷六《山川》作"旱江坪"。

⑬ 參見《資治通鑒》卷二八五胡三省注引趙珣著《聚米圖經》。按：《聚米圖經》已佚，參見胡玉冰《傳統典籍中漢文西夏文獻研究》第一章第四節《宋代漢文西夏地理文獻》。

本靈州大路，自北過美利砦，漸入平夏，徑旱海中，至耀德、清邊鎮，入靈州。"

沙窩井，在惠安堡北五里許。味清而甘美，居民萬家及四方往來人畜咸利賴之，雖旱不竭。

羊坊井，在惠安堡北五里。

簡尖山，在胭脂川，接長流水。中衞界山。上有墩，為古水營汛界。

城池堡寨誌第四

靈武，古郡也。後改而邑之。然地勢寥廓，輪廣千里，雖名為邑而郡之小者，或形勢反不及焉。其城池西阻河界而三十六堡環拱千里之內。堡之大者，往往立官職兵衛；而遠者，去州城或二百里外，星羅棊布，犬牙相錯，如長山率然之勢。故靈城雖斗絕一方，而勢不慮其孤者，恃堡寨為之輔也。有守土之責者，可按籍而籌焉。

〔城池〕

靈州城，舊在黃河南，洪武十七年，城為河水所囓，移築於河北七里。① 宣德三年，河又崩塌，移築於東北隅五里。景泰三年，展築之，並南關週圍七里八分。萬曆五年，巡撫羅鳳翺甃以磚石，② 高三丈一尺，址厚二丈五尺，頂厚一丈五尺。城門四道：東曰澄清，西曰孕秀，③ 南曰洪化，④ 北曰定朔。上皆有樓，外有月城。角樓四座，敵樓四座，門臺四座，砲臺四座。環城河一道，深一丈，寬三丈。國朝乾隆三年地震損塌，五年重修。知府朱佐湯、千總索雲飛、把總邸得倫、孫洗監脩，費帑銀六萬七千一百餘兩。

---

① 〔校〕河：此同《寧夏府志》卷五《建置·城池》，《朔方新志》卷一《地里·城池》作"城"。

② 〔校〕羅鳳翺：原同《寧夏府志》卷五《建置·城池》作"羅鳳翔"，據《山西通志》卷一二五《人物》、《寧夏府志》卷九《職官》等改。下同。

③ 〔校〕孕秀：《弘治寧志》卷三《靈州守禦千戶所·城池》、《嘉靖寧志》卷三《靈州守禦千戶所·建置沿革》、《朔方新志》卷一《地里·城池》等均作"臨河"。

④ 〔校〕洪化：《弘治寧志》卷三《靈州守禦千戶所·城池》、《嘉靖寧志》卷三《靈州守禦千戶所·建置沿革》作"弘化"，《寧夏府志》卷五《建置·城池》作"宏化"。

　　花馬池城，明後衛所，今屬靈州。舊城築於正統八年，在塞外花馬鹽池北，天順間改築今地。城門二：東曰永寧，北曰威勝。萬曆三年開南門，曰廣惠。八年，巡撫蕭大亨甃以磚石。國朝乾隆六年重脩，週圍七里三分，址厚二丈五尺，頂厚一丈五尺，門樓三座，角樓四座，池深一丈，寬二丈。駐州同、參將。

　　清水營城，週圍一里，① 弘治間巡撫王珣拓以二里，② 國朝乾隆六年重修。高三丈，址厚二丈五尺，頂厚一丈五尺。城門一道，門樓一座。駐把總。

　　興武營城，週圍三里八分。③ 明正統間，④ 巡撫金濂築。萬曆十二年，⑤ 巡撫晉應槐甃以磚石。國朝乾隆六年重修。高二丈五尺，址厚二丈七尺，頂厚一丈五尺。東門一，⑥ 南門一，門樓二座。池深一丈，寬二丈。駐都司。

　　橫城，週圍二里。⑦ 正德時總制楊一清築，⑧ 後巡撫楊時寧甃以磚石，⑨ 國朝乾隆六年重修。高三丈，址厚二丈五尺，頂厚一丈五尺。城門一道，門樓一座。乾隆二十五年，河水泛漲冲塌，靈州知州西岷峩詳請修築，委江南銅沛營守備李永吉、外河營千總劉德監督，於乾隆二十五年十一月興工，二十六年三月工竣，費帑銀三千三百三十五兩零。駐都司。

　　惠安堡城，⑩ 週圍二里四分。明巡撫黃嘉善甃以磚石，巡撫崔景榮題

---

　　① ［校］一里：《弘治寧志》卷三《靈州守禦千戶所·屬城》作“里許”。

　　② ［校］以：《朔方新志》卷一《地里·衛砦》作“為”。《弘治寧志》卷三、《嘉靖寧志》卷三《靈州守禦千戶所·屬城》載，事在弘治十三年（1500）。

　　③ ［校］三里：此同《嘉靖寧志》卷三《寧夏後衛·建置沿革》、《萬曆陝志》卷十《城池·寧夏衛》、《朔方新志》卷一《地里·城池》，《弘治寧志》卷三《興武營守禦千戶所·城池》作“二里”。

　　④ 《嘉靖寧志》卷三《東路興武營守禦千戶所·建置沿革》、《萬曆陝志》卷十《城池·寧夏衛》載，事在正統九年（1444）。

　　⑤ ［校］十二年：原作“十三年”，據《朔方新志》卷一《地里·城池》改。

　　⑥ ［校］東門：《弘治寧志》卷三《興武營守禦千戶所·城池》、《嘉靖寧志》卷三《東路興武營守禦千戶所·建置沿革》載，無東門，有西門。

　　⑦ ［校］二里：《朔方新志》卷一《地里·衛砦》作“一里”，《嘉靖寧志》卷三《靈州守禦千戶所·屬城》作“一里許”。

　　⑧ 《嘉靖寧志》卷三《靈州守禦千戶所·屬城》載，事在正德二年（1507）。

　　⑨ 《朔方新志》卷一《地里·衛砦》載，事在萬曆二十七年（1599）。

　　⑩ ［校］惠安：《弘治寧志》卷三《靈州守禦千戶所·寨堡》作“會安”。下同。

設鹽捕通判。高三丈，址厚二丈五尺，頂厚一丈五尺。門二道，門樓二座，南北敵臺三座。駐通判。

韋州堡城，週圍二里。① 明弘治間，巡撫王珣奏築東關門二道。② 駐把總。

〔堡寨〕

靈州所屬堡寨三十六

棗園堡，在城西南四十里。

吴忠堡，在城南四十里。

惠安堡，在城南一百六十里。駐寧夏府通判，司鹽務。

漢伯堡，③ 在城東南七十里。

金積堡，在城西南七十里。

忠營堡，④ 在城東南七十里。

秦壩關，在城西南七十里。

同心城，在城西南四百五十里。⑤ 明置操守，今設守備。

胡家堡，在城南二十里。

新接堡，在城西南三十里。

臨河堡，在城北六十里。今設把總。

夏家堡，在城北二十里。

河東關，在城北四十里。

大沙井，在城東南四十里。明設馹遞。

石溝馹，在城東南九十里。明置操守。

---

① ［校］二里：《弘治寧志》卷三《韋州・城池》作“四里三分”，《正統寧志》卷上《屬城》、《嘉靖寧志》卷三《韋州・建置沿革》作“三里餘”。

② ［校］明弘治間巡撫王珣奏築東關門二道：《嘉靖寧志》卷三《韋州・建置沿革》載：“弘治十三年，都御史王珣奏築東關關門一，城門二。”

③ ［校］漢伯堡：《弘治寧志》卷三《靈州守禦千户所・寨堡》、《嘉靖寧志》卷三《靈州守禦千户所》、《朔方新志》卷一《地里・衛砦》等均作“漢伯渠堡”。

④ ［校］忠營堡：《嘉靖寧志》卷三《靈州守禦千户所》、《朔方新志》卷一《地里・衛砦》均作“中營堡”。

⑤ ［校］四百五十里：《乾隆甘志》卷十一《關梁》作“二百九十里”。

鹽池堡，在城東南一百五十里。① 産鹽。明置操守、馹遞，今廢。

隰寧堡，在城東南二百里。明有馹遞。

萌城，在城東南二百五十里。明有馹遞。

磁窑寨，在城東七十里。出碮炭，其土可陶。

清水營，在城東北七十里。② 明置操守，繼改守備，今設把總。

橫城，在城北七十里。③ 明置操守，繼改守備，今設都司。

紅山堡，在城東北六十里。明置操守，今設把總。

紅寺堡，在城南二百九十里。明置操守，今設把總。

興武營，在城東北一百四十里。今設都司。

花馬池，在城東二百六十里。明置後衛，駐副將，今因之，後改參將。

韋州堡，在城東南二百一十里。④

安定堡，在城東二百里。明設守備，今因之。

梆楊堡，在城南一百四十里。

野狐井，在城東南一百八十里。

西水頭，在花馬池西六十里。

南水頭，在花馬池南九十里。

張貴堡，在花馬池西南一百二十里。

孫家水，在花馬池東南一百九十里。

寺兒掌，在花馬池西南一百六十里。

鐵柱泉，在花馬池西一百二十里。

查舊志，⑤ 尚有紅崖站堡，今廢。

---

① ［校］五十里：《乾隆甘志》卷十一《關梁》作 "六十里"。
② ［校］東北七十里：《乾隆甘志》卷十一《關梁》作 "東八十里"。
③ ［校］北：《乾隆甘志》卷十一《關梁》作 "東北"。
④ ［校］一十里：《乾隆甘志》卷十一《關梁》作 "二十里"。
⑤ 《嘉靖寧志》卷三《靈州守禦千户所》、《朔方新志》卷一《地里·衛砦》載有 "紅崖站堡"。

公署學校誌第五

　　《周禮》建邦置邑，有懸象之所，有興賢之地。公署學校自此昉與。靈州公署，在城內者五，散在各營堡者十有一。凡倉廠庫局附焉。若夫崇宮牆，貯典籍，衿秀有員，廩給有額，課業有地，脩脯有資。尤聖天子作人之雅化，與賢牧宰樂育之深心也。故為之誌。

公署

　　知州署，在城東街。庫在堂左，額貯經費銀四百兩。

　　吏目署，在城西街，獄在城內西北。

　　州同署，在花馬池。

　　鹽捕通判署，在惠安堡。

　　鹽大使署，在惠安堡內，今裁。

　　倉五：大倉在城中街，草塲倉在東城，東園倉、新府倉俱在文廟街，道府倉在中廟街。

　　草塲，在東門外。

　　養濟院，在白衣菴街。養濟孤貧二十八名，每名月支糧三斗。

　　公舘，在城東街。南門外普濟堂官房一所。

　　參將署，在城北街。

　　守備署，在城西南，今無。軍器局在火神廟南。火藥局在廟北。教塲在城東門外。

　　花馬池參將署，在花馬池城內。軍器局在署內。火藥局在城北。教塲在東門外。

　　興武營都司署，在興武營城內。軍器局在城東。火藥局在城西北。教塲在城外東南。

横城都司署，在横城内。軍器局在都司署内。火藥局在城西北。教塲在城外東南。

同心城守備署，在同心城内。軍器局、火藥局俱在守備署内。教塲在城北。

安定堡守備署，在安定堡内。軍器局在守備署内東。火藥局在守備署内西。教塲在城北。

清水營把總署，在清水營内。火藥局在城内。教塲在城北。

毛卜喇把總署，在毛卜喇堡内。火藥局在堡内。教塲在堡外。

紅山堡把總署，在紅山堡内。火藥局在堡内。教塲在堡北。

臨河堡把總署，在臨河堡内。火藥局在堡内。教塲在堡外。

學校

學宮，在州治東南。明弘治十三年設州置學，① 十七年州裁，學廢。正德十三年復立，十五年，寧夏巡撫王時中興建。皇清順治十六年，省後衛教缺，併入靈州，巡撫黃圖安重修。康熙四十六年，中路同知祖良真、② 舉人季秋橘等重修。雍正二年，③ 改靈州所學為靈州學。

大成殿七間，東、西廡各九間，戟門三間。東、西角門外，更衣廳三間。省牲所三間。名宦祠三間。鄉賢祠三間。泮池環橋一座，上有坊。櫺星門三間，照壁一座。門東有“聖域義路”坊，門西有“賢關禮門”坊。

崇聖祠，舊在廟東，旁有敬一亭，廢。

尊經閣一座，在廟西。明倫堂五間，在閣東。東、西齋房各五間。儀門三間。東、西角門各一間。大門三間。

---

① ［校］弘治十三年：原作“洪武十五年”。《明史》卷四二《地理志》、《明太祖實錄》卷一五七、《明孝宗實錄》卷一六六，《弘治寧志》卷三、《嘉靖寧志》卷三《靈州守禦千戶所·學校》等載，洪武十六年（1383），廢靈州，置靈州河口守禦千戶所，弘治十三年（1500），復置靈州，十七年（1504），革州，置千戶所。據改。參見魯人勇等編著《寧夏歷史地理考》卷十四《明朝》“靈州千戶所”條。

② ［校］祖良真：此同《寧夏府志》卷六《建置·學校》；本誌卷一《壇廟坊市橋梁津渡名勝志第六·坊表》、卷二《職官姓氏志第十一·職官》同《寧夏府志》卷六《建置·坊市》、卷九《職官·皇清文職官姓氏》均作“祖良禎”；本誌卷二《水利源流志第十》同《寧夏府志》卷八《水利·渠道》均作“祖良貞”。

③ ［校］二年：原作“三年”，據《清世宗實錄》卷二五改。

學正署在後。學生三年二貢，廩三十缺，增三十缺。每歲考，取文武生各十五名。科考，取文生十五名。佾舞生六十四名。

存貯書籍

《御纂周易折中》四部，① 每部十本。

《御纂四書解義》四部，每部十二本。

《御纂性理精義》四部，每部六本。

《欽定春秋傳說彙纂》四部，每部二十四本。

《欽定朱子全書》四部，每部三十二本。②

《聖諭廣訓》一本。

《御批資治綱目》一部，四本。

《上諭》一部。

《欽定書經傳說彙纂》四部，每部二十四本。

《欽定詩經傳說彙纂》四部，每部二十四本。

《大清律》一部，二套。

《欽定四書文》四部，每部二十二本。

《駁呂留良四書講義》八部，③ 每部八本。

《明史》一部，一百一十二本。

《廿一史》一部，五十套。

《十三經》全部，十二套。

《科場條例》二部。

《學政全書》一部。

書院

鍾靈書院在州城西門外。乾隆三十八年，署知州周人傑創立。有碑

---

① ［校］中：原作"衷"，據《清史稿》卷一四五《藝文一》、《寧夏府志》卷六《建置·學校》改。

② ［校］欽定朱子全書四部每部三十二本：此十四字原脫，據《寧夏府志》卷六《建置·學校》補。

③ ［校］呂留良：原同《寧夏府志》卷六《建置·學校》作"呂良留"。呂留良，明末清初浙江石門人，《碑傳集補》卷三六有傳。《上諭内閣》卷一一三及《寧夏府志》卷六《建置·學校》載，寧朔縣學、中衛縣學存貯有《駁呂留良四書講義》。據改。

記，見《藝文》。① 每歲捐膏火銀八十兩，② 本官捐塾。

鍾靈書院傾圮日久，於乾隆五十一年，經署本州廣玉及知本州楊芳燦相繼於城東南文廟傍建修奎文書院，俱有文卷存案。其膏火之費：有官建店房一所，市舖三十間，每月收租錢九千文；又有官及閤屬、士民捐存錢壹千肆百捌拾肆千。俱交當商營運，每月按一分五厘起息，其租息錢文俱着本城監生賀人傑經管。廣楊二公各有碑記一篇，見《藝文》。③

社學五

本城一所、吳忠堡一所、大沙井一所、惠安堡一所、花馬池一所。每歲脩脯銀四十四兩，本官捐塾。

---

① 參見本誌卷四《藝文誌第十六下》載周人傑撰《鍾靈書院碑記》。
② ［校］捐：《寧夏府志》卷六《建置·學校》無此字。
③ 參見本誌卷四《藝文誌第十六下》載廣玉、楊芳燦撰《奎文書院碑記》。

壇廟坊市橋梁津渡名勝誌第六

壇廟所以報享也，坊表所以定居也，市集所以鳩貨也，橋梁津渡所以濟往來、便行旅也，至於遊觀之境，足以暢豁性靈，疏導壅欝，亦一方之勝概也，俱不可以不志，今合為一集，以便觀覽焉。

壇廟

社稷壇，在城西門外。
先農壇，在城東門外。
風雲雷雨壇，在城南門外。
厲壇，在城北。
八蜡廟，在城南門外。
文昌閣，在城東南。
忠孝祠，在城東南。
節義祠，在城東南。
関帝廟，在城正南。
城隍廟，在城西北。
旗纛廟，在城南。① 今廢。
南鼓樓，在大倉前。
東鼓樓，在州署東。
馬神廟，在城東北。②
千佛寺，在城東。

---

① ［校］城南：《寧夏府志》卷六《建置·壇廟》"南" 後有 "大街" 二字。
② ［校］城東北：《寧夏府志》卷六《建置·壇廟》作 "花馬池"。

華藏寺，在城北。

臥佛寺，在城東南。

白衣寺，在城西。

水洞菴，在城西。即州城內水所出之處，今洞廢。

牛首寺，在城西南。有詩，見《藝文》。①

一百八塔寺，在峽口山。

三清觀，在城西。②

龍王廟，在南郭門外。③

永寧寺，在城北門外。

東塔鎮海寺，在城東門外。

舊志載④

永靜寺，在城內。

興教寺，在城內。

石佛寺，在城北。

康濟寺，在韋州。

弘福寺，⑤ 在後衛。

真武觀，在城南。⑥

三賢祠，在州內，祀總督楊一清、王瓊、河西道張九德。今皆廢。

坊表

"翠挹蘭峰""河東挺秀"坊，在西門外，乾隆十三年，知州劉輝祉建。

城隍廟坊，在城北街，康熙丙申年建。⑦

---

① 本誌卷四《藝文誌第十六下》無與"牛首寺"相關詩作，《寧夏府志》卷二一《藝文·詩》載黃恩錫撰《登牛首山寺》一詩。

② ［校］三清觀在城西：此六字原脫，據《寧夏府志》卷六《建置·壇廟》補。

③ ［校］郭：《寧夏府志》卷六《建置·壇廟》無此字。

④ 參見《朔方新志》卷三《寺觀》。

⑤ ［校］弘福寺：原避清高宗弘曆諱改作"宏福寺"，據《朔方新志》卷三《寺觀》回改。下同。

⑥ ［校］城南：《朔方新志》卷三《寺觀》作"靈州城"。

⑦ 康熙丙申：清聖祖玄燁康熙五十五年（1716）。

興梁橋坊，① 在南門外，康熙四十年，中路同知祖良禎建。

欽賜烈婦坊二：吳李氏坊，② 在城西南街，乾隆三十六年建；張蕭氏坊，在磁窑寨堡外，乾隆元年建。

旌表節婦坊五：監生朱士梃之妻姚氏坊在城東，生員王式閭之妻李氏坊在城南，民人文運祥之妻魏氏坊在城南，③ 民人許昭之妻周氏坊在城西，④ 民人馬健明之妻蔡氏坊在韓家橋。

市集

州城米糧市一處。

吳忠、忠營二堡市集各一處，⑤ 每逢三、六、九日交易。

金積、胡家二堡市集各一處，每逢二、五、八日交易。

秦壩、漢伯二堡市集各一處，每逢一、四、七日交易。

惠安堡市集一處。

大水坑市集一處，每逢三、六、九日交易。

橋梁四

哈達橋，去城東二里。⑥

興梁橋，去城南二里。

韓家橋，去城南十五里。

黑渠橋，去城北三里。以上橋皆在秦渠上。

查舊志，⑦ 尚有通濟、定朔等橋。

---

① ［校］興梁橋坊：《寧夏府志》卷六《建置·坊市》無"橋"字。
② ［校］吳李氏坊：《寧夏府志》卷六《建置·坊市》無"吳"字。
③ ［校］城南：《寧夏府志》卷六《建置·坊市》作"城內"。
④ ［校］許昭：《寧夏府志》卷六《建置·坊市》作"許眼"。
⑤ ［校］忠營：《寧夏府志》卷六《建置·坊市》作"中營"。
⑥ ［校］二里：《寧夏府志》卷五《建置·堡寨》作"三里"。
⑦ 參見《朔方新志》卷一《食貨·水利·靈州》。

津渡三

寧河，① 馬頭，高崖。②

名勝

寧河勝覽。黃河東渡，築臺高五丈餘。登眺於上，則河山景物，舉在目中。

晏湖遠眺。晏湖古為水澤，臺制似寧河。面山環繞，③ 水碧沙明，足以豁目。

牛首飛霞。牛首山在中衛界，山形突兀，上有古刹，時現祥霞。

龍泉噴玉。泉在金積山，其水清冷可掬，滾滾若珠玉傾瀉。

高橋春梆。城南有橋，以形高，故名焉。④ 自蕭關北，荒沙無際，至是忽睹林木陰森，梆更條暢，若屏然。相傳“塞北江南”，蓋以此云。⑤

滴水秋梧。水自石洩，若倒囊出珠。下有梧桐，枝柯繁茂，亦自可觀。⑥

青峽曉映。即古之青銅峽。⑦ 旭日方升，水光山色，映若圖畫。

黃沙夕照。城東之山，半為沙磧，每晴日夕時，蒼黃遠映，光照人目。

韋州四勝：蠡山疊翠，東湖春漲，西嶺秋容，⑧ 石關積雪。

---

① ［校］寧河：此同《古今圖書集成》卷五七六《職方典·寧夏衛關梁考》，《乾隆甘志》卷十一《關梁》作“臨河”。

② 《乾隆甘志》卷十一《關梁》載，臨河渡在州東七十里，馬頭渡在州東三十里，高崖渡在州東南四十里。

③ ［校］面山：《朔方新志》卷三《古蹟》作“而山”，《銀川小志·景致》作“眾山”。

④ ［校］故：《朔方新志》卷三《古蹟》、寧夏府志》卷三《名勝·韋州》均作“古”。

⑤ 《太平寰宇記》卷三六《關西道·靈州》載：“本雜羌戎之俗，後周宣政二年破陳將吳明徹，遷其人於靈州，其江左之人崇禮好學，習俗相化，因謂之‘塞北江南’”。

⑥ ［校］亦自：《寧夏府志》卷三《名勝·靈州》無此二字。

⑦ ［校］青銅峽：原同《寧夏府志》卷三《名勝·靈州》作“青崗峽”，據《朔方新志》卷三《古蹟》、《銀川小志·景致》改。

⑧ ［校］秋容：原同《寧夏府志》卷三《名勝·韋州》作“秋蓉”，據《弘治寧志》卷三、《嘉靖寧志》卷三《韋州·景致》改。

風俗物産誌第七

盖百里不同風，千里不同俗。善為政者因其俗而均節之，則剛柔偏直，咸歸中正，故曰:① "修其教不易其俗，齊其政不易其宜。" 不其然歟？靈州風俗頗為近古，其間如 "稷稻並炊""尊卑異食" 一節，尤徵孝弟敬愛之意，采風者所樂道也。夫羣黎萃處，漸染無恒，視長民者導之，何如耳？今取其節序、禮俗可觀采者錄為一編，而以物產附之。主持風教者，可以慨然興矣。

風俗

疆梗尚氣，② 重然諾，敢戰鬥。《金史》夏國贊。③

雜五方，尚詩書，攻詞翰。④ 朔方舊志。⑤

重耕牧，閑禮義。朔方舊志。

靈州：尚耕牧，工騎射，信機鬼。⑥ 舊志。

富强日倍，禮義日新。新志。

後衛：務耕牧，習射獵。舊志。

居室惟公署、宦族覆瓦，民家皆板屋，覆以土，猶秦風之遺。中堂供

---

① 參見《禮記·王制》。

② [校] 疆：《金史》卷一三四《西夏傳》、《寧夏府志》卷四《地里·風俗》作 "彊"。

③ 參見《金史》卷一三四《西夏傳》"贊曰"。

④ [校] 攻詞翰："攻"字原脫，據《弘治寧志》卷一、《嘉靖寧志》卷一《寧夏總鎮·風俗》補。

⑤ 參見《正統寧志》卷上《風俗》、《弘治寧志》卷一《寧夏總鎮·風俗》。

⑥ [校] 機鬼：此同中華本《宋史》卷四八六《夏國傳》、《嘉靖寧志》卷六《拓跋夏考證》、《寧夏府志》卷四《地里·風俗》，《四庫》本《宋史》卷四八六《夏國傳》、《弘治寧志》卷三《靈州守禦千户所·風俗》、《朔方新志》卷一《地里·風俗》均作 "譏鬼"。

先祖，或懸佛像。

食主稻稷，間以麥。貧者飯粟。中人之家，恒以一釜並炊稻稷，稻奉尊老，稷食卑賤。

衣布褐，冬羊裘。近世中家以上，多襲紈綺矣，女服尤競鮮飾。

四時儀節

元旦燃香燭，祀真宰，拜先祖。長幼畢拜賀，出賀姻友。嘗預為三日飲，曰"年飯"。

四日乃更炊生米。四日三鼓，炙炭或鐵投醋盆，① 繞屋行，道吉語，除不祥，及大門外覆之，曰"打醋壇"，② 又曰"送五窮"。

五日拘忌，非至戚，不相往來。

新歲必擇吉，持紙燭就郊外喜神方迎拜，然後遠行、作百事，皆無禁忌。

七日食餅、麵，擊銅器相叫呼，為招魂。

上元食團子。③ 前後三夜，街市皆燃燈，祀天神，祝國釐。④ 坊各立會積錢，至期，延門樹木架，對懸紗燈。中衢列燈坊，近又有燈閣、燈亭，製皆如真。糊以紗，書繪間錯，中燃燭，通衢數里，照如白晝。皆以柏燭，燭自南來，斤值錢數百文。計一宵之費數百貫，信邊城巨觀，亦土人一癖好云。

十六夜，民戶婦女相携行坊衢間，曰"遊百病"，亦曰"走橋"。經官禁，近稍減。

二月上丁後至清明，擇吉日，具牲酒，載紙標，為墓祭，各修治先塚。

清明日，挈榼提壺，相邀野田或梵刹間共遊飲，曰"踏青"。插栁枝戶上，婦女並戴於首。

三月二十八日，焚香東嶽廟，前後三日，並於東門外陳百貨相貿易。老幼携持，遊觀填溢。孟夏八日，西門外土塔寺為洗泼會，亦如之。

---

① ［校］炙：《寧夏府志》卷四《地里·風俗》作"熾"。
② ［校］打醋壇："打"字原脫，據《宣統甘志》卷十一《輿地志·風俗》補。
③ ［校］團子：《寧夏府志》卷四《地里·風俗》作"元宵"。
④ ［校］"國釐"二字至下文"亦土人一癖好云"：本段八十七字原脫，據《寧夏府志》卷四《地里·風俗》補。

端午貼符，户插菖蒲、艾葉，飲雄黄酒，啖角黍。閨中並以綵絲作符，剪艾虎，相饋送。

五月十三日，競演劇祀關聖。先日，備儀仗迎神，前列社火，周遊城中。望日，祀城隍，並於廟陳百貨為交易。

七夕，閨人亦有以針工、茗果作乞巧會者。

孟秋，朔至望，亦擇吉祭墓，曰“上秋墳”。墳遠者，於望日設祭於家。

中秋祀月，作月餅，陳瓜果，比屋皆然。餅筵瓜市，嘗遍衢巷。

重陽食糕，飲菊酒，亦有為登高會者。

孟冬之朔，祀先祖，薦湯餅。

仲冬長至日，祀先祖，家人姻友相拜賀。切肉雜粉腐為羹，和酒啜之，曰“頭腦酒”。以“冬至一陽生”，取“作事有頭腦”意。

臘月八日煮粥，雜以豆、肉，曰“臘八粥”。是月初旬，取水釀酒，曰“臘酒”。

廿三日，以鷄、酒、餅飴之屬祀竈神，曰“送竈”。鷄陳而不殺，至除夕始薦熟，曰“接竈”。

歲暮貼春聯、桃符，為餅餌、酒食相饋送。

除夕，祀先祖，拜尊長，燃香燈，鳴爆竹，飲酒守歲。分錢與卑幼，曰“押歲”。閨中以棗、柿、芝蔴及雜果堆滿盞，著茶葉，奉翁姑及尊客，曰“稠茶”。女筵以為特敬，新婦拜見舅姑，針工外尤重此，多者至百餘盞。計其費，一盞數十錢。相傳始於明王府，至今不能變云。

婚禮

媒妁既通，必取男女年庚對合，無忌尅乃定，世家多不拘。定禮用綵幣、鐲鑲之屬，貧者梭布、簪珥，女家以冠佩相答。婚期既定，男家必備禮盒、酒果，請賓送期於女家，曰“通信”，蓋古“請期”之遺。既復，擇吉日，為茶果，[1] 具羊、酒並衣物、首飾送女家，曰“下聘”，[2] 亦“納徵”之遺意也。先期一日，女家以粧奩送男家，曰“鋪床”。至日，

---

① ［校］果：《寧夏府志》卷四《地里·風俗》作“餅”。
② ［校］下聘：《寧夏府志》卷四《地里·風俗》作“下茶”。

男家又以大蒸餅並果盤，隨綵輿赴女家，曰"催粧"。請女賓為新婦插花冠笄，曰"冠帶"。女家亦請女賓隨綵輿至男家，① 曰"送親"。娶多用綵轎鼓吹，貧者以車。世族之家間亦有奠雁親迎者。新婦三日拜見舅姑，贄以針工，同室長幼各拜見，曰"分大小"。

冠禮

多不行。婚禮納徵時，女家以冠履衣物相答，必有梳箆鏡匣，曰"冠巾"，盖亦存其意云。

喪禮

俗最重衰絰，冠履多依古制三年服。② 雖既葬，蔴巾衰衣，必大祥後始易。期功以下，近亦多就簡便，不如古禮。③ 七日行大殮禮，親戚多會弔。將葬，先期訃，親友前一日各以酒盒、奠儀往祭，喪家備酒食相酬。多者至數百人，賻奠之儀恒不足為餚核費。每進食飲，孝子必出稽顙。謝禮尤煩瑣，羸弱者至憊不能支。④ 中衛、靈州俗尤尚送葬，男女或數十百人，喪家為備酒食、車乘，力不能辦者，或至留殯數十年不能舉。⑤ 相傳明季近邊各堡，黠虜常伺人葬，出刧衣物。故送葬者，⑥ 皆請姻戚為之備。今太平已百餘年，習而不改，轉成獘俗矣。

祭禮

世族之家有宗祠、家廟，會祭多用羊。士民多祭於寢，用恒品隨豐儉，無定數。春祭墓，夏無祭。秋以七月望，亦有墓祭者。冬祭以十月朔。冬至及歲墓祭，必備物，懸遺像，其禮尤重。

余輯靈州風俗志，至於喪葬一條，不禁掩卷太息也，曰俗之獘也久矣。古者喪禮，自大夫、士以下，或三月而葬，或踰月而葬，皆有常期。近世靈州士族，每有停柩數年者，問之其人，或曰年命不利，或曰親死而

---

① ［校］綵：《寧夏府志》卷四《地里·風俗》無此字。

② ［校］制：《寧夏府志》卷四《地里·風俗》作"製"。

③ ［校］不如：《寧夏府志》卷四《地里·風俗》作"不盡如"。

④ ［校］羸：原作"嬴"，據《寧夏府志》卷四《地里·風俗》改。

⑤ ［校］能：《寧夏府志》卷四《地里·風俗》作"敢"。

⑥ ［校］送：《寧夏府志》卷四《地里·風俗》作"遺"。

遽委之野，心不忍也。夫以不忍之心而言行道之人，皆弗忍也。先王制
禮，顧獨忍乎哉？誠以人死，則體魄屬陰，陰性喜靜，故死者以即土為
安；且古禮親死則人子倚廬苫塊，不敢預外事。今士大夫停柩於家，果能
倚廬苫塊，一如古禮乎？抑猶未免飲食出入如恒人也。夫對親之柩而飲食
出入如恒人，此真孝子所不忍也。忍於對親之柩飲食出入如恒人，而顧不
忍葬其親，其不忍抑何悖也！又況鷄犬之震驚，室宇之焚塌，凡人世不可
意料之事，孝子之心，其惕息危懼更有不忍言者乎？若夫星命不利之說，
真野夫俗子之談，為大雅所不道，而欲藉親喪以求吉者，尤孝子之所不
忍也。

物産

舊志：① 賀蘭山出鉛、礬，麥垛山出鐵，今皆不開採。凡麻、碧璕、
馬牙礦、紅花、今無。藍靛、鍐鐵器物。

穀之屬：稻、糜、大麥、小麥、稷、羊眼豆、豌豆、綠豆、黑豆、黃
豆、青豆、紅豆、扁豆、蠶豆、胡蔴、青稞、秫。

菜之屬：芥、芹、葱、韭、胡蘿蔔、白蘿蔔、菠稜、芫荽、萵苣、蔓
菁、甘露子、白花菜、沙葱、白菜、沙芥、西瓜、甜瓜、絲瓜、黃瓜、冬
瓜、南瓜、菜瓜、香瓜、茄蓮、地椒、葫蘆、滑菜、莙蓬、刀豆、豇豆、
茶豆、茄、蒜、莧、薺、瓠。

花之屬：牡丹、芍藥、春海棠、② 薔薇、石竹、鷄冠、萱草、玉簪、
罌粟、小竹、戎葵、③ 黃蜀葵、百合、④ 鳳仙、珍珠、山丹、菊、荷、
寶像。⑤

---

① 參見《弘治寧志》卷一《寧夏總鎮・物產》、《朔方新志》卷一《食貨・物產》。
② ［校］春海棠：《寧夏府志》卷四《地里・物產》無此三字。
③ ［校］戎葵："葵"字原脫，據《弘治寧志》卷一、《嘉靖寧志》卷一《寧夏總鎮・物
產》，《寧夏府志》卷四《地里・物產》補。
④ ［校］百合：原作"白合"，據《弘治寧志》卷一、《嘉靖寧志》卷一《寧夏總鎮・物
產》改。
⑤ ［校］寶像：原作"寶象"，據《弘治寧志》卷一、《嘉靖寧志》卷一《寧夏總鎮・物
產》改。

果之屬：杏、桃、李、梨、菱、藕、芋、[1] 柰、[2] 葡萄、林檎、櫻桃、秋子、胡桃、花紅、棗、白沙、沙棗、桑椹、酸棗、茨菰、含桃。

木之屬：[3] 松、柏、槐、椿、榆、梛、白楊。

藥之屬：荆芥、防風、蓯蓉、枸杞、桑白皮、柴胡、甘草、黄芪、遠志、牛旁子、地骨皮、麻黄、黄芩、紫蘇、苦參、兔絲子、寒水石、瞿麥、茴香、知母、升麻、葫蘆巴、天仙子、大戟、扁蓄、秦艽、黄精、三稜草、青木香、百合、茵陳、葶藶、血竭、千金子、車前子、薄荷、菖蒲、木瓜、青鹽、鎖陽。

禽之屬：鵰、鷹、鶻、雞、鵝、鴨、鷂、鴿、山雞、半翅、馬雞、天鵝、鵪鶉、雁、鷀鴰、鸊鵜、鴛鴦、鸕鷀、鸚鵡、白鴿、梟、臘嘴、黄豆、倉庚、喜鵲、烏鴉、鵯、鳩、隼、雀。

獸之屬：馬、駝、牛、羊、騾、驢、豕、虎、狼、鹿、麝、麆、土豹、野馬、羱羊、青羊、黄羊、野豕、夜猴兒、艾葉豹、獾、狐、沙狐、野貍、熊、豺、黑鼠、黄鼠。

鱗之屬：鯉、鯽、鮎、鱣、沙魚、鱔、白魚、石魚、鰍。

介之屬：鼈、蚌、螺。

按：風俗，寧夏五邑皆同。中衛、靈州、平羅，地近邊，畜牧之利尤廣。其物産最著者：夏、朔之稻，靈之鹽。靈州貢有紅藍、[4] 甘草、蓯蓉、代赭、白膠、青蟲、雕、鶻、白羽、麝、野馬、鹿革、野猪黄、吉莫鞾、鞹、毡、庫利、赤檉、馬策、印鹽、黄牛臆。[5] 明制，貢紅花、洎馬。[6] 紅花，土實不産，舊志稱“歲役千夫，貢只五百斤”，[7] 不解所由。

---

① ［校］芋：原作“芊”，據《正統寧志》卷上《土産》，《弘治寧志》卷一、《嘉靖寧志》卷一《寧夏總鎮·物産》改。

② ［校］柰：原作“奈”，據《弘治寧志》卷一、《嘉靖寧志》卷一《寧夏總鎮·物産》，《寧夏府志》卷四《地里·物産》改。

③ 《寧夏府志》卷四《地里·物産》載“木之屬”尚有樺、檉、暖木、梧桐。

④ ［校］紅藍：原作“紅鹽”，據《新唐書》卷三七《地理志》、《正統寧志》卷上《土貢》、《弘治寧志》卷一《寧夏總鎮·土貢》改。

⑤ 《元和郡縣圖志》卷四《關内道·靈州》載，唐靈州土貢還有紅花、野馬皮、烏翎、鹿角膠、雜筋、麝香。

⑥ ［校］洎馬：原作“湏馬”，據《朔方新志》卷一《食貨·土貢》改。

⑦ 參見《朔方新志》卷一《食貨·土貢》。

嘉靖初，給事中張翀始奏罷之。① 本朝寧夏無土貢，尤見體恤邊方之意云。

---

① ［校］給事中："中"字原脱，據《明史》卷一九二《張翀傳》、《嘉靖寧志》卷一《寧夏總鎮·土貢》、《朔方新志》卷一《食貨·土貢》補。

古蹟誌第八

余讀《唐書·地里志》，見靈武所隸諸州有雞鹿、燭龍之屬，回樂、燕然之號，曰是安在？按籍以求，則往往不可見矣。及輯州志，採録舊籍所載，參諸故老所傳聞，則又將想像髣髴而如或見之。夫古蹟之荒涼滅沒久矣。風沙擊歷之區，昔時之井竈猶存，尚或可履行以訪求其境，矧夫牆垣城郭儼然，聚廬舍而處者乎？好古之士所宜深考焉。

古蹟

長城，隋開皇五年，司農少卿崔仲方發丁男三萬於朔方、靈武築長城。東距黄河，西至綏州，南至勃出嶺，① 綿歷七百里。六年春，復令仲方發丁男十餘萬人修長城。

受降城，唐景龍二年，② 朔方總管張仁愿築三受降城。《新唐志》：③ "東城南直榆林，④ 中城南直朔方，西城南直靈武。三壘相距各四百餘里，⑤

---

① ［校］勃出嶺：原作"勃山嶺"，據《隋書》卷六〇《崔仲方傳》改。

② ［校］景龍二年：此同《資治通鑒》卷二〇九，《舊唐書》卷九三、《新唐書》卷一一一《張仁愿傳》均作"神龍三年"，《新唐書》卷三七《地理志》、《元和郡縣圖志》卷四《關内道·西受降城》作"景雲三年"，《輿地廣記》卷十七作"景雲二年"。"景龍二年"疑是，參見王亞勇《三受降城修築時間考》。

③ 參見《新唐書》卷一一一《張仁愿傳》。

④ ［校］榆林：此同《新唐書》卷一一一《張仁愿傳》，《資治通鑒》卷二〇九注文作"榆關"。

⑤ ［校］餘：此字原脱，據《新唐書》卷一一一《張仁愿傳》補。

其北皆大磧也。"宋白曰：^①"東受降城，東南至朔州四百里，西南渡河至勝州八里，西至中受降城三百里，本漢雲中郡地。中受降城，西北至天德軍二百里，南至麟州四百里，^② 北至磧口五百里，^③ 本秦九原郡地，在榆林，漢更名五原。西受降城，東南渡河至豐州八十里，西南至定遠城七百里。"按此則去寧夏極為遼遠，姑因舊志列之以備考。

靈武臺，唐天寶十五載，安祿山反，玄宗避賊入蜀。^④ 至馬嵬，父老遮道請留，上命太子宣諭之。父老曰："至尊既不肯留，某等願率子弟從太子東破賊，取長安。若殿下與至尊皆入蜀，中原百姓誰為之主？"須臾，聚至數千人，太子不可，涕泣，跋馬欲西。建寧王［李］倓與李輔國執鞚諫曰："逆胡犯闕，四海分崩，不因人情，何以興復？殿下不如收西北之兵，召郭［子儀］、李［光弼］於河北，與之并力東討逆賊，削平四海，使社稷危而復安，宗廟毀而復存，掃除宮室，以迎至尊，豈非孝之大乎？"廣平王〔李〕俶亦勸太子留。^⑤ 父老共擁太子馬，不得行。乃使俶白上。上曰："天也！"分後軍二千人及飛龍廄馬從太子，仍諭之曰："太子仁孝，可奉宗廟，汝曹善輔之。"又諭太子曰："汝勉之，勿以吾為念，西北諸胡，吾撫之甚厚，汝必得其用。"又宣旨欲傳位太子，太子不受。太子至平涼，未知所適。建寧王倓曰："殿下昔為朔方大使，將吏歲時致啟，倓略識其姓名。今河西、隴右之眾皆敗降賊，父兄子弟皆在賊中。朔方道近，士馬全盛。裴冕衣冠名族，必無二心，速往就之。"眾曰："善。"通夜馳三百餘里，^⑥ 至彭原。太守李遵出迎，獻衣及糧糧，遂至平涼。閱監牧馬，得數萬匹，又募軍士得五百餘人，^⑦ 軍勢稍振。議出

---

① ［校］宋白："白"，原作"志"，據《資治通鑑》卷二〇九注文、《寧夏府志》卷四《古蹟》改。按：宋白字太素，宋朝大名人，曾參與編修《太平御覽》《文苑英華》等，《宋史》卷四三九有傳。本誌引宋白之語不載於本傳。

② ［校］麟州：此同《資治通鑑》卷二〇九注文、《元和郡縣圖志》卷四《關內道》，《太平寰宇記》卷三九《關西道·豐州·中受降城》作"靈州"。

③ ［校］磧口：原作"磧石"，據《資治通鑑》卷二〇九注文、《元和郡縣圖志》卷四《關內道》、《太平寰宇記》卷三九《關西道·豐州·中受降城》改。

④ ［校］玄宗：原避清聖祖玄燁諱作"元宗"，據《新唐書》卷六《肅宗本紀》回改。下同。

⑤ ［校］王：此字原脫，據《資治通鑑》卷二一八《唐紀》補。

⑥ ［校］三百餘里：《資治通鑑》卷二一八《唐紀》作"三百里"。

⑦ ［校］五百餘人：原作"五萬人"，據《資治通鑑》卷二一八《唐紀》改。

蕭關，趣豐州。朔方留後杜鴻漸、水路運使魏少游、節度判官崔漪、盧簡、李涵相與謀曰："平涼散地，非屯兵之所，靈武兵食完足，迎太子至此，北收諸城兵，西發河隴勁騎，南向以定中原，萬世一時也。"會河西司馬裴冕亦至平涼，亦勸太子之朔方。［杜］鴻漸自至平涼迎太子，說興復之計，即上軍馬招輯之勢。［魏］少游治宮室幃帳，皆似禁中，飲膳備水陸。庚辰，[①] 次豐寧軍。七月，[②] 至靈武。辛酉，[③] 太子即位於靈武，尊上為太上皇。[④] 見少游所治，悉命撤之。大赦，改元。以杜鴻漸、崔漪知中書舍人事，裴冕同平章事。

靈州鎮，亦唐鎮，宋靈州，夏順州，在府南六十里。與定遠、保靜咸有遺址。[⑤]

保靜廢縣，在府東南靈州界。隋開皇十一年置弘静縣，[⑥] 唐屬靈州，後改安靜縣。至德元年又改保靜。宋咸平四年，李繼遷改懷遠縣。《府志》：[⑦] "在鎮南六十里。"

靈州故城，在州北。《地里志》：[⑧] "惠帝四年置。"唐曰靈州，天寶初，改靈武郡。宋初，改翔慶軍。元復曰靈州。

迴樂廢縣，《輿地廣記》云：[⑨] 在靈州故城之內，唐肅宗即位於此。[⑩]

薄骨律城，在州西南，《後魏書》：[⑪] "太平真君五年，刁雍為薄骨律

---

① ［校］庚辰：《新唐書》卷六《肅宗本紀》作"庚戌"。

② ［校］七月：原作"七日"，據《新唐書》卷六《肅宗本紀》、《資治通鑑》卷二一八《唐紀》改。

③ ［校］辛酉：《新唐書》卷六《肅宗本紀》作"甲子"。

④ ［校］太上皇：《新唐書》卷六《肅宗本紀》、《資治通鑑》卷二一八《唐紀》均作"上皇天帝"。

⑤ ［校］保靜：原作"保靖"，據《舊唐書》卷三八《地理志》、《新唐書》卷三七《地理志》、《元和郡縣圖志》卷四《關內道·靈州》、《乾隆甘志》卷二三《古蹟·寧夏府》改。下文"保靜廢縣""至德元年又改保靜"之"保靜"同改。

⑥ ［校］弘静縣：原避清高宗弘曆諱改作"宏静縣"，據《隋書》卷二九《地理志》、《舊唐書》卷三八《地理志》、《新唐書》卷三七《地理志》、《元和郡縣圖志》卷四《關內道·靈州》、《輿地廣記》卷十七《陝西路化外州》回改。

⑦ 《府志》不詳何書，以下引文見載於《乾隆甘志》卷二三《古蹟》。

⑧ 參見《漢書》卷二八下《地理志》。

⑨ 參見《輿地廣記》卷十七《靈州》。

⑩ ［校］即位：《朔方新志》卷三《古蹟》作"西狩即位"。

⑪ 參見《魏書》卷三八《刁雍傳》。

鎮將。① 九年，表求造城，詔名曰刁公城。"《水經注》云：② "城在河渚
上，赫連果城也。但語出戎方，不究城名。訪諸耆舊，咸言赫連之世有駿
馬死此，取馬色以爲邑號，故目城爲白口騮，韻轉之謬，③ 遂仍今稱也。"

　　富平廢縣，在州西南。漢置，屬北地郡。永初五年，徙郡於池陽。永
建四年，又徙馮翊，自是故縣遂廢。

　　溫池廢縣，在州東南。唐神龍元年置，④ 屬靈州。縣側有鹽池，五代
時廢，今惠安堡，北至州一百八十里，産鹽。

　　燕然廢州，唐開元初置，寄治迴樂縣界。至德後廢。

　　韋州廢城，在州東南，西夏置。《宋史》：⑤ 嘉祐七年，⑥ 夏人改韋州
監軍司爲祥祐軍，後又改靜塞軍。⑦ 元廢。

　　鹽州廢城，舊志："在靈州東南三百里。"⑧ 今花馬池營是。隋置鹽川
郡，西魏置西安州。⑨《元和志》：⑩ "貞觀二年，平梁師都，復置鹽州。"
《新唐志》：⑪ "貞元三年，沒於吐蕃。⑫ 九年，復城之。"有鹽川府，⑬ 又
有保塞軍。宋咸平以後入西夏，仍曰鹽州。

_____

　　① ［校］薄骨律：原作"薄骨騮"，據《魏書》卷三八《刁雍傳》等改。
　　② 參見《水經注》卷三《河水》。
　　③ 《水經注集釋訂訛》卷三《河水》注曰："朱云'韻'字下當有'轉'字，謂'白口
騮'轉讀'薄骨律'耳"。
　　④ ［校］元年：原作"五年"，據《舊唐書》卷三八《地理志》、《太平寰宇記》卷三六
《關西道·靈州》改。
　　⑤ 參見《宋史》卷四八五《夏國傳》。
　　⑥ ［校］七年：原作"六年"，據《宋史》卷四八五《夏國傳》改。
　　⑦ ［校］祥祐軍與靜塞軍是兩個不同的軍事區劃，非前後之異名。《宋史》卷四八五《夏
國傳》載："又改西壽監軍司爲保泰軍，石州監軍司爲靜塞軍，韋州監軍司爲祥祐軍。"故本誌
曰"後又改靜塞軍"誤。
　　⑧ ［校］在靈州東南：原作"東南至靈州"，據《朔方新志》卷三《古蹟》改。
　　⑨ ［校］隋置鹽川郡西魏置西安州："鹽川郡"，原作"鹽州郡"，據《新唐書》卷三七
《地理志》、《元和郡縣圖志》卷四《關內道·鹽州》、《寧夏府志》卷四《古蹟》改。按：《元和
郡縣圖志》卷四《關內道·鹽州》載："至晉，地沒赫連勃勃，後魏平之，改爲西安州，以其北
有鹽池，又改爲鹽州。隋大業三年爲鹽川郡。"魏置西安州在隋置鹽川郡之前。
　　⑩ 參見《元和郡縣圖志》卷四《關內道·鹽州》。
　　⑪ 參見《新唐書》卷三七《地理志》。
　　⑫ ［校］吐蕃：原作"吐番"，據《舊唐書》卷一九六上下、《新唐書》卷二一六上下
《吐蕃傳》、《新唐書》卷三七《地理志》、《寧夏府志》卷四《古蹟》改。
　　⑬ ［校］鹽川府：原作"鹽州府"，據《新唐書》卷三七《地理志》、《寧夏府志》卷四
《古蹟》改。

新昌廢郡，① 在靈州東北。西魏置臨河郡。開皇元年改曰新昌，三年廢。《新唐志》：② 靈州黄河外有新昌軍。即此。

白池廢縣，南至靈州九十里。景龍三年置，近於白鹽池，故名。本興寧縣，宋陷於西夏，遂廢。

五原廢縣，漢置胸衍縣，屬北地郡。③ 西魏改五原郡。正統九年，建興武營，五原西。按：縣在今榆林界。

丁奚城，《東觀記》：丁奚城在靈州北。④ 後漢永初六年，漢陽賊杜季貢降於滇零羌，別居於此，任尚破之。

豐寧城，《新唐志》：⑤ 靈州有武舉、河間、静城、⑥ 鳴沙、萬春五府，豐寧、保寧等城。

鐵角城，與鹽州相近，亦名三角城。明初為官軍屯戍處。

臨河鎮，宋置巡檢使管蕃部三族，⑦ 後陷於夏。

漢御史、尚書、填漢三渠。⑧ 唐大曆十三年，虜酋馬重英以四萬騎寇靈州。奪御史、尚書、填漢三渠以擾屯田，⑨ 常謙光逐之。⑩

唐光禄渠，即漢光禄渠也。廢塞歲久，大都督長史李聽復開決，以溉

---

① ［校］新昌：原作“興昌”，據《輿地廣記》卷十七《陝西路化外州》、《乾隆甘志》卷二三《古蹟·寧夏府》改。下同。

② 參見《新唐書》卷三七《地理志》“靈州靈武郡”條下注文。

③ ［校］北地郡：原作“北地郡”，據《乾隆甘志》卷二三《古蹟·寧夏府》、《寧夏府志》卷四《古蹟》改。

④ ［校］丁奚城在靈州北：《東觀漢記》卷三《恭宗孝安皇帝傳》載，東漢安帝元初二年（115）冬十月，安定太守“杜恢與司馬鈞等并威擊羌，恢乘勝深入，至北地靈州丁奚城，為虜所害，鈞擁兵不救，收鈞下獄。”蓋言丁奚城屬北地郡靈州縣所轄，《乾隆甘志》卷二三《古蹟》誤理解為“丁奚城在靈州北”，《寧夏府志》卷四《古蹟》與本誌襲此誤。

⑤ 參見《新唐書》卷三七《地理志》“靈州靈武郡”條下注文。

⑥ ［校］静城：原作“保静”，據《新唐書》卷三七《地理志》“靈州靈武郡”條下注文改。

⑦ ［校］蕃部三族：原作“番部”，據《武經總要》前集卷十八下《邊防·西蕃地界》、《朔方新志》卷三《古蹟》改。

⑧ ［校］填漢：原作“光禄”，據《新唐書》卷二一六下《吐蕃傳》、《玉海》卷二一《地理》、《資治通鑒》卷二二五改。

⑨ ［校］奪御史尚書填漢三渠：原作“塞御史尚書光禄三渠”，據《資治通鑒》卷二二五改。

⑩ ［校］常謙光：原作“常護光”，據《新唐書》卷二一六下《吐蕃傳》、《資治通鑒》卷二二五、《玉海》卷二一《地理·河渠》改。

屯田。

　　唐特進渠,①《地里志》:② 靈州迴樂有特進渠, 長慶四年七月詔開,③ 溉田六百頃。④

　　地宮, 明慶王建以避暑者, 在韋州府內。

---

　　①　［校］特進渠:《四庫》本《唐會要》卷八九《疏鑿利人》作 "時逐渠"。

　　②　參見《新唐書》卷三七《地理志》"靈州靈武郡" 條 "迴樂" 下注文。

　　③　［校］七月: 此同《朔方新志》卷三《古蹟》,《新唐書》卷三七《地理志》"靈州靈武郡" 條 "迴樂" 下注文無此二字。

　　④　［校］溉田:《舊唐書》卷十七上《敬宗本紀》、《唐會要》卷八九《疏鑿利人》、《冊府元龜》卷五〇三《邦計部·屯田》均作 "置營田"。

靈州誌蹟卷二

丁稅賦額誌第九

古者計丁授地，而地無曠土；後世按地課丁，而丁無正額。丁之額，仍以地為額也。靈州壤鄰大漠，地之沙鹹者居多。然渠水所灌率宜麥稻，而斥鹵之地復產鹽，以補丁稅之不給。其餘山硝瘠田徵額尤從其薄。夫稽隱漏、嚴督促，有司之職也；而制經費、課殿最，亦國家之法也。於催科之中寓撫字之意，是在善為政者之隨時調劑爾。① 今錄丁稅賦額為一編，而以歷代鹽法、茶法綴其後，俾觀者得裁別焉。

丁稅賦額

原額地三千四百一十六頃九十四畝三分八厘。

額外牛息糜糧四百五石一斗九升。

在於"特參貪酷不職等事"案內，收節年開墾入額地六十七頃六十四畝三分二厘。

又養廉牛牸湖田等地六十九頃四十七畝八分四厘。

除歷年勘報河沖沙壓地四百三十頃七十五畝八分一厘。

雍正九年，在於"酌請分疆定域"案內，請設花馬池州同，分管熟地八百二十二頃八十五畝二分六厘。除牛息糜糧四百五石一斗九升。

今實額地二千三百頃四十五畝四分六厘二毫。內：

上則全田一百三十一頃八十四畝零。每畝徵糧一斗二升、草四分六厘三毫、銀八厘八絲五忽。

中則全田五百七十四頃四十六畝零。每畝徵糧一斗二升、草四分六厘

---

① ［校］之隨時調：此四字原漫漶不清，據國圖藏抄本（光緒）《靈州志·丁稅賦額誌第九》補。按：國圖藏抄本（光緒）《靈州志》以下稱"《靈州志》"。

三毫、銀三厘一毫八絲。

中全田八頃。每畒徵糧一斗二升、草四分六厘三毫、銀一厘八毫一絲。

上民田三百六十八頃七十四畒零。每畒徵糧八升、草三分二厘、銀八厘八絲五忽。

中民田二百九十五頃二十七畒零。每畒徵糧八升、草三分、銀三厘一毫八絲。

土兵田五頃九十九畒零。每畒徵糧八升、草三分三厘、銀三厘一毫八絲。

一則沙田五十五畒零。每畒徵糧二升,① 徵銀七厘八絲五忽。

二則沙田四十三頃四十八畒零。每畒徵糧三升、銀二厘一毫八絲。

一則山田一十三頃六十一畒零。每畒徵糧三升三合九勺七抄一撮七圭八粟、銀二分六厘九毫七絲二忽八微一纖四塵三渺。②

二則山田一十八頃七畒。每畒徵糧三升三合、銀一分八厘一絲一忽六纖八塵七渺。

三則山田二百八十三頃二十四畒零。每畒徵糧七合、銀七毫六絲八忽七微六纖七塵七渺一漠。

沙薄田一百四十七頃四十五畒零。每畒徵糧三升、銀一分三厘四毫四絲八微五塵九渺八漠。

硝全田一百四十二頃九十二畒零。每畒徵銀一分五厘七毫二絲。

硝鹻全田五十二頃三十三畒零。每畒徵折粮草銀一分二厘五毫四絲、地畒銀一厘。內有三十畒,每畒徵銀九厘七毫八絲五忽,折粮草銀、地畒銀並同。

硝鹻減田四十一頃二十六畒零。每畒徵銀一分三厘三毫五絲七忽。內有二十一頃八十二畒零,徵硝銀一分二厘五毫四絲、③ 地畒銀八毫一絲七忽。

硝鹻田五頃五十六畒零。每畒徵折粮草銀一分二厘五毫四絲。

硝田三頃二十畒零。每畒徵銀一分二毫四絲。

---

① ［校］二升:《寧夏府志》卷七《田賦·賦額》作"三升"。
② ［校］三渺:《寧夏府志》卷七《田賦·賦額》作"二渺"。
③ ［校］徵:《寧夏府志》卷七《田賦·賦額》作"每畒徵"。

硝鹻民田二十三頃一十四畞零，每畞徵地畞銀一厘，折粮草銀一分二厘五毫四絲。內有二頃七十畞零，① 每畞徵地畞銀七厘八絲五忽，折徵粮草銀並同。②

硝民田二十五頃八十三畞零。每畞徵銀一分二厘五毫四絲。

民銀田四十一頃八十畞零，③ 每畞徵折糧草銀三分，地畞銀二釐一毫八絲。

原額更名地四百八十九頃六十二畞。內：

全田一百四頃四十五畞零。每畞徵糧斗二升、草三分、銀三厘一毫八絲。

糜穀上田三十三頃六十三畞零。每畞徵糧一斗二升、④ 銀二厘一毫一絲。⑤

糜穀中田一百三十四頃五十七畞零。每畞徵糧七升五合、銀二厘一毫八絲。⑥

糜穀下田一十三頃八十四畞零。每畞徵糧五升五合、銀二厘一毫八絲。

一則鹻田九十一頃四十二畞零。每畞徵糧八升，銀二厘一毫八絲。

二則鹻田二十九頃四十七畞零。每畞徵糧六升四勺四抄三撮七圭、銀二厘一毫八絲。

口糧田九頃八十四畞零。每畞徵糧七升五合，銀三厘一毫八絲。

銀田十頃。每畞徵銀三分三厘一毫。

硝田四十二頃三十五畞零。每畞徵銀一分三厘五毫四絲。

硝全田一十三頃九十畞零。每畞徵銀一分五厘七毫七絲七忽二纖四塵一渺四漠六埃。

半硝田六頃六畞零。每畞徵銀六厘二毫七絲五忽四微三纖八渺八漠。

以上共實地二千七百九十頃七畞四分零。

---

① ［校］七十：原衍作“七七十”，據《寧夏府志》卷七《田賦·賦額》刪一“七”字。

② ［校］徵：《寧夏府志》卷七《田賦·賦額》無此字。

③ ［校］“民銀田四十一頃八十畞零”句至下文“地畞銀二釐一毫八絲”句：此二十九字原脫，據《寧夏府志》卷七《田賦·賦額》補。

④ ［校］二升：《寧夏府志》卷七《田賦·賦額》作“一升”。

⑤ ［校］一絲：《寧夏府志》卷七《田賦·賦額》作“八絲”。

⑥ ［校］八絲：《寧夏府志》卷七《田賦·賦額》作“一絲”。

　　共應徵夏秋糧一萬八千二百二十一石七斗七升九合五勺。內除冲壓地畝奉文停徵糧六百二十三石三斗九升四合七勺。實徵糧一萬七千五百九十八石三斗八升四合八勺。內：

　　小麥二千五百二十八石二斗四升五合二勺。

　　豌豆五千六百一十三石一斗五升一合一勺。

　　青豆五千三百四十五石二斗七升九合三勺。

　　粟米四千一百一十一石七斗九合二勺。

　　共應徵穀草六萬一千二百七十二束五分六厘。

　　共應徵地畝並折糧草銀六百一十三兩一錢三分二厘。

　　九厘銀八百七十兩五分八厘。

　　銀田布價銀二百一十四兩四錢四分二厘。

　　牛犋銀四十四兩一錢八分二厘。

　　原額身差人丁。雍正五年，在於"請倣以糧載丁"案內，[1] 奉旨通省以糧載丁，按照實徵地畝銀兩均載丁銀。每糧一石均載丁銀一分六厘一絲五忽，[2] 共徵丁銀二百一十六兩七錢五分七厘。

　　以上共徵銀一千九百五十八兩五錢七分一厘。內除冲壓地畝停徵銀一百四十二兩五錢六分九厘。實徵銀一千八百一十六兩二厘。州庫存留自支銀二百五十五兩二錢四分。一歲支各壇廟宇祭祀銀三十二兩七錢二分，又支惠安堡鹽捕通判俸銀三十二兩。[3] 各役歲支工食銀共三百二十兩。[4] 餘銀四十六兩五錢二分，係裁汰鹽課大使各役原額俸工銀四十三兩五錢二分，空缺鄉飲銀三兩。文武舉人每逢會試，每名應領盤費銀五兩五錢二分四厘。

　　起運銀一千五百六十兩七錢六分二厘。

　　花馬池州同分管靈州。原額地八百九十五頃五畝三分八厘。內：民地八百八十九頃一十五畝三分八厘。每畝徵黃米七合。屯田五頃九十畝，每

――――――――――

　　① ［校］載：原作"代"，據下文及《寧夏府志》卷七《田賦·賦額》改。

　　② ［校］六厘：《寧夏府志》卷七《田賦·賦額》作"六毫"。

　　③ ［校］三十二兩：《寧夏府志》卷七《田賦·賦額》誤作"二兩"，該志卷九《職官·皇清文官官制》載，鹽捕通判每歲俸銀二十兩三錢二分一釐、俸工銀二兩、養廉銀六百兩。本誌作"三十二兩"不知何據。

　　④ ［校］各役歲支工食銀共三百二十兩："歲支"二字原脫，據《寧夏府志》卷七《田賦·賦額》補。"三百二十兩"，《寧夏府志》卷七《田賦·賦額》作"一百七十四兩"。

畝徵青豆三升。

應徵粮六百四十石一斗七升七合七勺。[①]　內：黃米六百二十二石四斗七合七勺，青豆一十七石七斗。應徵丁銀一十兩一錢八分三厘。[②]

鹽法

寧夏鹽捕廳靈州花馬小池產鹽，地方週圍三十六里零。池設有壕牆，按年疏築，限隔內外。

舊鹽井二百眼，額壩夫二百名。徵紙價銀五百二十二兩三錢四分，工食銀二千四百五十七兩六錢。撈鹽六萬一千四百四十石，引六萬一千四百四十張。徵課銀一萬三千二百四十兩三錢二分。

又於雍正六年，在"鹽井增添"案內，查出新井二百二眼，共四百二眼，額壩夫四百二名。雍正十三年，在"署員成效已著"案內，[③] 增引六千張，共新舊引六萬七千四百四十張。原額每引徵銀一錢一分五厘五毫。自康熙十五年至二十五年，在於"量增鹽課"各案內，遞有加增。除康熙二十年恩詔"豁免遇閏增課"，二十五年部議"停徵五分加增"二案外，現額每引徵銀二錢一分五厘五毫。共徵課銀一萬四千五百三十三兩三錢二分，按年解布政司奏銷。額產鹽六萬七千四百四十石，在於平〔涼〕、慶〔陽〕兩府，各廳、州、縣，並寧夏河東各營、堡行銷。

靈州所屬吳忠等堡一十九堡，原額引二千三百八十六張，額徵課銀五百一十四兩一錢八分三厘。

附歷代鹽法

《周禮》有鹽人之職，[④] 漢置鹽鐵官，鹽政之設舊矣；而寧夏鹽池至唐始見於史。

《唐·食貨志》載：[⑤] "鹽州五原有烏池、白池、瓦池、細項池，靈州

---

① 〔校〕七升：《寧夏府志》卷七《田賦·賦額》無此二字。
② 〔校〕三厘：《寧夏府志》卷七《田賦·賦額》作"二厘"。
③ 〔校〕成效已著案內：原作"內成效已著案"，據《寧夏府志》卷七《田賦·鹽法》改。
④ 參見《周禮·鹽人》。
⑤ 參見《新唐書》卷五四《食貨志》。

有温泉池、兩井池、長尾池、五泉池、紅桃池、回樂池、弘静池，① 會州有河池，三州皆輸米以代鹽。②"

周廣順二年敕令慶州榷鹽務：③ 今後每有青鹽一石，抽税錢八百八十五陌、④ 鹽一斗；白鹽一石，抽税錢五百八十五陌，⑤ 鹽五升。⑥ 此外不得別有邀求。

宋至道末，凡禁榷之地，官立標識、候望以曉民。其課鹽通商之地，陝西則京兆、⑦ 鳳翔府、同、⑧ 華、耀、乾、商、涇、原、邠、寧、儀、渭、鄜、坊、丹、延、⑨ 環、慶、秦、隴、鳳、階、成州、保安、鎮戎軍。按：宋初鹽莢，只聽州縣給賣，初未嘗有客鈔也。雍熙二年，令商人所在納銀，赴京請領交引，盖邊郡入納筭請始見於此。端拱二年，置折中倉，令商人輸粟京師，盖在京輸粟筭請始見於此。天聖七年，令商人榷貨物入納錢銀，盖在京入納錢銀筭始見於此。⑩ 慶曆八年，⑪ 以兵部員外郎范祥鈔法，⑫ 令商人就邊郡入錢四貫八百售一鈔，至解池請鹽二百斤，任其私賣，得錢以實塞下，省數十郡搬運之勞。行之既久，鹽價時有低昂。又於京師置都鹽院，陝西轉運司自遣官主之。京師食鹽，斤不足三十五

---

① ［校］弘静池：原避清高宗弘曆諱改作"宏静池"，據《新唐書》卷五四《食貨志》回改。

② ［校］輸米：原作"輸粟"，據《新唐書》卷五四《食貨志》改。

③ ［校］二年：此同《五代會要》卷二六《鹽》、《文獻通考》卷十五《征榷考二·鹽鐵》，《舊五代史》卷一四六《食貨志》、《冊府元龜》卷五〇四《關市》均作"三年"。

④ ［校］八百八十五陌：此同《五代會要》卷二六《鹽》、《文獻通考》卷十五《征榷考二·鹽鐵》，《舊五代史》卷一四六《食貨志》、《冊府元龜》卷五〇四《關市》均作"八百文以八十五為陌"。

⑤ ［校］五百八十五陌：此同《五代會要》卷二六《鹽》、《文獻通考》卷十五《征榷考二·鹽鐵》，《舊五代史》卷一四六《食貨志》、《冊府元龜》卷五〇四《關市》均作"五百"。

⑥ ［校］五升：原作"一升"，據《舊五代史》卷一四六《食貨志》、《五代會要》卷二六《鹽》、《冊府元龜》卷五〇四《關市》、《文獻通考》卷十五《征榷考二·鹽鐵》改。

⑦ ［校］陝西：原作"京西"，據《宋史》卷一八一《食貨志》改。

⑧ ［校］同：原作"固"，據《宋史》卷一八一《食貨志》改。

⑨ ［校］延：此字原脱，據《宋史》卷一八一《食貨志》補。

⑩ ［校］筭：《靈州志》作"筭請"。

⑪ ［校］慶曆：原作"天聖"，據《宋史》卷一八一《食貨志》、《長編》卷一六五改。

⑫ ［校］兵部員外郎范祥："兵部員外郎"，此同《夢溪筆談》卷十一《官政》，《長編》卷一六五作"屯田員外郎"。"范祥"，原作"范詳"，據《宋史》卷一八一《食貨志》、《夢溪筆談》卷十一《官政》改。

錢，則歛而不發，以長鹽價，① 過四十，則大發庫鹽，以壓商利。使鹽價有常，而鈔法有定。行之數十年，② 人以為利。

元昊時，請售青白鹽。宋以其味佳值賤，入中國則擾邊，且阻解池，絀國用，遂不許。

至元元年，③ 各州縣戶口額辦鹽課，運官召商發賣，惟陝西運司官每年預期差人分道齎引，④ 遍散州縣。陝西食鹽之戶，該辦課二十萬三千一百六十四錠有餘。⑤ 內鞏昌、延安等處認定課鈔一萬六千二百七十一錠，慶陽、環州、⑥ 鳳翔、興元等處歲辦課一萬七千九百八十五錠。其餘課鈔因關陝旱饑，民多流亡，至順三年鹽課，十分為率，減免四分。行之三載，尚多虧負。時至元二年，監察御史帖木兒不花及廉訪使胡通奉疏：“陝西百姓，許食解鹽，地遠腳力艱澀。今後若因大河以東之民分定課程，⑦ 買食解鹽，大河以西之民，計口攤課，⑧ 任食韋紅之鹽，則官不被擾，民無蕩產之禍矣。且解鹽結之於風，韋紅鹽產之於地；東鹽味苦，西鹽味甘，又豈肯舍其美而就其惡乎？使陝西百姓一概均攤解鹽之課，令食韋紅之鹽，則鹽吏免巡禁之勞，⑨ 而民亦受惠矣。”因命陝西行省官及李御史、運司同知郝中順會鞏昌、延安、興元、⑩ 奉元、⑪ 鳳翔、邠州等官，與總帥汪通議，俱稱當從帖木兒不花、胡通奉所言，限以黃河為界，陝西之民從便食用韋紅二鹽，⑫ 解鹽依舊西行，⑬ 紅鹽不許東渡。⑭

---

① ［校］鹽價：原作“下價”，據《夢溪筆談》卷十一《官政》改。

② ［校］數十年：“十”字原脫，據《夢溪筆談》卷十一《官政》補。

③ ［校］至元元年：原作“元”，據《元史》卷九七《食貨志》改。

④ ［校］預：《元史》卷九七《食貨志》作“豫”。

⑤ ［校］有餘：此二字原脫，據《元史》卷九七《食貨志》補。

⑥ ［校］環州：原作“環縣”，據《元史》卷九七《食貨志》、《寧夏府志》卷七《田賦·鹽法》改。

⑦ ［校］因：《元史》卷九七《食貨志》作“令”。

⑧ ［校］口：原作“日”，據《元史》卷九七《食貨志》改。

⑨ ［校］鹽：原作“監”，據《元史》卷九七《食貨志》改。

⑩ ［校］興元：“興”，《靈州志》無此字。

⑪ ［校］奉元：原作“奉先”，據《元史》卷九七《食貨志》、《寧夏府志》卷七《田賦·鹽法》改。

⑫ ［校］韋紅二鹽：疑當作“韋紅之鹽”，即韋州紅鹽池之鹽。參見《元史》卷九七《校勘記》［四］。

⑬ ［校］鹽：原作“引”，據《元史》卷九七《食貨志》改。

⑭ ［校］渡：原作“波”，據《元史》卷九七《食貨志》改。

獨郝同知言：① "運司每歲辦課四十五萬錠，陝西該辦二十萬錠，今止認七萬錠，餘十三萬錠，從何處恢辦？" 議不合而散。户部遂參照至順二年例，以涇州白家河永為定界，聽民食用，仍督所在軍民官嚴行禁約，勿致韋紅二鹽犯境侵課。② 中書省如所議行之。③

洪武間，靈州鹽課司歲辦靈州二百八十六萬七千四百七斤。

萬曆六年，歲解寧夏鎮年例銀一萬三千三百四十二兩。

成化二十三年，④ 移萌城批驗所於紅德城堡。令黑城、乾溝二路鹽車俱抵慶陽府城市卸載。⑤ 商人同店主執引驗過，赴行鹽地方。貨賣畢，引目付店主銷繳。⑥

弘治二年，令靈州鹽課司行鹽地方仍舊於平涼、静寧、隴德、⑦ 慶陽、⑧ 環縣等處。

嘉靖八年，議准大池增三萬三千六百二十六引，小鹽池增二萬二千四百一十七引。每引銀二錢五分，臥引銀一錢，共一萬九千六百一十五兩，送平涼府收貯，專備禄糧。十四年，題准靈州小鹽池額鹽三千一百零五引，專供花馬池一帶修邊支用。其加增鹽三萬引，召商開中，三邊輪流買馬，或接濟軍餉支用。三十四年，奏准陝西行鹽地方，每鹽二百斤為一引，每引收銀四錢五分。西鹽三分搭配漳鹽八分。⑨ 俱聽分守隴右道監理收銀，年終解送花馬池營管糧衙門防秋兵馬支用。

隆慶五年，題准花馬池大小二池鹽，每引照鹽四倍。河東令各商報納，每引增銀一錢二分，共五錢二分，其臥引銀一錢二分。西路斗底銀一錢五分，共增課銀七千有奇。

---

① ［校］言：原作 "鹽"，據《元史》卷九七《食貨志》、《乾隆甘志》卷十八《鹽法》改。

② ［校］韋紅：原倒作 "紅韋"，據《元史》卷九七《食貨志》乙正。

③ ［校］所：原作 "何"，據《元史》卷九七《食貨志》、《寧夏府志》卷七《田賦·鹽法》改。

④ ［校］二十三年：原作 "二十二年"，據《明會典》卷三六《鹽法》、《乾隆甘志》卷十八《鹽法》改。

⑤ ［校］城市：《明會典》卷三六《鹽法》作 "城市閧廂"。

⑥ ［校］引目付店主銷繳："引目"，原作 "引日"，據《明會典》卷三六《鹽法》、《乾隆甘志》卷十八《鹽法》改。"付"，《明會典》卷三六《鹽法》作 "赴"。

⑦ ［校］隴德：《明會典》卷三六《鹽法》作 "隆德"。

⑧ ［校］慶陽：《明會典》卷三六《鹽法》作 "政平慶陽"。

⑨ ［校］三分：《寧夏府志》卷七《田賦·鹽法》作 "二分"。

　　成化九年，差御史一員巡視河東運司，並陝西、靈州大小二池鹽課，其陝西、河南所屬分巡各道官帶管鹽法者，[①] 悉聽節制。慶陽府每歲委佐貳官一員，[②] 監支靈州鹽課司商人納馬官鹽及民間食鹽。[③]

　　舊志：[④] 原額鹽三千二百餘引。弘治九年，延〔綏〕、寧〔夏〕二鎮輪招馬匹，尋仍奏革。正德初，總制楊一清奏擬河東運司例，每引收銀一錢五分，課增五萬二千引。時戶部又奏改易芻粮。其引與淮、浙同在南京戶部關支。劉瑾專恣，又令北京戶部亦造引板。於是真贗不分，新故俱滯。瑾既敗，兩奉詔裁革。奸深弊固，猶不能禁。總制劉天和、巡撫楊守禮，僉僉事孟霦議“照寧夏小鹽池，乃天生自然之利，窮邊軍餉之需，何先年人人願中，以為奇貨可居，今日報納，無人視之，以為陷阱。皆緣舊引未清，新鹽阻滯，邊方雖有鹽池之設，軍需畧無分文之禆。嚴法清查，其弊始革”。巡撫張潤尋又奏：“復萌城批驗，鹽法稍通，然課猶未甚。今則增至淮引八萬五千，浙引十萬九千五百。夏之邊需，故取足於屯糧，歲有定數，不足則請給帑銀。嘉靖年間，請發內帑不敷，乃派淮、浙鹽引以充急用。或淮多浙少，或淮浙相均，一視歲計盈縮量派。嘉〔靖〕、隆〔慶〕之際，始定以淮四浙六。官價淮引五錢，浙引三錢五分。照派定糧草輸足，各赴淮浙運司守支。淮引微有奇贏，浙引虧折太甚。加以開召不時，斗頭高估，[⑤] 諸商遂稱困矣。[⑥] 萬曆初，巡撫羅鳳翔寬減芻粮斗頭，商困少鮮。迨後內璫寓於江南驗引，專掣內商賄買夾帶，一引十鹽。[⑦] 此竇既開，邊商鹽引難售，資斧虧折，困苦如水益深。”又云：“二十年兵變，開城糧餉缺乏。巡撫周光鎬題增淮鹽八萬引，官價每引五錢；長蘆鹽二萬引，官價每引二錢五分，共籌銀四萬五千兩，隨同額鹽招商輸納糧草，以備軍興，庶幾定為經制。[⑧] 不意三十七年復將前項鹽引銀兩停

---

①　[校]帶管：“管”字原脫，據《乾隆甘志》卷十八《鹽法》補。

②　據《明會典》卷三六《鹽法》，此事奏準於成化二十三年（1487）。

③　[校]監：原作“兼”，據《明會典》卷三六《鹽法》、《乾隆甘志》卷十八《鹽法》改。

④　參見《朔方新志》卷一《食貨·鹽法》。

⑤　[校]斗頭：原作“高頭”，據本誌下文及《朔方新志》卷一《食貨·鹽法》改。

⑥　[校]稱：《靈州志》作“極”。

⑦　[校]一引十鹽：“十”原作“小”，據《寧夏府志》卷七《田賦·鹽法》改。“鹽”，《靈州志》作“池”。

⑧　[校]為：《靈州志》作“屬”。

發，改濟別邊。後巡撫黃嘉善題討，① 暫准三萬兩接濟。又巡撫崔景榮題討，僅歲復一萬而終無濟於那借。巡撫楊應聘再題討復疏，下部未覆。”

按：鹽池之在三山兒者曰大鹽池，② 在故鹽城之西北者曰小鹽池，③其他名孛羅等池最多，皆分隸大小鹽池。④ 其鹽大都不勞人力，因風自生，殆天產以資邊需者也。又《地里志》“懷遠縣有鹽池三”，⑤ 去城南、北各三十里俱有池一，⑥ 其產不多，官亦不禁。不知於古何名。河東邊外有花馬、紅梛、鍋底三池，以邊外棄。

茶法

寧夏茶引原額四百道，每引額茶一百一十四斤，交課銀三兩九錢。順治九年，招商承辦，寧夏商額引二百五十道，靈州商額引一百道，中衛商額引五十道。嗣因食茶人少，消售維艱。康熙時，寧夏商告繳引八十道，靈州商告繳引三十道。

〔雜稅〕

靈州現在當鋪五十座，歲收課銀二百五十兩。

靈州經管本城稅局一處，⑦ 歲額正項銀二百二十六兩。橫城口稅一

---

① 黃嘉善及下文提及崔景榮、楊應聘等人之疏參見《朔方新志》卷二《內治·錢糧》所附各疏。

② ［校］鹽池之在三山兒者：“池”字原脫，據《弘治寧志》卷三《靈州守禦千戶所·屬城》、《朔方新志》卷一《食貨·鹽法》、《寧夏府志》卷七《田賦·鹽法》補。

③ ［校］城：原作“池”，據《寧夏府志》卷七《田賦·鹽法》改。按：鹽城，即靈州古城。據考古發現其遺址位於今鹽池縣城西南75公里的西破城，在今鹽池縣馮記溝鄉老鹽池村。參見任曉霞撰《鹽州古城今何在》。《朔方新志》卷一《食貨·鹽法》、《嘉靖寧志》卷三《靈州守禦千戶所·屬城》均作“鹽州城”。

④ ［校］大小：“小”字原脫，據《弘治寧志》卷三《靈州守禦千戶所·屬城》補。

⑤ 參見《舊唐書》卷三八《地理志》。

⑥ ［校］去城南北各三十里：“南”，此字原脫，據《弘治寧志》卷三、《嘉靖寧志》卷三《靈州守禦千戶所·屬城》，《朔方新志》卷一《食貨·鹽法》補。“三十”，此同《朔方新志》卷一《食貨·鹽法》，《弘治寧志》卷三、《嘉靖寧志》卷三《靈州守禦千戶所·屬城》作“三十餘”。

⑦ ［校］一處：《寧夏府志》卷七《田賦·雜稅》無此二字。

處，歲額正項銀二兩七錢六分。[①] 花馬池口稅一處，歲額正項銀一十二兩一錢二分八厘。吳忠、惠安、同心城、興武營各堡，歲收課銀二百五十兩。[②]

牙帖，歲納銀三十兩四錢。

田房契稅，歲無定額。每價銀一兩，照例收稅銀三分。

---

① ［校］七錢六分：《寧夏府志》卷七《田賦·雜稅》作“七分六厘”。
② ［校］歲：此字原脫，據《寧夏府志》卷七《田賦·雜稅》補。

水利源流誌第十

太史公作《河渠》一書曰：① “甚哉，水之為利害也！”然則脩濬有方，斯人享其利，一或失之而潰浹為虞，② 亦其勢然與。靈州舊有秦漢二渠，凡臨城上腴諸田，悉沿渠上下以資其灌溉之利。每歲春濬，民間自備夫料，③ 其良法美意，前人經畫備矣。然地勢之高卑，堤埗之厚簿，④ 蘆口之廣狹，⑤ 往往隨時改易，必長吏親為營度，而以時稽覈其間，使猾胥惰民無由滋獘。庶幾渠水所經，民享其利，而不虞其害也夫。

水利源流

《史記‧河渠書》：⑥ 自武帝築宣房後，朔方、西河、河西皆引河以溉田。又《匈奴傳》云：⑦ “驃騎封狼居胥山。漢渡河，自朔方以西至令居，往往通渠置田，官吏卒五六萬人。”⑧ 此寧夏河渠所由昉也。《西羌傳》又云：⑨ 虞詡奏復朔方、西河、⑩ 上郡，使謁者郭璜激河浚渠為屯田。則開漢渠者，虞詡、郭璜矣。

---

① 參見《史記》卷二九《河渠書》。
② ［校］浹：《靈州志》作“決”。
③ ［校］料：此字後《靈州志》有“官紳督作”四字。
④ ［校］簿：《靈州志》作“薄”。
⑤ ［校］蘆：《靈州志》作“渠”。
⑥ 參見《史記》卷二九《河渠書》。
⑦ 參見《史記》卷一一〇《匈奴傳》。
⑧ ［校］五六萬人：此四字原脫，據《史記》卷一一〇《匈奴傳》補。
⑨ 參見《後漢書》卷八七《西羌傳》。
⑩ ［校］西河：原作“河西”，據《後漢書》卷八七《西羌傳》改。

　　唐渠不見開鑿由始。《唐書》：① 李聽為靈州大都督長史，② 於境內復故光禄廢渠以溉田。寧夏在唐時為懷遠縣，隸靈州。凡唐書所言靈州，皆兼寧夏，五原有光禄塞，漢光禄勳徐自為所築。渠名光禄，意亦自為所開。然則今之唐渠，或亦漢舊渠而復浚於唐耳。《吐蕃傳》載：③ "虜酋馬重英寇靈州，奪御史、尚書、填漢三渠。"④ 皆謂漢渠。惟靈州有特進渠。⑤《地里志》云"長慶四年詔開"，⑥ 而亦不著其人。

　　又後魏刁雍請自富平西南三十里有艾山，⑦ 鑿以通河。⑧ 富平，即寧夏地西三十里，今有廢渠，疑即艾渠。

　　宋劉昌祚圍夏城，城人決黃河七級渠以灌營。《元和志》言"千金陂在靈武縣北四十二里。漢渠在縣南五十里，從漢渠北流四十餘里始為千金陂。⑨ 其左右又有胡渠、御史、百家等八渠。"⑩ 宋楊瓊，史稱其開渠溉田，今皆不知其處。

　　元郭守敬、董文用脩復唐來、漢延各渠，更立插堰，今漢、唐二壩是也。舊制以薪木，明僉事汪文輝易以石，工益固。

　　國朝康熙四十七年，水利同知王全臣開大清渠。雍正四年，又欽命侍郎通智、單疇書等開惠農渠，與漢、唐並列，河渠之利益廣。

　　靈州、中衞各有渠。舊志：元張文謙疏"興州古唐來、漢延二渠，及夏、⑪ 靈、應理、鳴沙四州正渠十，⑫ 支渠大小共六十八。"然大抵唐、

---

　　① 參見《舊唐書》卷一三三、《新唐書》卷一五四《李聽傳》。
　　② ［校］大都督：《舊唐書》卷一三三《李聽傳》作"大都督府"。
　　③ ［校］吐蕃傳：原作"吐魯番傳"，據《新唐書》卷二一六下《吐蕃傳》改。
　　④ ［校］奪御史尚書填漢三渠：原作"塞漢御史尚書光禄三渠"，據《資治通鑒》卷二二五改。
　　⑤ ［校］特進渠：《四庫》本《唐會要》卷八九《疏鑿利人》作"時逐渠"。
　　⑥ 參見《新唐書》卷三七《地理志》"靈州靈武郡"條"迴樂"下注文。
　　⑦ ［校］西南：原作"西"，據《魏書》卷三八《刁雍傳》改。
　　⑧《魏書》卷三八《刁雍傳》載："富平西南三十里，有艾山，南北二十六里，東西四十五里，鑿以通河，似禹舊跡"，後因"渠溉高懸，水不得上"，故刁雍上表奏請"來年正月，於河西高渠之北八里，分河之下五里，平地鑿渠"。《寧夏府志》卷四《古蹟》載，刁雍"上表，請自艾山南鑿渠通河，溉公私田四萬頃。"故刁雍上表所請非鑿艾山以通河，而是在艾山以南平地上鑿渠通水。
　　⑨ ［校］千金陂：《元和郡縣圖志》卷四《關內道》作"千金大陂"。
　　⑩ 參見《元和郡縣圖志》卷四《關內道》。
　　⑪ ［校］興州古唐來漢延二渠及：此十字原脫，據《朔方新志》卷二《內治·宦蹟》補。
　　⑫ ［校］州：原作"川"，據《寧夏府志》卷八《田賦·水利·源流》改。

漢故蹟，文謙為增治疏濬者居多，不自元始也。

秦渠，自州屬青銅峽開口，至州城北門外洩入漥河，延長一百二十里。正閘二空，曰秦閘。尾閘曰黑渠閘。大支渠一十二道，灌民田一十一萬七百畝零。①康熙時，參將李山重修，俱以石甃底，長百餘丈，歲省夫料無算。②

漢渠，自青銅峽秦渠上流開口，至胡家堡洩入漥河，延長一百里。正閘二空，曰漢閘。其後河勢偏西，常苦無水。康熙四十五年，中路同知祖良貞改深閘底，又增長迎水堤，水乃足用。康熙五十二年，同知祝兆鼎重修東岸，以洩山水冲決之害。大支渠九道，灌田一十二萬五千八百畝零。每歲春濬，俱係民間自備夫料。

南北漥河記　李培榮　平定州人，乙未進士。③

朔方水利舊矣，蓋觀其經緯布置之宜，而嘆古之君子其利民也溥，其慮患也周。嘉慶己未春，④余署篆靈州，州故有秦漢二渠。下車始值民脩濬，余親往相度。維時吳忠數堡之民環聚馬首，投牒互控。大約以漲水侵疆殃及鄰界為辭。細詢其故，則渠水入田，其尾潴而為湖。北湖自金積堡下至吳忠堡之東南共十二處，汪洋清澈，幾數千頃；南湖自忠營堡至漢伯堡，雖勢不甚廣，而渠之所經偶破衝口，窪處輒鍾聚。夏秋之交，洪河盛溢，渠流張王，游波入湖，湖不能受，則漫衍田畝，浸壞屋廬，亦其勢然也。及詢其所以經理之宜，則言人人殊，不復可辨，余無可如何，姑令徐退。

既而思之：古之君子利民溥，慮患周，所以圖始善終者，宜無不備，豈獨無道以處此耶？抑其蹟久而或湮耶？適有客來謁，謂：「公初至，地情未繕。⑤此間舊有南北二漥河，吳忠之稍為清漥河，漢伯之稍為渾漥河，緣歲久淤塞，民憚其勞，惟以墾鄰興訟。濬此二處，則湖患息矣。」余曰：「若然，是湖非為民患，民自貽患也。」乃率士民，躬為指畫。南漥河計長二十餘里。分三段修濬。由三岔口抵漥河橋，工屬忠營堡，河橋

---

① ［校］灌民田一十一萬七百畝零：《靈州志》作「灌田九萬八千九百餘畝」。

② ［校］省：原作「首」，據《寧夏府志》卷八《田賦·水利》改。

③ 乙未：乾隆四十年（1775）。

④ 嘉慶己未：嘉慶四年（1799）。

⑤ ［校］繕：疑當作「諳」。

抵小蘆洞，工屬漢伯堡；蘆洞至梢，工屬吳忠堡。寬六尺，深六尺，俱安底石為証。北澇河計長四五里，挖深三四尺。兩河總匯關尾閘，由山水溝而北抵大河。蓋論其害，則北湖為巨；計其功，則南湖較艱，其形便不同如此，既廼著為成式，以圖經久。北湖之田涸出幾半，明春修濬，北河宜按湖田出夫水利，堡長主之，毋得攤累通堡。南河按段分濬，蘆洞以下尤為緊要，稍有偷減，通身復淤。如吳堡之人不盡力，則忠漢兩堡合力通濬，而吳忠堡人不得復藉稍水以灌田，違者官治其罪。其種稻之處，上下堡亦輪年更換，以輕水患。凡此數端，民皆謂便，積年之患，一朝頓除。向之訟者僉曰："公之賜也，民之福也！"於是羅拜車前以謝余惠，而豈知前人之圖始善終，不留餘隙，有如此耶？然則古今廢興成毀之故，類此者多矣。作者未始不欲其永久，而其後往往轍墮也。貪咫尺之得，忘尋丈之失，憚一日之勞，遺數年之患。余甚懼焉，因為錄次其事以附州志，庶使後之君子知前人之深心不可沒，而留心水利者，亦有所藉以考焉。

　　漢渠水舊豐足，自乾隆三十八九年來，河勢東阜，水流西向漸不入渠。州民□之於時知州黎珠請帑銀四千兩，[1] 捐糧六百石，令庠生顏倬督工料理。迤渠而南至野馬灘，開掘接築迎水埧十數里，以通壅滯，水乃足用，至今賴焉。州人立碑頌德。

---

① ［校］黎珠："珠"字原為空格，據本誌卷二《職官姓氏誌第十一·歷任姓氏》補。

職官姓氏誌第十一

朝廷設官，非謂治繭絲、奉簿籍，徒以為文而已，而境內之理亂係之；士人服官，非謂綰章、綬食、廉俸，徒以為榮而已，而民生之利病係之。靈州舊設中路同知，自國朝雍正三年改設知州。其在州城內者：文職自知州以下有學正、吏目等官；武職自參將以下有守備、千把等官。其列各營堡者：文職有通判、州同等官；武職有參將、都司、守備、千把等官。分隸軍民，各襄厥事。昔朱邑為桐鄉嗇夫，民有蒸嘗之報，知古人克盡厥職，雖微員末吏，皆足自效，矧一方之民讓軍政舉於其人，有責成者，其職任尤匪輕也。今考其姓名可見者列於志，俾觀者得稽其時勢，以辨其能否焉。

職官

靈州知州，每歲俸銀八十兩、養廉銀六百兩、公費銀三百六十兩。

門子二名，歲支工食銀一十二兩，遇閏加銀一兩。皂隸一十六名，歲支工食銀九十六兩，遇閏加銀八兩。馬快八名，歲支銀一百三十四兩四錢，遇閏加銀一十一兩二錢。庫子四名，歲支工食銀二十四兩，遇閏加銀二兩。斗級四名，歲支工食銀二十四兩，遇閏加銀二兩。民壯三十八名，歲支工食銀二百二十八兩，遇閏不加。禁卒八名，歲支工食銀四十八兩，遇閏不加。傘扇、轎夫七名，歲支工食銀四十二兩，遇閏加銀三兩五錢。

州同，每歲俸銀六十兩、養廉銀一百二十兩。[①]

門、皂、馬夫九名，歲支工食銀五十四兩，遇閏加銀四兩五錢。民壯四名，歲支工食銀二十四兩，遇閏不加。

---

① ［校］銀：此字原脫，據本誌書例補。

吏目，每歲俸銀三十一兩五錢二分、養廉銀六十兩。

門子一名，歲支工食銀六兩，遇閏加銀五錢。皂隸四名，歲支工食銀二十四兩，遇閏加銀二兩。馬夫一名，歲支工食銀六兩，遇閏不加。

靈州學正，每歲俸銀四十兩。

齋夫三名，歲支工食銀三十六兩，遇閏加銀一兩。① 膳夫二名，歲支工食銀一十三兩三錢三分三厘，遇閏加銀一兩一錢一分一厘。門斗三名，歲支工食銀一十八兩，遇閏加銀一兩五錢。廩生三十名，歲支餼糧銀九十二兩八錢七分五厘。歲貢一名，額設花紅旗匾銀二兩三錢二分八厘。

歷任姓氏

〔同知〕

靈州舊設中路"同知"

祖良禎，盛京人，康熙四十一年任。

祝兆鼎，直隸天津人，康熙五十一年任。

〔知州〕

雍正三年改設"知州"

蔡書雲，江南人，雍正三年任。

朱佐湯，山西臨汾人，乾隆三年任。

劉輝祉，直隸安平人，乾隆十一年任。

謝玉琰，② 江南武進人，乾隆十八年任。

江鯤，直隸天津人，乾隆二十年任。

西岷峨，鑲白旗滿洲人，乾隆二十二年任。

賈建奇，河南祥符人，乾隆二十七年任。

奇明，鑲白旗滿洲人，乾隆三十七年任。

黎珠，鑲白旗滿洲人，乾隆四十年任。

佟躍岱，順天人，乾隆四十年任。

黃恩，安徽婺源人，乾隆四十六年任。

孝順阿，正白旗滿洲人，乾隆四十七年任。

洪彬，安徽祁門人，乾隆四十八年任。

① ［校］一兩：《寧夏府志》卷九《職官·皇清文職官制》作"五兩"。

② ［校］謝玉琰："琰"字原脫，據《寧夏府志》卷九《職官·皇清文職官姓氏》補。

廣玉，正白旗滿洲人，乾隆五十年任。

楊芳燦，江蘇金匱人，乾隆五十二年任。

連彭年，浙江上虞人，嘉慶三年任。

豐延泰，正白旗滿洲，嘉慶三年任。

鹽捕通判

朱亨衍，廣西桂林人，乾隆元年任。

蔡永寧，正白旗漢軍，乾隆七年任。

李昌陵，山西安邑人，乾隆十三年任。

徐廷璐，順天大興人，乾隆二十四年任。

鄭景，安徽涇縣人，乾隆三十年任。

承裕，鑲黃旗滿洲，乾隆三十四年任。

尚玉琅，鑲藍旗漢軍，乾隆三十六年任。

崔泳，浙江嘉興人，乾隆四十四年任。

花馬池州同

梁德長，陝西長安人，雍正九年任。

錢孟揚，江蘇太倉人，乾隆四年任。

楊起元，江蘇宜興人，乾隆十一年任。

陳冠吉，江西吉水人，乾隆二十年任。

佟鋆，正藍旗漢軍，乾隆二十年任。

梁昌，山西介休人，乾隆二十五年任。①

高士堂，順天大興人，乾隆二十五年任。

李立，山西陽曲人，乾隆二十八年任。

李鉉，山西臨汾人，乾隆二十九年任。

章攀桂，安徽桐城人，乾隆二十九年任。

李文曾，山東膠州人，乾隆三十年任。

戴泰暉，湖北江夏人，乾隆三十一年任。

楊瀛仙，雲南石屏人，乾隆三十四年任。

伍葆光，廣東興寧人，② 乾隆三十六年任。

---

① 〔校〕年：此字原脫，據《寧夏府志》卷九《職官·皇清文職官姓氏》補。

② 〔校〕廣東：原作“廣西”，據《寧夏府志》卷九《職官·皇清文職官姓氏》改。

胡誠，順天大興人，乾隆三十九年任。①

窩什渾，鑲藍旗漢軍，乾隆三十九年任。

朱蘭，山東歷城人，乾隆四十一年任。

〔訓導〕

靈州舊設"訓導"

李龍雯，榆林人，康熙四十九年任。

孫四正，長安人，康熙五十九年任。

〔學正〕

雍正三年改設"學正"

吳郡，蘭州人，雍正四年任。

張大本，郃陽人，雍正十三年任。

李飛雲，華陰人，乾隆四年任。

郝鵬圻，宜川人，乾隆十二年任。②

朱錦，沔縣人，乾隆二十四年任。

雷繩武，渭南人，乾隆三十年任。③

張璉，郿縣人，乾隆三十五年任。

楊崑，蒲城人，乾隆四十七年任。

田種玉，城固人，乾隆五十四年任。

雷懋德，鳳翔人，乾隆五十五年任。

劉晉，臨潼人，乾隆五十七年任。

梁楚翹，耀州人，乾隆五十八年任。

武職

靈州營：參將一員，中軍守備一員，把總四員。④

花馬營：參將一員。⑤

---

① ［校〕三十九：《寧夏府志》卷九《職官·皇清文職官姓氏》作"三十六"。

② ［校〕十二：《寧夏府志》卷九《職官·皇清文職官姓氏》作"十一"。

③ ［校〕三十：《寧夏府志》卷九《職官·皇清文職官姓氏》作"三十四"。

④ ［校〕四員：《乾隆甘志》卷二九《皇清武職官制》作"三員"。

⑤ 《乾隆甘志》卷二九《皇清武職官制》載，花馬營另有"中軍守備一員，千總一員，把總一員"。

興武營：都司一員。①

橫城營：都司一員。

同心營：守備一員。②

安定堡：守備一員。

歷任姓氏

〔副將〕

花馬池舊設"副將"

趙之璧，順天人，順治二年任。

吳登科，奉天人，順治九年任。

萬承選，奉天人，順治十二年任。

姚承德，直隸人，順治十五年任。

李正芳，順天人，順治十六年任。

王有才，山東人，康熙五年任。

石福，榆林人，康熙十五年任。

黃可樂，汾州人，康熙二十二年任。

黃昱，臺灣人，康熙二十五年任。

徐達，潞安人，康熙二十九年任。

高永謙，秦州人，康熙三十七年任。③

趙永吉，金鄉人，康熙四十六年任。④

金國正，本鎮人，康熙四十六年任。

改日新，宛平人，康熙五十四年任。

惠延祖，濟寧人，康熙六十一年任。

任春雷，西寧人，雍正九年任。

韓應奎，⑤西安人，乾隆元年任。

王良佐，保定人，乾隆六年任。

晏嗣漢，貴州人，乾隆十年任。

---

① 《乾隆甘志》卷二九《皇清武職官制》載，興武營另有"把總二員"。

② 《乾隆甘志》卷二九《皇清武職官制》載，同心營另有"把總一員"。

③ ［校］三十七：《寧夏府志》卷十《職官·歷任姓氏》作"三十三"。

④ ［校］四十六：《寧夏府志》卷十《職官·歷任姓氏》作"三十七"。

⑤ ［校］韓應奎：《寧夏府志》卷十《職官·歷任姓氏》作"韓應魁"。

張晟，奉天人，乾隆十六年任。

容保，奉天人，乾隆十七年任。

達啟，奉天人，乾隆二十年任。

福興，奉天人，乾隆二十年任。

定柱，奉天人，乾隆二十年任。

色倫泰，奉天人，乾隆二十八年任。

〔參將〕

乾隆二十八年改設“參將”

塞爾領，奉天人，二十九年任。

劉鑑，奉天人，三十年任。

張邦仁，襄陽人，三十六年任。

薛大楷，山西人，四十一年任。

靈州營參將

盧養元，州人，順治元年任。

蔣國泰，淮安人，順治二年任。

杜茂松，榆林人，順治四年任。

程天壽，奉天人，順治七年任。

張國俊，河間人，順治十二年任。

劉君榮，寧遠人，順治十七年任。

周元，江西人，康熙元年任。

楊三虎，金華人，康熙十年任。

張靖，通州人，康熙十七年任。

呂自奎，① 岳州人。②

吳志，福建人，康熙二十二年任。

王永若，③ 郃陽人，康熙二十四年任。

王祚昌，錢塘人，康熙二十六年任。

路全功，直隸人，三十年任。

---

① ［校］呂自奎：《寧夏府志》卷十《職官·歷任姓氏》作“呂自魁”。

② ［校］岳州：《寧夏府志》卷十《職官·歷任姓氏》作“湖廣岳州”。

③ ［校］王永若：《四庫》本《乾隆甘志》卷二九《皇清武職官制》、《寧夏府志》卷十《職官·歷任姓氏》作“王顒若”，國圖藏《乾隆甘志》刻本作“王融若”。

陳化龍，通州人，① 三十五年任。

齊得升，濟寧人，三十六年任。

祁朝相，永昌人，三十六年任。

馬際伯，寧夏人，三十八年任。

羅大虎，寧夏人，三十九年任。

段枚臣，鑲藍旗人，四十年任。

李耀，寧夏人，四十四年任。

李山，上元人，四十六年任。

劉大忠，寧夏人，五十三年任。

馬龍，西寧人，康熙五十七年任。

常傑，長安人，六十年任。

高錦，涼州人，雍正元年任。

張國棟，肅州人，二年任。

王廷瑞，寧夏人，六年任。

陳弼，肅州人，七年任。

米彪，直隸人，乾隆元年任。

晏嗣漢，貴州人，乾隆五年任。②

馬奇，肅州人，十年任。

楊大業，江南人，十五年任。

武福，甘州人，十八年任。

馮天錫，長安人，十九年任。

吳士勝，二十九年任。

承保，鑲白旗人，三十年任。

夏國泰，滋陽人，三十六年任。

福明，鑲黃旗滿洲，三十六年任。

福長，鑲黃旗人，乾隆四十二年任。

---

① ［校］通州：《寧夏府志》卷十《職官·歷任姓氏》作“通許”。

② ［校］晏嗣漢貴州人乾隆五年任：此十一字原脫，據《寧夏府志》卷十《職官·歷任姓氏》補。

興武營遊擊

張紀，北直人。①

吳光先，鐵領衛人，順治四年任。

樊朝臣，直隸人。

姜友才，寧夏人，② 順治七年任。

田元國，③ 北直人，十三年任。

謝鴻儒，鞏昌人，④ 十八年任。

李登相，順天人，康熙八年任。

吳志，漳浦人，十六年任。

賈士威，鄠縣人，二十三年任。

陳良弼，福建人，三十六年任。

劉天元，涼州人，四十年任。⑤

趙俸，靈州人，五十一年任。

李元，涼州人，五十三年任。

潘華，靖遠人，五十七年任。

吳自端，⑥ 南昌人，五十九年任。

寶棟，諸城人，雍正三年任。

卓靈阿，正黃旗人，四年任。

晏嗣漢，貴州人，乾隆四年任。

柴大成，肅州人，五年任。

凱音布，盛京人，乾隆九年任。

劉志高，榆林人，乾隆十一年任。後改設都司。

---

① ［校］北直人：此同《乾隆甘志》卷二九《皇清武職官制》，《康熙陝志》卷十七《職官》作"紹興人"。

② ［校］寧夏人：此同《乾隆甘志》卷二九《皇清武職官制》，《康熙陝志》卷十七《職官》作"鎮靖人"。

③ ［校］田元國：《寧夏府志》卷十《職官·歷任姓氏》作"田充國"。

④ ［校］鞏昌人：此同《乾隆甘志》卷二九《皇清武職官制》，《康熙陝志》卷十七《職官》作"平涼人"。

⑤ ［校］四十：《寧夏府志》卷十《職官·歷任姓氏》作"四十二"。

⑥ ［校］吳自端：《寧夏府志》卷十《職官·歷任姓氏》作"吳曰端"。

兵額營汛驛遞誌第十二

靈州、花馬、興武、橫城及各營堡，防兵併壹千五百九十八名，其分為馬兵者伍百壹十一，步兵者壹百九十壹，守兵者捌百九十陸。其各營汛、塘墩合九十六。驛遞八，為馬一百，有二十夫。六十九塘，馬一百八，夫五十四。凡兵之糧餉、馬之草料、夫之工食，稱是嘗試論之。古之名臣有偶歷邊屯，悉取其兵數、屯戍及道路、斥堠、走集之所，[①] 疏為方寸小冊，以備察覽。一旦有事，不煩指顧，而擘畫已定，蓋是數者皆籌邊之要略也，因各輯其類而志之。

兵額

花馬池營併分防安定、惠安、韋州三堡兵四百七十六名：馬一百九十三，步三十九，守二百四十四。

靈州營併分防同心城、臨河堡二處兵五百六十一名：[②] 馬一百七十二，步一百一，守二百八十八。

興武營併分防毛卜喇堡兵三百二十六名：馬一百三十二，步五十一，守一百四十三。

橫城營併分防清水、紅山二堡兵二百三十五名：馬一十四，守二百二十一。

---

① ［校］走集：《靈州志》無此二字。
② ［校］一：《寧夏府志》卷十一《職官·兵防》作"二"。

營汛[①]

橫城營墩十四處：通關閤門、有互市。[②] 石嘴邊墩、出水壑，以上屬橫城。安邊墩、大鶯墩、閤門。鎮羅邊墩、窑兒邊墩，以上分屬紅山堡。廟兒邊墩、塔兒邊墩、定遠邊墩、金湯墩、閤門。靖邊墩、古寺邊墩、柔遠墩，以上分屬清水營。

興武營墩十六處：苦水邊墩、平安墩、閤門墩、閤門。沙溝邊墩、雙溝邊墩、鹹口邊墩、西沙邊墩、沙嶺邊墩、興武營、閤門。高梁邊墩、硝池邊墩、[③] 乾溝邊墩、中沙邊墩、半箇城墩、清字邊墩、[④] 鎮邊墩。

花馬池營墩二十一處：芨芨溝邊墩、十一鋪邊墩、七鋪邊墩、閤門墩、[⑤] 四鋪邊墩，以上分屬安定堡。二十三鋪邊墩、二十一鋪邊墩、十九鋪邊墩、十六鋪邊墩、十三鋪邊墩、八鋪邊墩、三鋪邊墩、二鋪邊墩、長城關、閤門。二鋪邊墩、五鋪邊墩、七鋪邊墩、九鋪邊墩、十三鋪邊墩、十七鋪邊墩、二十一鋪邊墩。[⑥] 與延綏定邊營接界。

以上各墩防兵三名。

靈州營二十五處：磁窑寨墩、新墩子墩、茨煙墩、上十里墩、麥崗子墩、白土墩、舊石溝墩、紅窑墩、深沙溝墩、晏湖墩、馬站湖墩、[⑦] 夏家堡墩、魚湖墩、野馬墩，以上屬靈州。大紅溝墩、[⑧] 白崖口汛、紅石崗汛、胭脂川汛，以上屬同心城。紅寺兒汛、水頭兒汛、滚泉汛、大壑子水汛，以上屬紅寺堡。河東關汛、[⑨] 木塲墩、平湖墩，以上屬臨河堡。

花馬營一十三處：[⑩] 二道溝汛、傅家地坑汛、武家淌汛，以上屬花馬

---

① ［校］營汛：《靈州志》作“營汛邊墩”。

② ［校］市：原作“布”，據《寧夏府志》卷十一《職官·營汛》、《靈州志》改。

③ ［校］硝池：此同《寧夏府志》卷十一《職官·營汛》，《靈州志》作“硝地”。

④ ［校］墩：此字原脱，據《寧夏府志》卷十一《職官·營汛》、《靈州志》補。

⑤ ［校］閤門墩：原作“閤門”，據本誌書例改。

⑥ ［校］二十一：此同《寧夏府志》卷十一《職官·營汛》，《靈州志》作“二十”。

⑦ ［校］馬站湖墩：此同《寧夏府志》卷十一《職官·營汛》，《靈州志》作“馬站墩”。

⑧ ［校］大紅溝墩：《寧夏府志》卷十一《職官·營汛》作“大紅溝汛”。

⑨ ［校］河東關汛：此同《寧夏府志》卷十一《職官·營汛》，《靈州志》作“河東關墩”。

⑩ ［校］一十三：原作“一十一”，據正文所列實際墩數改。

池。十里墩、紅墩子墩、湯房墩，以上屬惠安堡。威達墩、雄峰墩、大口子汛、石板泉汛、① 石頭坂汛，以上韋州。② 西路塘房墩、東路塘房墩，以上屬安定堡。③

興武營四處：峭汲塘房墩、④ 西倒墩塘房墩，以上屬興武營。鎮安塘房墩、石山塘房墩，以上分屬毛卜喇。

橫城營五處：大墩塘房墩、石嘴塘房墩，以上屬橫城營。出水塘房墩、鎮羅塘房墩，以上分屬紅山堡。廟兒塘房墩，分屬清水營。

按：前明嘉靖築河東新牆後，盡減其馬，以省草料之費，息餵養之勞。惟置軍夫沿溝壘守之，謂之“擺邊”。給事中管律著論非之，其略曰：“亘三百六十餘里，皆虜入寇之路。步計一軍該十二萬，⑤ 猶虞稀濶，矧見軍未及十之三乎？《法》曰：⑥ ‘以逸待勞者勝。’擺邊，晝夜戒嚴，恐非逸道也。倘虜眾分道而來，則十萬之眾豈能一呼成陣？首尾勢不相援。為今之計，宜息肩養銳，聯絡於諸寨，待其來也，相機禦之。如不果禦，隨向往而追逐之。況兵貴奇正，患無應援；將貴主一，患在勢分。擺邊之舉有五弊焉：⑦ 無奇正，無應援，主將不一，士卒分散。⑧ 以五弊之謀，禦方張之虜，不資敵之利乎？”舊志。⑨

驛遞

在城驛，東至紅山馹六十里，⑩ 西至寧夏縣王洪馹三十里。額設馬四匹，夫三名。⑪

---

① ［校］石板泉汛：《寧夏府志》卷十一《職官·營汛》作“石坂泉汛”。
② ［校］以上韋州：據本誌體例，“上”字後疑有“屬”字。
③ ［校］安定：原作“惠安”，據《寧夏府志》卷十一《職官·營汛》改。
④ ［校］峭汲：《寧夏府志》卷十一《職官·營汛》作“哨汲”。
⑤ ［校］該：《朔方新志》卷二《外威·邊防》作“皆”。
⑥ 參見《孫子·軍爭篇》。
⑦ 五弊：下文僅列出四弊。《嘉靖寧志》卷三《寧夏後衛·邊防》載：“今擺邊之謀，一舉而五獘存焉：無奇正，無應援，主將不一而運用參差，士卒分散而氣力單弱，悉難於節制矣。”
⑧ ［校］士：原作“土”，據《寧夏府志》卷十一《職官·營汛》、《靈州志》改。
⑨ 參見《嘉靖寧志》卷三《寧夏後衛·邊防》、《寧夏府志》卷十一《職官·營汛》。
⑩ ［校］紅山馹：《靈州志》作“清水驛”。
⑪ ［校］三：此同《寧夏府志》卷十一《職官·驛遞》，《靈州志》作“二”。

　　同心城馹，南至固原州李旺馹九十里，北至中衛縣沙泉馹九十里。額設馬八匹，夫七名。

　　橫城馹，東至紅山馹三十里，西至寧夏縣在城馹三十里。額設馬十八匹，夫九名。

　　紅山馹，東至清水馹四十里。額設馬十八匹，原額夫三名，新添夫七名。

　　清水馹，東至興武馹六十里。額設馬十八匹，原額夫三名，新添夫七名。

　　興武馹，東至安定馹六十里。額設馬十八匹，原額夫三名，新添夫七名。

　　安定馹，東至花馬馹六十里。額設馬十八匹，原額夫三名，新添夫七名。

　　花馬馹，東至延安府定邊馹六十里。[1] 額設馬十八匹，原額夫三名，新添夫七名。

　　共馬一百二十匹，每匹日支草料銀七分三厘，歲共銀二千八百八十一兩三錢四分。外備銀三百五十九兩三錢六分六厘。額載支直廩口銀一百四十三兩八錢九分二厘九毫。靈州、同心二馹馬歲料一百二十九石六斗。共夫六十九名，歲支工食銀六百二十四兩，糧二百四石。

　　橫城塘，至紅山塘三十里。馬一十二匹，夫六名。

　　紅山塘，至清水塘四十里。馬一十二匹，夫六名。

　　清水塘，至毛卜塘四十里。馬一十二匹，夫六名。

　　毛卜塘，[2] 至興武塘三十里。馬一十二匹，夫六名。

　　興武塘，至永興塘三十里。馬一十二匹，夫六名。

　　永興塘，至安定塘三十里。馬一十二匹，夫六名。

　　安定塘，至高平塘三十里。馬一十二匹，夫六名。

　　高平塘，至花馬塘三十里。馬一十二匹，夫六名。

　　花馬塘，馬一十二匹，夫六名。

　　共馬一百八匹，每匹日支草料銀八分五厘，歲共銀三千三百四兩八錢。共夫五十四名，歲支工食銀六百四十八兩。

----

① ［校］定邊：原作“安邊”，據《寧夏府志》卷十一《職官·驛遞》改。
② ［校］毛卜塘：此同《寧夏府志》卷十一《職官·驛遞》，《靈州志》作“毛卜喇塘”。

歷朝宦蹟誌第十三

朔方《宦蹟》一編，托始周南仲。考南仲在周文王世為將帥，當是時，周公助睢麟之化，召伯有甘棠之惠，而《出車》一詩，獨誇設旐建旌之盛，非以地重邊防、人高武節，故與夫文武異用，而殊塗同歸。鄒魯遺訓載在《芹藻》之章，秦雍雄風備見《小戎》之什。假使禦戎虜以弦歌，何異章甫而揖盜也。今考秦漢以來二千餘年間，名將偉略有功斯土者，輯而錄之，將俾績炳旗常勳昭青簡，永不墜云。

歷代宦蹟

周

南仲，周之卿士，城朔方，伐西戎。在《詩·小雅》。①

秦

蒙恬。秦始皇使蒙恬將三十萬眾，② 北逐戎狄，悉收河南地。因河為塞，築四十四縣城臨河，徙謫戍以充之。③ 通直道，自九原至雲陽，因邊山險塹谿谷，起臨洮至遼東萬餘里。

漢

衛青，河東平陽人。元朔二年，出雲中至隴西，捕首虜數千、畜百餘

---

① 《詩經·小雅·出車》："天子命我，城彼朔方。赫赫南仲，玁狁于襄。"
② ［校］三十萬：此同《史記》卷八八《蒙恬傳》，《史記》卷一一〇《匈奴傳》作"十萬"。
③ ［校］謫：原作"適"，據《史記》卷六《秦始皇本紀》改。

萬，① 走白羊、樓煩王，② 遂取河南地，為朔方郡。封長平侯。上曰："匈奴逆天理，亂人倫，暴長虐老，以盜竊為務，行詐諸蠻夷，造謀籍兵，③ 數為邊害，故興師遣將，以征厥罪。《詩》不云乎？'薄伐玁狁，④ 至於太原'，'出車彭彭，城彼朔方'。⑤ 今車騎將軍青渡西河至高闕，獲首二千三百級，⑥ 車輜畜產畢收為鹵，已封為列侯，遂西定河南地。按榆谿舊塞，絕梓領，梁北河，討蒲泥，破符離，執訊獲醜，全甲兵而還。其益封青三千八百户。⑦" 其後屢出朔方，以功拜大將軍。

蘇建，衛青校尉，封平陵侯，築朔方城。主父偃言朔方地肥饒，外阻河，蒙恬城以逐匈奴。⑧ 內省轉輸，⑨ 廣中國，滅虜之本也。⑩ 上覽其說，遂置朔方郡。⑪ 公孫弘以為罷弊中國，⑫ 奉無用之地。上使朱買臣等難弘，發十策，弘不得一，謝曰："願罷西南夷，⑬ 專事朔方。" 上許之。

郭昌。驃騎封狼居胥山，是後匈奴遠遁，而幕南無王庭。漢度河自朔方以西至令居，往往通渠置田，官吏卒五六萬。天子巡邊，親至朔方，勒兵十八萬騎以見武節。匈奴數使奇兵侵犯漢邊，漢乃拜郭昌為拔胡將軍，及浞野侯屯朔方，以備寇。⑭

---

　① ［校］百餘萬：《史記》卷一一一《衛將軍驃騎列傳》作 "數十萬"。

　② ［校］王：原衍作 "至王"，據《史記》卷一一一《衛將軍驃騎列傳》、《朔方新志》卷二《內治·宦蹟》、《寧夏府志》卷十二《職官·宦蹟》刪 "至" 字。

　③ ［校］籍：《史記》卷一一一《衛將軍驃騎列傳》作 "藉"。

　④ ［校］狁：原作 "允"，據《詩經·小雅·六月》改。

　⑤ 參見《詩經·小雅·出車》："出車彭彭，旂旐央央。天子命我，城彼朔方"。

　⑥ ［校］首：《史記》卷一一一《衛將軍驃騎列傳》作 "首虜"。

　⑦ ［校］三千八百：此同《漢書》卷五五《衛青傳》，《史記》卷一一一《衛將軍驃騎列傳》作 "三千"。

　⑧ ［校］城：《史記》卷一一二《主父偃傳》作 "城之"。

　⑨ ［校］轉輸：《史記》卷一一二、《漢書》卷六四上《主父偃傳》作 "轉輸戍漕"。

　⑩ ［校］虜：《史記》卷一一二、《漢書》卷六四上《主父偃傳》作 "胡"。

　⑪ ［校］郡：此字原脫，據《史記》卷一一二《主父偃傳》補。"置朔方" 事當在下文載 "上使朱買臣等難弘" 後，參見《史記》卷一一二、《漢書》卷六四上《主父偃傳》。

　⑫ ［校］公孫弘：原避清高宗弘曆諱改作 "公孫宏"，據《史記》卷一一二《平津侯列傳》回改。下同。

　⑬ ［校］西南夷：《史記》卷一一二《平津侯列傳》作 "西南夷滄海"。

　⑭ ［校］以備寇：《史記》卷一一〇《匈奴傳》作 "以東備胡"。

鄧遵，元初三年為度遼將軍，[①] 率南單于及左鹿蠡王須沈萬騎，擊零昌於靈州，斬首八百餘級，[②] 封須沈為破虜侯，金印紫綬，賜金帛財物各有差。[③]

魏

源子雍，[④] 字靈和。少好文雅，篤志於學。推誠待士，士多歸之。遷夏州刺史，適朔方胡反，圍城，城中食盡。子雍詣東夏州運糧，[⑤] 為胡帥所擒。子雍以義感眾，不為屈，胡帥遂降。糧道既通，二夏以全。封樂平縣公。[⑥]

宇文泰，夏州刺史賀拔岳遣泰詣洛陽密陳高歡反狀。魏主喜，以岳為都督二十州諸軍事。岳遂引兵屯平涼。夏州刺史彌俄突附岳，靈州刺史曹泥附歡。岳以夏州被邊要重，表用泰為刺史。泰遣李虎擊曹泥，虎等招諭費也頭之眾，與之共攻靈州。凡四旬，曹泥請降。高歡自將萬騎襲夏州，不火食四日而至。縛稍為梯，夜入其城，擒刺史解拔彌俄突，因而用之。留張瓊將兵鎮守，遷其部以歸。靈州曹泥復叛降東魏。[⑦] 西魏圍之，[⑧] 水灌其城，不沒者四尺。歡發阿至羅騎徑度靈州，遠出西魏師後。西魏師退，歡迎泥，拔其遺戶五千以歸。

〔北〕周

源雄，字世略。少寬厚，美姿容。周以伐齊功，[⑨] 封朔方公。[⑩] 歷冀、

---

①　《後漢書》卷八九《南匈奴傳》載，元初元年（114），以烏桓校尉鄧遵為度遼將軍。元初三年（116），是以"度遼將軍"的身份領兵。

②　〔校〕八百：原作"八萬"，據《後漢書》卷八七《西羌傳》、《東觀漢記》卷九《鄧遵傳》、《資治通鑒》卷五〇改。

③　〔校〕財物：《後漢書》卷八七《西羌傳》無此二字。

④　〔校〕源子雍：原作"原子雍"，據《魏書》卷四一《源子雍傳》、《北史》卷二八《源子邕傳》改。"子雍"，《北史》卷二八《源子邕傳》作"子邕"。

⑤　〔校〕東夏州：《魏書》卷四一《源子雍傳》載："子雍泣而謂公曰：'……吾今向東州，得數月之食，還與諸人保全必矣。'遂自率羸弱，向東夏運糧"。《北史》卷二八《源子邕傳》亦載子邕"遂自率羸弱向東夏運糧"。

⑥　〔校〕樂平縣公：《魏書》卷四一《源子雍傳》作"樂平縣開國公"。

⑦　〔校〕曹泥：《寧夏府志》卷十二《職官·宦蹟》作"刺史"。

⑧　〔校〕西魏：《寧夏府志》卷十二《職官·宦蹟》作"魏人"。

⑨　〔校〕周：此字原脫，據《寧夏府志》卷十二《職官·宦蹟》補。

⑩　〔校〕朔方公：此同《北史》卷二八《源雄傳》，《隋書》卷三九《源雄傳》作"朔方郡公"。

平二州刺史。

隋

王仁恭，字元實，天水上邽人。工騎射。從楊素擊突厥於靈州，以功拜上開府。

元冑，洛陽人。素有威名，拜靈州總管，[①] 北夷甚憚焉。

唐

江夏郡王道宗，高祖時爲靈州總管。時梁師都弟洛仁連突厥兵數萬傅於壘，[②] 道宗閉城守，伺隙出戰，破之。高祖謂裴寂曰：[③]"昔魏任城王彰有卻敵功，[④] 道宗似之。"因封任城王。始突厥郁射設入居五原，道宗逐出之，震耀威武，斥地贏千里。貞觀元年，召拜鴻臚卿，遷大理。太宗方經略突厥，復授靈州都督。

崔敦禮，字安上，雍州咸陽人。太宗時，以兵部侍郎出爲靈州都督。還，拜兵部尚書。詔撫輯回紇、鐵勒部姓，會薛延陀寇邊，與李勣合兵破之，置祁連州處其餘眾。

魏元忠，宋州宋城人。武后時以御史大夫爲隴右諸軍大使，以討吐蕃，[⑤] 又爲靈武道行軍大總管禦突厥。馭軍持重，雖無赫然功，亦未嘗敗。

張仁愿，華州下邽人。本名仁亶，[⑥] 有文武材。神龍二年，[⑦] 朔方軍總管沙吒忠義爲突厥所敗，[⑧] 詔仁愿攝御史大夫代之。既至，賊已去，引

---

① ［校］總管：原作"大總管"，據《隋書》卷四〇《元冑傳》改。

② ［校］洛仁：原作"洽仁"，據《新唐書》卷七八《江夏郡王道宗傳》改。

③ ［校］裴寂：原作"斐寂"，據《新唐書》卷七八《江夏郡王道宗傳》改。

④ ［校］卻：原作"郤"，據《新唐書》卷七八《江夏郡王道宗傳》改。

⑤ ［校］吐蕃：原作"吐藩"，據《新唐書》卷一二二《魏元忠傳》改。下同。

⑥ 仁亶：因避唐睿宗李旦諱而改爲"仁愿"。

⑦ ［校］二年：此同《資治通鑒》卷二〇八，《舊唐書》卷九三、《新唐書》卷一一一《張仁愿傳》均作"三年"。

⑧ ［校］朔方軍總管沙吒忠義："朔方軍總管"，此同《舊唐書》卷九三、《新唐書》卷一一一《張仁愿傳》，《資治通鑒》卷二〇八作"靈武軍大總管"。"吒"，原作"叱"，據《舊唐書》卷九三、《新唐書》卷一一一《張仁愿傳》，《資治通鑒》卷二〇八、《寧夏府志》卷十二《職官·宦蹟》改。

兵踵擊，夜掩其營，破之。始朔方軍與突厥以河為界，時默啜悉兵西擊突騎施，仁愿請乘虛取漠南地，於河北築三受降城，絕虜南寇路。表留歲滿兵以助功，役者盡力，六旬而三城就。以拂雲為中城，南直朔方，西城南直靈武，東城南直榆林，三壘相距各四百餘里。又於牛頭、朝那山北置烽堠千八百所。① 自是突厥不敢踰山牧馬。歲費省億計，② 減鎮兵數萬。景龍二年，拜左衞大將軍，③ 同中書門下三品，封韓國公。仁愿為將，號令嚴，將吏信伏，按邊撫師，賞罰必直功罪。後人思之，為立祠受降城，出師輒享焉。在朔方，奏用御史張敬忠、何鸞、長安尉寇泚、④ 鄠尉王易從、始平主簿劉體微分總軍事，太子文學梆彥昭為管記，義烏尉晁良貞為隨機，皆著稱，後至大官，世名仁愿知人。

姚崇，字元之，陝州硤石人。武后時以司僕卿，同鳳閣鸞臺三品，⑤ 出為靈武道大總管。張柬之等謀誅二張，⑥ 崇適自屯所還，遂參計議。以功封梁縣侯。

張說，字道濟，洛陽人。開元中王晙討康待賓，詔說相聞經略。時党項羌亦連兵攻銀城，說將步騎萬人出合河關掩擊，破之。十年，詔為朔方節度大使，⑦ 親行五城。八月，康待賓餘黨康願子反，掠牧馬，西涉河出

---

　　① ［校］又於牛頭朝那山北置烽堠千八百所："朝那山"，《元和郡縣圖志》卷四《關內道·西受降城》作"牟那山"，《校勘記》［一二五］云："《考證》：《唐書》、《通典》並誤作'朝那山'，後人或即指為安定之朝那，失之遠矣。""烽堠"，此同《太平寰宇記》卷三九《關西道·豐州·西受降城》，《舊唐書》卷九三、《新唐書》卷一一一《張仁愿傳》，《資治通鑑》卷二○九均作"烽候"。"千八百"，原作"千三百"，據《舊唐書》卷九三、《新唐書》卷一一一《張仁愿傳》，《資治通鑑》卷二○九，《太平寰宇記》卷三九《關西道·豐州·西受降城》改。

　　② ［校］費省：《新唐書》卷一一一《張仁愿傳》、《弘治寧志》卷二《宦蹟》作"損費"。

　　③ ［校］左衞：原作"右衞"，據《舊唐書》卷九三、《新唐書》卷一一一《張仁愿傳》改。

　　④ ［校］寇泚：原作"寇沘"，據《新唐書》卷一一一《張仁愿傳》、《寧夏府志》卷十二《職官·宦蹟》改。

　　⑤ ［校］同鳳閣鸞臺三品：《新唐書》卷一二四《姚崇傳》載，姚崇曾原本兼夏官尚書、同鳳閣鸞臺三品，後詔改春官，又因張易之譖姚崇於後，故"降司僕卿，猶同鳳閣鸞臺三品。出為靈武道大總管。"《舊唐書》卷九六《姚崇傳》載："由是為易之所譖，改為司僕卿，知政事如故，使充靈武道大總管。"可知，姚崇出任靈武道大總管時的身份只為"司僕卿"。

　　⑥ 二張：指武則天的寵臣張易之及其弟昌宗。

　　⑦ ［校］朔方：此同《新唐書》卷一二五《張說傳》，《舊唐書》卷九七《張說傳》作"朔方軍"。

塞，說追討，至木盤山擒之。乃議徙河曲六州殘寇於唐、鄧、仙、豫間，① 空河南朔方地。奏罷緣邊戍兵三十萬悉還農。②

牛仙客，涇州鶉觚人。開元末，為朔方行軍大總管。③ 嗇事省用，倉庫積實，器械鋒銳。遷工部尚書、同中書門下三品。

渾瑊，本鐵勒九姓之渾部也。父釋之，有才武，從朔方軍，積戰功，累遷寧朔郡王。廣德中，與吐蕃戰沒。瑊年十一，善騎射，隨釋之防秋，朔方節度使張齊丘戲曰：④ "與乳媼俱來耶？" 是歲即立功。⑤ 後從李光弼、郭子儀擊吐蕃，⑥ 與李晟收復京城，累功封咸寧郡王。

王忠嗣，以武功至左金吾衛將軍。⑦ 本負勇敢，⑧ 及為將，乃能持重。俄為河西、隴右、朔方、河東節度，佩四將印，控制萬里。每互市，高估馬價，諸胡爭以求市，胡馬遂少。

郭子儀，華州鄭人。天寶十四載，安祿山反，詔子儀為衛尉卿、靈武郡太守，充朔方節度使，率本軍東討。後明皇幸蜀，肅宗即位靈武，詔班師。子儀與李光弼率步騎五萬赴行在。時朝廷草昧，眾單寡，軍容闋然，及是國威大振。拜子儀兵部尚書，同中書門下平章事，乃總節度。時帝倚朔方軍為根本焉。大曆三年，⑨ 吐蕃入寇，⑩ 詔率師五萬屯奉天，子儀遣

----

① ［校］乃議徙河曲六州殘寇於唐鄧仙豫間："六州"，原作"二州"，據《舊唐書》卷九七、《新唐書》卷一二五《張說傳》改。"殘寇"，《新唐書》卷一二五《張說傳》作"殘胡五萬"。《舊唐書》卷九七《張說傳》載："於是移河曲六州殘胡五萬餘口配許、汝、唐、鄧、仙、豫等州。"

② ［校］三十萬：此三字原脫，據《寧夏府志》卷十二《職官·宦蹟》補。又，"三十萬"，《舊唐書》卷九七《張說傳》作"二十餘萬"，《新唐書》卷一二五《張說傳》作"二十萬"。

③ ［校］行軍大總管："行軍大"三字原脫，據《舊唐書》卷一〇三、《新唐書》卷一三三《牛仙客傳》補。

④ ［校］張齊丘：原避孔子諱改作"張齊邱"，據《新唐書》卷一五五《渾瑊傳》回改。下同。

⑤ ［校］立功：《新唐書》卷一五五《渾瑊傳》作"立跳盪功"。

⑥ ［校］後從李光弼郭子儀擊吐蕃：《舊唐書》卷一三四《渾瑊傳》載："安祿山構逆，瑊從李光弼出師河北，定諸郡邑"，"既而肅宗即位於靈武，瑊統兵赴行在，至天德，遇蕃軍入寇，瑊擊敗之"，疑渾瑊從李光弼是為平定安祿山叛亂，後擊敗吐蕃軍時未必仍從李光弼。

⑦ ［校］左：此字原脫，據《舊唐書》卷一〇三、《新唐書》卷一三三《王忠嗣傳》補。

⑧ ［校］負：此字原脫，據《新唐書》卷一三三《王忠嗣傳》補。

⑨ ［校］大曆：原避清高宗弘曆諱改作"大歷"，據《新唐書》卷一三七《郭子儀傳》回改。下同。

⑩ ［校］吐蕃：原作"吐藩"，據《寧夏府志》卷十二《職官·宦蹟》改。

將白元光破虜於靈武。九年入朝，上書曰："朔方，國北門，西禦犬戎，北虜獫狁，五城相去三千里。① 開元、天寶中，戰士十萬，馬三萬，僅支一隅。自先帝受命靈武，戰士從陛下征討無寧歲。頃以懷恩亂，痍傷凋耗，亡三分之二，比天寶中止十之一。臣惟陛下制勝，力非不足，但簡練不至，進退未一，時淹師老，地廣勢分。願於諸道料精卒滿五萬者，② 列屯北邊，則制勝可必。"後以功封汾陽王，諡忠武。

　　杜黃裳，字遵素，③ 京兆萬年人。④ 擢進士第。郭子儀辟佐朔方府，子儀入朝，使主留事。李懷光與監軍陰謀矯詔誅大將，⑤ 以動眾心，欲代子儀。黃裳得詔，判其非，以質懷光，懷光流汗服罪。於是諸將狠驕難制者，⑥ 黃裳皆以子儀令易置，⑦ 眾不敢亂。後至宰相。⑧

　　李晟，洮州臨潭人。大曆初，李抱玉署晟右將軍。⑨ 吐蕃寇靈州，抱玉授以兵五千擊之，辭曰："以眾則不足，以謀則多。"乃請千人。由大震關趨臨洮，屠定秦堡，執其帥慕容谷鍾，虜乃解靈州去。遷開府儀同三司，累功封西平郡王。

　　史敬奉，靈州牙將。⑩ 吐蕃十五萬眾圍鹽州，刺史李文悅竭力拒之，

　　① ［校］三千里：此同《新唐書》卷一三七《郭子儀傳》，《舊唐書》卷一二〇《郭子儀傳》作"三千餘里"。

　　② ［校］五萬："五"字原脫，據《新唐書》卷一三七《郭子儀傳》補。《舊唐書》卷一二〇《郭子儀傳》載："於諸道各抽精卒，成四五萬。"

　　③ ［校］遵素：原作"遵來"，據《舊唐書》卷一四七、《新唐書》卷一六九《杜黃裳傳》改。

　　④ ［校］萬年：此同《新唐書》卷一六九《杜黃裳傳》，《舊唐書》卷一四七《杜黃裳傳》作"杜陵"。按：杜陵當為漢時舊名。

　　⑤ ［校］大將：《新唐書》卷一六九《杜黃裳傳》作"大將等"，《寧夏府志》卷十二《職官·宦蹟》作"大將軍等"。

　　⑥ ［校］狠：原作"狼"，據《新唐書》卷一六九《杜黃裳傳》、《寧夏府志》卷十二《職官·宦蹟》改。

　　⑦ ［校］黃裳：此二字原脫，據《新唐書》卷一六九《杜黃裳傳》、《寧夏府志》卷十二《職官·宦蹟》補。

　　⑧ ［校］後至宰相：《寧夏府志》卷十二《職官·宦蹟》無此四字。《新唐書》卷一六九《杜黃裳傳》載："由是平夏、翦齊、滅蔡、復兩河，以機秉還宰相，紀律設張，赫然號中興，自黃裳啓之。"

　　⑨ ［校］右將軍：《舊唐書》卷一三三《李晟傳》作"右軍都將"，《新唐書》卷一五四《李晟傳》作"右軍將"。

　　⑩ ［校］靈州牙將：《寧夏府志》卷十二《職官·宦蹟》無此四字。

凡二十七日。① 敬奉言於朔方節度使杜叔良，請兵解圍。叔良以二千五百人與之。② 敬奉行旬餘無聲問，眾以為俱沒矣。無何，敬奉自他道出吐蕃背，吐蕃驚潰，敬奉奮擊，大破之。

杜希全，朔方節度。軍令嚴整，人畏其威。奉天之狩，引兵赴難。賊平，遷檢校尚書左僕射、③ 靈鹽豐夏節度使。

崔知溫，字禮仁，④ 許州鄢陵人。為靈州司馬。境有渾、斛薩萬帳，數擾齊民，農皆釋耒，習騎射以扞賊。知溫表徙河北，自是人得就耕，田野始安。特詔同門下三品，遷中書令。

五代

康福，蔚州人。明宗時，靈武韓洙死，其弟澄立，⑤ 而偏將李從賓作亂。⑥ 朝廷以福為涼州刺史、河西軍節度使，⑦ 破吐蕃於青岡峽，⑧ 威聲大振。居靈武三歲，歲常豐稔，有馬千駟，蕃彝畏服。

張希崇，字德峰，幽州薊人。遷靈武節度使。靈州地接戎狄，戍兵餉道，常苦抄掠。希崇乃開屯田，⑨ 教士耕種，⑩ 軍以足食。⑪ 又能招輯夷

---

① ［校］凡二十七日：《寧夏府志》卷十二《職官·宦蹟》“日”後有“吐蕃不能克”五字。

② ［校］二千五百：此同《舊唐書》卷一五二《史敬奉傳》，《新唐書》卷一七〇《史敬奉傳》作“二千”。

③ ［校］檢校尚書左僕射：此七字原脫，據《新唐書》卷一五六《杜希全傳》補。

④ ［校］禮仁：原作“體仁”，據《新唐書》卷一〇六《崔知溫傳》、《寧夏府志》卷十二《職官·宦蹟》改。

⑤ ［校］弟：此同《新五代史》卷四六《康福傳》，《新五代史》卷四〇《韓遜傳》作“子”，本卷《校勘記》［二］云：“此云‘洙子澄’，恐誤。”

⑥ ［校］李從賓：此同《新五代史》卷四六《康福傳》，《新五代史》卷四〇《韓遜傳》作“李賓”。

⑦ ［校］河西軍：原作“河西郡”，據《舊五代史》卷九一、《新五代史》卷四六《康福傳》改。《舊五代史》卷九一《康福傳》作“充朔方河西等軍節度”，《新五代史》卷四六《康福傳》作“朔方河西軍節度使”。

⑧ ［校］青岡峽：此同《新五代史》卷四六《康福傳》，《舊五代史》卷九一《康福傳》作“青崗峽”。

⑨ ［校］希崇：原作“希宗”，據《新五代史》卷四七《張希崇傳》、《寧夏府志》卷十二《職官·宦蹟》改。

⑩ ［校］士：此字原脫，據《新五代史》卷四七《張希崇傳》補。

⑪ ［校］食：此字後《寧夏府志》卷十二《職官·宦蹟》有“而省轉饋”四字。

落，自回鶻、瓜、沙皆遣使入貢。居四歲，上書求還內地。晉高祖入立，復拜靈武節度使。

　　馮暉，魏州人。降晉高祖，拜義成節度使，[①] 徙鎮靈武。靈武自唐明宗以後，市馬糴粟，給賜軍士。自關以西，轉輸供億，[②] 民不堪役。青岡、土橋之間，氐、羌剽掠，商旅多阻。暉至，推以恩信，部族懷惠，止息侵奪。然後廣屯田，以省轉餉，治倉庫、亭舘千餘區。多出俸錢，民不加賦，管內大治。党項拓跋彥超為最大，暉至，超來謁，遂留之，為起第於城中，遇之甚厚，因服諸族。

　　藥元福，[③] 并州晉陽人。[④] 晉開運中，為威州刺史。蕃酋拓跋彥超等攻靈州，詔以河陽節度馮暉鎮朔方，召關右兵進討，以元福將行營騎兵。元福與暉出威州土橋西，遇彥超兵七千餘，[⑤] 元福轉戰五十里，殺千級，[⑥] 擒三十餘人。朔方距威州七百里，無水草，號旱海，師須齎粮以行，至耀德食盡。彥超等眾數萬，[⑦] 布為三陣，扼要路，據水泉，以待暉軍，軍中大懼。暉以玉帛求解和，[⑧] 彥超許之。至日中，列陣如故。元福曰：「彼知我軍飢渴，邀我於險，欲困我耳。遷延至暮，則吾黨成擒矣」。「彼雖眾而精兵絕少，依西山為陣者是也。」乃以麾下先擊西山兵，敵果潰，元福舉旗，暉軍繼進，彥超大敗，橫尸蔽野。是夕，入清遠軍。明日，至靈

---

　　① ［校］義成節度使：《舊五代史》卷一二五《馮暉傳》作"滑州節度使"，《新五代史》卷四九《馮暉傳》作"義成軍節度使"，《弘治寧志》卷二《宦蹟》作"義成節度"。

　　② ［校］億：《新五代史》卷四九《馮暉傳》、《寧夏府志》卷十二《職官·宦蹟》均作"給"。

　　③ ［校］藥元福：原作"葉元福"，據本誌卷四《歷代邊防事蹟誌》、《舊五代史》卷八四《少帝紀》、《宋史》卷二五四《藥元福傳》改。

　　④ ［校］晉陽：原作"晉縣"，據《宋史》卷二五四《藥元福傳》、《寧夏府志》卷十二《職官·宦蹟》、《靈州志》改。

　　⑤ ［校］餘：此字原脫，據《舊五代史》卷八四《少帝紀》、《宋史》卷二五四《藥元福傳》、《寧夏府志》卷十二《職官·宦蹟》、《靈州志》補。

　　⑥ ［校］殺千級：此同《宋史》卷二五四《藥元福傳》，《舊五代史》卷八四《少帝紀》作"斬首千餘級"。

　　⑦ ［校］等：此字原脫，據《宋史》卷二五四《藥元福傳》、《寧夏府志》卷十二《職官·宦蹟》補。《宋史》卷二五四《藥元福傳》載，此次攻靈州者除三族酋長拓跋彥超外，還有石存、乜廝褒。

　　⑧ ［校］暉以玉帛求解和：“玉帛”，《宋史》卷二五四《藥元福傳》作“金帛”。“解和”，《宋史》卷二五四《藥元福傳》、《寧夏府志》卷十二《職官·宦蹟》均作“和解”。

州。元福入宋，為檢校太尉，鎮陝州。①

宋

馮繼業，字嗣宗，暉之子也。幼敏慧，有度量。以父任補朔方軍節院使，暉卒，遂代其父，為朔方留後。以郊祀恩，加靈州大都督府長史。建隆初來朝，以駝馬寶器為獻。後拜静難軍節度使。

王侁，秦州副將，帝遷之靈州。② 與田仁朗等討李繼遷。③ 繼遷陷三族，仁朗次綏州，請益兵。帝聞三族已陷，竄仁朗商州。侁出銀州北，④ 破悉利諸族。⑤ 麟州諸蕃皆請納馬贖罪，討繼遷。侁與所部兵入濁輪川，斬賊首五十級，⑥ 繼遷遁去。郭守文復與尹憲擊鹽城諸蕃，焚千餘帳。由是銀、麟、夏三州蕃百二十五族內附，户萬八千餘。⑦

劉綜，字居正，虞鄉人。咸平中，夏人擾邊，詔以綜為轉運副使，時靈州孤危，獻言者或請棄之。綜力上言：“靈州民淳土沃，為邊陲巨屏，⑧ 所宜固守，以為扞蔽。”詔從其請。語詳《藝文》。⑨

董遵誨，涿州范陽人。領靈州路巡檢，諳達多方略。在通遠軍凡十四年，⑩ 安撫一面，夏人悅服。嘗有剽掠進奉使兵器者，帳下欲討之。夏人懼，盡歸所略，拜伏請罪。自是各謹封界，秋毫無犯。

段思恭，澤州晉城人。代馮繼業知靈州，太祖壯其往，賜窄衣、金帶、錢二百萬，仍以途涉諸部，令別齎金帛以遺之。思恭下車，矯繼業之失，綏撫夷落，訪求民病，悉奏免之。

---

① 爲檢校太尉鎮陝州：《宋史》卷二五四《藥元福傳》載，“加檢校太尉”與“移鎮陝州”之事發生在後周世宗時期，並非入宋之後。

② ［校］靈州：《朔方新志》卷二《内治·宦蹟》作“秦州”。

③ ［校］田仁朗：原作“田仁郎”，據《宋史》卷二七五《田仁朗傳》、卷四九一《党項傳》，《寧夏府志》卷十二《職官·宦蹟》改。下同。

④ ［校］銀州：原作“銀川”，據《宋史》卷二五七《李繼龍傳》、卷四九一《党項傳》，《寧夏府志》卷十二《職官·宦蹟》改。

⑤ ［校］諸族：原作“諸砦”，據《宋史》卷二五七《李繼龍傳》、卷四九一《党項傳》改。

⑥ ［校］五十：原作“五千”，據《宋史》卷四九一《党項傳》改。

⑦ ［校］户萬八千餘：《宋史》卷四九一《党項傳》作“萬六千一百八十九户”。

⑧ ［校］邊陲：《宋史》卷二七七《劉綜傳》作“西陲”。

⑨ 參見本誌卷三《藝文誌第十六上》載劉綜撰《靈州不可棄議》一文。

⑩ ［校］通遠軍：原作“懷遠軍”，據《宋史》卷二七三《董遵誨傳》改。

侯寶，并州太原人。知靈州，按視蕃落，宴犒以時，得邊士心，部內大治。在朔方十餘年，上念久次，求可代者而難其人。卒贈本衞上將軍。

安守忠，字信臣，并州晉陽人。初知靈州，在官七年，① 繼徙夏州。每西戎犯邊，戰無不捷，録功就拜濮州團練使。

侯延廣，汾州平遙人。淳化二年，李繼遷始擾夏臺，命延廣知靈州，賜金帶名馬。會趙保忠陰結繼遷，朝廷命騎將李繼隆率兵問罪，以延廣護其軍。既而夏臺平，保忠就縛。手詔褒美。延廣在靈州，部下嚴，人悅服，繼遷素辟其鋒。監軍康贊元害其功，誣奏，詔還。至道間，繼遷寇靈州，朝廷謀帥。錢若水稱延廣再知靈州，兼兵馬都部署，獨引數十騎之鎮。戎人素服其威名，皆相率引避。

慕容德豐，字日新，太原人。淳化三年知延州，② 時侯延廣在靈武，或言其得虜情，倔强難制，命德豐代之，為四方舘使兼都部署。時穀價踴貴，德豐出私廩賑飢民，全活者衆。③

李繼隆，上黨人。至道二年，白守宗、〔白〕守榮、馬紹忠等送糧靈州，④ 為繼遷所邀，敗浦洛河。⑤ 上聞之，怒，亟命繼隆為靈、環十州都部署，討繼遷。

王昭遠，益州成都人。⑥ 色黑，又名“鐵山”。至道中，李繼遷擾西鄙，絕靈武糧道，命昭遠為靈州路都部署，⑦ 護二十五州芻粟，虜不敢犯。

田紹斌，汾州人。靈州馬步軍部署，⑧ 入蕃討賊，斬首二千級，獲馬、羊、⑨ 駝二萬計，以給諸軍。

曹璨，字韜光，武惠王彬子。至道初，知靈州，徙河西鈐轄。後以

---

①　［校］在官七年：此四字原在“繼徙夏州”四字後。《宋史》卷二七五《安守忠傳》載，安守忠“太平興國初，移知靈州，在官凡七年。雍熙二年，改知易州，徙夏州。”據改。

②　［校］三年：原作“二年”，據《宋史》卷二五一《慕容德豐傳》改。

③　［校］者：原作“甚”，據《宋史》卷二五一《慕容德豐傳》改。

④　［校］白守宗守榮馬紹忠等：“白守宗守榮”“等”，此六字原脫，據《宋史》卷二五七《李繼隆傳》補。

⑤　［校］浦洛河：原作“洛浦河”，據《宋史》卷二五七《校勘記》［八］改。

⑥　［校］益州成都：原作“冀州”，據《宋史》卷四七九《王昭遠傳》改。

⑦　［校］靈州路：原作“靈武路”，據《弘治寧志》卷三《靈州守禦千户所·宦蹟》、《寧夏府志》卷十二《職官·宦蹟》改。

⑧　［校］軍部署：原作“都部署”，據《宋史》卷二八〇《田紹斌傳》改。

⑨　［校］羊：原作“牛”，據《宋史》卷二八〇《田紹斌傳》改。

麟、府、濁輪副部署，出蕃兵邀繼遷，俘馘甚眾。

丁罕，潁州人。淳化五年，以容州觀察使領靈環路行營都部署，與繼遷戰，斬獲數萬。

郭密，貝州經城人。充靈州兵馬都部署。訓練士卒，號令嚴明，夏人畏服，邊境以寧。

鄭文寶，字仲賢。太宗時，授陝西轉運副使，前後自環慶部糧越旱海入靈武者十二次。曉達蕃情，習其語。經由部落，每宿酋長帳中，① 其人或呼為父。② 朝廷議城古威州，遣使訪文寶，③ 言："威州在清遠軍西北八十里樂山之西。唐大中時，靈武朱叔明收長樂州，邠寧張君緒收六關，④ 即其地也。故壘未圮，⑤ 水甘土沃，有良木薪秸之利，約葫蘆、臨洮二河，壓鳴沙、蕭關兩戍，東控五原，北固峽口，足以襟帶西涼、咽喉靈武，城之便。"

張凝，滄州無棣人。少有武略，倜儻自任。咸平四年，代潘璘為邠寧環慶靈州路副都部署。時斥候數擾，轉運使劉綜懼飛輓不給，問計於凝，凝曰："今當深入，因敵資粮，不足慮也。"乃自白豹鎮率兵入敵境，生擒賊將，燒蕩三百餘帳、芻糧八萬，獲牛馬、甲器二萬，降九百餘人。

楊瓊，汾州西河人。至道初，改防禦使，靈慶路副都部署、⑥ 河外都巡檢使。賊累寇疆，瓊守禦有功，敗賊於合河鎮北，擒獲甚多。導黃河，溉民田千頃，增戶口，益課利，時號富強。

潘羅支，六谷酋長。⑦ 李繼和言其願戮力討夏，乃授〔潘羅支〕朔方節度。⑧ 保吉陷西涼，羅支偽降，保吉受之不疑。羅支遂集六谷蕃部合擊

---

① ［校］每：原作"或"，據《宋史》卷二七七《鄭文寶傳》改。

② ［校］或：原作"每"，據《宋史》卷二七七《鄭文寶傳》改。

③ ［校］遣使訪文寶："遣"原作"遺"，據《宋史》卷二七七《鄭文寶傳》及《靈州志》改。《宋史》卷二七七《鄭文寶傳》載"遣內侍馮從順訪於文寶"。

④ ［校］邠寧：原作"郊寧"，據《宋史》卷二七七《鄭文寶傳》改。按：六關，即石門、驛藏、木峽、制勝、六盤、石峽六關，位於今寧夏固原市境內。

⑤ ［校］未：此字原脫，據《宋史》卷二七七《鄭文寶傳》補。

⑥ ［校］副都部署："都"後原衍"督"字，據《宋史》卷二八〇《楊瓊傳》刪。

⑦ ［校］六谷：原作"六合"，據《宋史》卷六《真宗本紀》、《宋史》卷四九二《吐蕃傳》改。下同。

⑧ 《宋史》卷四九二《吐蕃傳》載，李繼和言其願戮力討夏事在咸平四年（1001），授潘羅支為朔方軍節度事在咸平六年（1003），本誌將二事連敘。

之，保吉大敗，中流矢死。

明

沐英，定遠人。洪武十年，以征西副將軍從鄧愈出塞，渡黃河，耀兵崑崙。轉戰數千里，俘斬萬計。① 論功封西平侯。十三年，脫火赤犯順。英由靈武口渡黃河，歷賀蘭山，涉流沙，分為四翼。自以驍勇衝其中堅，② 啣枚夜薄其營，生擒脫火赤及知院愛足全部以歸。封黔寧王。卒，謚昭靖，配享廟庭。

史昭，③ 直隸藥城人。以父敬功授寧夏，世襲指揮，遂家焉。累以軍功歷總兵。宣德元年，挂征西將軍印，鎮寧夏，所統官軍悉聽節制。虜也先脫干為患，昭出奇計擒之。昭用兵有紀律，料敵制勝，所向成功。家傳稱昭常出征，經大漠，人馬渴甚，昭潛心默禱，忽前有茅菴。訪之，見二尼僧，④ 隨所指引得甘泉如注，師用濟。旋踪蹟之，菴尼皆不復見，惟遺一包裹，內鐵燕一支，兵書一篋，自是謀略益神。每行軍，則置鐵燕於帳前，以候風色，占驗動靜，毫髮無爽。於花馬池建築四步戰臺，至今尚存。⑤ 壽八十三，卒於官。

史昭，合肥人。宣德七年，以征西將軍鎮寧夏。孛的達里麻犯邊，遣兵擊之，至澗台察罕，⑥ 俘獲甚眾。進都督同知。正統初，昭以寧夏孤懸河外，東抵綏德二千里，曠遠難守，請於花馬池築哨馬營，增設烽堠，直

---

① ［校］俘斬：原作“俘獲”，據《明史》卷一二六《鄧愈傳》改。

② ［校］勇：《明史》卷一二六《沐英傳》作“騎”。

③ ［校］史昭：原同《寧夏府志》卷十二《宦蹟》作“史劍”，據《明宣宗實錄》卷八八、《明史》卷一七四《史昭傳》改。下文“史鏞”條“劍姪孫”之“劍”，同改為“昭”。按：文獻未載明朝寧夏總兵中有名“史劍”者。《明宣宗實錄》卷八八、《明史》卷一七四《史昭傳》均載，宣德七年（1432）任寧夏總兵者名“史昭”。自《弘治寧志》卷二《寧夏總鎮·宦蹟·國朝主將》始，“史昭”誤作“史劍”，且載其能以鐵燕子料勝負事，其後，本誌及《嘉靖陝志》卷十九《全陝名宦·寧夏總兵》、《嘉靖寧志》卷二《寧夏總鎮·宦蹟·國朝主將》、《朔方新志》卷二《內治·宦蹟·寧夏總兵》、《寧夏府志》卷十二《宦蹟》等均襲《弘治寧志》之誤和所載能以鐵燕子料勝負事。下文合肥人史昭與本條疑為同一人。

④ ［校］僧：此字原脫，據《寧夏府志》卷十二《職官·宦蹟》補。

⑤ ［校］至：原作“制”，據《靈州志》改。

⑥ ［校］台：原作“臺”，據《明史》卷一七四《史昭傳》、《寧夏府志》卷十二《職官·宦蹟》改。

接哈剌兀速之境，① 邊備大固。尋進右都督，居寧夏十二年，老成重慎，政舉兵修，邊境無事。

盧茂，成化間以都指揮守備靈州，驍勇兼人。到任之二日，敵以百騎來犯，茂單騎馳突之，俄敵漸眾，而茂兵亦至，奮呼一擊，斬其犯陣一將。餘遁去，數歲不敢近靈州邊。

王驥，字尚德，束鹿人。② 正統九年，③ 命與都御史陳鎰巡邊。④ 初，寧夏備邊軍，半歲一更，後邊事亟，三年乃更，軍士日久疲罷，又益選軍餘防冬，⑤ 家有五六人在邊者，軍用重困。驥請歲一更，當代者以十月至，而代者留至來年正月乃遣歸，⑥ 邊備足而軍不勞。帝善其議，行之諸邊。卒年八十三，贈靖遠侯，諡忠毅。

秦紘，⑦ 字世纓，單人。弘治十四年秋，⑧ 寇大入花馬池，敗官軍孔壩溝。詔起紘戶部尚書兼右副都御史，⑨ 總制三邊。紘馳至，祭亡掩骼，奏錄死事指揮朱鼎等五人，恤軍士戰沒者家。劾治敗將楊琳等四人罪，更易守將，練壯士，興屯田，申明號令，軍聲大振。又請於花馬池迤西至小鹽池二百里，築十堡以固邊防。又作戰車，名“全勝”，詔頒其式於諸邊。在事三年，四鎮晏然。卒，贈少保，諡襄毅。

史鏞，⑩ 昭姪孫。年十八世襲指揮同知，以功陞靈州參將。正德五年，⑪ 真鐇反，鏞飛報陝西諸路兵，令集近地聲援。先率眾把守黃河要

---

① ［校］兀：原作“九”，據《明史》卷一七四《史昭傳》、《寧夏府志》卷十二《職官·宦蹟》改。

② ［校］束鹿人：此三字原脫，據《寧夏府志》卷十二《職官·宦蹟》補。

③ ［校］九年：此同《明史》卷一七一《王驥傳》，《弘治寧志》卷二、《嘉靖寧志》卷二《寧夏總鎮·宦蹟》均作“八年”。

④ ［校］陳鎰：原作“陳溢”，據《明史》卷一七一《王驥傳》、《寧夏府志》卷十二《職官·宦蹟》改。

⑤ ［校］餘：此字原脫，據《明史》卷一七一《王驥傳》、《寧夏府志》卷十二《職官·宦蹟》補。

⑥ ［校］正月：原作“十月”，據《明史》卷一七一《王驥傳》改。

⑦ ［校］秦紘：原作“秦紘”，據《明史》卷一七八《秦紘傳》改。下同。

⑧ ［校］弘治：原作“成化”，據《明史》卷一七八《秦紘傳》改。

⑨ ［校］兼右副都御史：此六字原脫，據《明史》卷一七八《秦紘傳》補。

⑩ ［校］史鏞：此同《明史》卷一七五《曹雄傳》，《明史》卷一一七《慶王㮶傳》作“史墉”。

⑪ ［校］五年：原作“二年”，據《明史》卷十六《武宗本紀》、《明史》卷一一七《慶王㮶傳》、《明史紀事本末》卷四四《真鐇之叛》等改。

口，奪其船，使賊不得渡。於是諸軍繼進，賊遂平。

叢蘭，字廷秀，文登人。正德間以户部右侍郎督理三邊軍餉，① 後兼管固〔原〕、靖〔遠〕等處軍務。蘭上言：“靈州鹽課，請照例開中，招商糴糧。軍士折色，主者多尅減。乞選委鄰近有司散給。”並從之。

楊一清，丹徒人。弘治十五年，擢左副都御史，督理陝西馬政。會寇大入花馬池，詔命一清巡撫陝西。甫受事，寇已退。乃選精卒教演之。創平虜、紅古二城，以援固原。築垣瀕河以捍靖虜。又為三邊總制。安化王寘鐇反，一清部將仇鉞捕執之。一清馳至鎮，宣布德意，安撫士民，不貪其功，夏人德之。

王瓊，太原人。嘉靖七年，代王憲督理三邊軍務。時北寇常為邊患，明年，以數萬騎寇寧夏，已又犯靈州，瓊督遊擊梁震等邀斬七十餘人。② 其秋，按行塞下，虜帳遠遁，耀兵而還。

劉天和，麻城人。嘉靖十五年，總制三邊軍務，倣前總督秦紘制雙輪車，③ 練諸邊將士。吉囊陷花馬池塞，④ 斬失守指揮二人。⑤ 敵侵固原，東出乾溝，⑥ 令任傑等襲其後，捕斬二百級。⑦ 論功加太子太保、兵部尚書。又城鐵柱泉，扼北虜入寇之路，邊人賴之。

王崇古，字學甫，蒲州人。嘉靖四十三年，改右僉都御史，巡撫寧夏。崇古喜談兵，具知諸邊阨塞，⑧ 修戰守，納降附，數出兵搗巢。故寇累殘他鎮，而寧夏獨完。隆慶初，代陳其學，進總督陝西延〔綏〕、寧〔夏〕、甘肅軍務。崇古指畫地圖，分授諸大將趙岢、雷龍等。數有功。着力兔行牧河東，⑨ 龍潛出興武，襲破其營，斬獲甚多。

---

① ［校］右：此字原脱，據《明史》卷一八五《叢蘭傳》補。

② ［校］七十：原作“七千”，據《明史》卷一九八《王瓊傳》、《寧夏府志》卷十二《職官·宦蹟》改。

③ ［校］總督：“總”字原脱，據《明史》卷二〇〇《劉天和傳》補。

④ 《明史》卷二〇〇《劉天和傳》載，吉囊於花馬池遭劉天和伏擊，潰敗而逃，未曾攻陷過花馬池城。

⑤ 《明史》卷二〇〇《劉天和傳》載，斬指揮事發生在吉囊寇固原之時。

⑥ ［校］東出乾溝：原作“東乾溝溝”，據《寧夏府志》卷十二《職官·宦蹟》改。

⑦ 《明史》卷二〇〇《劉天和傳》載，任傑等所斬獲之數量爲四百四十餘級。

⑧ ［校］阨：原作“扼”，據《明史》卷二二二《王崇古傳》改。

⑨ ［校］着力兔：原作“著力兔”，據《明史》卷二二二《王崇古傳》改。

吉能犯邊，① 為防秋兵所過，移營白城子。龍等出花馬、長城關與戰，大敗之。崇古在陝七年，前後獲首功無算。卒，贈太保，諡襄毅。

李震，字旭泉，鎮番人。庠生，襲祖職協守寧夏。王崇古駐花馬池，知套虜有異謀，以輕騎三千屬震，為虜所覺，部分精銳逆戰，震劈其堅陣，突入帳中，所遇強壯盡殲之。白城子之捷，以震功為最。陞甘肅總兵，挂平羌將軍印，脩葺五郡磚城。

王效，延綏人。讀書能文辭，嫻韜略。騎射絕人，中武會試。嘉靖十一年冬，充總兵官，代周尚文鎮寧夏。吉囊犯鎮遠關，效與梁震、鄭時、史經敗之柳門。② 追北蜂窩山，蹙溺之河，斬首百四十有奇。璽書獎賚。吉囊十萬騎復窺花馬池，效同震拒之不得入。虜趨固原，又趨青山峴，大掠安定、會寧。效移師還援，破之安定，再破之靈州，斬首百五十餘級。十五年，賊據芦菩灘、打礣口等地，③ 效率副總兵馮大倫、④ 任傑奮擊之，⑤ 斬獲無算，賊乃遠遁。

黃正，慶陽人，靈州備御都司。⑥ 真鏞作亂，潛謀尅日渡河。正先機歛奪船，屯兵據守，賊不敢動。先定預防之策，正實與有功焉。陞都督僉事。

張九德，字威仲，慈谿人，為河東兵備。時悍丁金白、張威等因調遣殺領官，九德聞變，即大書撫榜，前導安眾。密擒渠魁置之法，寧鎮以安。天啟二年，靈州河大決，九德建石堤禦河，歲省功役無算。秦渠常苦涸，⑦ 漢渠常苦漲，⑧ 九德築長埒以獲秦，開蘆口以洩漢，計復蕪田數百

----

① ［校］吉能：原作"吉龍"，據《明史》卷二二二《王崇古傳》、《寧夏府志》卷十二《職官·宦蹟》改。參見《國朝獻徵錄》卷三九《王公崇古墓志銘》、《明穆宗實錄》卷三九"隆慶三年十一月戊寅"條。

② ［校］鄭時史經：《明史》卷二一一《王效傳》無此四字。

③ ［校］打礣口：此同《嘉靖寧志》卷二《俘捷》，《明史》卷二一一《王效傳》作"打鎧口"。按：《嘉靖寧志》卷二《俘捷》載，芦菩灘之捷發於嘉靖十五年（1536），打礣口之捷發生於嘉靖十六年（1537）。

④ ［校］馮大倫：原作"馮大險"，據《嘉靖寧志》卷二《俘捷》改。

⑤ 《嘉靖寧志》卷二《俘捷》載，芦菩灘之捷，"總兵官王效、副總兵任傑、遊擊將軍鄭時、參將史經會兵擊之，斬首九十餘級，虜乃遠遁。"打礣口之捷，"總兵官王效，副總兵任傑，遊擊鄭時、馮大倫會兵大破之，斬首百餘級以歸。"

⑥ ［校］備御：原作"禦備"，據《寧夏府志》卷十二《職官·宦蹟》改。

⑦ ［校］秦渠：《寧夏府志》卷十二《職官·宦蹟》作"秦家渠"。

⑧ ［校］漢渠：《寧夏府志》卷十二《職官·宦蹟》作"漢家渠"。

頃，號"張公堤"。歷任六年，以卓異擢巡撫去。先是，靈州有祠，祀楊一清及王瓊，自九德去任，鎮人奉而三之，更其額曰"三賢"。

靳桂香，靈州參將。明季無為教稱居士作亂，夜入城，殺河東道曹孟吉。時桂香已卸事，乃率眾守城門，使賊不得出，盡攻殺之。

靈州誌蹟卷三

人物鄉獻誌第十四

余少讀史傳，即知靈州有傅氏云，寤寐思存，庶見名賢之後裔。厥後遊歷是邦，勤加詢訪，而竟不可得。間有傅姓一二族，又復譜系不存，音徽莫嗣，盖世祀之中衰久矣。余竊悲前喆之風流歇絕久而不振也，而尤懼其懿行卓德歷世而愈湮也，因取漢晉以來至於國初諸前輩，即其言行卓卓者著於編，而以科貢附之，《詩》不云乎？"高山仰止，景行行止。"① 後生之士可以聞風而起矣。

漢

傅燮，字南容。黃巾賊亂，燮上書陳致亂之由，請速行讒佞之誅，言甚剴切，語在本傳中。② 常侍趙忠惡之，會燮功當封，忠譖之。帝猶識燮言，不加罪，尋任為議郎。每公卿有缺，眾議必歸之。帝使忠論討黃巾功，忠使弟延致殷勤於燮曰："公當少答我常侍，萬戶侯可得也。"燮正色曰："遇與不遇，③ 命也；有功不論，時也。傅燮豈求私賞哉！"忠愈恨，然憚其名，不敢害。出為漢陽太守。韓遂擁兵十餘萬圍漢陽，城中兵少食盡。燮子幹年十三，言於燮曰："國家昏亂，遂令大人不容於朝。今兵不足以自守，宜還鄉里，徐俟有道而輔之。"燮慨然曰："汝知吾必死耶？'聖達節，次守節。'④ 殷紂暴虐，伯夷不食周粟而死。

---

① 參見《詩經·小雅·車舝》。
② 參見《後漢書》卷五八《傅燮傳》。
③ ［校］與：此字原脫，據《後漢書》卷五八《傅燮傳》補。
④ 語出《左傳·成公十五年》。

吾遭世亂，不能養浩然之志，① 食人之祿，又欲免其難乎？吾行何之？
必死於此。汝有此才智，勉之，勉之！”遂揮左右進兵，② 臨陣戰歿。
諡曰壯節侯。

魏

傅嘏，字蘭石。弱冠知名，有精識遠鑑，達治理，司空陳羣辟為掾。
劉邵作考課法，③ 嘏建議駁之，時鞴其論。後為河南尹，治以德教為本，
持法有恒，簡而不可犯。遷尚書，眾方議伐吳，獻策各不同。嘏謂惟進軍
大佃，坐食積穀，乘釁討襲，無遠勞費，振長策以御之，斯為全勝計。時
不從，軍竟為吳所敗。④ 司馬景王平毌丘儉、⑤ 文欽，嘏有謀焉。景王薨，
嘏與司馬文王徑還洛陽，遂以輔政。後以功封陽鄉侯。⑥ 卒年四十七，諡
曰元侯。

晉

傅祗，字子莊，嘏之子。性至孝，早知名，以才識明練稱。起家太子
舍人，累遷散騎黃門郎，⑦ 賜爵關內侯。楊駿輔政，欲悅眾心，議普晉封
爵。⑧ 祗作書止之，駿不從。駿誅，祗為侍中，⑨ 多所推正，⑩ 趙王倫輔
政，以為中書監，祗以疾辭。倫遣御史輿祗就職，王戎、陳準等相謂曰：
“傅公在事，吾屬無憂矣。”其為人物所倚信如此。懷帝即位，加右僕射、

---

① ［校］志：原作“氣”，據《後漢書》卷五八《傅燮傳》、《資治通鑒》卷五八、《通
鑒紀事本末》卷八《韓馬之叛》改。

② ［校］揮：《後漢書》卷五八《傅燮傳》作“麾”。

③ ［校］劉邵：此同《寧夏府志》卷十三《人物·鄉獻》，《三國志》卷二一《傅嘏傳》
作“劉劭”。

④ 《寧夏府志》卷十三《人物·鄉獻》載：“魏軍竟為諸葛恪所敗。”

⑤ ［校］毌丘儉：原作“毋丘儉”，據《三國志》卷二一《傅嘏傳》改。

⑥ ［校］陽鄉侯：原作“楊鄉侯”，據《三國志》卷二一《傅嘏傳》改。

⑦ ［校］黃門郎：“黃門”後原衍“侍”字，據《晉書》卷四七《傅祗傳》刪。

⑧ ［校］普：此字原脫，據《晉書》卷四七《傅祗傳》補。

⑨ 據《晉書》卷四七《傅祗傳》，此時傅祗當官居常侍而非侍中。

⑩ ［校］推正：《晉書》卷四七《傅祗傳》作“維正”。

中書監。及洛陽陷，眾共建行臺，① 推祇為盟主。② 赴告方伯徵義兵。祇自屯盟津，以暴疾薨。自以義誠不終，力疾手筆，③ 敕屬其二子宣、④ 暢，詞旨深切，覽者莫不感激。宣、暢亦並有令名。

梁祚，⑤ 字某，篤志好學，歷治諸經，尤善《公羊春秋》、鄭氏《易》，常以教授，有儒者風。辟秘書中散，稍遷秘書令。為李訢所排，出為統萬鎮司馬。徵為散令，乃撰并陳壽《三國志》名曰《國統》，又作《代都賦》，頗行於世。清貧守素，不交勢貴，年八十七卒。

傅玄，⑥ 字休弈，燮之孫，性剛勁亮直。州舉秀才，除郎中。武帝即位，初置諫官，以玄為之，尋遷侍中，轉司隸校尉。每奏劾，無所容貸，貴游震慴，⑦ 臺閣生風。封清泉侯，諡曰剛。

傅咸，字長虞，玄之子，剛簡有大節。襲父爵，拜太子洗馬，⑧ 累遷御史中丞，兼司隸校尉。顧榮稱其勁直忠果，劾案驚人。孫瑗亦以學業知名，官至安成太守。⑨

南北朝

傅亮，⑩ 字季友，善文詞。宋國初中書令。⑪ 武帝有受禪意，亮悟旨，請暫還都，許之。亮出，夜見長星竟天，拊髀曰：“我常不信天文，今始驗矣。”至都，帝即徵入輔政，俄代晉。亮後領護軍將軍，與謝晦共廢少

---

① ［校］行臺：原作“行營”，據《晉書》卷四七《傅祇傳》改。

② ［校］盟主：原作“監主”，據《晉書》卷四七《傅祇傳》改。

③ ［校］筆：原作“書”，據《晉書》卷四七《傅祇傳》改。

④ ［校］屬：原作“勵”，據《晉書》卷四七《傅祇傳》改。

⑤ ［校］梁祚當據《寧夏府志》卷十四《科貢》係其為北魏人，本誌誤係為晉人。《魏書》卷八四、《北史》卷八一有《梁祚傳》。

⑥ ［校］傅玄：原作“傅元”，避清聖祖玄燁諱，據《晉書》卷四七《傅玄傳》回改。下同。

⑦ ［校］震慴：《晉書》卷四七《傅玄傳》作“慴伏”。

⑧ ［校］據《晉書》卷四七《校勘記》［二］，傅咸拜太子洗馬在襲父爵之前，此列襲爵後，不確。

⑨ ［校］安成：原作“安定”，據《宋書》卷四三、《南史》卷十五《傅亮傳》，《乾隆甘志》卷三五《人物·傅瑗》改。

⑩ ［校］《弘治寧志》卷三《靈州守禦千戶所·人物》係其為晉時人。

⑪ ［校］中書令：原作“尚書令”，據《宋書》卷四三、《南史》卷十五《傅亮傳》改。

帝，迎立文帝。元嘉三年被誅。

傅迪，亮之兄也。仕宋，官至尚書，亮方貴，迪每深誡焉而不從。見世路屯險，著論名曰《演慎》。①　及少帝失德，內懷憂懼，因直宿禁中，見夜蛾赴火，作《感物賦》以寄意。

傅昭，字茂遠，咸七世孫也。年十一，②　隨外祖於朱雀船賣曆日。③為雍州刺史袁顗客，顗常來昭所，④　昭讀書自若，神色不改。顗嘆曰："此兒神情不凡，必成佳器。"後丹陽尹袁粲辟為主簿，深加禮敬。每至昭戶，輒嘆曰："經其戶，寂若無人。批其帷，其人斯在，豈非名賢？"尋為總明學士。梁天監中，累遷左民尚書。出為信武將軍、安成內史。歷太常卿、臨海太守。又領秘書監、本州大中正，遷散騎常侍、金紫光祿大夫。昭蒞官，常以清靜為政，不尚嚴肅。居朝無所請謁，不畜私門生，不交私利，終日端居，以書記為樂，雖老不衰。博極古今，⑤　世稱為"學府"。大通二年卒，年七十五，諡曰貞子。⑥

傅映，字徽遠，昭之弟。三歲而孤，兄弟友睦，修身勵行，非禮不動。褚彥回欲令仕，映以昭未解褐辭，⑦　須昭仕乃官。累遷光祿卿、太中大夫。⑧　卒年八十三。

傅琰，字季珪，美姿儀。仕宋，為武康令，遷山陰令，並著能名，二縣謂之"傅聖"。

傅翽，琰之子。為官亦有能名。後為吳令，別建康令孫廉，因問曰："聞丈人發奸摘伏，⑨　惠化如神，何以致此？"答曰："無他，唯清與勤而已。清則憲綱自行，勤則事無不理，欲無治，得乎？"

---

①　《演慎》及下文《感物賦》原文均見載於《宋書》卷四三《傅亮傳》。

②　［校］十一：此同《梁書》卷二六《傅昭傳》，《南史》卷六〇《傅昭傳》作"十"。

③　［校］朱雀船：《梁書》卷二六、《南史》卷六〇《傅昭傳》均作"朱雀航"。

④　［校］常：此同《寧夏府志》卷十三《人物·鄉獻》，《梁書》卷二六、《南史》卷六〇《傅昭傳》作"嘗"。

⑤　［校］博極：原作"極博"，據《梁書》卷二六、《南史》卷六〇《傅昭傳》，《弘治寧志》卷三《靈州守禦千户所·人物》改。

⑥　［校］貞子：此同《梁書》卷二六《傅昭傳》，《南史》卷六〇《傅昭傳》作"貞"。

⑦　［校］辭：此字原脫，據《梁書》卷二六《傅映傳》、《寧夏府志》卷十三《人物·鄉獻》補。

⑧　［校］太中大夫：原作"大中大夫"，據《梁書》卷二六《傅映傳》改。

⑨　［校］摘：原同《寧夏府志》卷十三《人物·鄉獻》作"摘"，據《南史》卷七〇《傅翽傳》改。

　　傅岐，字景平，翽之子。美容止，博涉，能占對。侯景之難，以勞封南豐縣侯，不受。宮城失守，岐帶疾出圍，卒。

　　傅縡，字宜事。幼聰敏，七歲誦古詩賦至十餘萬言。① 為文典麗，雖軍國大事，下筆輒成，未嘗起草，甚為後主所重。然性木强，② 頗負才使氣，凌侮人物，朝士多銜之。後為貴倖搆下獄。後主使謂曰：“我欲赦卿，卿能改過否？”對曰：“臣心如面，面可改，則臣心可改。”後主怒，死獄中。

　　傅弘之，③ 字仲度，泥陽人。傅氏舊屬靈州，漢末郡境為虜所侵失土，④ 寄寓馮翊。置泥陽、富平二縣，靈州廢不立，故傅氏悉屬泥陽。晉武帝太康三年，復立靈州，而傅氏還屬靈州。弘之少倜儻有大志，⑤ 歷官建威將軍、順陽太守。從宋武帝入關。⑥ 弘之善騎乘，嘗於姚泓馳道內緩服戲馬，往返二十里中，甚有姿制，羌胡聚觀數千人並驚嘆。遷寧朔將軍，⑦ 佐義真留長安。後義真東歸，赫連勃勃傾國追攝，⑧ 弘之軍敗不屈，死。

　　傅隆，字伯祚，咸之玄孫。少孤貧，有學行，不好交遊，年四十始為

---

　　① ［校］古詩賦：原同《寧夏府志》卷十三《人物·鄉獻》作“古詩”，據《陳書》卷三〇、《南史》卷六九《傅縡傳》，《弘治寧志》卷三《靈州守禦千户所·人物》補。

　　② ［校］木强：“木”字原脱，據《陳書》卷三〇、《南史》卷六九《傅縡傳》補。

　　③ ［校］弘之：原避清高宗弘曆諱改作“宏之”，據《宋書》卷四八、《南史》卷十六《傅弘之傳》等回改。下同。

　　④ ［校］失土：原作“士大”，據《宋書》卷四八、《南史》卷十六《傅弘之傳》，《寧夏府志》卷十三《人物·鄉獻》改。

　　⑤ ［校］弘之：“之”字原脱，據“傅弘之”其名及《寧夏府志》卷十三《人物·鄉獻》補。

　　⑥ ［校］宋武帝：此同《南史》卷十六《傅弘之傳》，《宋書》卷四八《傅弘之傳》、《寧夏府志》卷十三《人物·鄉獻》作“高祖”。

　　⑦ ［校］遷寧朔將軍：此五字下原有“略陽太守”四字。《冊府元龜》卷三五一《將帥部》載：“傅弘之晉末為桂陽公劉義真西戎司馬、寧朔將軍。時略陽太守徐師高反叛，弘之討平之。”可知任略陽太守者為徐師高而非傅弘之。《宋書》卷四八《傅弘之傳》作“除西戎司馬、寧朔將軍”。據刪。

　　⑧ ［校］赫連勃勃傾國追攝：“赫連勃勃”，此同《南史》卷十六《傅弘之傳》，《宋書》卷四八《傅弘之傳》、《寧夏府志》卷十三《人物·鄉獻》作“佛佛”。“攝”，《宋書》卷四八、《南史》卷十六《傅弘之傳》，《寧夏府志》卷十三《人物·鄉獻》作“躡”。

建威參軍。① 元嘉初，遷御史中丞。當官而行，甚得司直之體。出為義興太守，有能名。尋轉太常。致仕，隆手不釋卷，博學多通，尤精."三禮"，當世宗之。

唐

韓游瓌，② 始為郭子儀裨將，從討安禄山，功第一。朱泚之亂，游瓌扈衛在奉天。李懷光叛，約游瓌為變，游瓌發其謀，帝詔嘉之。後平賊，功與渾瑊齊。

史敬奉，有才武，走逐奔馬，矛矢在手，前無强敵。破吐蕃，解鹽州圍，益封五十户，③ 語在《宦蹟》。④

何進滔，少客魏，事田弘正。⑤ 弘正攻王承宗，承宗引精騎千餘馳魏壁，進滔率猛士逐之，幾獲承宗。從討李師道，以功兼侍御史。史憲誠死，軍中傳語曰：⑥ "得何公事之，軍安矣。"進滔下令曰："公等既廹我，當聽吾令。"眾唯唯。"執殺前使及監軍者，疏出之。"⑦ 斬九十餘人，釋脅從者。素服臨哭，將吏皆入弔。詔拜留後，俄進授節度使。居魏十餘年，吏民悉安之。

康日知，少事李惟岳，擢趙州刺史。惟岳叛，日知與別駕李濯及部將百人共盟，⑧ 固州自歸。惟岳怒，遣先鋒兵馬使王武俊攻之。⑨ 日知使客

---

① ［校］參軍：原同《宋書》卷五五《傅隆傳》作"將軍"，《宋書》卷五五《校勘記》［十六］據《南史》卷十五《傅隆傳》改，今從。

② ［校］游瓌：原作"游環"，據《舊唐書》卷一四四、《新唐書》卷一五六《韓游瓌傳》改。下同。

③ ［校］五十：原作"五千"，據《舊唐書》卷一五二、《新唐書》卷一七○《史敬奉傳》改。

④ 參見本誌卷二《歷朝宦蹟誌第十三》

⑤ ［校］弘正：原避清高宗弘曆諱改作"宏正"，據《舊唐書》卷一四一《田弘正傳》、卷一八一《何進滔傳》等回改。下同。

⑥ ［校］語：《新唐書》卷二一○《何進滔傳》、《弘治寧志》卷三《文學·鄉獻》作"譖"。

⑦ ［校］執殺前使及監軍者疏出之："執"，原作"执"，"疏出之"三字原脱，均據《新唐書》卷二一○《何進滔傳》改補。

⑧ ［校］部將：原作"步將"，據《新唐書》卷一四八《康日知傳》改。

⑨ ［校］先鋒：此二字原脱，據《新唐書》卷一四八《康日知傳》補。

說武俊還，斬惟岳以獻。德宗美其謀，擢深趙觀察使。會武俊拒命，遣將攻趙州，日知破之，上俘京師。徙奉誠軍節度使，又徙晉絳，加檢校尚書左僕射，封會稽郡王。卒，贈太子太師。子志睦，亦以功封會稽郡公。①

宋

周美，字之純，以才武稱。真宗幸澶淵，② 常令宿衛，累遷秩副都總管。③ 在邊十餘載，所向有功，諸將服之。

周永清，字蕭之，世家靈州。州陷於夏，祖美拔歸京師，永清以廳從仕。宰相龐籍薦其忠勇，加閣門祇候。④ 押時服賜夏國，夏人受賜不跪，詰之，恐而跪。歷渭州鈐轄。⑤ 渭兵勁而陣伍不講，永清訓以李靖法。帥蔡挺上其圖以令諸軍。知德順軍，⑥ 夏眾入寇，擒其酋呂效忠。募勇士夜襲夏帳，斬三百級，俘數千人，獲駝馬甲器萬計，威名甚著。擢涇原路鈐轄，知涇州。

斡道沖，⑦ 字宗聖。⑧ 其先仕偽夏主，世掌國史。道沖通五經，為蕃漢教授，⑨ 譯《論語注》，別作《解義》二十卷曰《論語小義》。⑩ 又作

---

① 〔校〕會稽郡公：“郡”字原脫，據《新唐書》卷一四八《康志睦傳》補。

② 〔校〕澶淵：此同《大明一統志》卷三七《寧夏衛》、《寧夏府志》卷十三《人物·鄉獻》，《宋史》卷三二三《周美傳》作“澶州”。

③ 〔校〕副都總管：此同《寧夏府志》卷十三《人物·鄉獻》，《大明一統志》卷三七《寧夏衛》、《弘治寧志》卷三《靈州守禦千戶所·人物》作“鄜延副都總管”。

④ 〔校〕閣門祇候：原作“閤門祇侯”，據《宋史》卷三五〇《周永清傳》及職官名稱用字改。

⑤ 〔校〕渭州：原作“渭川”，據《宋史》卷三五〇《周永清傳》、《寧夏府志》卷十三《人物·鄉獻》改。

⑥ 〔校〕德順軍：原倒作“順德軍”，據《宋史》卷三五〇《周永清傳》、《寧夏府志》卷十三《人物·鄉獻》改。

⑦ 斡道沖為西夏國人，事蹟參見《道園學古錄》卷四《西夏相斡公畫像贊有序》。

⑧ 〔校〕斡道沖字宗聖：“斡”原作“幹”，據《道園學古錄》卷四《西夏相斡公畫像贊有序》改。“宗聖”原倒作“聖宗”，據《道園學古錄》卷四《西夏相斡公畫像贊有序》改。

⑨ 〔校〕蕃：原作“番”，據《道園學古錄》卷四《西夏相斡公畫像贊有序》改。

⑩ 〔校〕二十卷曰論語小義：“二十”，原作“三十”，據《道園學古錄》卷四《西夏相斡公畫像贊有序》改。“曰論語小義”，此五字原脫，據《道園學古錄》卷四《西夏相斡公畫像贊有序》補。又，因斡道沖原著已佚，其具體內容已無從推知。本段“譯論語注別作解義二十卷曰論語小義”句亦可標點為“譯《論語》，注別作《解義》二十卷曰《論語小義》”。

《周易卜筮斷》，① 以其國字書之，行於國中。後官至其國之中書宰相。

明

周鏞，字蒲溪，以歲貢任平定州訓導，陞靈州所教諭。讀書窮理，兩任司鐸，恒以道德與諸生相長，都給事中俞鷥出其門。②

孟養龍，③ 崇禎元年恩貢。工詩文，尚氣節。闖賊遣兵攻城，養龍糾眾捍禦，州境卒全。寧夏道黎士弘撰墓志，④ 詳載其事。著有《吹萬吟》。

國朝

孟之珪，康熙甲戌進士。⑤ 天資穎異，品行端方，文章字學兼有名於時。立條教闡明理學，至今靈武學士皆宗仰之。

謝王寵，字賓于。幼孤貧好學，冬月藉草讀書。康熙壬午中鄉試，⑥丙戌成進士，⑦ 選翰林院庶吉士，尋告假回籍。雍正元年，特旨召見，問所讀何書，寵以性理對，命講《太極圖說》，上大喜，擢補山西雁平道。訪求利病，善政累累，戊申春，⑧ 轉光禄寺少卿，四月陞翰林院侍讀學士，五月署國子監祭酒。時太學藏書散失，寵疏請武英殿發書四十五部，⑨ 復自捐俸購經，分給諸生誦讀。已進順天府尹、都察院左副都御

---

① ［校］卜筮：原作“十筮”，據《道圜學古録》卷四《西夏相斡公畫像贊有序》改。

② ［校］俞鷥：此同《寧夏府志》卷十四《科貢》，該志卷十三《人物·鄉獻》作“俞鑾”。

③ 孟養龍，《寧夏府志》卷十三《人物·鄉獻》係其為清朝人。

④ ［校］黎士弘：原避清高宗弘曆諱改作“黎士宏”，據《江西通志》卷六三《名宦》，《清史列傳》卷七〇、七四《黎士弘傳》等回改。下同。

⑤ 甲戌：康熙三十三年（1694）。

⑥ 壬午：康熙四十一年（1702）。

⑦ ［校］丙戌：原作“丙辰”，據《寧夏府志》卷十三《人物·鄉獻》、《山西通志》卷八〇《職官》改。“丙戌”，康熙四十五年（1706）。“丙辰”，康熙十五年（1676）。

⑧ 戊申：雍正六年（1728）。

⑨ ［校］武英殿：原作“秘閣”，據《寧夏府志》卷十三《人物·鄉獻》改。

史。一歲中凡五遷。庚戌六月，① 調宗人府府丞，尋以疾告休。卒年六十三。② 所著有《反經錄》。③

李愭，號誠菴，雍正丁未進士。④ 累官監察御史，糾彈無隱。後以事罷歸，寓居寧朔縣馬寨堡，教授生徒，以脩脯自給，從遊者甚眾。常以生平所身體力行者，書"存誠、行恕、敦孝弟、戒滛行、謹言語、慎威儀、嚴交遊、立志節"八則於學堂，學者欽仰之。

許體元，字御萬。賦質純朴，沉潛理學，尤精於《易》。乾隆十一年，舉優貢生，任安定縣司訓。值安定荒，體元奉憲檄出賑，遠近不遺，貧民被澤甚夥。尋告休。著有《春秋傳叙》、《易經彙解》。卒年七十七。

王寅，字賓陽，拔貢生。性質和易端方，所學有源本，事親能以志養。工詩、古文，教授於家。遊其門者，多以文學著稱。子可久，壬申科舉人。⑤ 孫晟，庚子會試進士，⑥ 翰林院庶吉士。

科貢附

進士

俞鷖，嘉靖辛丑。⑦ 歷官兵科給事中。⑧

孟之珪，國朝康熙甲戌。⑨

---

① ［校］庚戌六月：原作"辛亥七月"，據《清世宗實錄》卷九五改。"庚戌"，雍正八年（1730）。"辛亥"，雍正九年（1731）。

② ［校］六十三：原作"七十三"，《清通義大夫謝觀齋墓志銘》載，謝王寵生於康熙十年（1671），卒於雍正十一年（1733），據改。參見銀川美術館編《寧夏歷代碑刻集》，第154頁。

③ ［校］反經錄：《清朝文獻通考》卷二二六、《清朝通志》卷一〇一、《四庫全書總目》卷九八《子部·儒家類·存目四》均作"愚齋反經錄"。

④ ［校］丁未：本誌卷三《人物鄉獻誌第十四·科貢附》及《寧夏府志》卷十四《人物·科貢·進士》、《乾隆甘志》卷三二《選舉》均載，李愭為康熙乙未科進士。"康熙乙未"，康熙五十四年（1715）。"雍正丁未"，雍正五年（1727）。

⑤ ［校］壬申：本誌同《寧夏府志》卷十三《人物·鄉獻》，《寧夏府志》卷十四《人物·科貢》、《宣統甘志》卷三九《學校志·歷代選舉表》均作"丁卯"。"丁卯"，乾隆十二年（1747）。"壬申"，乾隆十七年（1752）。

⑥ 庚子：乾隆四十五年（1780）。

⑦ 辛丑：嘉靖二十年（1541）。

⑧ ［校］給事中："中"字原脫，據《乾隆甘志》卷三三《選舉·進士》補。

⑨ 甲戌：康熙三十三年（1694）。

謝王寵，丙戌。① 翰林院庶吉士，歷官順天府府尹、宗人府府丞。

李愻，乙未。② 主事，山東道監察御史。③

謝升，雍正庚戌。④ 知雲南府事。

梁棟，乾隆丙辰。⑤ 知湖南興化縣事。

李瑫，⑥ 乾隆丙辰。知黃州府事。

高遴，乾隆戊辰。⑦ 知黃岡縣事。

陸允鎮，乾隆丁丑。⑧ 歷官浙江督糧道。

王晟，乾隆庚子。⑨ 翰林院庶吉士。

舉人

李泰，成化癸卯。⑩ 知濱州事。

趙璽，弘治辛酉。⑪

俞鷥，見《進士》。

陳有增，天啟丁卯。⑫

鄭感民，丁卯。

孟之珪，見《進士》。

李愻，見《進士》。

高宣，康熙甲午。⑬

---

① 丙戌：康熙四十五年（1706）。

② 乙未：康熙五十四年（1715）。

③ ［校］山東：原作“山西”，據《寧夏府志》卷十四《人物·科貢》改。

④ 庚戌：雍正八年（1730）。

⑤ 丙辰：乾隆元年（1736）。

⑥ ［校］李瑫：原作“李秘”，據本誌卷三《人物鄉獻誌第十四·科貢附·舉人》及《寧夏府志》卷十四《人物·科貢》改。

⑦ ［校］戊辰：原作“壬戌”，據《明清歷科進士題名碑錄》、《宣統甘志》卷三九《學校志·選舉上》改。“壬戌”，乾隆七年（1742）。“戊辰”，乾隆十三年（1748）。

⑧ 丁丑：乾隆二十二年（1757）。

⑨ 庚子：乾隆四十五年（1780）。

⑩ 癸卯：成化十九年（1483）。

⑪ 辛酉：弘治十四年（1501）。

⑫ 丁卯：天啟七年（1627）。

⑬ 甲午：康熙五十三年（1714）。

李宗儒，丁酉。①

陳訥，庚子。② 知樂平縣事。

周昌祚，雍正丙午。③ 知沔縣事。

王加民，己酉。④ 渭南縣教諭。

謝升，見《進士》。

梁棟，見《進士》。

李珌，見《進士》。

李紹，乾隆戊午。⑤

白貽遠，辛酉。⑥ 知慶雲縣事。

陸允鎮，見《進士》。

王可久，壬申。⑦

朱濬，丁卯。知嘉定府事。

朱湘，庚午。⑧ 知巴東縣事。

陸允銑，庚午。知衡水縣事。

李中翰，壬申。知來鳳縣事。

陸允鍋，⑨ 癸酉。⑩ 知山東沂水縣事。

姚信璧，癸酉。山東水利通判。

趙瓚，丙子。⑪ 知靖邊縣事。

辛矗，⑫ 丙子。西安府教授。

常養蒙，己卯。⑬ 知上元縣事。

---

① 丁酉：康熙五十六年（1717）。

② 庚子：康熙五十九年（1720）。

③ 丙午：雍正四年（1726）。

④ 己酉：雍正七年（1729）。

⑤ 戊午：乾隆三年（1738）。

⑥ 辛酉：乾隆六年（1741）。

⑦ 壬申：乾隆十七年（1752）。參見本誌卷三《人物鄉獻誌第十四·國朝》"王寅"條注釋。

⑧ 庚午：乾隆十五年（1750）。

⑨ ［校］陸允鍋：《寧夏府志》卷十四《人物·科貢》作"陸允炳"。

⑩ 癸酉：乾隆十八年（1753）。

⑪ 丙子：乾隆二十一年（1756）。

⑫ ［校］辛矗：《寧夏府志》卷十四《人物·科貢》作"辛融"。

⑬ 己卯：乾隆二十四年（1759）。

王建元，己卯。知溍縣事。

林慎修，乙酉。①

王賜茚，甲午。② 咸寧宮教習，邠州教諭。

王晟，見《進士》。

趙標，己亥。③

莊慶餘，癸卯。

梁聯第，癸卯。

梁聯箕，丙午。

陸溥，戊申。

祁颺廷，甲寅。

賀緯，戊午。

王敦厚，壬子。

科分無考

宋久元；季秋橘，富平教諭；張樹栢。

貢生

正德：④ 詹寶，庚辰；趙泰，辛巳。

嘉靖：⑤ 蔣泰，壬午；趙文良，甲申；金章，丙戌，華陽縣博；元經，庚寅；何英，壬辰；聞薰，癸巳；彭廷玉，⑥ 甲午，洪雅縣主簿；趙佐，丙申；山景臯，戊戌；張臻，己亥，經歷；王鎡，庚子；王堂，壬

---

① 乙酉：乾隆三十年（1765）。

② 甲午：乾隆三十九年（1774）。

③ 己亥：乾隆四十四年（1779）。

④ 正德：庚辰，正德十五年（1520）；辛巳，正德十六年（1521）。

⑤ 嘉靖：壬午，嘉靖元年（1522）；甲申，嘉靖三年（1524）；丙戌，嘉靖五年（1526）；庚寅，嘉靖九年（1530）；壬辰，嘉靖十一年（1532）；癸巳，嘉靖十二年（1533）；甲午，嘉靖十三年（1534）；丙申，嘉靖十五年（1536）；戊戌，嘉靖十七年（1538）；己亥，嘉靖十八年（1539）；庚子，嘉靖十九年（1540）；壬寅，嘉靖二十一年（1542）；甲辰，嘉靖二十三年（1544）；戊申，嘉靖二十七年（1548）；庚戌，嘉靖二十九年（1550）；丙辰，嘉靖三十五年（1556）；戊午，嘉靖三十七年（1558）；庚申，嘉靖三十九年（1560）；壬戌，嘉靖四十一年（1562）；甲子，嘉靖四十三年（1564）；丙寅，嘉靖四十五年（1566）。

⑥ 嘉靖甲午年（十三年，1534）之"彭廷玉"及下文丙申年（十五年，1536）之"趙佐"，《嘉靖寧志》卷三《靈州守禦千户所·選舉》均不載。

寅；陳榮，甲辰；李瑞，戊申；① 周鏞，戊申；元繡，庚戌；江東，丙辰，汪待龍；王邦，戊午，王震；安思明，庚申，顧良臣；趙世輔，壬戌，蘇臣；孫棟，甲子，臨汾縣博，李儒，蒲州博；費希仲，丙寅，郭勛，宣城縣丞。

隆慶：② 呂韶，戊辰，鎮遠博，王維垣；馬椿，己巳恩貢，同知霍州，姚佐，絳縣博；王朝覲，庚午，張梅，庚午，錫州博；沈一經，壬申，魏汝舟。

萬曆：③ 趙璸，癸酉，徐宰，恩貢；趙世屏，甲戌，王第；何鎮，丙子，宣大治；陳玭，戊寅，周士觀；孟召，庚辰選貢，知涿州，陳邦政，知遼東縣事；季學程，壬午，泰州博，李朝鸞；孫桂，甲申，沁水縣教諭；④ 賈貞，丙戌，袁賓；郭澳，戊子，知梁山縣事；武統，⑤ 莊浪訓導；陳升，⑥ 忻州判；呂敏，⑦ 選貢，同知蘄州事；戴任，⑧ 知永州縣事；梆本正，丁酉；張守謙，戊戌；邵保，庚子，潞安教授；劉應爵，⑨ 恩貢；文從謙，甲辰，上蔡訓導；周志誠，丙午；羅森，戊申；孫禎，庚戌；趙玠，甲寅。

---

① ［校］戊申：《寧夏府志》卷十四《人物·科貢》係“李瑞”為“丙午”年貢生，即嘉靖二十五年（1546）。

② 隆慶：戊辰，隆慶二年（1568）；己巳，隆慶三年（1569）；庚午，隆慶四年（1570）；壬申，隆慶六年（1572）。

③ 萬曆：癸酉，萬曆元年（1573）；甲戌，萬曆二年（1574）；丙子，萬曆四年（1576）；戊寅，萬曆六年（1578）；庚辰，萬曆八年（1580）；壬午，萬曆十年（1582）；甲申，萬曆十二年（1584）；丙戌，萬曆十四年（1586）；戊子，萬曆十六年（1588）；丁酉，萬曆二十五年（1597）；戊戌，萬曆二十六年（1598）；庚子，萬曆二十八年（1600）；甲辰，萬曆三十二年（1604）；丙午，萬曆三十四年（1606）；戊申，萬曆三十六年（1608）；庚戌，萬曆三十八年（1610）；甲寅，萬曆四十二年（1614）。

④ 據《寧夏府志》卷十四《人物·科貢》載，甲申年貢生靈州人還有“任惟和”。

⑤ 武統：《寧夏府志》卷十四《人物·科貢》載其貢生年份在“庚寅”，即萬曆十八年（1590）。

⑥ 陳升：《寧夏府志》卷十四《人物·科貢》載其貢生年份在“壬辰”，即萬曆二十年（1592）。

⑦ 呂敏：《寧夏府志》卷十四《人物·科貢》載其貢生年份在“甲午”，即萬曆二十二年（1594）。

⑧ 戴任：《寧夏府志》卷十四《人物·科貢》載其貢生年份在“丙申”，即萬曆二十四年（1596）。

⑨ 劉應爵：《寧夏府志》卷十四《人物·科貢》載其貢生年份在“癸卯”，即萬曆三十一年（1603）。

乾隆：① 撒成鈞，② 己未；王寅，③ 庚申拔貢；孫文售，辛酉；李鰡，壬戌；許體元，④ 甲子優貢，毛文郁；陳廷獻，乙丑；馮益勵，丙寅；黃恒，丁卯，祁兆文；常著，戊辰，王建；邵鏞，辛未；顧大夏，壬申；侯銘，癸酉，郁承業；祝天佑，丙子，徐振綸；費作梅，丁丑；陳閩，己卯；季炘，辛巳恩貢；趙體選，壬午恩貢；呂大南，癸未；蔡坤，乙酉，劉建業；馮鴻圖，⑤ 丙戌；梁渤，戊子；聶折桂，己丑；劉維本，庚寅，蒲城縣博；⑥ 李獻捷，辛卯；施璧，壬辰；李兆基，甲午；李護，乙未，王晟，⑦ 拔貢；王鳳飛，丁酉拔貢，祁絢；施維翰，戊戌，萬植，毛振辰，張鉅，王冲，劉興海，潘文煊；閆靖，己酉，李裕，李仲庚，李繡；湯佐學，〔嘉慶〕丁巳，梁聯輝，陸淇，拔貢。

年分無考

李際隆，副榜；季秋槐，副榜；戴廷講，拔貢；季春光，拔貢；孟之珪，副榜；陳常，副榜；胡璞玉，拔貢；季滋梁，拔貢；孟養貞，恩貢；李子發，恩貢；喻文；何秀；趙公盡；龍現光；趙誠；段九成；張芬；陸士謨；辛永禄；莊士儒。

---

① 乾隆：己未，乾隆四年（1739）；庚申，乾隆五年（1740）；辛酉，乾隆六年（1741）；壬戌，乾隆七年（1742）；甲子，乾隆九年（1744）；乙丑，乾隆十年（1745）；丙寅，乾隆十一年（1746）；丁卯，乾隆十二年（1747）；戊辰，乾隆十三年（1748）；辛未，乾隆十六年（1751）；壬申，乾隆十七年（1752）；癸酉，乾隆十八年（1753）；丙子，乾隆二十一年（1756）；丁丑，乾隆二十二年（1757）；己卯，乾隆二十四年（1759）；辛巳，乾隆二十六年（1761）；壬午，乾隆二十七年（1762）；癸未，乾隆二十八年（1763）；乙酉，乾隆三十年（1765）；丙戌，乾隆三十一年（1766）；戊子，乾隆三十三年（1768）；己丑，乾隆三十四年（1769）；庚寅，乾隆三十五年（1770）；辛卯，乾隆三十六年（1771）；壬辰，乾隆三十七年（1772）；甲午，乾隆三十九年（1774）；乙未，乾隆四十年（1775）；丁酉，乾隆四十二年（1777）；戊戌，乾隆四十三年（1778）；己酉，乾隆五十四年（1789）。嘉慶：丁巳，嘉慶二年（1797）。

② ［校］撒：原作“撤”，據《寧夏府志》卷十四《人物·科貢》改。

③ 《寧夏府志》卷十三《人物》載，王寅於乾隆壬申年即乾隆十七年（1752）中鄉試。

④ 《寧夏府志》卷十三《人物》載，許體元於乾隆十一年（1746）舉優貢生。

⑤ ［校］馮鴻圖：《寧夏府志》卷十四《人物·科貢》作“馬鴻圖”。

⑥ ［校］蒲城縣博：《寧夏府志》卷十四《人物·科貢》無此四字。

⑦ 王晟：《寧夏府志》卷十四《人物·科貢》載其貢生年份在“丁酉”，即乾隆四十二年（1777）。

武進士

史經，正德戊辰，[①] 歷官靈州參將。

保周，庚辰，[②] 靈州參將。

郭震，嘉靖戊戌，[③] 南官，[④] 南、北京提督，陝西總兵，中、左二府
僉事。

盧杜瑾，國朝康熙癸巳，[⑤] 侍衛，西寧總兵。

王綏，雍正庚戌，[⑥] 侍衛，江南提督。

乾隆：[⑦] 張鉅，丁巳，侍衛，貴州遊擊；梁聯科，辛未，侍衛，歷官
參將；尹虎臣，壬申；吳登魁，己丑；李飛雲，壬辰，侍衛。

科分無考

朱世植，探花，二等侍衛；辛永偉，二等侍衛，四川都司；季炡，新
平守備；[⑧] 馬召南，探花，副寧鎮總兵；朱濂，都司。

武舉

郭震，見《進士》。何廷桂，康熙壬子；[⑨] 靳兆珠，康熙辛卯；[⑩] 梁
從直，雍正甲辰，[⑪] 張樹棠，浙江遊擊，雷育，直隸都司，買成璋，丁

---

① 正德戊辰：正德三年（1508）。

② 庚辰：正德十五年（1520）。

③ 嘉靖戊戌：嘉靖十七年（1538）。

④ ［校］南官：《寧夏府志》卷十五《人物·武科》無此二字。

⑤ 康熙癸巳：康熙五十二年（1713）。

⑥ 雍正庚戌：雍正八年（1730）。

⑦ 乾隆：丁巳，乾隆二年（1737）；辛未，乾隆十六年（1751）；壬申，乾隆十七年
（1752）；己丑，乾隆三十四年（1769）；壬辰，乾隆三十七年（1772）。

⑧ ［校］新平：此二字原脫，據《寧夏府志》卷十五《人物·武科》補。

⑨ ［校］康熙：原作“順治”，據《寧夏府志》卷十五《人物·武科》改。“康熙壬子”，
康熙十一年（1672）。

⑩ ［校］康熙辛卯：原作“順治壬子”，據《寧夏府志》卷十五《人物·武科》改。“康
熙辛卯”，康熙五十年（1711）。

⑪ 雍正甲辰：雍正二年（1724）。

琦；楊樹檜，丙午，① 買成璟，李發元，② 孟鏑，雷充；朱洙，己酉，③ 王
綏，見《進士》，朱泗，己酉，雷子鍘，張懋德；陳五教，壬子，④ 馬雲，
張鉅，王字，施瑰；⑤ 王可立，乾隆丙辰，⑥ 唐際盛，馬洗瑞，桂瑄；江
玉瑞，⑦ 戊午；⑧ 譚秉哲，辛酉；⑨ 郁振基，甲子，⑩ 朱續焜，⑪ 衛守備，⑫
丁洪仁，尹大本，尹虎臣，見《進士》；陳錡，丁卯，⑬ 李廷售；季騰蛟，
庚午，⑭ 馬負圖，梁聯科，見《進士》，馬攀龍，馬建适，馬伯麒，趙雋；
俞玠，癸酉，⑮ 買偉；戴如玉，丙子，⑯ 馬廷傑，⑰ 尹俊，蘇玠，謝光國；
張可成，己卯，⑱ 張濬英，李維華；王訓，庚辰，⑲ 許嘉謨；⑳ 朱震，㉑ 壬
午，㉒ 馬大昇，楊士雄，李榮武，蘇繩武；辛養性，乙酉，㉓ 朱理，王廷

---

① 丙午：雍正四年（1726）。

② ［校］李發元：《寧夏府志》卷十五《人物·武科》作"李登元"。

③ 己酉：雍正七年（1729）。

④ 壬子：雍正十年（1732）。

⑤ 據《寧夏府志》卷十五《人物·武科》載，壬子年武舉靈州人還有"楊則程"。

⑥ ［校］乾隆丙辰：原作"乙卯"，據《寧夏府志》卷十五《人物·武科》改。"乾隆丙
辰"，乾隆元年（1736）。"乙卯"，雍正十三年（1735）。

⑦ ［校］江玉瑞：《寧夏府志》卷十五《人物·武科》作"汪玉瑞"。

⑧ 戊午：乾隆三年（1738）。

⑨ 辛酉：乾隆六年（1741）。

⑩ 甲子：乾隆九年（1744）。

⑪ ［校］朱續焜：《寧夏府志》卷十五《人物·武科》作"朱積崐"。

⑫ ［校］衛：此字原脫，據《寧夏府志》卷十五《人物·武科》補。

⑬ ［校］丁卯：乾隆十二年（1747）。

⑭ 庚午：乾隆十五年（1750）。

⑮ 癸酉：乾隆十八年（1753）。

⑯ 丙子：乾隆二十一年（1756）。

⑰ ［校］馬廷傑：《寧夏府志》卷十五《人物·武科》載其武舉年份在"乾隆己卯"，即
乾隆二十四年（1759）。按："馬廷傑"之後"尹俊"、"蘇玠"、"謝光國"三人仍為"乾隆丙
子"年武舉。

⑱ ［校］己卯：原作"乙卯"，據《寧夏府志》卷十五《人物·武科》改。"己卯"，乾隆
二十四年（1759）。"乙卯"，乾隆六十年（1795）。

⑲ 庚辰：乾隆二十五年（1760）。

⑳ ［校］許嘉謨：《寧夏府志》卷十五《人物·武科》作"許喜謨"。

㉑ ［校］朱震：《寧夏府志》卷十五《人物·武科》作"朱宸"。

㉒ 壬午：乾隆二十七年（1762）。

㉓ 乙酉：乾隆三十年（1765）。

琳；王文魁，戊子，① 王賜勛；陸允鎬，庚寅，② 馬國璽；李玉堂，辛卯，③ 李飛雲，見《進士》；李步堂，甲午；④ 徐大本，⑤ 丁酉，⑥ 吳毓龍；吳廷傑，己亥，⑦ 吳倬，王又賓，朱果，朱集才，劉藻，朱烺。

科分無考

盧茂英，郁起蛟，郁起雋，周陝右，馬蛟，韓濟，盧仲麟，文生儒，⑧ 岳鍾靈，龐鏡，朱士樸，萬孔府，陸士雲，趙體仁，雷寵，楊體程，朱士植，辛永偉，季灯，朱濂，馬召南，文星偉。

---

① 戊子：乾隆三十三年（1768）。
② 庚寅：乾隆三十五年（1770）。
③ 辛卯：乾隆三十六年（1771）。
④ 甲午：乾隆三十九年（1774）。
⑤ ［校］徐大本：《寧夏府志》卷十五《人物·武科》作"徐大年"。
⑥ 丁酉：乾隆四十二年（1777）。
⑦ 己亥：乾隆四十四年（1779）。
⑧ ［校］文生儒：《寧夏府志》卷十五《人物·武科》作"文生偉"。

忠孝義烈誌第十五

　　人禀五常之性以生。生者，性之不死者也。原夫赴鼎鑊，蹈白刃，義重生輕，捐軀殉節，豈匹夫之為？諒與抑成仁之素志也。至於聚薪流慟，銜索興嗟，灑風樹以隕心，頻寒泉而沫泣，至性之感通神明焉。若夫幽蘭弱質，若柏貞心。早歲逢艱，暮年勵節。毀粧誓志，聲悲寡女之絲；飲泣撫孤，淚染嫠婦之績。斯皆抱不死之心，無虛生之愧，足以激清風於萬古，屬薄俗於當年者矣！俎豆馨香，永世勿替，有以也夫！

宋

　　裴濟，知靈州，興屯田之利，謀輯八鎮。趙保吉圍靈州，餉絕，援兵不至，城陷，濟死之。

明

　　許永，[①] 都指揮，守備靈州。天順間，追寇至河套鹿泉，永乃據險，[②] 掣全軍回力戰，射死虜酋數人，又斃酋子三人，力竭自刎。敵憤甚，剔其肉，煮其骨，以灌駝。

　　趙璽，指揮。弘治六年，與賊戰靈武口廟山墩下，力盡遇害。

---

　　① ［校］許永：《朔方新志》卷三《忠》、《寧夏府志》卷十六《人物·忠》作"許顒"，《乾隆甘志》卷三七《忠節》作"許融"。
　　② ［校］永：《乾隆甘志》卷三七《忠節》作"融"，《寧夏府志》卷十六《人物·忠》作"顒"。

　　成賢，指揮。① 膽勇出眾。嘉靖十三年，套騎四萬餘入寇，賢從總兵官王效為前鋒，② 率八百騎迎於秦壩，力戰移日。賢獨當一面，虜被傷者甚眾，因併力功之，遂死。事聞，廕子梁為都指揮。同時指揮呂仲良、劉勳、王濬與賢俱沒於陣。

　　史開先，勳之子，靈州參將。長於將略。崇禎六年，③ 套虜數萬犯邊。開先馳報寧夏巡撫總兵，遂收集城外居民生畜入城，深溝高壘，以待固〔原〕、靖〔遠〕、甘〔州〕、凉〔州〕之兵。賀虎臣自寧赴靈，欲引兵拒戰。開先切諫，不聽。歸謂其長子曰："我家世受國恩，豈敢畏死。此役也，我必不復生還矣。"遂引兵先驅，賀亦出。遇賊於大沙井灘，賊圍賀，四面不能援。勳僕史進才以急告，開先策馬冲入重圍，殺數百人。外無援，圍益逼，遂遇害。④ 進才殉焉，賀亦死。時官軍死者七千餘人，枕尸遍野，不可別識。公少為馬撞落二齒，以銀鑲之，家人以此為識，僅得首以歸葬。追贈右都督，謚忠烈。

　　李世松，州人。性忠直，善左右射，耕於晏湖墩側。插漢入，世松率眾拒賊，眾寡不敵，人悉奔，松獨守墩上，射賊輒斃。賊恨甚，功圍益力，凡兩日夜。松左右大指皆裂見骨，被創死。

　　江孔學，州人，居胡家堡。插酋之變，賊圍堡，孔學登垣罵賊。堡陷，孔學自刎，一家俱罹難。

　　蔡應昌，興武所千户，⑤ 任花馬池千總。明末羅凸土寇搶掠，應昌勦賊，血戰死。

　　包永成，庠生。弟永明，亦庠生。明末，賊破惠安堡，兄弟不屈，俱被害。

---

　　①　〔校〕指揮：此同《乾隆甘志》卷三七《忠節》，《嘉靖寧志》卷二《寧夏總鎮·忠節》作"指揮同知"。

　　②　〔校〕官：此字原脫，據《朔方新志》卷三《忠》、《乾隆甘志》卷三七《忠節》補。《明史》卷二一一《王效傳》載，王效於嘉靖十一年以總兵官之職鎮寧夏。

　　③　〔校〕六年：原作"七年"，據《明史》卷二七〇《賀虎臣傳》、《崇禎實錄》卷六改。

　　④　《明史》卷二七〇《賀虎臣傳》載："（崇禎）六年五月，插漢虎墩兔合套寇五萬騎自清水、橫城分道入。守備姚之夔等不能御，沙井驛副將史開先、臨河堡參將張問政、岳家樓守備趙訪皆潰逃。寇遂進薄靈州，虎臣急領千騎入守。"《明史》載史開先潰逃，與本誌所載史開先遇害事蹟有異。

　　⑤　〔校〕興武所：原倒作"武興所"，據《乾隆甘志》卷三七《忠節》、《寧夏府志》卷十六《人物·忠》改。

侯知道、程俱羅，唐時人。居親喪，穿壙作墳，皆身執其勞，① 鄉人助者，即哭而卻之。盧墓次，哭血無節，② 知道七年，俱羅三年不止。知道垢塵積首，率夜半繞墳踊哭，鳥獸為悲號。李華作《二孝贊》表其行，詳《藝文》。③

徐勇，州人。事母孝謹。母年九十四，勇自少至老，飲食起居未嘗稍離，鄉黨稱之。劉東暘之變，勇率眾守城，兩獻俘馘。

趙誠，州人。奉繼母至孝。母歿，朝夕哭奠，終喪不御酒肉。著有《易經述古》百一稿。

陸國相，明昭信校尉。養二親能先意承志。父萬乾病甚，衣不解帶。虔禱於藥王，後服劑隨愈，因力脩藥師殿。在郡城聞母喪，徒步馳歸，喪毀骨立。時天旱蝗，惟國相種穀數十畝無損，人以為孝感所致。國相悉以所穫分貸里中貧者。④

于翼龍，衛學生，家棗園堡。崇禎中，侍母郝氏往張恩堡為弟納聘，途次乾河墩，突遇寇掠。生奮不顧身，棄所攜幣以餌賊，⑤ 負母疾馳得免。官為給“致身救母”額，以旌其門。

鄭興基，衛學生，家花馬池。值年荒，其父為虜掠去，興基詢知父在板城，隻身徒步趨父所，板城在北口外，道經山西。時晉省大旱，人相食，興基奮不顧難，決意長往。間關至殺虎口，得達板城。父子相見，抱持大哭，見者俱感動。有喇嘛僧憐其孝，贈馬二匹、銀十兩、衣二襲，令其歸。興基遂奉父旋里。

李宗儒，花馬池監生。雍正二年旱，山堡人多逃竄。儒曰：“我家尚有粟三窖，願與鄉里共之，食盡同竄未晚也。”由是一方胥濟。是年除夕，夢一人偉衣冠，囑曰：“明歲鄉試，汝必往，切勿懼。”醒而異之。⑥ 及期勉強入闈，⑦ 果中二十四名舉人。

---

① ［校］執：此字原脫，據《新唐書》卷一九五《侯知道程俱羅傳》、《乾隆甘志》卷三八《孝義》等補。

② ［校］哭血：《新唐書》卷一九五《侯知道程俱羅傳》、《乾隆甘志》卷三八《孝義》均作“哭泣”。

③ 參見本誌卷四《藝文誌第十六下》載李華撰《靈武二孝贊》。

④ ［校］悉：此字原脫，據《寧夏府志》卷十六《人物·孝》補。

⑤ ［校］幣：《寧夏府志》卷十六《人物·孝》作“幣帛”。

⑥ ［校］異：《寧夏府志》卷十六《人物·義》作“疑”。

⑦ ［校］闈：原作“圍”，據《寧夏府志》卷十六《人物·義》改。

姚進福，惠安堡人。居鄉樂善好施予。值歲大旱，山堡一帶皆赴州領賑。惠安僅產鹽，非地丁不在賑例。百姓聞聲，携持老幼，越兩日程至州，既不得糧，又乏歸路費，羣情窘甚。時進福商販到州，哀其情，代請於監收廳王公，願以己房千金作質，借官糧三百石，散給無賑飢民。公允其請，語該官還其券，並給"義氣可風"額以旌之。又惠安居民千家，食水惟城北二井，屢為沙壓，進福捐貲脩浚，利及桑梓。

烈女馬氏，許聘營卒羅伏受為妻，聞夫陣亡，哭五日，不食死。

烈女蕭氏，州民張文彩妻。文彩素與同里楊文厚，文見蕭氏少艾，欲污之。氏堅不從，以線自縫其衣，防閑極謹。文懟甚，轉以氏行不端譖文彩，彩信其言，紿氏歸寧，竟與文共殺氏於墩坡溝。後得昭雪，雍正十二年，旌表入祠。

李氏，州民吳連妻。連姊夫徐龍章素强暴，慕其色，以言調之，守正不從，後强犯之，氏叫罵，遂被殺。後蒙旌表入祠。

郭氏，州民陳鳳妻。鳳賈遊，歿於外。郭年二十一，忍死奉姑，誓不渝志，年八十終。

李氏，生員王式閭妻。年二十七夫亡，時翁姑年邁，遺子甫周歲，家計蕭條。氏晝夜勤苦，訓子澤深成立，入泮。守節三十三年終。

寶氏，州民姚欽妻。夫亡時遺孤一歲，氏年二十四，守節四十一年終。

韓氏，州民許津妻。年二十六夫亡，遺子開元甫五月。家徒壁立，荼苦備嘗。事孀姑以孝聞，撫子成立。苦節三十四年終。

蔡氏，馬健明妻。年二十六夫亡，上奉翁姑，下撫幼孤，艱苦備嘗，終始如一。守節五十一年終。

梁氏，魏錦妻。年二十九歲夫亡，守節三十六年終。

姚氏，監生朱士挺妻。年二十五夫亡，守節三十八年。遺腹子洙亦勵志讀書，早擢士林。

王氏，何騰遠妻。年二十三夫亡，守節三十三年。

郭氏，劉得先妻。年二十七夫故，遺腹未產。矢志不移，守節六十五年。壽至九十餘。①

王氏，周榮妻。年二十八夫故，姑老子幼，家計貧窘。氏孝慈兼盡，

---

① ［校］九十：《寧夏府志》卷十七《人物·列女》作"八十"。

茹苦三十七年終。

　　魏氏，文運祥妻。年二十七夫亡，守節四十九年。撫子振孟成立為國學生。

　　沈氏，張仁妻。年二十七夫亡，守節四十二年。

　　王氏，何光國妻。年二十五夫故，守節四十九年。

　　李氏，何嗣俊妻。年二十二夫故，斷髮自矢，堅貞不移，苦節四十五年。事孀姑以孝聞。

　　常氏，施祈經妻。于歸二年，夫故，氏年十八。勤脩紡織，孝事翁姑，撫育孤子，教誨成人。苦節三十二年，[①] 鄉里並稱其德。

　　張氏，生員高日棟妻。于歸三年，夫故，氏年二十歲。時二親皆七旬有餘，孤子甫周歲，家貧甚。氏紡織度日，曲盡孝慈。苦節四十一年，毫無怨色。

　　王氏，田盡忠妻。年二十一夫故，守節三十九年。

　　王氏，吳世熹妻。守節四十年，仰事俯育，各盡其道，清標玉立，鄉黨稱焉。

　　許氏，生員級景妻。年二十五夫故，苦節四十年。

　　常氏，生員馬景良妻。于歸一年，夫故，氏年十七。秉性堅貞，備嘗辛苦。守節三十二年卒。

　　鍾氏，盧復嗣妻。年十九夫故，家計拮据，茹苦終身。守節三十年卒。

　　周氏，許昭妻。年二十三守節，禮法自持，閨門嚴整。四十餘年，外人罕睹其面，鄉里稱之。

　　王氏，萬梃妻。年二十一夫故，守節三十九年。

　　呂氏，郭嵐妻。年二十歲夫故，守節三十九年。

　　烈婦黃氏者，吳忠堡農家女也。適馮氏，夫名廷舉，朴而駛，為人傭工。氏食貧操作，鄉居未嘗聞詬誶聲。回民保文元素狡黠，與比閭窺氏色，悅之。心念其家貧甚，謂可以利誘，乃貸其夫錢若干。陽為索逋，至其家，微以言挑之。氏揣知其意弗善，因以針黹之餘，促還其逋，屬其夫，後勿與往來。文元知無隙可乘，欲以強刼之。一日，伺其夫外出，徑攜餅餌至氏家，出褻狎語，氏斥詈之，文元復加以恫喝，氏張目大罵曰：

_____

　　① ［校］三十二年：《寧夏府志》卷十七《人物·列女》作“三十三年”。

“汝所為，乃禽獸之不若，吾視汝，真猪狗也。且吾不畏死，寧怯汝耶?”言次，即取所擕餅還擲其面。文元怒，批其頰。氏且哭且詈，因大呼，鄰媼聞聲趨視，文元始逡巡去。氏恚憤甚。其夫歸，鄰媼具語之，仍勸慰氏。氏飲泣無一言，夜乘夫熟寢，自經於牖側。文元恐，以利啖其夫，冀息其事。氏叔黄某控於州官，往詠其屍，氏面色如活，掌痕宛然，立拘文元至，訊鞫得實，寘之法，具以狀上聞。嘉慶肆年，詔旌其閭。

藝文誌第十六上

　　自書契肇興，而藝文斯尚。原厥體要，盖有二焉：曰經濟，曰諷誦。諷誦之文，主於抒寫性靈，敷揚文藻，詞華之工於斯為盛。若乃因時度務，言堪底績，陳之當時，而灼如蓍蔡；傳之奕世，而炳若丹青。斯誠著述之宏規，立言之不朽矣！故余輯《靈州志》於藝文，所錄率多名臣奏章、廟堂碩畫，其他銘、頌、序、記，亦取按切事勢關係政化者詳為蒐集，庶有益於經濟。至於諷誦之文不過略存梗概而已，後之覽者，亦將有取於是與！

請復三郡疏① 　漢　虞詡

　　臣聞子孫以奉祖為孝，君上以安民為明，此高宗、周宣所以上配湯、武也。《禹貢》雍州之域，厥田為上。② 且沃野千里，穀稼殷積，又有龜茲鹽池以為民利。水草豐美，土宜產牧，牛馬銜尾，羣羊塞道，北阻山河，乘陀據險。③ 因渠以溉，水舂河漕。用功省少，而軍糧饒足。④ 故孝武皇帝及光武築朔方，開西河，置上郡，皆為此也。而遭元元無妄之災，眾羌內潰，郡縣兵荒二十餘年。夫棄沃壤之饒，損自然之財，不可謂利；

---

① ［校］請復三郡疏：《乾隆甘志》卷四五《藝文·奏疏》題作《上疏請復三郡》。
② ［校］為：《後漢書》卷八七《西羌傳》、《寧夏府志》卷十八《藝文·疏奏·請復三郡疏》作“惟”。
③ ［校］乘陀：原作“重阨”，據《後漢書》卷八七《西羌傳》改。
④ ［校］饒：原作“鐃”，據《後漢書》卷八七《西羌傳》、《寧夏府志》卷十八《藝文·疏奏·請復三郡疏》改。

離山河之阻，① 守無險之處，難以為固。今三郡未復，園陵單外，而公卿選懦，容頭過身，張解設難，② 但計所費，不圖其安。宜開聖德，考行所長。

河西修城表③　魏　刁雍

臣聞安不忘亂，先聖之政也。況綏服之外，帶接邊城，防守不備，無以禦敵者也。臣鎮所綰河西，爰在邊表，常懼不虞。平地積穀，實難守護，兵人散居，無所依恃。脫有妖奸，必至狼狽，雖欲自固，無以得全。今求造城儲穀，置兵備守。鎮自建立，更不煩官。又於三時之隙，不令廢農。一歲、二歲不訖，三歲必成。立城之所必在水陸之次，大小高下量力取辦。

論邊事疏　宋　宋琪

臣頃任延州節度判官，經涉五年，雖未嘗躬造夷落，然常令蕃落將和斷公事，歲無虛月，藩部之事，④ 熟於聞聽。⑤ 大約党項、吐蕃風俗相類，其帳族有生戶、熟戶，接連漢界、入州城者謂之熟戶，居深山僻遠、橫遏寇略者謂之生戶。⑥ 其俗多有世讐，不相來往，遇有戰鬥，則同惡相濟，傳箭相率，其從如流。雖各有鞍甲，而無魁首統攝，並皆散漫山川，居常不以為患。

---

① ［校］山河：《後漢書》卷八七《西羌傳》、《寧夏府志》卷十八《藝文·疏奏·請復三郡疏》作“河山”。

② ［校］設難：原作“難設”，據《後漢書》卷八七《西羌傳》、《寧夏府志》卷十八《藝文·疏奏·請復三郡疏》改。

③ ［校］河西修城表：原作“西河修城表”，據《乾隆甘志》卷四五《藝文·奏疏·河西修城表》、《寧夏府志》卷十八《藝文·疏奏·河西修城表》改。

④ ［校］藩部：此同《寧夏府志》卷十八《藝文·疏奏·論邊事疏》，《宋史》卷二六四《宋琪傳》作“蕃部”，《長編》卷三五作“戎夷”。

⑤ ［校］聞聽：原作“聽聞”，據《宋史》卷二六四《宋琪傳》、《長編》卷三五、《寧夏府志》卷十八《藝文·疏奏·論邊事疏》改。

⑥ ［校］遏：原作“過”，據《長編》卷三五改。

党項界東自河西銀、夏，西至靈、鹽，南距鄜、延，北連豐、會。厥土多荒隙，是前漢呼韓邪所處河南地，幅員千里。從銀、夏至清、[①] 白兩池，地惟沙磧，俗謂平夏。拓拔，盖蕃姓也。自鄜、延以北，多土山柏林，謂之南山。野利，盖羌族之號也。

從延州入平夏有三路：一東北自豐林縣葦子駬至延川縣接綏州，[②] 入夏州界；一正北從金明縣入蕃界，至盧關四五百里，方入平夏州南界；[③] 一西北歷萬安鎮經永安城，出洪門至宥州四五百里，是夏州西境。我師如入夏州之境，宜先招致接界熟户，使為鄉導，其强壯有馬者，令去官軍三五十里踏白先行。緣此三路，土山柏林，溪谷相接，而復隘陿不得成列，攝此鄉導，可使步卒多持弓弩槍钁隨之，[④] 以三二千人登山偵邏，俟見坦途寧静，可傳號勾馬遵路而行，我皆嚴備，保無虞也。

長興四年，夏州李仁福死，有男彝超擅稱留後。當時詔延州安從進與李彝超換鎮，彝超據夏州，固不奉詔，朝廷命邠州藥彦稠總兵五萬送從進赴任。[⑤] 時頓兵城下，議欲攻取，軍儲不繼，遽命班師。而振旅之時，不能嚴整，失戈棄甲，遂為邊人之利。

臣又聞党項號為小蕃，非是勍敵，若得出山布陣，[⑥] 止勞一戰，便可盪除。深入則饋運艱難，窮追則窟穴幽隱。莫若緣邊州鎮，分屯重兵，俟其入界侵漁，方可隨時掩擊，非惟養勇，[⑦] 亦足安邊。凡烏合之徒，勢不

---

① ［校］至清：此同《寧夏府志》卷十八《藝文・疏奏・論邊事疏》，《宋史》卷二六四《宋琪傳》作“至青”，《長編》卷三五作“泊青”。

② ［校］延川：原同《寧夏府志》卷十八《藝文・疏奏・論邊事疏》作“延州”，據《宋史》卷二六四《宋琪傳》、《長編》卷三五改。參見《長編》卷三五《校勘記》［六］。

③ ［校］方入平夏州南界：此同《宋史》卷二六四《宋琪傳》、《乾隆甘志》卷四五《藝文・奏疏・論邊事疏》、《寧夏府志》卷十八《藝文・疏奏・論邊事疏》，《長編》卷三五作“方入平夏是夏州南界”，疑是。參見《宋史》卷二六四《校勘記》［八］。

④ ［校］钁：原同《宋史》卷二六四《宋琪傳》、《乾隆甘志》卷四五《藝文・奏疏・論邊事疏》、《寧夏府志》卷十八《藝文・疏奏・論邊事疏》作“鋸”，據《長編》卷三五改。參見《宋史》卷二六四《校勘記》［九］。

⑤ ［校］藥彦稠：“稠”原作“調”，據《舊五代史》卷一三二《彝超傳》、《宋史》卷二六四《宋琪傳》、《長編》卷三五、《寧夏府志》卷十八《藝文・疏奏・論邊事疏》改。

⑥ ［校］布：原同《寧夏府志》卷十八《藝文・疏奏・論邊事疏》作“步”，據《宋史》卷二六四《宋琪傳》、《長編》卷三五改。

⑦ ［校］惟：此同《長編》卷三五、《寧夏府志》卷十八《藝文・疏奏・論邊事疏》，《宋史》卷二六四《宋琪傳》作“為”。

能久，利於速鬭，以騁兵鋒。莫若持重守疆，以挫其銳。彼無城守，眾乏餱糧，威賞不行，部族分散，然後密令覘其保聚之處，預於麟、府、鄜、延、寧、慶、靈、武等州約期會兵，四面齊進，絕其奔走之路，合勢擊之，可以蕩除，無噍類矣。仍先告語諸軍，[①] 擊賊所獲生口資畜，許為己有，彼為利誘，則人百其勇也。

靈武路自通遠軍入青岡峽五百里，皆蕃部熟户。[②] 向來使人、商旅經由，並在部族安泊，所求略遺無幾，謂之“打當”，亦如漢界逆旅之家宿食之直也。此時大軍或須入其境，則鄉導踏白當如夏州之法。況彼靈州便是吾土，芻粟儲蓄，率皆有備。緣路五七程，不煩供饋，止令逐部兵騎，[③] 裹糧輕齎，便可足用。諺所謂“磨鐮殺馬”，[④] 刼一時之力也，旬浹之餘，固無闕乏矣。

上經制西邊疏[⑤]　張齊賢

臣在先朝，常憂靈、夏兩鎮終為繼遷并吞，言事者以臣所慮為太過，略舉既往之事以明本末。當時臣下皆以繼遷只是懷戀父祖舊地，[⑥] 別無他心，先帝與以銀州廉察，[⑦] 庶滿其意。爾後攻刼不已，直至降麟、府州界八部族蕃酋，又脅制賀蘭山下帳族，[⑧] 言事者猶謂封獎未厚。洎陛下賜以

---

① ［校］語：此同《寧夏府志》卷十八《藝文·疏奏·論邊事疏》，《宋史》卷二六四《宋琪傳》、《長編》卷三五作“諭”。

② ［校］蕃部：原作“藩部”，據《宋史》卷二六四《宋琪傳》、《長編》卷三五改。

③ ［校］部：原同《宋史》卷二六四《宋琪傳》、《乾隆甘志》卷四五《藝文·奏疏·論邊事疏》、《寧夏府志》卷十八《藝文·疏奏·論邊事疏》作“都”，據《長編》卷三五改。參見《宋史》卷二六四《校勘記》［十］。

④ ［校］諺：原作“該”，據《宋史》卷二六四《宋琪傳》、《長編》卷三五、《寧夏府志》卷十八《藝文·疏奏·論邊事疏》改。

⑤ 本誌載張齊賢三疏，依上奏時間依次是：咸平四年（1001）十月《上備邊疏》，四年十二月《上靈州事宜疏》，景德二年（1005）《上經制西邊疏》。本誌未按此順序排序。

⑥ ［校］只是：“是”字原脫，據《宋史》卷二六五《張齊賢傳》、《長編》卷六八補。

⑦ ［校］帝：原作“常”，據《長編》卷六八、《宋史》卷二六五《張齊賢傳》、《寧夏府志》卷十八《藝文·疏奏·上經制西邊疏》改。

⑧ ［校］制：原作“至”，據《長編》卷六八、《宋史》卷二六五《張齊賢傳》、《寧夏府志》卷十八《藝文·疏奏·上經制西邊疏》改。

銀、① 夏土壤，寵以節旄，自此姦威愈滋，逆志尤暴。屢斷靈州糧路，復撓緣邊城池，數年之間，靈州終為吞噬。

當靈池、② 清遠軍垂欲陷沒，臣方受經略之命。臣思繼遷須是得一兩處強大蕃族與之為敵，此乃以蠻夷攻蠻夷，古今之上策也。遂請以六谷名目封潘羅支，俾其展效。其時近臣所見，全與臣謀不同，多為阻撓。及繼遷為潘羅支射殺，邊患謂可少息。③ 今其子德明依前攻刼，析逋遊龍鉢等盡在部下，④ 其志又似不小。臣慮德明乘大駕東幸之際，去攻六谷，則瓜、沙、甘、蕭、于闐諸處漸為控制矣。向使潘羅支尚在，則德明未足為虞。⑤ 今潘羅支已亡，廝鐸督恐非其敵。望委大臣經制其事。

上靈州事宜疏　張齊賢

靈州斗絕一隅，當城鎮完全、磧路未梗之時，中外已言合棄，自繼遷為患以來，危困彌甚。南去鎮戎約五百餘里，⑥ 東去環州僅六七日程，如此畏途，不須攻奪，則城中之民何由而出，城中之兵何由而歸？欲全軍民，理須應接。為今之計，莫若增益精兵，以合西邊屯駐、對替之兵，從以原、渭、鎮戎之師，率山西熟户從東界而入，嚴約師期，兩路交進。設若繼遷分兵以應敵，我則乘勢而易攻。且奔命道途，首尾難衛，千里趨利，不敗則禽。臣謂兵鋒未交，而靈州之圍自解。⑦ 然後取靈州軍民，而置砦於蕭關、武延川險要處以僑寓之，如此則蕃漢土人之心有所依賴，裁

---

① ［校］泊：原作“泊”，據《長編》卷六八、《宋史》卷二六五《張齊賢傳》、《寧夏府志》卷十八《藝文‧疏奏‧上經制西邊疏》改。

② ［校］靈池：此同《宋史》卷二六五《張齊賢傳》、《寧夏府志》卷十八《藝文‧疏奏‧上經制西邊疏》，《長編》卷六八作“麟州”。

③ ［校］謂可：原作“可謂”，據《宋史》卷二六五《張齊賢傳》、《寧夏府志》卷十八《藝文‧疏奏‧上經制西邊疏》改。

④ ［校］析逋：此同《宋史》卷二六五《張齊賢傳》，《宋史》卷四九二《吐蕃傳》作“折逋”。

⑤ ［校］虞：原作“慮”，據《長編》卷六八、《宋史》卷二六五《張齊賢傳》改。

⑥ ［校］鎮戎：原作“鎮威”，據《長編》卷五〇、《宋史》卷二六五《張齊賢傳》、《寧夏府志》卷十八《藝文‧疏奏‧上靈州事宜疏》改。

⑦ ［校］圍：此同《宋史》卷二六五《張齊賢傳》、《寧夏府志》卷十八《藝文‧疏奏‧上靈州事宜疏》，《長編》卷五〇作“危”。

候平寧，卻歸舊貫，然後從蕃漢之兵，^① 乘時以為進退，則成功不難矣。

上備邊疏　　張齊賢

清遠軍陷沒以來，青岡砦燒棄之後，^② 靈武一郡，援隔勢孤，此繼遷之所覬覦而必至者也。以事勢言之，加討則不足，防遏則有餘。^③ 其計無他，蕃部大族首領素與繼遷有隙者，若能啗以官爵，誘以貨利，結之以恩信，而激之以利害，^④ 則山西之蕃部族帳，靡不傾心朝廷矣。臣所領十二州軍，見二萬餘人，若緣邊料柬本城等軍，更得五萬餘人，招致蕃部，其數又踰十數萬。但彼出則我歸，東備則西擊，使之奔走不暇，何能為我患哉？

今靈武軍民不翅六七萬，陷於危亡之地，若繼遷來春於我兵未舉之前，發兵救援靈武，盡驅其眾，并力攻圍，則靈州孤城必難固守。萬一失陷，賊勢益增，縱多聚甲兵，廣積財貨，亦難保必勝矣。臣所以乞封潘羅支為六谷王而厚以金帛者，^⑤ 恐繼遷旦暮用兵斷彼賣馬之路也。^⑥ 苟朝廷信使得達潘羅支，則泥埋等族、西南遠蕃，不難招集。西南既稟命，^⑦ 而緣邊之勢張，則鄜、延、環、慶之淺蕃，渭、原、鎮戎之熟戶，自然歸化。然後使之與對替甲兵及駐泊軍馬互為聲援，則萬山聞之，必不敢於靈州、河西頓兵矣。萬山既退，則賀蘭蕃部亦稍稍叛繼遷矣。若曰名器不可假人，爵賞不可濫及，此乃聖人為治之常道，非隨時變易之義也。

———————

① ［校］從：此同《寧夏府志》卷十八《藝文・疏奏・上靈州事宜疏》，《長編》卷五〇、《宋史》卷二六五《張齊賢傳》作“縱”。

② ［校］青岡砦：此同《宋史》卷二六五《張齊賢傳》、《寧夏府志》卷十八《藝文・疏奏・上備邊疏》，《長編》卷四九作“青崗寨”。

③ ［校］遏：原作“患”，據《長編》卷四九、《宋史》卷二六五《張齊賢傳》、《乾隆甘志》卷四五《藝文・奏疏・上備邊疏》改。

④ ［校］以：此字原脫，據《宋史》卷二六五《張齊賢傳》、《寧夏府志》卷十八《藝文・疏奏・上備邊疏》補。

⑤ ［校］厚：原作“後”，據《長編》卷四九、《宋史》卷二六五《張齊賢傳》、《寧夏府志》卷十八《藝文・疏奏・上備邊疏》改。

⑥ ［校］賣：原作“買”，據《長編》卷四九、《宋史》卷二六五《張齊賢傳》、《寧夏府志》卷十八《藝文・疏奏・上備邊疏》改。

⑦ ［校］西南：此同《宋史》卷二六五《張齊賢傳》、《寧夏府志》卷十八《藝文・疏奏・上備邊疏》，《長編》卷四九作“西蕃”。

奏疏　李繼和

　　初，繼隆之請城鎮戎軍也，朝廷不果於行。繼和面奏曰："平涼舊地，山川險阻，旁扼夷落，為中華襟帶，城之為便。"太宗乃許焉。後復不守。咸平中，繼和又以為言，乃命版築，以繼和知其軍，兼原、渭、儀都巡檢使。① 城畢，加領平州刺史。建議募貧民及弓箭手，墾田積粟，又屢請益兵，朝議未許。上曰："苟緩急，部署不為濟師，則或至失援矣。"命繼和兼涇、原、儀、渭斡轄。

　　時繼遷未殄，命張齊賢、梁顥經略，因訪繼和邊事。繼和上言：鎮戎軍為涇、原、儀、渭北面扞蔽，又為環、慶、原、渭、儀、秦熟戶所依，正當回鶻、西涼六谷、吐蕃、咩逋、賤遇、馬臧梁家諸族之路。自置軍已來，克張邊備，方於至道中所葺，今已數倍。誠能常用步騎五千守之，涇、原、渭州苟有緩急，② 會於此軍，并力戰守，則賊必不敢過此軍；而緣邊民戶不廢耕織，熟戶老幼有所歸宿。此軍苟廢，③ 則過此新城，止皆廢壘。有數路來寇，若自隴山下南去，則由三百堡入儀州制勝關；④ 自瓦亭路南去，則由彈箏峽入渭州安國鎮；自清石嶺東南去，⑤ 則由小盧、大盧、潘谷入潘原縣。若至潘原而西則入渭州，東則入涇州；若自東石嶺東公主泉南去，⑥ 則由東山砦故彭陽城西，⑦ 並入原州；其餘細路不可盡數。如以五千步騎，令四州各為備禦，不相會合，則兵勢分而力不足禦矣。故置此城以扼要路。

　　即令自靈、環、慶、鄜、延、石、隰、麟、府等州以外河曲之地，皆屬於賊，若更攻陷靈州，西取回鶻，則吐蕃震懼，皆為吞噬，西北邊民，將受驅劫。若以可惜之地，甘受賊攻，便思委棄，以為良策，是則有盡之地，不能供無已之求也。

---

① ［校］原渭儀：此同《宋史》卷二五七《李繼和傳》，《長編》卷五〇無"原"字。
② ［校］州：原作"川"，據《宋史》卷二五七《李繼和傳》改。
③ ［校］苟：此同《宋史》卷二五七《李繼和傳》，《長編》卷五〇作"果"。
④ ［校］百：此同《宋史》卷二五七《李繼和傳》，《長編》卷五〇作"白"。
⑤ ［校］清石嶺：此同《宋史》卷二五七《李繼和傳》，《長編》卷五〇作"青石嶺"。
⑥ ［校］東石嶺：此同《宋史》卷二五七《李繼和傳》，《長編》卷五〇作"青石嶺"。
⑦ ［校］東山砦：原作"東砦"，據《長編》卷五〇、《宋史》卷二五七《李繼和傳》改。

　　臣慮議者以調發芻糧擾民為言，則此軍所費，止出四州，① 地里非遙，輸送甚易。又劉綜方興屯田，② 屯田若成，③ 積中有備，則四州稅物，亦不須得。

　　況今繼遷強盛，有踰曩日。從靈州至原、渭、儀州界，次更取鏃子山以西接環州山內及平夏，次并黃河以東以南、隴山內外接儀州界，及靈州以北河外。蕃部約數十萬帳，賊來足以鬬敵，賊遷未盛，不敢深入。今則靈州北河外、鎮戎軍、環州並北徹靈武、平夏及山外黃河以東族帳，悉為繼遷所吞，縱有一二十族，殘破奔迸，事力十無二三。

　　自官軍瀚海失利，賊俞猖狂，④ 羣蕃震懼，絕無鬬志。兼以咸平二年棄鎮戎後，繼遷徑來侵掠軍界蕃族，⑤ 南至渭州安國鎮北一二十里，⑥ 西至南市界三百餘里，⑦ 便於蕭關屯聚萬子、米逋、西鼠等三千，⑧ 以脅原、渭、靈、環熟戶。當時族帳謀歸賊者甚多，⑨ 賴聖深遠，⑩ 不惑羣議，復置此軍，一年以來，蕃部咸以安集，邊民無復愁苦。以此較之，則存廢之說，相失萬倍矣。

　　又靈州遠絕，居常非尺布斗粟以供王府，今關西老幼，疲苦轉餉，所以不可棄者，誠恐滋大賊勢，使繼遷西取秦城之羣蕃，⑪ 北掠回鶻之健馬，長驅南牧，何以支吾。昨朝廷訪問臣送芻糧道路，臣欲自蕭關至鎮戎城砦，西就胡盧河川運送。⑫ 但恐靈州食盡，或至不守，清遠固亦難保，青岡、白馬曷足禦捍，則環州便為極邊。若賊從蕭關、武延、石門路入鎮

---

　　① ［校］止：原作“上”，據《長編》卷五〇、《宋史》卷二五七《李繼和傳》改。

　　② ［校］劉綜方興屯田：“劉綜”，此同《長編》卷五〇，《宋史》卷二五七《李繼和傳》作“劉琮”。“興”，此同《宋史》卷二五七《李繼和傳》，《長編》卷五〇作“為”。

　　③ ［校］成：原作“興”，據《長編》卷五〇、《宋史》卷二五七《李繼和傳》改。

　　④ ［校］俞：《宋史》卷二五七《李繼和傳》、《長編》卷五〇作“愈”。

　　⑤ ［校］徑來：此同《宋史》卷二五七《李繼和傳》，《長編》卷五〇作“往來”。

　　⑥ ［校］一二十里：此同《宋史》卷二五七《李繼和傳》，《長編》卷五〇作“三十里”。

　　⑦ ［校］西至南市界三百餘里：此同《宋史》卷二五七《李繼和傳》，《長編》卷五〇無“西”字。

　　⑧ ［校］三千：此同《宋史》卷二五七《李繼和傳》，《長編》卷五〇作“三界”。

　　⑨ ［校］當：原同《宋史》卷二五七《李繼和傳》作“常”，據《長編》卷五〇改。

　　⑩ ［校］聖：《宋史》卷二五七《李繼和傳》作“聖謨”，《長編》卷五〇作“聖謀”。

　　⑪ ［校］秦城：《宋史》卷二五七《李繼和傳》作“秦成”，《長編》卷五〇作“秦界”。

　　⑫ ［校］西：此同《宋史》卷二五七《李繼和傳》，《長編》卷五〇作“四州”。

戎，縱有五七千兵，① 亦恐不敵，即回鶻、西涼路亦絕斷。

伏見咸平三年詔書，緣邊不得出兵生事蕃夷，盖謂賊如猛獸，不拂其心，必且不動。臣愚慮此賊他日愈熾，不若聽驍將銳旅屢入其境，彼或聚兵自固，則勿與鬪，妖黨纔散，則令掩擊。如此，則王師逸而賊兵勞，賊心內離，② 然後大舉。

及靈州孤壘，戍守最苦，望比他州尤加存恤。且守邊之臣，内憂家屬之窘匱，外憂奸邪之憎毁。憂家則思為不廉，憂身則思為退蹟。思不廉則官局不治，思退蹟則庶事無心，欲其奮不顧身，令出惟行，不可得已。良由賞未厚、恩未深也。賞厚則人無内顧之憂，恩深則士有效死之志。古之帝王皆懸爵賞以拔英俊，卒能成大功。

大凡君子求名，小人狥利。③ 臣為兒童時，嘗聞齊州防禦使李漢超守關南，齊州屬州城錢七八萬貫，悉以給與，非次賞賚，動及千萬。漢超猶私販榷塲，規免商算，當時有以此事達於太祖者，即詔漢超私物所在，悉免關征。故漢超居則營生，戰則誓死，貲產厚則心有繫，必死戰則動有成績，故畢太祖之世，一方為之安静。今如漢超之材，固亦不少，苟能用皇祖之遺法，選擇英傑，使守靈武，高官厚賞，不吝先與。往日，留半奉給其家，半奉資其用，然後可以責潔廉之節，保必勝之功也。

又戎事内制，或失權宜，漢時渤海盗起，龔遂為太守，④ 尚聽便宜從事。且渤海，漢之内地，盗賊，國之饑民，況靈武絕塞，西鄙疆戎，⑤ 又非渤海之比，苟許其專制，則無失事機，縱有營私冒利，民政不舉，亦乞不問。用將之術，異於他官，貪勇智愚，無不皆錄。但使法寬而人有所慕，則久居者安心展體，竭材盡慮，何患靈州之不可守哉？

---

① ［校］五七千：此同《宋史》卷二五七《李繼和傳》，《長編》卷五〇作"五六七千"。

② ［校］心：此同《宋史》卷二五七《李繼和傳》，《長編》卷五〇作"必"。

③ ［校］狥：此同《宋史》卷二五七《李繼和傳》，《長編》卷五〇作"徇"。

④ ［校］龔遂：原作"龔逐"，據《長編》卷五〇、《宋史》卷二五七《李繼和傳》改。

⑤ ［校］疆：《宋史》卷二五七《李繼和傳》、《長編》卷五〇作"強"。

靈州不可棄議^①　劉綜

咸平初，靈州孤危，獻言者或請棄之。綜上言曰："國家財力雄富，士卒精銳，而未能除剪凶孽者，誠以賞罰未行而所任非其材故也。今或輕從羣議欲棄靈州，是中賊之奸計矣。且靈州民淳土沃，為西陲巨屏，所宜固守以為扞禦，然後於浦洛河建軍城，^② 屯兵積糧為之應援，此暫勞永逸之勢也。況鎮戎軍與靈州相接，今若棄之，則原、渭等州益須設備，較其勞費十倍而多，^③ 則利害之理昭然可驗矣。"

請復兵餉原額疏　巡撫　楊應聘

題為"兵餉不敷，搜借久空，套虜渝盟，阽危可虞，懇乞聖明，亟復原額，補發借欠，以濟兵食，以資戰守"事。

臣猥以譾庸，誤蒙我皇上任使，受以兩河衡邊重寄，^④ 臣感恩思奮，誓欲捐糜此軀，以圖報稱。故視事之始，即清查本鎮錢糧、兵馬數目，見得廣裕庫冊報軍餉等項，率開借支市本。詢及借過各項，大都解到即還，還後復借。而借出之數常多，還入之數常不足，年復一年，不足者竟成烏有。因面問前任該道僉事龔文選，並見任監收同知王廷極，俱面稱軍餉缺乏之由。^⑤ 蓋自壬辰遭變，^⑥ 善後添兵，題增淮蘆引價銀四萬五千兩。原是計口計食、經制已定之數，乃自萬曆三十七年，該部停革，以致軍餉坐匱。節年那借市本，業已積至十三四萬虛懸在冊。今軍餉既無終歲之計，而市本且有瓶罄之恥。興言至此，皆蹙額攢眉，憂形於色。彼時諸虜尚爾相安，外侮未形。臣仍照前撫臣崔景榮原議，量討再復二萬常額，亦不敢

---

① 《靈州不可棄議》一文原位於下文《三受降城碑銘》後，原刻本《靈州不可棄議》文題下有注曰："補遺：此應在《兵餉原額》上。"據此移文至此。

② 〔校〕建：原作"遠"，據《宋史》卷二七七《劉綜傳》改。

③ 〔校〕較：此字原脫，據《宋史》卷二七七《劉綜傳》補。

④ 〔校〕兩河衡邊：原作"西河衝邊"，據《朔方新志》卷二《内治·錢糧》、《寧夏府志》卷十八《藝文·疏奏·請復兵餉原額疏》改。

⑤ 面稱：此同《寧夏府志》卷十八《藝文·疏奏·請復兵餉原額疏》，《朔方新志》卷二《内治·錢糧》作"回稱"。

⑥ 壬辰：萬曆二十年（1592）。

外討補發借欠者，祇仰體內帑匱詘，時際不偶，期以節省自任。欲將逃故，斟酌勿補，漸次縮兵就餉，良非得已。

　　不虞自閏八月以來，突遭套虜吉能、火落赤發難，延鎮東西號召，①以圖牽制兩河。諸酋咸思蠢動，分地謀犯。羽檄交馳，無處不備，亦無處不寡。鎮城聽調軍丁止於前、後二司，不過五百，正、遊二營，量留貼防。近城堡分又多，步卒一經調發，壁壘遂空，戍守幾於無人，岌岌危殆之勢，真同纍卵。臣嘆居恒無事，每嫌兵多耗餉。及目擊此時，更不勝空拳搏虎之恐。總計寧夏一鎮，全兵纔三萬三千餘名，除各墩堡哨守及驛遞儀校外，實在營陣應敵之兵，不過萬餘。以兩河孤懸、三面受敵之地，而兵力僅僅若此，雖增之不易，而汰之實難。兵不容汰，餉豈容減，此不待智者而決也。計閣鎮額餉，②總少月餘之支，尚有閏月不與。且本鎮未欸之前，原有京運客兵銀二萬兩，專供防秋客兵支用，後因虜欸，停革一萬兩，止發一萬兩，充作市本。節年防秋客兵俱支此銀，聊足相當，此俱就平時無事言之耳。③今秋虜氛驟發，調固原等處兵馬防援日久，支用錢糧數倍。此時兼值歲歉，穀價騰湧，鹽糧銀易，嚴併交納，④隨納隨支，猶不接濟，每粟一鍾，可費往年之二。更苦天旱，野無茭草，收買載運，即至近者，不下百餘里外，每芻一束，費又不啻往年之三。目下客兵雖退，而倉場已竭，主兵之需，固未已也。況諸虜不過因草枯暫爾跧伏，然業已敗盟，欸事便難收拾。明歲光景，尚不可知。兵端既肇，戰守宜備，所以備戰守、鼓士氣者，全在糧芻。食不預足，軍馬何所仰給？士不宿飽，戰守何以責成？即欲及時儲峙，而出入懸絕，輾轉實難。驕虜變動若彼，軍餉匱詘如此，所有原停引價，若不控籲議復，比至明歲夏秋馬壯，⑤羣醜控弦鳴鏑而來，芻餉不繼，騰飽無資，士卒既不能枵腹與狂虜角旦夕之

---

　　①　[校]召：原作“名”，據《朔方新志》卷二《內治·錢糧》、《寧夏府志》卷十八《藝文·疏奏·請復兵餉原額疏》改。

　　②　[校]閣：《朔方新志》卷二《內治·錢糧》、《寧夏府志》卷十八《藝文·疏奏·請復兵餉原額疏》作“闔”。

　　③　[校]俱：原作“係”，據《朔方新志》卷二《內治·錢糧》、《寧夏府志》卷十八《藝文·疏奏·請復兵餉原額疏》改。

　　④　[校]嚴併：原作“併併”，據《朔方新志》卷二《內治·錢糧》、《寧夏府志》卷十八《藝文·疏奏·請復兵餉原額疏》改。

　　⑤　[校]比：原作“彼”，據《朔方新志》卷二《內治·錢糧》、《寧夏府志》卷十八《藝文·疏奏·請復兵餉原額疏》改。

命，而前有勁敵，① 後有嚴法，一呼庚癸，② 真可寒心！

臣縱不敢自愛髮膚，誓竭駑鈍，然亦豈有奇謀密術，能點賀蘭之石為金，煮黃流之水為粥，以飼此不得不用命之卒，而保此至危至重之鎮哉！謹會同總督劉敏寬、巡按龍遇奇合詞上請，懇乞聖明軫念封疆安危，關繫匪細，亟敕該部覆議，合無每年量復二萬常額外，將節年停過宿餉，雖不敢望如前請十萬之數，亦乞量補五萬，稍抵借過各項虛懸缺額，庶幾緩急應手，③ 而士卒之心可安，戰守之氣可鼓，內憂外侮之盟可消，斗懸孤鎮可保無虞矣。謹題。

請復兵餉原額疏　總督　黃嘉善

題為"糧餉驟減，兵難輕銷，懇乞聖明，俯賜議復"事。④

萬曆三十六年十一月，內准戶部咨稱，將寧鎮前議准、蘆鹽引折價銀四萬五千兩，或革虛冒，或汰老弱，在於本鎮，自行設處，勿得以京運為常，當以三十六年為止。該臣備將本鎮營伍單弱、地方困苦、兵難裁減、餉難措處等情移咨本部，照舊議發。⑤

乃遵行，未幾，復於三十七年十二月，內准本部咨，⑥ 為京運匱極，設處計窮，再申前議。⑦ 臣查照本鎮越在河外，三面受敵。東起定邊，西接甘固，袤延千有餘里，無處不衝，視他鎮不啻稱孤懸矣，而兵馬錢穀曾不及他鎮之十一，此中外之所知。歷查原額，官兵共七萬有奇，馬騾一萬

---

①　[校] 勁敵：《朔方新志》卷二《內治·錢糧》、《寧夏府志》卷十八《藝文·疏奏·請復兵餉原額疏》作"強敵"。

②　庚癸：古代軍中隱語，謂告貸糧食。

③　[校] 手：此同《寧夏府志》卷十八《藝文·疏奏·請復兵餉原額疏》，《朔方新志》卷二《內治·錢糧》作"乎"。

④　[校] 議復：原作"復議"，據《朔方新志》卷二《內治·錢糧》、《寧夏府志》卷十八《藝文·疏奏·請復兵餉原額疏》改。《朔方新志》卷二《內治·錢糧》"復"字後有"以杜釁端以保重鎮"八字。

⑤　[校] 發：《朔方新志》卷二《內治·錢糧》此字後有"隨准部咨云"五字。

⑥　[校] 部咨：此二字原脫，據《朔方新志》卷二《內治·錢糧》、《寧夏府志》卷十八《藝文·疏奏·請復兵餉原額疏》補。

⑦　[校] 議：此同《寧夏府志》卷十八《藝文·疏奏·請復兵餉原額疏》，《朔方新志》卷二《內治·錢糧》作"請"。

有奇，及節年消耗，半減於前。迨至壬辰之變，[①] 而營伍殘壞，益不可支。是以當事諸臣目擊艱危，題增兵馬及新增功陞官員俸糧，加添軍丁月糧、馬匹料草，[②] 計每年共該增銀七萬一千四百六十五兩六錢八分，議入年例解發。

隨經本部議覆，題奉欽依。[③] 自二十二年為始，即於本鎮添開淮鹽八萬引，每引官價五錢，蘆鹽二萬引，每引官價二錢五分，計一十萬引，該銀四萬五千兩，隨同額鹽、糧料，招商輸納，以充前餉，仍少銀二萬六千四百六十五兩六錢八分。先借大倉銀與同年例解發，候運司徵完添引餘沒銀解京，照數抵補。此引價議設之原也。[④] 嗣因前引招商挈支不便，改易帶鹽折價，以至於今。雖節經議停，而竟未支停者，則以本鎮凋敝之故耳。

矧當時建議，原在事平，特為善後而設，非謂今日可增而明日可減，目前可急用而將來可不必用也。若必如部議停革，勢必銷兵而後可。邊疆重地，誰能去兵？此不待智者而決也。又勢必常無事而後可，然本鎮豈無事之區乎？羣醜之向化未醇，銀定之匪茹正肆，兼以瘡痍甫起，倉廩甚匱，一遇有警，猶不勝空拳搏虎之懼，而再於軍餉中議裁，匷詘中求省，臣竊以為非計也。且前餉兵糧雖云取給引價，而解發不時，每呼庚癸，或暫借商金以濟然眉，或折兌商糧而滋偶語。臣受事以來，東那西補，僅免脫巾。每慮邊長兵寡，議量加增，而祗以錢糧難處，竟從中止，未敢請分毫於經制之外也。

今議以鹽法壅積，減停引價，以七十萬引帶十萬引之價，猶易辦也，而以四萬餘餉頓汰四千以外之兵，其將能乎？雖虛冒老弱，難必盡無，而屢經查開，為數能幾？額餉已歷多年，一旦復行更革，臣竊以為非體也。至於設處一節，臣非不竭力搜刷，[⑤] 第本鎮彈丸邊地，別無郡縣徵輸之

---

　① 壬辰：萬曆二十年（1592）。

　② ［校］料草：原作“草料”，據《朔方新志》卷二《內治·錢糧》、《寧夏府志》卷十八《藝文·疏奏·請復兵餉原額疏》改。

　③ ［校］奉：原作“奏”，據《朔方新志》卷二《內治·錢糧》、《寧夏府志》卷十八《藝文·疏奏·請復兵餉原額疏》改。

　④ ［校］引價：原作“鹽引”，據《朔方新志》卷二《內治·錢糧》、《寧夏府志》卷十八《藝文·疏奏·請復兵餉原額疏》改。

　⑤ ［校］竭：《朔方新志》卷二《內治·錢糧》、《寧夏府志》卷十八《藝文·疏奏·請復兵餉原額疏》作“極”。

積，向惟民屯鹽糧支吾接濟。在民糧額，在西〔安〕、慶〔陽〕等府索疲州縣，加以歲事不天，常多逋負，每年檄催徒煩，僅完十之六七，是正項且縮，又堪分外加之乎？則民糧措處之難矣。在屯田，①自大兵之後，繼以凶年，邊民父子，死徙相半。又河灘沙壓，虛懸糧草數多，小民望空包賠，已不勝苦，方欲勘明題豁，為殘黎請旦夕之命，而可復箠楚橫徵以益重其困耶？則屯糧措處之難矣。在鹽糧，近因南中壅滯，各商困苦，見今召中不前，視為陷阱。即其乞憐陳請，②急迫可知，則鹽糧又難之難矣。

即今內帑如洗，司農告匱，臣敢不仰遵成命，痛加節縮。惟是無米而炊，巧婦所難。不食則饑，貧卒易動。展轉籌思，計無所出。臣之不職，何所逃罪？然臣猶有說焉。糧餉，重務也。省嗇，美名也。假使減之安妥，臣亦曷敢聒瀆？第恐一減之後，反增多事，彼時即以起釁罪臣，臣不敢辭。竊恐所費不貲，又不止十倍於此者，非臣之所忍言也。伏乞皇上軫念凋殘重地，利害攸關，敕下戶部再加酌議，俯將本鎮前項原額淮蘆鹽引價銀四萬五千兩照舊議發。如或以有妨鹽務，③亦即於別項改撥，增入年例，每歲全發。仍將三十七八兩年原停未發銀九萬兩如數補發，以濟兵馬支用。並將河南原兌欠三十四等年年例銀共八萬四千九百八兩零嚴催解鎮，庶人心可安，不致有洶洶之虞矣。④謹題。

鹽法議　張鍊

夫食鹽，山澤自然之利，天地所以養民也。上古無徵，近古薄徵，以佐國用。要在先不病民而後利國為可貴耳。關中食鹽，一出於河東，一出於花馬池，一出於靈州，一出於西漳。⑤靈州、西漳去三輔絕遠，專供

---

①　[校] 屯田：疑當作"屯糧"。上言"民糧"，下言"鹽糧"，且句中有"則屯糧措處之難矣"，故疑。

②　[校] 請：原作"情"，據《朔方新志》卷二《內治·錢糧》、《寧夏府志》卷十八《藝文·疏奏·請復兵餉原額疏》改。

③　[校] 以有妨：原作"有防"，據《朔方新志》卷二《內治·錢糧》、《寧夏府志》卷十八《藝文·疏奏·請復兵餉原額疏》改補。

④　[校] 之：此字原脫，據《朔方新志》卷二《內治·錢糧》、《寧夏府志》卷十八《藝文·疏奏·請復兵餉原額疏》補。

⑤　[校] 西漳：此同《乾隆甘志》卷四六《藝文·議·鹽法議》，《康熙陝志》卷三二《藝文·議·鹽法議》作"西章"。下同。

靈、夏、洮、岷西北兵民之用，無容議矣。花馬池鹽，北供延、①慶、平三府，寧、榆二鎮；南與河東鹽並行於三輔間。河東鹽上下公行，謂之官鹽；花馬池鹽私自貿易，謂之私鹽，民間便於私鹽而不便於官鹽者，百年於茲矣。

必欲行河東官鹽，其弊有四：蓋行鹽郡縣，各有分界，所司徒知紙上陳蹟。河東鹽行三省，不可越縮。若究其實，山西、河南，未知何如，其在關中，自長安以西，河東美鹽絕蹟不至。間有至者，皆混澤苦惡，②中人不以入口，唯耕夫孀婦，③黽勉食之。計其所售無幾也，名雖謂行，其實未嘗行之。一也。往年商人慮惡鹽不售，告發郡縣，使所在輦運外加樣鹽包，封印記之，④及以給民，封者自佳，輦者自惡。唱戶分鹽，畏如飲鴆，計賬徵價，峻於正稅。今雖暫止，既為故事，恐不能已。二也。商人賣鹽於販夫，⑤隨以小票，鹽盡，票不收毀，官鹽不至，西路則無票，無票則通賣店肆。負販細人，請東路自買未毀之票繳官，公人亦幸免責，不問由來，互相欺抵。三也。買票日久，奸人依式私製盜賣，僥倖者冒利，敗露者破家。雖有防禦，迄今未已。四也。

必欲禁花馬池私鹽，其弊有五：關中民貧，衣食驅遣，賦稅催切，罄家所有，走北地販鹽，冀獲升斗之利。⑥一為公人所獲，身入陷阱，家計盡空。一也。貧人既為囹圄，內無供餽，冬月多斃於獄。考驛遞囚帳，鹽徒居半，死者又居強半，⑦民命可恤。二也。小販懼捕，結聚大夥，經山谿要隘，偶遇公人，勢強則抵敵，勢弱則冒險，奔迸投崖落澗，人畜死傷塗地。三也。公人與有力慣販者交關，⑧終歲不捕，反為導護，惟單弱貧瘠者捕之，或以升斗惡鹽強入路人筐袋，執以報功，⑨使無辜受害。四

---

①　[校] 北：此字原脫，據《寧夏府志》卷十八《藝文·議·鹽法議》補。

②　[校] 混澤：《寧夏府志》卷十八《藝文·議·鹽法議》作"泥滓"。

③　[校] 孀婦：《寧夏府志》卷十八《藝文·議·鹽法議》作"寡婦"。

④　[校] 記：原同《寧夏府志》卷十八《藝文·議·鹽法議》作"及"，據《康熙陝志》卷三二、《乾隆甘志》卷四六《藝文·議·鹽法議》改。

⑤　[校] 於：《寧夏府志》卷十八《藝文·議·鹽法議》作"與"。

⑥　[校] 獲：《寧夏府志》卷十八《藝文·議·鹽法議》作"牟"。

⑦　[校] 強：原作"於"，據《寧夏府志》卷十八《藝文·議·鹽法議》改。

⑧　[校] 與：原作"無"，據《寧夏府志》卷十八《藝文·議·鹽法議》改。

⑨　[校] 報功：原同《寧夏府志》卷十八《藝文·議·鹽法議》作"報公"，據《康熙陝志》卷三二、《乾隆甘志》卷四六《藝文·議·鹽法議》改。

也。眾役工食悉有定例，惟巡捕工食私幫，公費歲增十倍，① 官吏比銷，徒御勞悴，動經時月，候文曠職，旅食空囊，或弼或貸，俱為無補。五也。

夫物力不齊，物之情也。好美惡惡，趨利就便，民之情也。所欲與聚，所惡勿施，裒多益寡，因俗成務，司國計者之情也。以物力言，河東舊商帶支坐困，新商超納無幾，② 澆晒徒勞，增課未減，公私俱稱歉矣。河東一池雖差大，供三省則不足；花馬二池雖差小，供三郡二鎮則有餘，自然之勢也。以人情言，河東鹽，百方督之使行，至以泥沙勒售，假票甘罪，而終不能行。花馬池鹽，百方禁之使不得行，至於比屋破產，接踵喪生，而終不能禁者，民之大欲大惡，不可強也。以國計言，河東歲課一十九萬有奇。花馬二池歲課不盈數千；河東鹽一引三錢有奇，二池鹽一石六分有奇。如是相懸者，意河東與天下六運，自祖宗朝俱有定額，由來久遠，二池迫近塞垣，棄取不時，故課亦微渺。後來因循，取足原辦而止耳。夫河東鹽既不能及遠，二池鹽卒不能禁。民間又不可一日無鹽，而盜買盜賣終非常理。今當直開二池鹽禁，使西鳳、漢中，沛然通行，計三府所當常食河東鹽一十二萬有奇，③ 歲課即照河東，責三府代辦，以其事權統歸河東巡鹽御史，則達觀無異，督禁有程，兩地歲徵，四鎮年例，保無纖爽，而關中可少事矣。

夫居害者擇其寡，興利者取其多。倘今不弛二池鹽禁，則愚民被逮，④ 供餽為費，罪贖為費，⑤ 奸人騙詐為費，兵民歲增工食為費，官吏比銷為費，一切顯隱猥雜，不可會計，財足抵河東、花馬二池正課，出於千瘡百痛，徒然費之。而下殘民命，上損國體，有餘殃也。⑥ 倘今一弛二池之禁，則愚民被逮，供餽可省，罪贖可省，奸人騙詐可省，歲增工食可省，官吏比銷可省，一切顯隱猥雜，不可會計，財足抵河東、花馬二池正課，出於不識不知，漠然省之，而下活民命，上全國體，又餘福也。

---

① ［校］倍：原作"培"，據《寧夏府志》卷十八《藝文·議·鹽法議》改。
② ［校］超納：原作"起納"，據《康熙陝志》卷三二《藝文·議·鹽法議》改。
③ ［校］食河東鹽：原作"食鹽河東"，據《寧夏府志》卷十八《藝文·議·鹽法議》改。
④ ［校］逮：原作"逋"，據《寧夏府志》卷十八《藝文·議·鹽法議》改。
⑤ ［校］罪贖：原作"贖罪"，據《寧夏府志》卷十八《藝文·議·鹽法議》改。
⑥ ［校］有：《寧夏府志》卷十八《藝文·議·鹽法議》作"又"。

夫人情不甚相遠，比聞鹽法侍御，皆一時英碩，表表長者。使其聞見悉如關中人，習知利病，① 則亦何憚而不為良處哉？但其受命而來也，惟以行官鹽、禁私鹽為職，而反是則駭矣。地非素履，事未前聞，雖聖人有所不知者，何可遽望改易其常耶？雖然，安國家，利百姓，大夫出疆之義也。究理從長，議政從便，人心不昧，因革有時，此又關斯民之幸不幸也。

朔方形勝賦② 明　副使　曹璉

緊夏州之大郡，實陝右之名邦。當三邊之屏翰，關千里之封疆。廓岡阜而為垣，潴川澤而為湟，角黿鼉而為道，臥蟠蜒而為梁。帶河渠之重沮，③ 奠屯戍之基張，墾良田之萬頃，撐喬木之千章。鹽池混漾瀆其隁，菊井馥郁馨其傍。桑梓相接，棟宇相望。若率土而論其邊陲，則非列郡之所擬方也。今焉載瞻其四維也，漢隴蟠其西，晉洛梗其東，北跨沙漠之險，南吞巴蜀之雄。山奔突而若馳，水旋繞如環雍，廓遐郊其坦夷，聳孤城之崇隆。④ 內則廠街衢兮輻輳，⑤ 紛興馬兮交通，外則經溝塍兮刻鏤，昀原隰兮腴豐。任土作貢而域雍兮，星分井鬼；罷侯置守而隸靈兮，民雜漢戎。出河朔山川之外，臨藩落境界之中。青窺華嶽之隱隱，翠挹岷峨之重重，遙躋西嶺之屹屹，近俯東湖之溶溶。營興廣武，坊旌效忠，壩濱積石，關邇臨潼。橋橫通濟兮，接賓之舖連棟；⑥ 園開麗景兮，望春之樓凌空。澹清潭兮天光雲影，翠秀色兮綠水芙蓉。赫連春曉兮，日烘桃李；靈

---

　　① ［校］利病：原作"利害"，據《康熙陝志》卷三二、《乾隆甘志》卷四六、《寧夏府志》卷十八《藝文·議·鹽法議》改。

　　② ［校］朔方形勝賦：《嘉靖寧志》卷八《文》題作《西夏形勝賦》。

　　③ ［校］沮：此同《寧夏府志》卷十八《藝文·賦·朔方形勝賦》，《朔方新志》卷四《詞翰·賦·朔方形勝賦》作"阻"。

　　④ ［校］隆：《朔方新志》卷四《詞翰·賦·朔方形勝賦》、《寧夏府志》卷十八《藝文·賦·朔方形勝賦》作"窿"。

　　⑤ ［校］廠：《朔方新志》卷四《詞翰·賦·朔方形勝賦》、《寧夏府志》卷十八《藝文·賦·朔方形勝賦》作"敞"。

　　⑥ ［校］舖：此同《朔方新志》卷四《詞翰·賦·朔方形勝賦》，《嘉靖寧志》卷八《文·西夏形勝賦》作"舘"。

武秋高兮，風墜梧桐。斜陽夕照荒堈兮，^① 落花啼鳥；飛瀑暗懸峭壁兮，^②玉澗垂虹。轆轤咿軋兮，影落蘆溝之夜月；漁歌欸乃兮，響窮古渡之秋風。於是高臺日上，長塔烟浮。晴虹之影乍弄，蒲牢之聲初收，大河之水未波，鼇山之雲不流。藹華實之蔽野，漫黍稷之盈疇。石關雪積兮，銀鋪曲徑；漢渠春漲兮，練拖平邱。^③ 騏驥如雲兮，花馬之池；鱒鯽盈肆兮，應理之州。平虜城兮執訊獲醜，^④ 鳴沙洲兮落雁浮鷗。城傾黑水兮，頹雉殘堞；津問黃沙兮，短櫂輕舟。神槎湮兮，^⑤ 猶存博望之蹟；石峽鑿兮，尚傳大禹之遊。高塚巍峩兮，元昊之魂已冷；古刹煨燼兮，文殊之像常留。表賀獻俘而忠貫日月兮，唐將之精靈耿耿；書抗偽號而名重邱山兮，^⑥ 宋賢之遺韻悠悠。此名天下、播海陬，而為西夏之勝概，可與江南之匹儔者。^⑦ 然猶未也。

　　若乃考其四時也，春則杏塢桃磎，^⑧ 霞鮮霧靄；^⑨ 秋則鶴汀凫渚，月朗風微；夏則蓮濯碧沼之金波，嬌如太液池邊之姬媵；冬則柏傲賀蘭之晴雪，^⑩ 癯若首陽山下之夷齊。與夫觀鷹鸇之雄度，則凛凛乎周家之尚父

---

　　① ［校］斜陽夕照荒堈兮：“斜陽”，《朔方新志》卷四《詞翰·賦·朔方形勝賦》、《寧夏府志》卷十八《藝文·賦·朔方形勝賦》作“殘陽”。“堈”，原作“垌”，據《朔方新志》卷四《詞翰·賦·朔方形勝賦》、《寧夏府志》卷十八《藝文·賦·朔方形勝賦》改。

　　② ［校］暗：此同《乾隆甘志》卷四六、《寧夏府志》卷十八《藝文·賦·朔方形勝賦》，《嘉靖寧志》卷八《文·西夏形勝賦》、《朔方新志》卷四《詞翰·賦·朔方形勝賦》作“晴”。

　　③ ［校］邱：此同《寧夏府志》卷十八《藝文·賦·朔方形勝賦》，《朔方新志》卷四《詞翰·賦·朔方形勝賦》作“丘”。

　　④ ［校］平虜城：原同《寧夏府志》卷十八《藝文·賦·朔方形勝賦》作“平羅城”，據《嘉靖寧志》卷八《文·西夏形勝賦》、《朔方新志》卷四《詞翰·賦·朔方形勝賦》改。

　　⑤ ［校］槎：此同《朔方新志》卷四《詞翰·賦·朔方形勝賦》，《嘉靖寧志》卷八《文·西夏形勝賦》作“遙”。

　　⑥ ［校］書抗偽號而名重邱山兮：“名”，此字原脱，據《朔方新志》卷四《詞翰·賦·朔方形勝賦》、《寧夏府志》卷十八《藝文·賦·朔方形勝賦》補。“邱”，此同《寧夏府志》卷十八《藝文·賦·朔方形勝賦》，《朔方新志》卷四《詞翰·賦·朔方形勝賦》作“丘”。

　　⑦ ［校］之：原作“而”，據《朔方新志》卷四《詞翰·賦·朔方形勝賦》、《寧夏府志》卷十八《藝文·賦·朔方形勝賦》改。

　　⑧ ［校］桃磎：原同《寧夏府志》卷十八《藝文·賦·朔方形勝賦》作“桃溪”，據《嘉靖寧志》卷八《文·西夏形勝賦》、《朔方新志》卷四《詞翰·賦·朔方形勝賦》、《康熙陝志》卷三二《藝文·賦·朔方形勝賦》改。

　　⑨ ［校］鮮：原作“觧”，據《朔方新志》卷四《詞翰·賦·朔方形勝賦》、《寧夏府志》卷十八《藝文·賦·朔方形勝賦》改。

　　⑩ ［校］晴雪：原作“暗雪”，據《嘉靖寧志》卷八《文·西夏形勝賦》改。

也；睹芝蘭之葱蒨，① 則奕奕乎謝庭之子姪也；② 對松竹之森立，則挺挺乎汲黯之剛直也；翫鷗鷺之瑩潔，則皎皎乎楊震之清白也。以至芳林鶯語，梛樹蟬聲，鏗鏗鏘鏘，③ 又有若回琴點瑟之立夫孔楹也。此皆玩耳目、娛心志，而為西夏之美觀、不減江南之佳致者。

是使騷人墨客，碩士英賢，尋幽覽勝，游樂流連。於以羅珍饌，列綺筵，飛羽觴，奏管絃，品題詞藻，繡句錦篇，觥籌交錯，屢舞僛僛。撫乾坤之坱圠，掃亭障之烽煙。④ 詢古今於故老，稽成敗於遺編。方其王命南仲，往城於方，此何時乎？迨漢郭璜，繕城置驛，浚渠溉田，省費萬計，盖一盛也。整居焦漢，⑤ 侵鎬及方，此何時乎？迨唐李聽，興仆舉廢，⑥ 復田省餉，人賴其利，又一盛也。嗟夫！時有盛衰，治有隆替，天道循環，斯亦何泥？方今聖主，起運應符，⑦ 丕建人極，重熙皇圖。混車書於六合，覃恩威於九區，登斯民於懷葛，躋斯世於唐虞。

矧茲夏州，超軼往古，詩禮彬彬，衣冠楚楚。建學立師，修文偃武。尚陶匏，貴簪組，袪異端，禦狋俖。抑工商之浮華，敦士農之寒

---

① ［校］蒨：原作“倩”，據《朔方新志》卷四《詞翰·賦·朔方形勝賦》、《寧夏府志》卷十八《藝文·賦·朔方形勝賦》改。

② ［校］奕奕：此同《乾隆甘志》卷四六、《寧夏府志》卷十八《藝文·賦·朔方形勝賦》，《嘉靖寧志》卷八《文·西夏形勝賦》、《朔方新志》卷四《詞翰·賦·朔方形勝賦》均作“燁燁”，《康熙陝志》卷三二《藝文·賦·朔方形勝賦》作“華華”。

③ ［校］鏗鏗鏘鏘：此四字原脫，據《嘉靖寧志》卷八《文·西夏形勝賦》補。《朔方新志》卷四《詞翰·賦·朔方形勝賦》作“鏗鏘”。

④ ［校］亭障之烽煙：此同《乾隆甘志》卷四六、《寧夏府志》卷十八《藝文·賦·朔方形勝賦》，《嘉靖寧志》卷八《文·西夏形勝賦》、《朔方新志》卷四《詞翰·賦·朔方形勝賦》均作“犬戎之腥羶”。

⑤ ［校］焦漢：此同《乾隆甘志》卷四六、《寧夏府志》卷十八《藝文·賦·朔方形勝賦》，《嘉靖寧志》卷八《文·西夏形勝賦》、《朔方新志》卷四《詞翰·賦·朔方形勝賦》均作“焦穫”。

⑥ ［校］仆：此同《朔方新志》卷四《詞翰·賦·朔方形勝賦》，《嘉靖寧志》卷八《文·西夏形勝賦》作“什”。

⑦ ［校］起：《朔方新志》卷四《詞翰·賦·朔方形勝賦》、《寧夏府志》卷十八《藝文·賦·朔方形勝賦》作“啓”。

苦。沙漠塵空，① 閭閻安堵？白叟黃童，謳歌鼓舞。熊羆奮勇於陣行，②
麋鹿潛行於巢所。③ 弓矢藏於服韔，④ 干戈戢於庫府。⑤ 而況蔭土封者，
惟德惟義，遠超樂善之東平，⑥ 握將柄者，有嚴有翼，端繼為憲之吉
甫。予也一介之書生，敢擬韓范之參伍，聊泚筆而紀行，議者幸勿誚其
狂魯。⑦

靈武受命宮頌⑧　唐　楊炎

臣聞享天降命，⑨ 惟德也；戡難奉時，惟聖也。必有非常之運，是興
撥亂之功。君以蒼生為憂，⑩ 不以濡足為患，以寧濟為業，不以修身為
道。⑪ 此陶唐所以捨而不畏，舜禹所以受而不疑。

---

① ［校］沙漠塵空：此同《乾隆甘志》卷四六《藝文·賦·朔方形勝賦》，《嘉靖寧志》
卷八《文·西夏形勝賦》、《朔方新志》卷四《詞翰·賦·朔方形勝賦》均作“烽燧息煙”。

② ［校］熊羆：《朔方新志》卷四《詞翰·賦·朔方形勝賦》、《寧夏府志》卷十八《藝
文·賦·朔方形勝賦》作“熊羆”。

③ ［校］麋鹿：此同《乾隆甘志》卷四六、《寧夏府志》卷十八《藝文·賦·朔方形勝
賦》，《嘉靖寧志》卷八《文·西夏形勝賦》、《朔方新志》卷四《詞翰·賦·朔方形勝賦》均
作“獵狖”。

④ ［校］服韔：此同《寧夏府志》卷十八《藝文·賦·朔方形勝賦》，《朔方新志》卷四
《詞翰·賦·朔方形勝賦》作“服韜”。

⑤ ［校］戢：此同《乾隆甘志》卷四六、《寧夏府志》卷十八《藝文·賦·朔方形勝
賦》，《嘉靖寧志》卷八《文·西夏形勝賦》、《朔方新志》卷四《詞翰·賦·朔方形勝賦》均
作“載”。

⑥ ［校］平：原作“乎”，據《朔方新志》卷四《詞翰·賦·朔方形勝賦》、《寧夏府
志》卷十八《藝文·賦·朔方形勝賦》改。

⑦ ［校］議者：此同《朔方新志》卷四《詞翰·賦·朔方形勝賦》、《寧夏府志》卷十八
《藝文·賦·朔方形勝賦》，《嘉靖寧志》卷八《文·西夏形勝賦》作“識者”。

⑧ ［校］靈武受命宮頌：此同《乾隆甘志》卷四六《藝文·頌》，《文苑英華》卷七七四、
《唐文粹》卷十九上、《寧夏府志》卷十八《藝文·頌》均題作《靈武受命宮頌并序》。

⑨ ［校］降命：原作“隆命”，據《文苑英華》卷七七四、《唐文粹》卷十九上《靈武受
命宮頌并序》改。《文苑英華》卷七七四作“降福”，“福”字後注曰“一作‘命’”。

⑩ ［校］是興撥亂之功君以蒼生為憂：此同《唐文粹》卷十九上《靈武受命宮頌并序》、
《乾隆甘志》卷四六《藝文·頌·靈武受命宮頌》、《寧夏府志》卷十八《藝文·頌·靈武受命
宮頌并序》，《文苑英華》卷七七四《靈武受命宮頌并序》無“功”字，“君”字後小注曰“一
作‘功’”。疑《唐文粹》、《乾隆甘志》、《寧夏府志》同誤。

⑪ ［校］以寧濟為業不以修身為道：此十一字原脫，據《文苑英華》卷七七四、《唐文粹》
卷十九上《靈武受命宮頌并序》補。

　　靈武宮，皇帝躍龍之所。① 日者奸臣竊命，四海蕩波，② 我聖皇天帝，③ 探命歷之數，啟龍圖，作受命之書，④ 付於我皇帝。皇帝方遊崆峒，⑤ 以求至道。於是羣公卿士，負玉旒金璽，⑥ 望氣芒碭之野，三進於閭闔之中，⑦ 曰："臣聞在昔蚩尤連禍，⑧ 大盜中國，神農氏兵莫能勝，⑨ 天降玄女，⑩ 敕軒轅氏大定其災。厥後堯有九州之害而命禹，禹以四海之功而受舜。陛下主臨大位十有九年，精爽者皆美德馨，乾坤也必聞幽贊。⑪ 玄

---

　　① ［校］躍龍：原倒作"龍躍"，據《文苑英華》卷七七四、《唐文粹》卷十九上《靈武受命宮頌并序》乙正。

　　② ［校］蕩波：此同《唐文粹》卷十九上《靈武受命宮頌并序》、《寧夏府志》卷十八《藝文·頌·頌·靈武受命宮頌并序》，《文苑英華》卷七七四《靈武受命宮頌并序》作"波蕩"，"蕩"字後小注曰"一作'蕩波'"。

　　③ ［校］聖皇天帝：此同《唐文粹》卷十九上《靈武受命宮頌并序》、《寧夏府志》卷十八《藝文·靈武受命宮頌并序》，《文苑英華》卷七七四《靈武受命宮頌并序》無"天"字。

　　④ ［校］受命：此同《文苑英華》卷七七四、《唐文粹》卷十九上《靈武受命宮頌并序》、《寧夏府志》卷十八《藝文·頌·靈武受命宮頌并序》，《文苑英華》卷七七四"命"字後小注曰"或作'禪'"。

　　⑤ ［校］方遊崆峒：此同《文苑英華》卷七七四、《唐文粹》卷十九上《靈武受命宮頌并序》、《寧夏府志》卷十八《藝文·頌·靈武受命宮頌并序》，《文苑英華》卷七七四"方"字後小注曰"一無此字"。

　　⑥ ［校］旒：原作"旅"，據《文苑英華》卷七七四、《唐文粹》卷十九上《靈武受命宮頌并序》、《寧夏府志》卷十八《藝文·頌·靈武受命宮頌并序》改。

　　⑦ ［校］閭闔：此同《唐文粹》卷十九上《靈武受命宮頌并序》、《寧夏府志》卷十八《藝文·頌·靈武受命宮頌并序》，《文苑英華》卷七七四《靈武受命宮頌并序》作"閶闔"。

　　⑧ ［校］在昔：此同《唐文粹》卷十九上《靈武受命宮頌并序》、《寧夏府志》卷十八《藝文·頌·靈武受命宮頌并序》，《文苑英華》卷七七四《靈武受命宮頌并序》作"昔在"，"在"字後小注曰"一作'在昔'"。

　　⑨ ［校］神農氏兵莫能勝：此同《唐文粹》卷十九上《靈武受命宮頌并序》、《寧夏府志》卷十八《藝文·頌·靈武受命宮頌并序》，《文苑英華》卷七七四《靈武受命宮頌并序》作"神農之兵莫能勝之"，上"之"字後小注曰"一作'氏'"，下"之"字後小注曰"一無'之'字"。本誌"氏兵"原作"民兵"，據改。

　　⑩ ［校］玄女：原避清聖祖玄燁諱改作"元女"，據《文苑英華》卷七七四《靈武受命宮頌并序》回改。

　　⑪ ［校］精爽者皆美德馨乾坤也必聞幽贊：此十四字原脫，據《唐文粹》卷十九上《靈武受命宮頌并序》補。《文苑英華》卷七七四《靈武受命宮頌并序》作"精爽者皆美馨香乾坤也必聞幽贊"，"香"字後小注曰"一作'德馨'"。

德上達，① 景福有歸。六聖睹命歷之期，兆人有臨難之請。② 陛下畏災運而不寧，③ 棄黎元而不顧，以至仁為薄，以大寶為輕。臣等若不克所請，與億兆之眾將披髮拊膺，號於天而訴於帝矣。皇帝唯然改容曰：“豈人心與！”

　　丁卯，④ 廣平王〔李〕俶、大尉〔李〕光弼、司徒〔郭〕子儀、尚書左僕射〔裴〕冕、兵部尚書〔李〕輔國，與北軍將士、西土耆老萬五千人，排闥以訴帝曰：⑤ “今豺狼穴居宮闕，⑥ 陛下兆庶為餌，宗廟為墟。⑦ 若臣等誠懇未通，⑧ 是高祖不歆於太廟。且陛下涉渭則洪流涸，回鑾則慶雲見，⑨ 布澤而川池廣，⑩ 勤道而嘉禾生。靈祇胥胏，玄眖幽感。⑪ 臣聞符命待聖而作，天運否終而會。葳蕤肸蠁，會也；睿武英明，聖也。臣等敢昧死上聞。”

---

① 〔校〕玄德：原避清聖祖玄燁諱改作“元德”，據《文苑英華》卷七七四《靈武受命宮頌并序》回改。

② 〔校〕臨難：此同《唐文粹》卷十九上《靈武受命宮頌并序》、《寧夏府志》卷十八《藝文·頌·靈武受命宮頌并序》，《文苑英華》卷七七四《靈武受命宮頌并序》作“樂推”，“推”字後小注曰“一作‘臨難’”。

③ 〔校〕不寧：此同《朔方新志》卷四《詞翰·靈武受命宮頌并序》，《文苑英華》卷七七四、《唐文粹》卷十九上《靈武受命宮頌并序》均作“不處”。

④ 丁卯：唐玄宗李隆基開元十五年（727）。

⑤ 〔校〕訴：原作“訢”，據《文苑英華》卷七七四、《唐文粹》卷十九上《靈武受命宮頌并序》、《寧夏府志》卷十八《藝文·頌·靈武受命宮頌并序》改。

⑥ 〔校〕穴居：《文苑英華》卷七七四《靈武受命宮頌并序》作“穴于”，“于”字後小注曰“一作‘居’”。

⑦ 〔校〕宗廟：此同《唐文粹》卷十九上《靈武受命宮頌并序》、《寧夏府志》卷十八《藝文·頌·靈武受命宮頌并序》，《文苑英華》卷七七四《靈武受命宮頌并序》作“宗社”，“社”字後小注曰“一作‘廟’”。

⑧ 〔校〕誠懇：此同《唐文粹》卷十九上《靈武受命宮頌并序》、《寧夏府志》卷十八《藝文·頌·靈武受命宮頌并序》，《文苑英華》卷七七四《靈武受命宮頌并序》作“懇誠”，“誠”字後小注曰“一作‘誠懇’”。

⑨ 〔校〕慶：此同《唐文粹》卷十九上《靈武受命宮頌并序》、《寧夏府志》卷十八《藝文·頌·靈武受命宮頌并序》，《文苑英華》卷七七四《靈武受命宮頌并序》作“卿”，“卿”字後小注曰“一作‘慶’”。

⑩ 〔校〕川池：此同《唐文粹》卷十九上《靈武受命宮頌并序》、《寧夏府志》卷十八《藝文·頌·靈武受命宮頌并序》，《文苑英華》卷七七四《靈武受命宮頌并序》作“川地”。

⑪ 〔校〕玄眖：原避清聖祖玄燁諱改作“元眖”，據《文苑英華》卷七七四《靈武受命宮頌并序》回改。

　　帝乃灑齋宮，啟金匱，嗚咽拜受。詔有司大赦天下，改元曰至德元年，尊聖父為文武大皇帝。① 是日，烟雲變作，士庶踴躍，黄龍見於東野，② 紫氣滿於天門。翌日也，③ 數百里衣裳會；兼旬也，數千里朝貢會；踰月也，天下兵車會；浹時也，四方重譯會。④ 以一旅成百萬之師，⑤ 率六軍平社稷之難。⑥ 禮郊祀，戴聖皇，與人合誠心，以氣消夭屬，⑦ 動罔不吉，猷無不報，是以白鹿擾於王廷，⑧ 靈芝産於延英，化動而功成，⑨

---

　　① ［校］文武大皇帝：此同《朔方新志》卷四《詞翰·靈武受命宮頌并序》、《乾隆甘志》卷四六《藝文·頌·靈武受命宮頌》、《寧夏府志》卷十八《藝文·頌·靈武受命宮頌并序》，《文苑英華》卷七七四《靈武受命宮頌并序》作“聖皇天帝”，“帝”字後小注曰“一作‘文武皇帝’”，《唐文粹》卷十九上《靈武受命宮頌并序》作“文武太皇帝”。

　　② ［校］東野：此同《文苑英華》卷七七四《靈武受命宮頌并序》、《寧夏府志》卷十八《藝文·頌·靈武受命宮頌并序》，《唐文粹》卷十九上《靈武受命宮頌并序》作“東郊”。

　　③ ［校］翌：此同《唐文粹》卷十九上《靈武受命宮頌并序》、《寧夏府志》卷十八《藝文·頌·靈武受命宮頌并序》，《文苑英華》卷七七四《靈武受命宮頌并序》作“翼”，“翼”字後小注曰“一作‘翌’”。

　　④ ［校］重譯：此同《乾隆甘志》卷四六《藝文·頌·靈武受命宮頌》、《寧夏府志》卷十八《藝文·頌·靈武受命宮頌并序》，《文苑英華》卷七七四《靈武受命宮頌并序》作“戎夷”，“夷”字後小注曰“一作‘狄’”，《唐文粹》卷十九上《靈武受命宮頌并序》作“戎狄”。為清避諱改。

　　⑤ ［校］成：此同《唐文粹》卷十九上《靈武受命宮頌并序》、《寧夏府志》卷十八《藝文·頌·靈武受命宮頌并序》，《文苑英華》卷七七四《靈武受命宮頌并序》作“兼”，“兼”字後小注曰“一作‘成’”。

　　⑥ ［校］六軍：此同《乾隆甘志》卷四六《藝文·頌·靈武受命宮頌》、《寧夏府志》卷十八《藝文·頌·靈武受命宮頌并序》，《文苑英華》卷七七四、《唐文粹》卷十九上《靈武受命宮頌并序》、《朔方新志》卷四《詞翰·靈武受命宮頌并序》均作“胡夷”。為清避諱改。

　　⑦ ［校］夭屬：《文苑英華》卷七七四《靈武受命宮頌并序》、《乾隆甘志》卷四六《藝文·頌·靈武受命宮頌》、《寧夏府志》卷十八《藝文·頌·靈武受命宮頌并序》作“天屬”，《文苑英華》卷七七四“屬”字後小注曰“一作‘癘’”，《唐文粹》卷十九上《靈武受命宮頌并序》、《朔方新志》卷四《詞翰·靈武受命宮頌并序》作“夭癘”，《正統寧志》卷下《靈武受命宮頌并序》作“天癘”。

　　⑧ ［校］王廷：《文苑英華》卷七七四、《唐文粹》卷十九上《靈武受命宮頌并序》，《寧夏府志》卷十八《藝文·頌·靈武受命宮頌并序》均作“王庭”。

　　⑨ ［校］功成：原作“成功”，據《文苑英華》卷七七四、《唐文粹》卷十九上《靈武受命宮頌并序》，《寧夏府志》卷十八《藝文·頌·靈武受命宮頌并序》改。

淵默而頌聲。言禪代者，陋蒼梧易姓之名；語嗣守者，羞唐堯積善之辱；① 述戡定者，② 嘆四紀而復夏；美中興者，嗤三六而滅新。③ 於戲，神祇之所歸往，④ 品物之所法象，鼓飛龍於尺水，仗大義而東向，矢謨發號，實在此都。願篆石宮廷，⑤ 以垂萬古，俾過山澤，知風雨之奧；⑥ 窮造化，識天地之爐。⑦ 臣炎稽首，敢獻頌曰：

　　赫赫河圖，啟天之祐。⑧ 雲從億萬，皇在九五。⑨ 惟昔陶唐，克傳舜禹。澆也武也，⑩ 夫何足數。彼妖者勃，惟暴惟貪。天實即命，⑪ 人將不

---

　　① ［校］羞唐堯："羞"，此同《唐文粹》卷十九上《靈武受命宮頌并序》、《正統寧志》卷下《靈武受命宮頌并序》，《寧夏府志》卷十八《藝文·頌·靈武受命宮頌并序》，《文苑英華》卷七七四《靈武受命宮頌并序》作"著"，"著"字後小注曰"一作'羞'"。"唐堯"，此同《唐文粹》卷十九上《靈武受命宮頌并序》、《正統寧志》卷下《靈武受命宮頌并序》、《寧夏府志》卷十八《藝文·頌·靈武受命宮頌并序》，《文苑英華》卷七七四《靈武受命宮頌并序》作"陶唐"。

　　② ［校］定者：原作"亂者"，據《文苑英華》卷七七四、《唐文粹》卷十九上《靈武受命宮頌并序》，《寧夏府志》卷十八《藝文·頌·靈武受命宮頌并序》改。

　　③ ［校］三六：此同《文苑英華》卷七七四《靈武受命宮頌并序》、《寧夏府志》卷十八《藝文·頌·靈武受命宮頌并序》，《唐文粹》卷十九上《靈武受命宮頌并序》作"四七"。

　　④ ［校］祇：原同《文苑英華》卷七七四《靈武受命宮頌并序》、《寧夏府志》卷十八《藝文·頌·靈武受命宮頌并序》作"祇"，據《唐文粹》卷十九上《靈武受命宮頌并序》改。

　　⑤ ［校］宮廷：《文苑英華》卷七七四、《唐文粹》卷十九上《靈武受命宮頌并序》，《寧夏府志》卷十八《藝文·頌·靈武受命宮頌并序》作"宮庭"。

　　⑥ ［校］知風雨：此同《唐文粹》卷十九上《靈武受命宮頌并序》、《寧夏府志》卷十八《藝文·頌·靈武受命宮頌并序》，《文苑英華》卷七七四《靈武受命宮頌并序》作"美風雲"，"雲"字後小注曰"一作'知雲雨'"。

　　⑦ ［校］爐：此同《寧夏府志》卷十八《藝文·頌·靈武受命宮頌并序》，《唐文粹》卷十九上《靈武受命宮頌并序》作"鑪"，《文苑英華》卷七七四《靈武受命宮頌并序》作"緼"，"緼"字後小注曰"一作'鑪'"。

　　⑧ ［校］祐：此同《唐文粹》卷十九上《靈武受命宮頌并序》、《寧夏府志》卷十八《藝文·頌·靈武受命宮頌并序》，《文苑英華》卷七七四《靈武受命宮頌并序》作"戶"，"戶"字後小注曰"一作'祐'"，《四庫》本《文苑英華》"戶"字後小注曰"一作'祐'"。

　　⑨ ［校］在：原作"居"，據《文苑英華》卷七七四、《唐文粹》卷十九上《靈武受命宮頌并序》改。

　　⑩ ［校］澆：此同《唐文粹》卷十九上《靈武受命宮頌并序》、《寧夏府志》卷十八《藝文·頌·靈武受命宮頌并序》，《文苑英華》卷七七四《靈武受命宮頌并序》作"護"。

　　⑪ ［校］即：此同《唐文粹》卷十九上《靈武受命宮頌并序》、《寧夏府志》卷十八《藝文·頌·靈武受命宮頌并序》，《文苑英華》卷七七四《靈武受命宮頌并序》作"有"，"有"字後小注曰"一即'即'"。

堪。皇曰內禪，於再於三。盡武之善，去湯之慙。兵車百萬，① 洶洶雷
震。橫會九州，為行為陣。恃力者踣，從命者順。② 孝以奉天，神而撫
運。至德唐堯，崇功大禹。旛旛北叟，③ 垂白而睹。沛邑空歌，周原已
古。徘徊頌聲，永介茲土。

三受降城碑銘④　唐　呂溫

　　夏后氏遏洪水，驅龍蛇，⑤ 能禦大畜，以活黔首；⑥ 周文王城朔方，
逐獫狁，能捍大患，以安中區。⑦ 若非高岸峻防，重門擊柝，雖有盛德，
曷觀成功？⑧ 然則持璿璣而弛張萬象，⑨ 昊穹之妙用；扼勝勢以擒縱八極，
王者之宏圖。道雖無外，權則有備，變化消息，存乎其人。

---

　　① ［校］兵車：此同《唐文粹》卷十九上《靈武受命宮頌并序》、《寧夏府志》卷十八
《藝文·頌·靈武受命宮頌并序》，《文苑英華》卷七七四《靈武受命宮頌并序》作"兵革"，
"革"字後小注曰"一作'車'"。

　　② ［校］從命者：此同《唐文粹》卷十九上《靈武受命宮頌并序》、《寧夏府志》卷十八
《藝文·頌·靈武受命宮頌并序》，《文苑英華》卷七七四《靈武受命宮頌并序》作"從函者"，
"函"字後小注曰"一作'命'"。

　　③ ［校］北叟：原作"兆叟"，據《文苑英華》卷七七四、《唐文粹》卷十九上《靈武受
命宮頌并序》改。

　　④ ［校］三受降城碑銘：此同《四六法海》卷十一、《寧夏府志》卷十八《藝文·銘》，
《呂衡州集》卷六《碑銘》題作《三受降城碑銘并序》，《唐文粹》卷五九題作《三受降城碑并
序》。

　　⑤ ［校］驅：此同《呂衡州集》卷六《碑銘·三受降城碑銘并序》、《唐文粹》卷五九
《三受降城碑并序》、《寧夏府志》卷十八《藝文·銘·三受降城碑銘》，《四六法海》卷十一
《三受降城碑銘》作"駈"。

　　⑥ ［校］以：此字原脫，據《呂衡州集》卷六《碑銘·三受降城碑銘并序》、《唐文粹》
卷五九《三受降城碑并序》、《四六法海》卷十一《三受降城碑銘》補。

　　⑦ ［校］中區：此同《唐文粹》卷五九《三受降城碑并序》、《四六法海》卷十一《三受
降城碑銘》、《寧夏府志》卷十八《藝文·銘·三受降城碑銘》，《呂衡州集》卷六《碑銘·三受
降城碑銘并序》作"中國"。

　　⑧ ［校］成功：原作"厥成"，據《呂衡州集》卷六《碑銘·三受降城碑銘并序》、《唐文
粹》卷五九《三受降城碑并序》、《四六法海》卷十一《三受降城碑銘》、《寧夏府志》卷十八
《藝文·銘·三受降城碑銘》改。

　　⑨ ［校］璿璣：原作"璣璿"，據《呂衡州集》卷六《碑銘·三受降城碑銘并序》、《唐文
粹》卷五九《三受降城碑并序》、《四六法海》卷十一《三受降城碑銘》、《寧夏府志》卷十八
《藝文·銘·三受降城碑銘》改。

　　三受降城者，唐皇之勝勢也。①　昔秦不量力，北築長城，右扼臨洮，②
左馳碣石，③　生人盡去，不足乘障。兩漢之後，頹為荒邱，④　退居河湄，
歷代莫進，矯亡秦之弊則可矣，盡中國之利則未然。唐興因循，未暇經啟。
有拂雲祠者，在河之北，地形雄坦，控扼樞會。虜伏其下以窺域中，⑤　禱神
觀兵，然後入寇，甲不及擐，突如其來，鯨一躍而吞舟，虎數步而擇肉，
塞草落而邊甿懼，河冰堅而羽檄走。爰自受命至於中興，國無寧歲。

　　景龍二年，默啜強暴，瀆鄰搆怨，掃境西伐，漢南空虛。⑥　朔方大總
管韓國公張仁愿躡機而謀，請築三城，⑦　奪據其地，跨大河以北嚮，制胡
馬之南牧，中宗詔許，橫議不撓。於是留及瓜之戍，斬姦命之卒，六旬雷
動，三城岳立。以拂雲祠為中城，東西相去各四百里，過朝那而北闢，斥
堠迭望幾二千所，⑧　損費億計，⑨　減兵萬人，分形以據，同力而守。東極

<hr>

　　①　[校]三受降城者唐皇之勝勢也：《呂衡州集》卷六《碑銘·三受降城碑銘并序》、《唐
文粹》卷五九《三受降城碑并序》、《四六法海》卷十一《三受降城碑銘》作"三受降城皇唐之
勝勢者也"，《寧夏府志》卷十八《藝文·銘·三受降城碑銘》作"三受降城者皇唐之勝勢也"。

　　②　[校]臨洮：原倒作"洮臨"，據《呂衡州集》卷六《碑銘·三受降城碑銘并序》、《唐
文粹》卷五九《三受降城碑并序》、《四六法海》卷十一《三受降城碑銘》、《寧夏府志》卷十八
《藝文·銘·三受降城碑銘》乙正。

　　③　[校]碣石：原作"竭石"，據《呂衡州集》卷六《碑銘·三受降城碑銘并序》、《唐文
粹》卷五九《三受降城碑并序》、《四六法海》卷十一《三受降城碑銘》、《寧夏府志》卷十八
《藝文·銘·三受降城碑銘》改。

　　④　[校]邱：《呂衡州集》卷六《碑銘·三受降城碑銘并序》、《唐文粹》卷五九《三受降
城碑并序》、《四六法海》卷十一《三受降城碑銘》作"丘"，《寧夏府志》卷十八《藝文·銘·
三受降城碑銘》作"坵"。

　　⑤　[校]伏：原作"居"，據《呂衡州集》卷六《碑銘·三受降城碑銘并序》、《唐文粹》
卷五九《三受降城碑并序》、《四六法海》卷十一《三受降城碑銘》、《寧夏府志》卷十八《藝
文·銘·三受降城碑銘》改。

　　⑥　[校]漢：此同《呂衡州集》卷六《碑銘·三受降城碑銘并序》、《唐文粹》卷五九
《三受降城碑并序》、《四六法海》卷十一《三受降城碑銘》，《寧夏府志》卷十八《藝文·銘·
三受降城碑銘》作"漠"。

　　⑦　張仁愿築三受降城時間，本誌同《資治通鑒》卷二〇九，載在唐中宗景龍二年（708），
《舊唐書》卷九三、《新唐書》卷一一一《張仁愿傳》均載在神龍三年（707）。

　　⑧　[校]堠：此同《呂衡州集》卷六《碑銘·三受降城碑銘并序》、《寧夏府志》卷十八
《藝文·銘·三受降城碑銘》，《唐文粹》卷五九《三受降城碑并序》、《四六法海》卷十一《三
受降城碑銘》作"候"。

　　⑨　[校]損：原作"捐"，據《唐文粹》卷五九《三受降城碑并序》、《四六法海》卷十一
《三受降城碑銘》、《寧夏府志》卷十八《藝文·銘·三受降城碑銘》改。又，《呂衡州集》卷六
《碑銘·三受降城碑銘并序》作"省"。

於海，西窮於天，納陰山於寸眸，拳大漠於一掌。驚塵飛而烽火耀，孤雁起而刁斗鳴，涉河而南，門用晏閑。① 韓公猶以為未也，方將建大旆，提金鼓，馳神算，② 鞠虎旅，看旄頭明滅，與太白進退。③小則責琛贄，④ 受厥角，定保塞一隅之安；大則倒狼居，竭瀚海，空西塞萬里之野。⑤ 大略方運，元勳不集，天其未使我唐無北顧之憂乎？厥後賢愚迭任，工拙異勢，剛者黷武，柔者敗律，城隳險固，寇得凌軼，或馳馬飲河而去，⑥ 或控弦劇壘而旋，⑦ 吾知韓公不瞑目於地下矣。

今天子誕敷文德，⑧ 茂育羣生，戢兵和親，戎狄右衽。然而軍志有

---

① ［校］閑：此同《四六法海》卷十一《三受降城碑銘》、《寧夏府志》卷十八《藝文·銘·三受降城碑銘》，《呂衡州集》卷六《碑銘·三受降城碑銘并序》、《唐文粹》卷五九《三受降城碑并序》作"閒"。

② ［校］算：此同《呂衡州集》卷六《碑銘·三受降城碑銘并序》、《四六法海》卷十一《三受降城碑銘》、《寧夏府志》卷十八《藝文·銘·三受降城碑銘》，《唐文粹》卷五九《三受降城碑并序》作"策"。

③ ［校］與：原作"興"，據《呂衡州集》卷六《碑銘·三受降城碑銘并序》、《唐文粹》卷五九《三受降城碑并序》、《四六法海》卷十一《三受降城碑銘》、《寧夏府志》卷十八《藝文·銘·三受降城碑銘》改。

④ ［校］小則責琛贄："責"，此同《呂衡州集》卷六《碑銘·三受降城碑銘并序》、《寧夏府志》卷十八《藝文·銘·三受降城碑銘》，《唐文粹》卷五九《三受降城碑并序》、《四六法海》卷十一《三受降城碑銘》作"貢"。"琛贄"，原作"贄琛"，據《呂衡州集》卷六《碑銘·三受降城碑銘并序》、《唐文粹》卷五九《三受降城碑并序》、《四六法海》卷十一《三受降城碑銘》、《寧夏府志》卷十八《藝文·銘·三受降城碑銘》改。

⑤ ［校］西塞：此同《寧夏府志》卷十八《藝文·銘·三受降城碑銘》，《呂衡州集》卷六《碑銘·三受降城碑銘并序》作"苦寒"，《唐文粹》卷五九《三受降城碑并序》、《四六法海》卷十一《三受降城碑銘》作"苦塞"。

⑥ ［校］馳：此同《寧夏府志》卷十八《藝文·銘·三受降城碑銘》，《呂衡州集》卷六《碑銘·三受降城碑銘并序》、《唐文粹》卷五九《三受降城碑并序》作"驅"，《四六法海》卷十一《三受降城碑銘》作"駈"。

⑦ ［校］劇：此同《呂衡州集》卷六《碑銘·三受降城碑銘并序》、《唐文粹》卷五九《三受降城碑并序》、《寧夏府志》卷十八《藝文·銘·三受降城碑銘》，《四六法海》卷十一《三受降城碑銘》作"刪"。

⑧ ［校］誕：原作"覃"，據《呂衡州集》卷六《碑銘·三受降城碑銘并序》、《唐文粹》卷五九《三受降城碑并序》、《四六法海》卷十一《三受降城碑銘》、《寧夏府志》卷十八《藝文·銘·三受降城碑銘》改。

"受降如敵"，大《易》有"安不忘危"。崇墉言言，其可弛柝，① 亦宜鎮以元老，授之廟勝，② 伸述舊職而恢遺功。③ 外勤撫綏，內謹經略，使其來不敢仰視，去不敢反顧，永詟猛氣，無生禍心，聳威馴恩，禽息荒外。④ 安固萬代，術何加焉？敢勒銘城隅，庶復隍而光烈不昧。銘曰：

韓侯受命，志在朔易。北方之強，制以全策。亘漠橫塞，⑤ 揭茲雄壁。如三鬬龍，躍出大澤。並分襟帶，各閉風雷。俯視陰山，仰看昭回。一夫登陴，萬里洞開。日晏秋盡，纖塵不來。時維韓侯，方運神妙。觀釁則動，乃誅乃弔。廓乎窮荒，盡日所照。天乎未贊，不策清廟。我聖耀德，罷肩北門。優而柔之，用息元元。曷若完守，推亡固存。于襄于夷，永裕後昆。

---

① ［校］弛：此同《四六法海》卷十一《三受降城碑銘》、《寧夏府志》卷十八《藝文·銘·三受降城碑銘》，《呂衡州集》卷六《碑銘·三受降城碑銘并序》作"施"，《唐文粹》卷五九《三受降城碑并序》作"弛"。

② ［校］勝：此同《唐文粹》卷五九《三受降城碑并序》、《四六法海》卷十一《三受降城碑銘》、《寧夏府志》卷十八《藝文·銘·三受降城碑銘》，《呂衡州集》卷六《碑銘·三受降城碑銘并序》作"算"。

③ ［校］伸：此同《寧夏府志》卷十八《藝文·銘·三受降城碑銘》，《呂衡州集》卷六《碑銘·三受降城碑銘并序》、《唐文粹》卷五九《三受降城碑并序》作"廁"，《四六法海》卷十一《三受降城碑銘》、《四庫》本《山西通志》卷一九一《三受降城碑銘并序》作"俾"，作"伸"疑誤。

④ ［校］禽息：此同《唐文粹》卷五九《三受降城碑并序》、《四六法海》卷十一《三受降城碑銘》、《寧夏府志》卷十八《藝文·銘·三受降城碑銘》，《呂衡州集》卷六《碑銘·三受降城碑銘并序》作"安居"。

⑤ ［校］漠：此同《寧夏府志》卷十八《藝文·銘·三受降城碑銘》，《呂衡州集》卷六《碑銘·三受降城碑銘并序》、《唐文粹》卷五九《三受降城碑并序》、《四六法海》卷十一《三受降城碑銘》作"漢"。

靈州誌蹟卷四

藝文誌第十六下

靈武二孝贊　　唐　李華

　　靈武二孝，曰侯知道、程俱羅。目不覿朝廷之容，[①] 耳不聞韶夏之聲，足不登齊魯之境，[②] 所見戎馬旃裘，參於夷狄而能生養以孝，沒奉以哀，穿壙起墳，出於身力。鄉人助之者，哭而反之。廬於塚次，號泣無節，侯氏七年矣，程氏三年矣。[③] 根於天性，陶我孝理，其至乎哉！[④] 埃垢積首，草生髮間。每大漠晨空，連山夜寂，人煙四絕，虎豹與鄰。擁墳椎膺，聲氣咽塞，下入九泉，上徹九天。背爛心朽，皮枯節孿，草木先秋而凋落，景氣不時而凝閉。[⑤] 殊鳥異獸，助之悲號。萬物有極，此哀無窮。大哉，二子能以孝終始乎！語曰：[⑥]"孝如曾參，不忍離其親。"[⑦] 生

---

　　① ［校］覿：原作"觀"，據《李遐叔文集》卷一、《文苑英華》卷七八〇、《唐文粹》卷二四《二孝讚并序》改。

　　② ［校］足：此字原脫，據《李遐叔文集》卷一、《文苑英華》卷七八〇、《唐文粹》卷二四《二孝讚并序》補。

　　③ ［校］三年：原作"二年"，據《新唐書》卷一九五《侯知道程俱羅傳》及《李遐叔文集》卷一、《文苑英華》卷七八〇、《唐文粹》卷二四《二孝讚并序》改。

　　④ ［校］乎哉：原作"矣乎"，據《李遐叔文集》卷一、《文苑英華》卷七八〇、《唐文粹》卷二四《二孝讚并序》改。

　　⑤ ［校］閉：此同《李遐叔文集》卷一、《唐文粹》卷二四《二孝讚并序》、《寧夏府志》卷十八《藝文·贊·靈武二孝贊》，《文苑英華》卷七八〇《二孝讚并序》作"煙"，"煙"字後小注曰"一作'閉'"。

　　⑥ 參見《史記》卷六九《蘇秦傳》。

　　⑦ ［校］其：此同《李遐叔文集》卷一、《唐文粹》卷二四《二孝讚并序》、《寧夏府志》卷十八《藝文·贊·靈武二孝贊》，《文苑英華》卷七八〇《二孝讚并序》作"於"，"於"字後小注曰"一作'其'"。

既不忍，① 殳忍離之哉？二子之孝，過於曾氏矣！② 昔吴起忍與母盟，陳
湯忍匿父喪；起謀復楚覇而戮死，③ 湯功釋漢耻而囚廢。神道昭昭，若何
無報？九州之衆，誰非人子，賤霜露者，聞風永懷。士有感一諾一顧，猶
或與之死生；嘉一草一木，④ 猶或為之歌詠，而況百行之宗，終天之感
乎？⑤ 華奉使朔陲，欲親往弔焉，屬河凌絶渡，願言不果。憑軹隔川，寄
聲二孝，同為贊一章，⑥ 敢旌善人以附惇史。⑦ 其文曰：

厥初生人，有君有親。孝於親者為子，忠於君者為臣。兆自天命，⑧
降及人倫。⑨ 背死不義，忘生不仁。愚及智就，為之禮文。⑩ 禮文不能節
其哀，繫道德之元純。至哉侯氏！創鉅病殷。手足胼胝，成此高墳。蔬果
為奠，茅蒲為茵。其奉也敬，其生也貧。大漠黄沙，空山白雲。柏庭既

　　① ［校］生既不忍：此同《李遐叔文集》卷一、《唐文粹》卷二四《二孝讚并序》、《寧夏
府志》卷十八《藝文·贊·靈武二孝贊》，《文苑英華》卷七八〇《二孝讚并序》作“生不忍
離”，“離”字後小注曰“一作‘生既不忍’”。

　　② ［校］曾氏：原作“曾參”，據《李遐叔文集》卷一、《文苑英華》卷七八〇、《唐文
粹》卷二四《二孝讚并序》改。

　　③ ［校］覇：此同《唐文粹》卷二四、《文苑英華》卷七八〇《二孝讚并序》、《寧夏府
志》卷十八《藝文·贊·靈武二孝贊》，《李遐叔文集》卷一《二孝讚并序》作“伯”。

　　④ ［校］嘉：原作“喜”，據《李遐叔文集》卷一、《文苑英華》卷七八〇、《唐文粹》卷
二四《二孝讚并序》改。

　　⑤ ［校］感：此同《寧夏府志》卷十八《藝文·贊·靈武二孝贊》，《李遐叔文集》卷一、
《文苑英華》卷七八〇、《唐文粹》卷二四《二孝讚并序》作“惑”。

　　⑥ ［校］同：此同《李遐叔文集》卷一、《唐文粹》卷二四《二孝讚并序》、《寧夏府志》
卷十八《藝文·贊·靈武二孝贊》，《文苑英華》卷七八〇《二孝讚并序》作“因”，“因”字後
小注曰“一作‘同’”。

　　⑦ ［校］以：此同《唐文粹》卷二四、《文苑英華》卷七八〇《二孝讚并序》、《寧夏府
志》卷十八《藝文·贊·靈武二孝贊》，《李遐叔文集》卷一《二孝讚并序》作“所以”。

　　⑧ ［校］天：原作“夭”，據《新唐書》卷一九五《侯知道程俱羅傳》及《李遐叔文集》
卷一、《文苑英華》卷七八〇、《唐文粹》卷二四《二孝讚并序》改。

　　⑨ ［校］降及：此同《新唐書》卷一九五《侯知道程俱羅傳》、《文苑英華》卷七八
〇《二孝讚并序》、《寧夏府志》卷十八《藝文·贊·靈武二孝贊》，《李遐叔文集》卷一、《唐
文粹》卷二四《二孝讚并序》作“降成”，《文苑英華》卷七八〇“及”字後小注曰“一作
‘成’”。

　　⑩ ［校］愚及智就為之禮文：“就為”，原作“為就”，據《李遐叔文集》卷一、《文苑英
華》卷七八〇、《唐文粹》卷二四《二孝讚并序》、《寧夏府志》卷十八《藝文·贊·靈武二孝
贊》改。《新唐書》卷一九五《侯知道程俱羅傳》作“過及智就為之禮文”。

夕，松路未晨。寇戎接境，豺狼成羣。[①] 夜黑飈動，如臨鬼神。哭無常
聲，迥徹蒼旻。風雨飄搖，支體鱗皴。色慘莪蒿，聲酸棘薪。苴斬三年，
而獨終身。[②] 邑子程生，[③] 其哀也均。顧後絕配，瞻前無鄰。冬十一月，
河冰塞津。[④] 吾將弔之，[⑤] 其路無因。寄誠斯文，揮涕河濱。

河源記[⑥]　元　潘昂霄

　　河源在吐蕃朵甘思西鄙，[⑦] 有泉百餘泓，[⑧] 或泉或潦，[⑨] 水沮汝渙
散，[⑩] 方可七八十里，且泥淖弱，[⑪] 不勝人蹟，近觀弗克，[⑫] 傍立高山下

---

　　① ［校］豺狼：此同《李遐叔文集》卷一、《唐文粹》卷二四《二孝讚并序》、《寧夏府
志》卷十八《藝文·贊·靈武二孝贊》，《文苑英華》卷七八〇《二孝讚并序》作“豺虎”，
“虎”字後小注曰“一作‘狼’”。
　　② ［校］而：此同《寧夏府志》卷十八《藝文·贊·靈武二孝贊》，《新唐書》卷一九五
《侯知道程俱羅傳》及《李遐叔文集》卷一、《文苑英華》卷七八〇、《唐文粹》卷二四《二孝
讚并序》作“爾”。
　　③ ［校］邑子：此同《唐文粹》卷二四、《文苑英華》卷七八〇《二孝讚并序》、《寧夏府
志》卷十八《藝文·贊·靈武二孝贊》，《新唐書》卷一九五《侯知道程俱羅傳》、《李遐叔文
集》卷一《二孝讚并序》均作“嗟嗟”。
　　④ ［校］河冰塞津：原同《寧夏府志》卷十八《藝文·贊·靈武二孝贊》作“河水寒
津”，據《李遐叔文集》卷一、《唐文粹》卷二四《二孝讚并序》改。《文苑英華》卷七八
〇《二孝讚并序》作“浮冰塞津”，“浮”字後小注曰“一作‘河’”。
　　⑤ ［校］弔：此同《唐文粹》卷二四《二孝讚并序》、《寧夏府志》卷十八《藝文·贊·
靈武二孝贊》，《李遐叔文集》卷一、《文苑英華》卷七八〇《二孝讚并序》作“唁”，《文苑英
華》“唁”字後小注曰“一作‘弔’”。
　　⑥ 《康熙陝志》卷三二、《乾隆甘志》卷四七《藝文·記》均題作《窮河源記》。疑或作
“河源志”，參見雪子《元潘昂霄〈河源志〉名稱考實》。
　　⑦ ［校］吐蕃：此同《寧夏府志》卷十九《藝文·記·河源記》，《元史》卷六三《地理
志》、《南村輟耕錄》卷二二《黃河源》作“土蕃”。
　　⑧ ［校］泓：原作“眼”，據《元史》卷六三《地理志》、《南村輟耕錄》卷二二《黃河
源》改。
　　⑨ ［校］或泉：此二字原脫，據《南村輟耕錄》卷二二《黃河源》補。
　　⑩ ［校］水沮汝渙散：《元史》卷六三《地理志》作“沮洳散煥弗可逼視”，《南村輟耕
錄》卷二二《黃河源》作“水沮洳散渙”。
　　⑪ ［校］泥淖：“淖”字原脫，據《南村輟耕錄》卷二二《黃河源》補。
　　⑫ ［校］近觀：《南村輟耕錄》卷二二《黃河源》作“逼觀”。

視，① 燦若列星，以故名火墩腦兒，② 譯言星宿海也。③ 羣流奔湍，④ 近五七里，滙二巨澤，名阿剌腦兒。⑤ 自西徂東，連屬吞噬廣輪。⑥ 馬行一日程，⑦ 迤邐東鶩成川，⑧ 號赤賓河。二三日程，水西南來，名亦里出，合赤賓。三四日程，水南來，名忽闌。⑨ 又水東南來，名也里术，合流入赤賓。其流浸大，⑩ 始名黃河，然水清，人可涉。又一二日，岐裂八九股，名也孫斡論，⑪ 譯言九渡，通廣六七里，⑫ 馬亦可渡。⑬ 又四五日程，水渾濁，土人抱革囊，乘馬過之。民聚部落，斜集木幹象舟，傅毛革以濟，僅容兩人。繼是兩山岐束，⑭ 廣可一里、二里或半里，深莫測矣。朵甘思東北鄙，有大雪山，名亦耳麻不莫剌。其山最高，譯言騰乞里塔，即崑崙

---

① ［校］傍立高山下視：《元史》卷六三《地理志》作“履高山下瞰”，《南村輟耕録》卷二二《黃河源》作“旁履高山下視”。

② ［校］火墩腦兒：此同《寧夏府志》卷十九《藝文·記·河源記》，《元史》卷六三《地理志》作“火敦腦兒”，《南村輟耕録》卷二二《黃河源》作“火敦惱兒”。

③ ［校］譯言星宿海也：此同《寧夏府志》卷十九《藝文·記·河源記》，《元史》卷六三《地理志》、《南村輟耕録》卷二二《黃河源》作“火敦譯言星宿也”。

④ ［校］奔湍：此同《寧夏府志》卷十九《藝文·記·河源記》，《元史》卷六三《地理志》作“奔輳”，《南村輟耕録》卷二二《黃河源》作“奔湊”。

⑤ ［校］腦：此同《元史》卷六三《地理志》、《寧夏府志》卷十九《藝文·記·河源記》，《南村輟耕録》卷二二《黃河源》作“惱”。

⑥ ［校］連屬：原作“連屬”，據《元史》卷六三《地理志》、《南村輟耕録》卷二二《黃河源》、《寧夏府志》卷十九《藝文·記·河源記》改。

⑦ ［校］日程：此同《南村輟耕録》卷二二《黃河源》、《寧夏府志》卷十九《藝文·記·河源記》，《元史》卷六三《地理志》作“日”。下同。

⑧ ［校］迤邐：原作“迤邐”，據《元史》卷六三《地理志》、《南村輟耕録》卷二二《黃河源》、《寧夏府志》卷十九《藝文·記·河源記》改。

⑨ ［校］忽闌：此同《元史》卷六三《地理志》、《寧夏府志》卷十九《藝文·記·河源記》，《南村輟耕録》卷二二《黃河源》作“忽蘭”。

⑩ ［校］浸：此同《寧夏府志》卷十九《藝文·記·河源記》，《元史》卷六三《地理志》作“浸”，《南村輟耕録》卷二二《黃河源》作“寖”。

⑪ ［校］斡：原作“幹”，據《元史》卷六三《地理志》、《南村輟耕録》卷二二《黃河源》改。

⑫ ［校］六七里：此同《南村輟耕録》卷二二《黃河源》、《寧夏府志》卷十九《藝文·記·河源記》，《元史》卷六三《地理志》作“五七里”。

⑬ ［校］馬：原作“為”，據《元史》卷六三《地理志》、《南村輟耕録》卷二二《黃河源》、《寧夏府志》卷十九《藝文·記·河源記》改。

⑭ ［校］束：原作“束”，據《元史》卷六三《地理志》、《南村輟耕録》卷二二《黃河源》、《寧夏府志》卷十九《藝文·記·河源記》改。

也。山腹至頂皆雪，冬夏不消。土人言遠年成冰時，① 六月見之。自八九股水至崑崙，行二十日程。② 河行崑崙南，半日程，既又四五日程，至地名灡即及灡提，二地相屬。又三日程，③ 地名哈刺別里赤兒，四達之衝也。多寇盜，有官兵鎮防。崑崙迤西，人簡少，多處山南。山皆不穹峻，水亦散漫，獸有犁牛，④ 野馬、狼、狍、⑤ 羱羊之類。其東，山益高，地亦漸下，岸狹隘，有狐可一躍而越之處。⑥ 行五六日程，有水西南來，名納鄰哈刺，譯言細黃河也。又兩日程，水南來，名乞兒馬出，二水合流入河。河北行轉西，至崑崙北。二日程地，水過之北流，少東，又北流入河。約行半月程，⑦ 至貴德州，地名必赤里，始有州治官府，州隸河州，置司吐蕃等處宣慰司所轄。又四五日程，至積石州，⑧ 即《禹貢》積石云。

靈州名賢祠碑記　僉事　張嘉謨　郡人

名賢者，古今賢人之有名者也。德行功業與夫利澤及人者，雖所建不同，顧因賢制名則一而已。名亦非要而得之者也，蓋實在此而名自若焉。大而九寰四海，小而一鄉一邑，無地無賢。而賢之名亦未嘗不流播後世。不賢者欲致一人一日之名尚不可得，況後世而為之祠乎？

---

① ［校］遠年成冰時：原作"遼年成水"，據《元史》卷六三《地理志》、《南村輟耕錄》卷二二《黃河源》改補。

② ［校］二十：原同《寧夏府志》卷十九《藝文·記·河源記》作"二十六"，據《元史》卷六三《地理志》、《南村輟耕錄》卷二二《黃河源》改。

③ ［校］又三日程：原同《元史》卷六三《地理志》作"又三日"，據《南村輟耕錄》卷二二《黃河源》補。

④ ［校］犁牛：此同《寧夏府志》卷十九《藝文·記·河源記》，《元史》卷六三《地理志》、《南村輟耕錄》卷二二《黃河源》作"犛牛"。

⑤ ［校］狍：此同《元史》卷六三《地理志》、《南村輟耕錄》卷二二《黃河源》、《寧夏府志》卷十九《藝文·記·河源記》，《康熙陝志》卷三二《藝文·記·窮河源記》作"豹"。

⑥ ［校］而越之處：《南村輟耕錄》卷二二《黃河源》作"越之者"。

⑦ ［校］約行：此二字原脫，據《元史》卷六三《地理志》、《南村輟耕錄》卷二二《黃河源》補。

⑧ ［校］積石：原作"磧石"，據《尚書正義》卷六《禹貢第一》、《元史》卷六三《地理志》、《南村輟耕錄》卷二二《黃河源》改。下句"積石"同改。

靈為關陝襟喉，國初以土、漢之人雜居之，今歷百年餘，益見繁庶。① 弘治中，都憲曹南王公珣始議奏添靈州及州學，拔州之俊秀為生徒。草創頃，王公適去，忌者從中以策已之。正德己卯，② 都憲東黃王公時中撫邊之暇，嘅曰：“聖朝文教，溥海內外，無不誕敷，而吾夫子之道，不以邊隅而或間。③ 州治未暇論，是學可已乎？”乃復疏具興廢之由，④ 及夷夏之人之願上之。皇上詢於禮曹卿屬，議曰：“可”，遂復學焉。未幾，學師篆相繼至。公集舊學生，復分寧夏餘生徙實之。夫子廟及學舍，悉修整倍。

昔固無名賢祠，州人曰：“惟地有賢，惟賢有祠，天下之通議也。靈雖遐邈，或生於其地，或仕於其方，先後未嘗無賢，不祠可乎？”乃各出羨餘，市材木，煅磚瓦，聚土石，鳩工役，卜大成殿後為祠三楹，案豆祭賞，悉有所取。工始於正德庚辰三月，⑤ 是歲八月事竣。靈之守臣吳山、趙璧，士夫李泰、⑥ 馬璘，師生龐經元、元經及嘉謨，咸擬古傅公燮在漢嘗仕議郎，多直諒，不避權貴，康公日知在唐為觀察使，封會稽郡王，忠拒叛逆，於靈為文行先達，可祀之。擬前王公珣、今王公時中於靈為功德及人，可祀之。偶聞於公，公不悅曰：“他所擬者皆宜，惟愚不可。⑦ 且興廢繼墜，政之常耳。”僉復進曰：“古者禦大災、捍大患、以勞定國，皆祠之。⑧ 公之功，非特一學也，若中路大沙井到萌城，每五里築墩，袤延相望，往來行旅遂不為黠虜所掩。添設中路參將一，統兵馬三千，今可

---

① ［校］益：原作“並”，據《嘉靖寧志》卷三《靈州守禦千戶所·壇壝祠祀》、《朔方新志》卷四《詞翰·靈州名賢祠碑記》改。

② 正德己卯：正德十四年（1519）。

③ ［校］邊隅：此同《寧夏府志》卷十九《藝文·記·靈州名賢祠碑記》，《嘉靖寧志》卷三《靈州守禦千戶所·壇壝祠祀》、《朔方新志》卷四《詞翰·靈州名賢祠碑記》均作“夷夏”。

④ ［校］具：原作“其”，據《朔方新志》卷四《詞翰·靈州名賢祠碑記》、《寧夏府志》卷十九《藝文·記·靈州名賢祠碑記》改。

⑤ 正德庚辰：正德十五年（1520）。

⑥ ［校］李泰：原作“季泰”，據《朔方新志》卷四《詞翰·靈州名賢祠碑記》、《寧夏府志》卷十九《藝文·記·靈州名賢祠碑記》改。

⑦ ［校］惟：《朔方新志》卷四《詞翰·靈州名賢祠碑記》、《寧夏府志》卷十九《藝文·記·靈州名賢祠碑記》作“為”。

⑧ ［校］祠：此同《朔方新志》卷四《詞翰·靈州名賢祠碑記》，《寧夏府志》卷十九《藝文·記·靈州名賢祠碑記》作“祀”。

以並過虜寇。清屯田之沙壓崩塌，使老少殘疾之人得輕賦稅，今得蘇息者，不可勝數。濬河渠而水利周，修險隘而邊塞鞏，潔無一芥之污，勞無一日之停。其功德及靈，茲又大矣。若為元祀尚宜，曷不可乎？」公再力辭曰：「禮樂必俟君子，愚智賢不肖，必百年而後定，其勿強焉。」復懇，復答如初。嗚呼！若公者，可謂不伐善、不施勞，而始終不變其執者。靈之後人，不能無賢且名者，他日祀是祠，興起其高山景行之念者，又未必不自茲始也。是為記。

鐵柱泉記　管律

去花馬池之西南、興武營之東南、小鹽池之東北，均九十里交會之處，水湧甘洌，是為鐵柱泉，日飲數萬騎弗之涸。幅幀數百里，又皆沃壤可耕之地。北虜入寇，往返必飲於茲。是故散掠靈、夏，長驅平、鞏，實深藉之。[①] 以其嬰是患也，並沃壤視為棄土百七十年矣。[②]

嘉靖十五年丙申，都察院左都御史兼兵部左侍郎松石劉公奉聖天子命，[③] 制三邊軍務，乃躬涉諸邊，意在悉關隘之夷險、城寨之虛實、兵馬之強弱、道路之緩急，[④] 而後畫禦戎之策，以授諸將。是故霜行藿食，弗避厥勞。至鐵柱泉，駐瞻移時，喟然諭諸將曰：「禦戎上策，其在茲矣。可城之使寇絕飲，[⑤] 固不戰自憊，何前哲弗於是是圖哉？」維時巡撫寧夏右副都御史字川張公，謀與公協，乃力襄之。即年秋七月丙申，按察僉事譚大夫闇，[⑥] 度垣堵，量高厚，計丈尺。鎮守、總兵官、都督，效帥師

---

①　［校］深：此字原脫，據《嘉靖寧志》卷三《寧夏後衛》、《朔方新志》卷四《詞翰·鐵柱泉記》補。

②　［校］棄：原作「葉」，據《朔方新志》卷四《詞翰·鐵柱泉記》、《寧夏府志》卷十九《藝文·記·鐵柱泉記》改。

③　［校］兵部：原作「兵都」，據《朔方新志》卷四《詞翰·鐵柱泉記》、《寧夏府志》卷十九《藝文·記·鐵柱泉記》改。

④　［校］緩急：此同《寧夏府志》卷十九《藝文·記·鐵柱泉記》，《嘉靖寧志》卷三《寧夏後衛》、《朔方新志》卷四《詞翰·鐵柱泉記》作「急緩」。

⑤　［校］寇：此同《寧夏府志》卷十九《藝文·記·鐵柱泉記》，《朔方新志》卷四《詞翰·鐵柱泉記》作「虜」。

⑥　［校］按：原作「案」，據《朔方新志》卷四《詞翰·鐵柱泉記》、《寧夏府志》卷十九《藝文·鐵柱泉記》改。

徒，具楨幹，從畚鍤，人樂趨事，競效乃力。越八月丁酉，城成，環四里許，高四尋有奇，而厚如之。城以衛泉，隍以衛城，工圖永堅，百七十年要害必爭之地，一旦成巨防矣。置兵千五，兼募土人守之。設官操馭，皆檢其才且能者。慮風雨不蔽之患，則給屋以居之。因地之利而利，則給田以耕之。草萊闢，禾黍蕃，① 又可以作牧而庶孳畜。棄於百七十年者，一旦大有資矣。其廨宇倉場，匪一不備，宏綱細節，匪一不舉，炫觀奪目，疑非草創之者。先時虜常內覘，河東諸堡為備甚勤。而必先之以食，雖翔價博易，猶虞弗濟。泉既城，虜憚南牧，則戍減費省，糴之價自不能騰，實又肇來者無窮之益，是皆出於公之卓識特見，而能乎人所未能。

今年丁酉，② 去茲泉南又百里許，亘東西為牆塹，於所謂梁家泉者亦城之。重關疊險，禦暴之計益密矣。③ 借虜騁驕忘忌入之，騎不得飲，進則為新邊所扼，退則為大邊所邀，天受之矣。用是以息中原之憂，以休番戍之兵，以寬饋餉之役。④ 豈第徵公出將入相之才之德而已。⑤ 功在社稷，與黃河、賀蘭實相悠久，⑥ 謂有紀極哉，是故不可以不記也。松石名天和，湖南麻城人。字川名文魁，中州蘭陽人。俱正德戊辰進士。⑦ 譚闇，西蜀蓬溪人，正德辛巳進士。⑧ 王効，陝西榆林人，正德丁丑武舉。⑨ 法得備書。

---

　　① ［校］蕃：原作“苗”，據《朔方新志》卷四《詞翰·鐵柱泉記》、《寧夏府志》卷十九《藝文·記·鐵柱泉記》改。

　　② 丁酉：嘉靖十六年（1537）。

　　③ ［校］暴：原作“慕”，據《朔方新志》卷四《詞翰·鐵柱泉記》、《寧夏府志》卷十九《藝文·記·鐵柱泉記》改。

　　④ ［校］役：原作“後”，據《朔方新志》卷四《詞翰·鐵柱泉記》、《寧夏府志》卷十九《藝文·記·鐵柱泉記》改。

　　⑤ ［校］豈第徵公出將入相之才之德而已：“第”，此同《寧夏府志》卷十九《藝文·記·鐵柱泉記》，《朔方新志》卷四《詞翰·鐵柱泉記》作“啻”。“而已”，此同《寧夏府志》卷十九《藝文·記·鐵柱泉記》，《朔方新志》卷四《詞翰·鐵柱泉記》作“而已焉”。

　　⑥ ［校］悠久：此同《寧夏府志》卷十九《藝文·記·鐵柱泉記》，《嘉靖寧志》卷三《寧夏後衛》、《朔方新志》卷四《詞翰·鐵柱泉記》作“遠邇”。

　　⑦ 正德戊辰：正德三年（1508）。

　　⑧ ［校］辛巳：原作“辛未”，據《明清進士題名碑錄》、《嘉靖寧志》卷三《寧夏後衛》改。“正德辛巳”，正德十六年（1521）。“正德辛未”，正德六年（1511）。

　　⑨ 正德丁丑：正德十二年（1517）。

重修邊牆記　巡撫　趙時春

　　國家威制四夷，嚴岨封守，① 而陝西屯四鎮強兵，以控遏北虜，花馬池尤為襟喉。減其北而益之墉，② 樓櫓臺燎、舖墩守哨之具，星列棊布，式罔不備。成化以來，其制漸渝。黠酋乘利，稍益破壞，以便侵盜。而大將率綺紈纓弁子，莫或耆禦，朝議益少之，始務遴梟將，③ 以功首級差相統制，而巡撫都御史居中畫其計，督監司主饋餉。更請置總制陝西三邊軍務，以上卿居之。士眾知爵賞可力致則颷起，而諸將奏功相繼，虜頗慴伏北引矣。

　　嘉靖十年，總制、兵部尚書兼右都御史王公瓊始興復之，虜倘屯結，④ 恫喝未克，即叙時用。唐公龍來代，博采羣獻，⑤ 惟良是是，凡厥邊保，悉恢故制。寧夏夾河西，⑥ 邐亘數百里，頹垣墊洫，於崇於潴。⑦嘉靖十四年秋，工乃告竣。請給官費僅二萬兩，役不踰數千人，無敢勞怨。行者如居，掠斂用息。是役也，相其謀者，則巡撫寧夏都御史楊公志學、張公文魁，⑧ 繩其任者，則巡按御史毛君鳳韶、⑨ 周君鐵；督其事者，

---

　　① ［校］嚴：原作“嚴”，據《朔方新志》卷四《詞翰·重修邊牆記》、《寧夏府志》卷十九《藝文·記·重修邊牆記》改。
　　② ［校］其北：此同《朔方新志》卷四《詞翰·重修邊牆記》，《趙時春文集校箋》卷二《重修花馬池邊牆記》作“其下”。
　　③ ［校］梟將：此同《朔方新志》卷四《詞翰·重修邊牆記》，《趙時春文集校箋》卷二《重修花馬池邊牆記》作“梟勁”。
　　④ ［校］倘：此同《朔方新志》卷四《詞翰·重修邊牆記》，《趙時春文集校箋》卷二《重修花馬池邊牆記》作“尚”。
　　⑤ ［校］羣：原作“郡”，據《朔方新志》卷四《詞翰·重修邊牆記》、《寧夏府志》卷十九《藝文·記·重修邊牆記》改。
　　⑥ ［校］河西：此同《朔方新志》卷四《詞翰·重修邊牆記》，《趙時春文集校箋》卷二《重修花馬池邊牆記》作“河東西”，疑是。
　　⑦ ［校］於崇於潴：《朔方新志》卷四《詞翰·重修邊牆記》、《寧夏府志》卷十九《藝文·記·重修邊牆記》作“于崇于潴”。
　　⑧ ［校］楊公志學張公文魁：此同《朔方新志》卷四《詞翰·重修邊牆記》，《趙時春文集校箋》卷二《重修花馬池邊牆記》兩“公”後均作“某”。
　　⑨ ［校］巡按：此同《朔方新志》卷四《詞翰·重修邊牆記》，《趙時春文集校箋》卷二《重修花馬池邊牆記》作“巡撫按監察”。

則按察司僉事劉君恩、① 譚君閭。至於擁衛士眾，遏絕軼突，則總兵官都督王劼。② 咸協共王役，③ 贊襄洪猷。是用勒銘，以永後範。銘曰：

　　夏高墉兮繚坤維，踞蓐收兮環彪螭。鎮貊貊兮伏獷㺄，揚威稜兮世永熙。④

東長城關記略⑤　　副使　齊之鸞

　　河東棄不毛千里，⑥ 皆古朔方地。成化間，即其處築長城三百餘里，⑦ 顧虜日抄掠，而城復卑薄，⑧ 安足為障乎？嘉靖己丑，⑨ 虜入寇，總制王公瓊破走之。乃憑城極目套壤，嘆曰：“城去營遠，賊至不即知。夷城入，信轡飛挈。設險守國，重門禦暴，不如是也。吾欲沿營畫塹，聯外內輔車犄角之勢。”乃疏論之，以之鸞與僉事張大用領其事，庚寅秋就緒。⑩ 及冬，虜入，果不能越。因復疏請，自紅山堡之黑水溝，至定邊之南山口，皆大為深溝高壘，峻華夷出入之防。塹深廣皆二丈，堤壘高一丈，廣二丈。⑪ 沙土易圮處則為牆，高者長二丈餘有差，而塹制視以深淺焉。關

---

　　① ［校］按察司：此同《朔方新志》卷四《詞翰·重修邊牆記》，《趙時春文集校箋》卷二《重修花馬池邊牆記》無“司”字。

　　② ［校］至於擁衛士眾遏絕軼突則總兵官都督王劼：此同《朔方新志》卷四《詞翰·重修邊牆記》，《趙時春文集校箋》卷二《重修花馬池邊牆記》無此十八字。

　　③ ［校］咸：此同《朔方新志》卷四《詞翰·重修邊牆記》，《趙時春文集校箋》卷二《重修花馬池邊牆記》無此字。

　　④ ［校］世永熙：《朔方新志》卷四《詞翰·重修邊牆記》、《趙時春文集校箋》卷二《重修花馬池邊牆記》均作“永庚夷”。

　　⑤ ［校］東長城關記略：《嘉靖寧志》卷三《寧夏後衛·邊防》題作《東關門記》。

　　⑥ ［校］棄：原作“弁”，據《朔方新志》卷四《詞翰·東長城關記略》、《寧夏府志》卷十九《藝文·記·東長城關記略》改。

　　⑦ ［校］其：原作“共”，據《朔方新志》卷四《詞翰·東長城關記略》、《寧夏府志》卷十九《藝文·記·東長城關記略》改。

　　⑧ ［校］而城復卑薄：“城”，原作“咸”，據《朔方新志》卷四《詞翰·東長城關記略》、《寧夏府志》卷十九《藝文·記·東長城關記略》改。“卑薄”，原作“差薄”，據《朔方新志》卷四《詞翰·東長城關記略》、《寧夏府志》卷十九《藝文·記·東長城關記略》改。

　　⑨ ［校］己丑：原作“乙丑”，據《寧夏府志》卷十九《藝文·記·東長城關記略》改。“嘉靖己丑”，嘉靖八年（1529）。“嘉靖乙丑”，嘉靖四十四年（1565）。

　　⑩ 庚寅：嘉靖九年（1530）。

　　⑪ ［校］二丈：此同《朔方新志》卷四《詞翰·東長城關記略》，《嘉靖寧志》卷三《寧夏後衛·邊防·東關門記》作“三丈”。

南四，清水、興武、安邊，以營堡名，在花馬池營東者為總要，則題曰
"長城關"。高臺層樓，雕革虎視，凭欄遠眺，朔方形勢，畢呈於下。毛
卜喇堡，① 設闇門一。② 又視夷險三五里，置周廬敵臺若干所，③ 皆設戍二
十人，乘城、擊刺、射蔽之器咸具。

楊王二公祠記　　巡撫　霍冀

　　靈州一路，乃寧鎮樞會之區。北望不百里遠即為虜巢。④ 其地澶漫夷
衍，虜悍騎迅，長驅莫之能制。毒痛蔓延，秦雍四民之苦於侵暴者久矣。
　　國朝成化間，始自州北築長城三百餘里，為扼險守固之計。顧歲久圮
剝，虜易窺軼。正德丁卯，⑤ 大學士、少傅、總制三邊邃庵楊公一清建議
請發內帑俏復舊邊。上報"可"，發銀若干萬兩。公畫地經費，自橫城興
工，僅築四十餘里，尋為逆瑾矯詔中止。時虜患無寧歲也。嘉靖己丑，⑥
太子太保、兵部尚書、總制三邊晉溪王公瓊復疏於朝，請終其緒。公得
報，身提重師，經略塞上，工自紅山堡起，至定邊止，延袤四百餘里，恢
拓遺功，克底成績。而綜理贊翊之者，則前為憲僉李君端澄，後為齊君之
鸞焉。迄今數十餘年，方內耕者、牧者、行旅者、戍守者，咸有恃而無
恐，非諸公大造之功德耶？
　　嘉靖丁巳，⑦ 靈州鄉官王堂、周鏞，庠生呂清、張俊、劉應璧、許宗
魯等，感今追昔，爰謀立祠。中路參將徐仁和迺後先相繼，備需鳩工。委
指揮雍詩等，⑧ 於城北構堂五楹，翼以兩序，重門周垣，罔不修飭，祀

---

　　① ［校］毛卜喇：《朔方新志》卷四《詞翰・東長城關記略》、《寧夏府志》卷十九《藝
文・記・東長城關記略》作"毛卜剌"。
　　② ［校］闇門：此同《寧夏府志》卷十九《藝文・記・東長城關記略》，《朔方新志》卷
四《詞翰・東長城關記略》作"暗門"。
　　③ ［校］干：原作"於"，據《朔方新志》卷四《詞翰・東長城關記略》、《寧夏府志》卷
十九《藝文・記・東長城關記略》改。
　　④ ［校］虜巢：原作"巢虜"，據《朔方新志》卷四《詞翰・楊王二公祠記》、《寧夏府
志》卷十九《藝文・記・楊王二公祠記》改。
　　⑤ 正德丁卯：正德二年（1507）。
　　⑥ 嘉靖己丑：嘉靖八年（1529）。
　　⑦ 嘉靖丁巳：嘉靖三十六年（1557）。
　　⑧ ［校］雍詩：原作"雍時"，據《朔方新志》卷四《詞翰・楊王二公祠記》、《寧夏府
志》卷十九《藝文・記・楊王二公祠記》改。

楊、王二公於其中，而以二憲僉附享焉。王堂等偕教官趙應奎，屬余為記。① 余惟先王之制，有功德於人者則祀之。聞兹長城之築，楊、王二公力任其事，羣議不撓。而憲僉李君端澄、齊君之鸞相繼督工，險艱不避，卒使崇墉岳立，大患捍除，即古之城朔方、築降城者未之過也。是皆功德顯著之甚大者，合而祀之，非禮也與？語曰：“德厚者，其感深；功大者，其思永。”今楊、王諸公沒世垂數十年，而士民之感思者無間於遠近今昔，忻忻然建祠舉祀，蓋無所為而為之者，又豈非天理民彝之不容己者耶。

　　噫！楊、王二公之德及一方、功施一時者，靈之士民固知之矣。至於施之宗社、被之天下者，亦嘗知之乎？楊公為相前後幾十年，王公為尚書歷吏、户、兵三部，皆當正德之末、嘉靖之初。時值多故，二公立朝，議大政，決大事，苟利國家，知無不為，險難百折，無所疑憚，故能光輔盛業，弘濟時艱。在朝廷則朝廷重，在邊鄙則邊鄙重，蔚然為當代名臣。余每思見其人，敬奉奔走而不可得也。近以承乏，出撫夏州，二年來亦得竊藉靈寵，幸無他虞，則所以崇報之者，豈獨士民宜爾耶。余既議行祀事，復為之記，俾刻石祠下，以永邊人之思，且使後來者有所感而興焉。

平虜大捷記② 　狀元翰林　康海

　　嘉靖十三年甲午，③ 虜酋吉囊盤據河套數年，秣馬勵兵，將圖大舉入寇。④ 兵部尚書兼都察院右都御史唐公龍與總兵官、⑤ 都督同知劉文講畫戰守之法，緩急遠近，部署咸定。

七月初，寧夏報吉囊結營於花馬池，唐公遂下令曰：[①]“賊寇延綏，鎮西將軍張鳳主之。[②]寇寧夏，征西將軍王效主之。[③]寇固原，都督劉文主之。其當衝截突，副總兵、都督僉事梁震主之。”十四日己卯，虜由定邊乾溝剷崖入鐵柱泉，[④]劉文堵截，不得犯固原。二十三日戊子，乃從青沙峴入寇安、會、金三縣，文率所部參將霍璽、崔高、彭濬，[⑤]守備吴英、[⑥]崔天爵，[⑦]馳兵往赴。明日己丑，戰於會寧棥家岔及葛家山，[⑧]斬其桀者數十人。虜懼思遁，文曰：“賊歸必自青沙峴。遊擊將軍李勳、守備陶希皐可趨青沙峴伏道以俟。紅古城、半箇城，零賊之所必犯，指揮王縉可按兵截殺。二城無事，海剌都、乾鹽池、[⑨]鳴沙州、石溝可安堵矣。”

八月四日戊戌，虜果合眾出青沙峴。文督戰當衝，伏兵盡起，復大敗虜眾。而王縉於半箇城與指揮田國亦破零賊。前後斬首一百二十又七，所獲韃馬一百三十又二，[⑩]甲冑、器械、衣物一千九百三十又七。梁震與參將吴吉、遊擊徐淮，守備戴經遇虜於乾溝，大戰破之。斬首一百八

① ［校］遂：此同《寧夏府志》卷十九《藝文·記·平虜大捷記》，《朔方新志》卷四《詞翰·總督唐龍平虜大捷記》、《嘉靖寧志》卷八《文·大明嘉靖平虜之碑》均無此字。

② ［校］鎮西：此同《朔方新志》卷四《詞翰·總督唐龍平虜大捷記》，《康對山先生集》卷三五《碑·大明嘉靖平虜之碑》作“定朔”。

③ ［校］征西：此同《朔方新志》卷四《詞翰·總督唐龍平虜大捷記》，《康對山先生集》卷三五《碑·大明嘉靖平虜之碑》作“平西”。

④ ［校］入：此同《朔方新志》卷四《詞翰·總督唐龍平虜大捷記》、《寧夏府志》卷十九《藝文·記·平虜大捷記》，《康對山先生集》卷三五《碑·大明嘉靖平虜之碑》、《嘉靖寧志》卷八《文·大明嘉靖平虜之碑》均作“擁入”。

⑤ ［校］霍璽崔高彭濬：此同《朔方新志》卷四《詞翰·總督唐龍平虜大捷記》，《康對山先生集》卷三五《碑·大明嘉靖平虜之碑》作“某”，不著姓名。

⑥ ［校］吴英：此同《朔方新志》卷四《詞翰·總督唐龍平虜大捷記》、《寧夏府志》卷十九《藝文·記·平虜大捷記》，《嘉靖寧志》卷八《文·大明嘉靖平虜之碑》作“吴瑛”。

⑦ ［校］守備吴英崔天爵：此同《朔方新志》卷四《詞翰·總督唐龍平虜大捷記》，《康對山先生集》卷三五《碑·大明嘉靖平虜之碑》作“某”，不著姓名。

⑧ ［校］棥家岔：此同《朔方新志》卷四《詞翰·總督唐龍平虜大捷記》，《康對山先生集》卷三五《碑·大明嘉靖平虜之碑》作“柳家營”。

⑨ ［校］乾鹽池：此同《朔方新志》卷四《詞翰·總督唐龍平虜大捷記》，《康對山先生集》卷三五《碑·大明嘉靖平虜之碑》作“鹽池”。下同。

⑩ ［校］韃馬：原作“達馬”，據《康對山先生集》卷三五《碑·大明嘉靖平虜之碑》改。下同。

十又五，① 所獲韃馬二百又四，器物四千七百四十又七。王效與副總兵苗鑾、② 遊擊鄭時、蔣存禮又遇虜於興武營，大戰破之。參將史經、劉潮分布韋州，③ 張年又從苗鑾擺邊，遇劉文驅虜，結營北奔，各哨奮勇，而前後斬首一百三十，所獲韃馬二百又二，器物二千一百六十又六。虜幸得及老營，晝夜亟遁。故海剌都、乾鹽池、鳴沙、石溝，號牛羊富有之地，雖經行，④ 不敢正目。視昔駐掠豳、隴，而諸將閉門籲天，不能得一遺鏃，何如哉？

　十萬之虜，經年在套秣馬勵兵，欲圖大舉。二旬之內，連復三捷。⑤ 蓋惟皇上神武聖文，知人善任，故唐公得以悉心壯猷，諸將得以攄忠自奮爾。語言"上下相須，⑥ 千古為難"，豈不信哉？唐公受命以來，寒暑僅四閱也，斬獲虜首殆及千餘。威寧、細溝之功，北征已後，謂為再見。今日之捷，⑦ 視威寧、細溝，不知相去幾許。廟堂與本兵大臣，必有以休休之心，翊贊皇度矣。方諸簡册，周宣、漢武，不足言也。邊方父老，以予撰碑，叙述其事，用告將來。⑧ 辭曰：

---

　　① ［校］五：原作"無"，據《朔方新志》卷四《詞翰·總督唐龍平虜大捷記》、《寧夏府志》卷十九《藝文·記·平虜大捷記》改。

　　② ［校］苗鑾：原同《朔方新志》卷四《詞翰·總督唐龍平虜大捷記》、《寧夏府志》卷十九《藝文·記·平虜大捷記》作"苗鸞"，據《康對山先生集》卷三五《碑·大明嘉靖平虜之碑》、《嘉靖寧志》卷八《文·大明嘉靖平虜之碑》改。下同。

　　③ ［校］劉潮：原同《朔方新志》卷四《詞翰·總督唐龍平虜大捷記》、《寧夏府志》卷十九《藝文·記·平虜大捷記》作"劉朝"，據《康對山先生集》卷三五《碑·大明嘉靖平虜之碑》、《嘉靖寧志》卷八《文·大明嘉靖平虜之碑》改。

　　④ ［校］雖經行："雖"，此同《朔方新志》卷四《詞翰·總督唐龍平虜大捷記》，《康對山先生集》卷三五《碑·大明嘉靖平虜之碑》作"雖具"。"經行"，原同《朔方新志》卷四《詞翰·總督唐龍平虜大捷記》、《寧夏府志》卷十九《藝文·記·平虜大捷記》作"緩行"，據《康對山先生集》卷三五《碑·大明嘉靖平虜之碑》、《嘉靖寧志》卷八《文·大明嘉靖平虜之碑》改。

　　⑤ ［校］復：此同《朔方新志》卷四《詞翰·總督唐龍平虜大捷記》，《康對山先生集》卷三五《碑·大明嘉靖平虜之碑》作"獲"。

　　⑥ ［校］語言：此同《朔方新志》卷四《詞翰·總督唐龍平虜大捷記》，《康對山先生集》卷三五《碑·大明嘉靖平虜之碑》作"語曰"。

　　⑦ ［校］今日之捷：此同《朔方新志》卷四《詞翰·總督唐龍平虜大捷記》，《康對山先生集》卷三五《碑·大明嘉靖平虜之碑》無此四字。

　　⑧ ［校］用：原作"周"，據《朔方新志》卷四《詞翰·總督唐龍平虜大捷記》、《嘉靖寧志》卷八《文·大明嘉靖平虜之碑》改。

惟明九業，① 篤生聖皇。允文允武，帝德用昌。因心弘化，寵綏萬邦。內治既洽，恩被邊疆。惠德有資，拂義必匡。元臣若德，逖惠厥常。② 蠢茲酋虜，潛蠕幽荒。教既未逮，螫亦屢猖。③ 盤據河套，未遂驅攘。豈天厭逆，乃爾乖方。④ 屢犯屢挫，曾不戒戕。公壯其猷，⑤ 九伐斯張。⑥ 青沙之役，易若驅羊。興武既戢，乾溝亦襄。大舉反衂，鼠竄惟囊。恭惟神武，所嚮必餤。況此元老，維德之行。弗崇虛譽，克屏譎狂。稽勳者勖，而無否臧。⑦ 元戎丕奮，參佐孔良。節制四載，其武湯湯。邪佞莫入，夸毗是惶。⑧ 皇心勿二，公德愈光。甲午之捷，⑨ 萬古所望。後賢秉鉞，尚慎勿忘。

靈州河堤記⑩　　巡撫　張九德

靈州阻河而城，⑪ 其西南當河流之衝，復趨而北可十里。每夏秋湍

---

①　〔校〕業：《朔方新志》卷四《詞翰·總督唐龍平虜大捷記》、《寧夏府志》卷十九《藝文·記·平虜大捷記》作"葉"。

②　〔校〕元臣若德逖惠厥常：《康對山先生集》卷三五《碑·大明嘉靖平虜之碑》此八字在下文"螫亦屢猖"句後。"逖"，原作"迪"，據《康對山先生集》卷三五《碑·大明嘉靖平虜之碑》、《朔方新志》卷四《詞翰·總督唐龍平虜大捷記》、《嘉靖寧志》卷八《文·大明嘉靖平虜之碑》改。

③　〔校〕猖：原作"倡"，據《朔方新志》卷四《詞翰·總督唐龍平虜大捷記》、《寧夏府志》卷十九《藝文·記·平虜大捷記》改。

④　〔校〕豈天厭逆乃爾乖方：此八字原脫，據《康對山先生集》卷三五《碑·大明嘉靖平虜之碑》補。

⑤　〔校〕公壯其猷：此同《朔方新志》卷四《詞翰·總督唐龍平虜大捷記》，《康對山先生集》卷三五《碑·大明嘉靖平虜之碑》作"公用赫怒"。

⑥　〔校〕九伐：此同《朔方新志》卷四《詞翰·總督唐龍平虜大捷記》，《康對山先生集》卷三五《碑·大明嘉靖平虜之碑》作"大伐"。

⑦　〔校〕而無：此同《朔方新志》卷四《詞翰·總督唐龍平虜大捷記》，《康對山先生集》卷三五《碑·大明嘉靖平虜之碑》作"咸協"。

⑧　〔校〕邪佞莫入夸毗是惶：此八字原脫，據《康對山先生集》卷三五《碑·大明嘉靖平虜之碑》補。

⑨　甲午：嘉靖十三年（1534）。

⑩　〔校〕靈州河堤記：《朔方新志》卷四《詞翰》題作《新築靈州河堤碑記》。

⑪　〔校〕城：《朔方新志》卷四《詞翰·新築靈州河堤碑記》作"成"。

激，受害不啻剝膚，而亦藉以灌溉。① 雖秦、② 漢二渠溉田至數千頃，而利與害錯，③ 其侵城實甚。粵稽洪武甲子迄今④，城凡三徙，皆以河故，而河亦益徙而東。自不佞來受事，不一載，去城僅數十武矣。⑤ 先是，禦河，歲役夫三千，束薪十萬，罔慮數百千金，⑥ 率委諸壑。人情洶洶，意非物力所能支，⑦ 議徙民徙城以為長策。⑧

不佞則謂，⑨ 禦河猶禦虜也，虜闌入，不偪之去，猶延之入乎?⑩ 且勢若建瓴，而僅僅積薪委土與陽侯爭，此助之決耳。計非巨石砥柱之不可，獨慮費且不貲。⑪ 計無出，不佞即捐月俸二百金為役者先。而謀之薦紳邑令戴君任、諸生輩及鄉三老聚族，⑫ 議堤以石，無所事薪，改徵河西年例柴價五百金。軍民願輸地基銀八十兩，暨諸捐助，驗庫藏之羨，合之得千四百有奇。貲用集矣，則議民間量地畝出夫，⑬ 量田里出車，調兩河營卒更番受役。工力備矣，乃造船百艘，運峽口石往來不絕。材具庀矣，遂請於先撫寧夏今制臺少司馬介石李公、前制臺今大司徒瞻予李公，俱報"可"，則以守備張大綏董堤務，指揮孟養浩司出納，經歷李盛春程工作，大興石堤之役。而議者紛若，謂濱河皆流沙，不任受石，⑭ 恐卒無成功。

---

①　［校］而亦藉以灌溉：此六字原脫，據《朔方新志》卷四《詞翰‧新築靈州河堤碑記》補。

②　［校］雖：《朔方新志》卷四《詞翰‧新築靈州河堤碑記》作"若"。

③　［校］而：《朔方新志》卷四《詞翰‧新築靈州河堤碑記》作"蓋"。

④　洪武甲子：洪武十七年（1384）。

⑤　武：古以六尺為"步"，半步為"武"。

⑥　［校］罔：《朔方新志》卷四《詞翰‧新築靈州河堤碑記》作"亡"。

⑦　［校］意非物力所能支：此七字原脫，據《朔方新志》卷四《詞翰‧新築靈州河堤碑記》補。

⑧　［校］議徙民徙城：《朔方新志》卷四《詞翰‧新築靈州河堤碑記》作"則議先徙民或亟徙城"。

⑨　［校］則：《朔方新志》卷四《詞翰‧新築靈州河堤碑記》作"嘅"。

⑩　［校］猶：《朔方新志》卷四《詞翰‧新築靈州河堤碑記》作"更"。

⑪　［校］獨慮費且不貲："獨慮"，《朔方新志》卷四《詞翰‧新築靈州河堤碑記》"獨"前有"而"字。"貲"，《朔方新志》卷四《詞翰‧新築靈州河堤碑記》作"訾"，疑誤。

⑫　［校］諸生輩及鄉三老聚族：原作"及諸生輩"，據《朔方新志》卷四《詞翰‧新築靈州河堤碑記》改補。

⑬　［校］地畝：《朔方新志》卷四《詞翰‧新築靈州河堤碑記》作"地分"。

⑭　［校］任受：原倒作"受任"，據《朔方新志》卷四《詞翰‧新築靈州河堤碑記》乙正。

適旋築旋潰，① 眾口愈囂。予堅持之曰：“此根虛易傾耳，水豈能負石而趨耶？”益令聚石投之，一日盡八百艘，三日基始定。於是從南隅實地始，累石為堤，② 首四十餘丈，用遏水衝。繼以次迤西而北，其累石亦如之，計堤長六千餘丈。③ 功甫成，而河西徙，復由故道。視先所受嚙地淤為灘，④ 可耕可藝，去城已十數里矣。

是役也，經始於天啟癸亥之正月，⑤ 告成於天啟乙丑之四月，⑥ 凡費時二年有半，費金九百一十有奇，費米、麥六十石，而貯尚有餘羨。念往歲議堤，請帑金萬二千，業奉旨下部覆不果，今議約三千金，猶慮不足。至厓少司馬公捐俸金百兩，⑦ 而同守盧君自立、參戎高君師孟等，亦醵助有差。然卒以有餘羨，故藺還。是皆百執事殫心經畫，靡有虛糜之成效也。

憶不佞初抵靈行河，籌之再三，始而秦渠堤隤，水暴洩，不能灌溉，為築長堤瀦之，歲比稔。而漢伯渠又苦無尾閭，腴田皆成巨浸，因以治堤之餘，為開蘆洞，長十三丈五尺，高廣各三丈五尺。自秦渠北岸抵窪橋，疏渠道三十里，瀉水入河，復故田數百頃，⑧ 增稅額數千石。不三月而竣，⑨ 凡費金五十六兩有奇，而椿鈺諸費不與焉。古有言：“河者，天下之大利大害也。”故《周禮》慎水政，以防止水，以瀦蓄水，以溝蕩水，其法甚備。自堤石而城無受嚙，庶幾於河之害遠矣。而二渠之役，⑩ 亦借

---

① ［校］適旋築旋潰：《朔方新志》卷四《詞翰·新築靈州河堤碑記》作“予不無動然旋築亦旋隤”。

② ［校］累石為堤：《朔方新志》卷四《詞翰·新築靈州河堤碑記》作“纍石特堅厚為堤”。

③ ［校］六千餘丈：《朔方新志》卷四《詞翰·新築靈州河堤碑記》作“為丈者六千有奇”。

④ ［校］視先所受嚙地淤為灘：《朔方新志》卷四《詞翰·新築靈州河堤碑記》無“視”、“地”二字。

⑤ 天啟癸亥：天啟三年（1623）。

⑥ 天啟乙丑：天啟五年（1625）。

⑦ ［校］至厓少司馬公捐俸金百兩：“捐”，原作“損”，據《朔方新志》卷四《詞翰·新築靈州河堤碑記》改。“百兩”，《朔方新志》卷四《詞翰·新築靈州河堤碑記》無“兩”字。

⑧ ［校］故田：《朔方新志》卷四《詞翰·新築靈州河堤碑記》“田”後有“可”字。

⑨ ［校］不三月而竣：此五字原脫，據《朔方新志》卷四《詞翰·新築靈州河堤碑記》補。

⑩ ［校］而：《朔方新志》卷四《詞翰·新築靈州河堤碑記》無此字。

以收其利。不佞三年於此，未事則憂物力，方事則憂成勞，已事則憂久遠。今幸三憂且釋，得藉手告終事矣。抑天下事，惟賢者能慮始，其次莫若因是三役者，因法於古，因石於山，因力於民，因能於眾，因主裁於上，獲逭喜事之辜，① 是皆今日所以成功之本也。例不可以無記，遂次其終始，以係之銘。銘曰：

渾渾經瀆，亘以金堤。順流而西，潛於靈府。禔福下土，聿羣靈武。爰固我圉，② 用昌我稷黍。匪處白璧，而崇紺益。是維川后之仁，俾無逢其蓄害。亦越千禩，曰寧以泰。

靈州張公堤記　太僕少卿　崔爾進

靈在寧夏鎮河以東，劉綜所謂“西陲巨屏”。③ 居人三時農作，寄命於河。河有渠曰漢延、④ 曰唐來，俱西，為鎮城所有。其在東者秦家一渠，古稱光祿等三渠，百家等八渠，今湮沒。意當時兼東、西渠名之，或曰即秦家支渠，皆不可考。渠故有堤，土薪間築，旋築旋圮，久之益廢，不復治，歲屢不登。

觀察張公〔九德〕既下車，亮采惠疇，大猷允迪。數問民所恫苦，得此，毅然謂：“非石碾無以集事。”於是相度鳩工，躬為激督綜覈，不半載告竣。延袤四百餘丈，高厚堅緻，亘如長虹，水無壅滯泛濫，頓成有年。畚鍤之費出公捐俸及搜括贖鍰，不以勞民，民大悅。營參戎馬君載道，併鄉紳縣尹戴君任等，即以張公名堤，如姑蘇之白公〔居易〕堤，武林之蘇公〔軾〕堤，而介郡貳守沈君道隆求余為記。⑤

余按河出崑崙墟，歷注蒲昌，⑥ 出積石，入燉煌諸境，以至朔方，此即其地也。河從高趨下，最善潰。至是為青銅峽約束，漸就平衍，稍得瀦

---

① ［校］喜事：《朔方新志》卷四《詞翰·新築靈州河堤碑記》作“任事”。

② ［校］圉：原作“圍”，據《朔方新志》卷四《詞翰·新築靈州河堤碑記》、《寧夏府志》卷十九《藝文·記·靈州河堤記》改。

③ 劉綜語參見《宋史》卷二七七《劉綜傳》、《長編》卷五〇咸平四年（1001）十二月條。

④ ［校］河：此字原脫，據《朔方新志》卷四《詞翰·靈州張公堤記》補。

⑤ ［校］貳守：原作“二守”，據《朔方新志》卷四《詞翰·靈州張公堤記》改。

⑥ ［校］注：此字原脫，據《朔方新志》卷四《詞翰·靈州張公堤記》、《寧夏府志》卷十九《藝文·記·靈州張公堤記》補。

瀉，① 以資稼穡。世謂天下多苦河害，惟朔方收河之利，良然。而關西諸鎮，九原、張掖，左右遏虜，此居其中，形雖鼎峙，實衿喉焉。自昔置材官輓飛，數萬甲仗糗芻之需，仰給帑金不及四萬緡，其餘民運而外，一切取足屯田，又何約也。持筴而畫者，毋亦曰濱河為利，微靈於天實甚奢。俾半食其力，以舒縣官急，而天何可常則亦利不利之，灼然者矣。

公清修介節，偉略直心，② 盤錯所至，剖決若神。日加意元元，綢繆其制作，永逸規模，成以指顧，③ 塍位相接，可導可郂，無潙、無洇、無淤。天若不自以旱乾水溢，為政而獲畬，④ 惟人斥鹵之塲，⑤ 芃芃桑麻，無論家給賦足，⑥ 陳穰我庾，⑦ 而市價不驟騰湧。荷戈輩宿飽以養直前之氣，縱天驕百萬，莫敢南向發一矢。即不然狡焉以逞，⑧ 阡陌蜿蜒，險阻繡錯，我以投石拔距之餘，遏飈風驟雨之眾，扼吭制撐，犂孤死命，⑨ 礩蕭斧伐朝茵耳。⑩

然則是役也，自金積而南，周索自我，入保出遮，虜絕甌脫之蹟。盡神臯奧區之域，惟公之所保厘而乂安之。⑪ 而余竊謂此井畫之遺也，趙營平行之金城而效矣。今大司徒所仰屋而嘆，必曰："遼餉加派南畮，三倍

---

① ［校］得：此字原脫，據《朔方新志》卷四《詞翰·靈州張公堤記》補。

② ［校］直心：此同《寧夏府志》卷十九《藝文·記·靈州張公堤記》，《朔方新志》卷四《詞翰·靈州張公堤記》作"真心"。

③ ［校］指顧：原作"顧顧"，據《朔方新志》卷四《詞翰·靈州張公堤記》、《寧夏府志》卷十九《藝文·記·靈州張公堤記》改。

④ ［校］獲：《朔方新志》卷四《詞翰·靈州張公堤記》、《寧夏府志》卷十九《藝文·記·靈州張公堤記》作"穫"。

⑤ ［校］人：此字原脫，據《朔方新志》卷四《詞翰·靈州張公堤記》補。

⑥ ［校］賦：原作"人"，據《朔方新志》卷四《詞翰·靈州張公堤記》、《寧夏府志》卷十九《藝文·記·靈州張公堤記》改。

⑦ ［校］穰：原作"因"，據《朔方新志》卷四《詞翰·靈州張公堤記》、《寧夏府志》卷十九《藝文·記·靈州張公堤記》改。

⑧ ［校］焉：原作"馬"，據《朔方新志》卷四《詞翰·靈州張公堤記》、《寧夏府志》卷十九《藝文·記·靈州張公堤記》改。

⑨ ［校］制撐犂孤：原作"踦角制彼"，據《朔方新志》卷四《詞翰·靈州張公堤記》、《寧夏府志》卷十九《藝文·記·靈州張公堤記》改。

⑩ ［校］茵：原作"菌"，據《朔方新志》卷四《詞翰·靈州張公堤記》、《寧夏府志》卷十九《藝文·記·靈州張公堤記》改。

⑪ ［校］乂：此同《寧夏府志》卷十九《藝文·記·靈州張公堤記》，《朔方新志》卷四《詞翰·靈州張公堤記》作"人"。

原額。監司二千石而下，且以此定殿最。新餉日急，舊餉日逋，急者終付尾閭，逋者致各塞有庚癸之呼。何如推公此法於薊門通津間，芟夷蓁無，① 嚴葺其圩堘埠坊，且耕且戰，不愈於水陸飛輓數千鍾致一鍾乎。"

公堤築既成，則有見於河漸內徙，懷襄之勢囓及城阯，② 復切猶溺之視，條畫石碾便宜，上之臺使者。興作伊始，民之室宇，靡所不奠居，以無至昏墊，微塞始有金湯。至夫蕭憲章，貞百度，嚴刁斗，明烽燧，飭將吏，課博士弟子，董正鹽法，嘗服援兵，芳施閎澤，③ 奕世利賴，則境以內，籍籍有口碑在道也。④ 虜公既奏，禮命有加，⑤ 行且授以大中丞節，⑥ 若圻父專九法，籌餉命旅，余與靈人又拭目廓清，浹膚藏髓，不區區北地闡熙間矣。公諱九德，號曙海，浙江慈谿人，萬曆辛丑進士。⑦

鍾靈書院碑記　知州　周人傑

靈武自唐漢以來，人材絕盛，著於舊史者，代不乏也。癸巳夏六月，⑧ 余奉檄攝州事，既釋奠於廟，進其學之諸文士，問以近今數十年來忠臣孝子義烈獨行之士，可舉為風化式者，茫無以對。重加廉訪，僅得節婦五人，即為申請旌表。又問其州之志，無有也。附於朔方郡者，亦斷自前明嘉靖間。⑨ 嗚呼！文獻之廢墜如此哉，是亦守土者之責也。當斯之時，欲於承乏。數月間續二百餘年之缺文，勒為一書，考稽既難，時復不給，誠有志未逮矣。夫徵文必先徵獻，十室之邑，有忠信百工居肆，事乃

---

① ［校］無：《朔方新志》卷四《詞翰‧靈州張公堤記》、《寧夏府志》卷十九《藝文‧記‧靈州張公堤記》作"蕪"。

② ［校］囓：原作"且"，據《朔方新志》卷四《詞翰‧靈州張公堤記》、《寧夏府志》卷十九《藝文‧記‧靈州張公堤記》改。

③ ［校］芳施閎澤：原作"傍施潤澤"，據《朔方新志》卷四《詞翰‧靈州張公堤記》、《寧夏府志》卷十九《藝文‧記‧靈州張公堤記》改。

④ ［校］籍籍：《寧夏府志》卷十九《藝文‧記‧靈州張公堤記》作"藉藉"。

⑤ ［校］虜公既奏禮命有加：《朔方新志》卷四《詞翰‧靈州張公堤記》、《寧夏府志》卷十九《藝文‧記‧靈州張公堤記》作"聖主睠膚公且坤遺有加"。

⑥ ［校］行且授以：此同《寧夏府志》卷十九《藝文‧記‧靈州張公堤記》，《朔方新志》卷四《詞翰‧靈州張公堤記》作"下尺一"。

⑦ 萬曆辛丑：萬曆二十九年（1601）。

⑧ 癸巳：乾隆三十八年（1773）。

⑨ ［校］斷：原作"繼"，據《寧夏府志》卷二〇《藝文‧記‧鍾靈書院碑記》改。

成。然則欲為斯土興人材，嗣休烈，書院之設，誠不可已。而又苦其先無尺地畝宮可藉手者，余於是愈為州人士憾焉。

秋七月，偶出城西門，見其野有屋數楹，短垣缺齧，聞其無人。問之，則前知州事江君名鯤者所建公廨也。計其地可十畝許，相其陰陽，渠流來自巽，西流繞出於屋後，地理家常以是為文明之象。余得之不勝喜曰：“靈武人文之盛，意在斯乎？”爰捐俸鳩工，刻期刱建。董其役者，寧夏廩生劉三戒、州貢生萬植、廩生祁絢、張駏、^①劉興海等。恪勤乃事，工繕而費不靡。門堂之制，為屋四重，左右學舍，共成九院。屋必南向，冬溫夏涼以適講誦。凡兩越月，工遂竣。顏其門曰“鍾靈書院”，其軒曰“環碧”，其後齋曰“遜敏”，又其後曰“活水天來”。一椽之布，一瓦之植，悉購於官，^②不以累民。自余代庖凡五月，每有爭官荒地，結訟不休者，大半斷歸書院。募民佃焉，而收其租，入計有一千餘畝。時有貢生賀景泰捐修南關，亦樂以餘貲相助。可見紳士聞風好義，將來定不乏人。余又捐米百石，以供來歲膏火。

嗚呼晶哉，^③諸生代遭聖明，緬懷前哲，得是地而砥礪琢磨其中，日有就，月有將，毋怠爾業，毋歧爾志。繼自今人材蔚興，豈徒擢高第，登顯仕，^④為閭里光？且必有忠孝、義烈、文學、德行名當世者，則志乘之作又未必不於是乎權輿也。因刻石而記之，並有望於後之蒞茲土者，成余未逮焉。

奎文書院碑記　　知州　廣玉

作事者必謀其始，謀斯臧，臧斯久，久斯不變，所謂有治人無治法，殆此意也。丁未仲夏，^⑤有請於余者，曰：“靈邑西郭門外，舊有書院，未數年而圮，敗瓦頹垣，一無存者。鄉士民不欲書院之荒落榛蕪也，輸貲積千餘兩，欲重建之。願明公遂其事。”余以為事當慎始。書院曩瀕水，浸滛潰溢，卒致湮沒。若再舉，而再廢之，徒糜財，曷益？遂不果。

---

① ［校］張駏：原作“張鉅”，據《寧夏府志》卷二〇《藝文·記·鍾靈書院碑記》改。

② ［校］購：原作“歸”，據《寧夏府志》卷二〇《藝文·記·鍾靈書院碑記》改。

③ ［校］晶：原作“最”，據《寧夏府志》卷二〇《藝文·記·鍾靈書院碑記》改。

④ ［校］仕：原作“任”，據《寧夏府志》卷二〇《藝文·記·鍾靈書院碑記》改。

⑤ 丁未：乾隆五十二年（1787）。

九月之望，因讀法詣，學署司鐸楊公，延余坐書室中。清幽厥適，遠絕塵囂。遂偕楊公四圍周視。東有園，蔚然深秀，前後皆隙地。乃謂楊公曰："向者諸生書院之請，君固知之矣，得斯地以襄斯舉，何善如之。然此地，君客座也，胡可廢？"楊公欣然曰："凡事有輕重，有大小，宏獎人倫，正俗維風之本，此公之責，亦余之志也。藐兹小構，其何所靳焉？"余聞之喜，進紳士語以故，擇其賢能者五六人集料鳩工。其規度：中設講堂，復建山長、書房；東西環精舍，明窗凈几，為讀書所。門南向，顏其額曰奎文書院。其他門房以居僕役、厨舍，以供炊爨，次第位置，各審其宜以視。西郭門外之舊制，尤加廓矣。

且夫人之好善，誰不如我，此舉從諸紳士請，黽勉經始。竊慮修脯、膏火之費無所出，詎意人情尚義，工甫作，而挾貲佽助者絡繹不絕，非所謂"眾擎易舉"者與？

蓋天下事，有急圖其成，而弗克成者，亦有難於圖成，而卒有成者。傳曰："專欲難成。"率作興事，屢省乃成，無他，公與私之間耳。公則人心響應，若愜夫眾欲之同，然不疾而速，不介而孚，所從來矣，曷敢貪士民力為己功。然吾聞"君子成人之美，不沒人之善。"靈邑素尚豪華，無憸薄之習，則斯舉也，謀臧則從，罔有異議，此風俗之醇，而亦官斯土者之所樂聞也，故為之記。

奎文書院碑記　知州　楊芳燦

乾隆丁未仲冬，[①]余膺簡命來牧斯邑。前攝州事者為長白桂亭廣君，謂余曰："州之西郭舊有鍾靈書院，頹廢久矣。邑之士民咸請重建。於學署東，偏得隙地數畝，端景相勢，凝工度木三月，於兹經營未半，君其觀厥成焉。"余曰："君誠能以經術潤吏事者，是美政也，余敢不踵成之？"

時方寒沍，因止工作。戊申之春，[②]余復鳩工，刻期蕆事。董斯役者，州貢生劉興海、生員顏俸、趙廷楷、廩生胡霖、湯銘盤等，始終無懈。又兩閱月，而始落成。得門堂四重，前後左右列屋三十餘間。其門額，廣君舊題曰奎文書院；講堂，余顏之曰麗澤諸生；學舍，東顏曰離

① 乾隆丁未：乾隆五十二年（1787）。
② 戊申：乾隆五十三年（1788）。

經，西曰辨志。傍有餘地，雜蒔栗、棗、菘、韭之屬，因顏曰東園。牆藩庖湢列置備具。可以庋圖史，可以設琴樽。堂宇雖不甚崇深，亦差免於湫隘矣。

仲夏，余即延師主講，進生童而試之，拔其儁異，得在書院肄業者三十人，其屆期而來校藝者，百有餘人。徂帶青衿，橫經問字，一邑之秀，萃於此焉。

余嘗謂古來碩儒談道必在名山，如楊子雲之元亭，馬季長之石室，雷次宗之廬山，王仲淹之龍門。書院之設，所由昉也。至鹿洞、鵝湖，規模大備類皆踞名勝、遠城市。今則書院設之於官，如欲擇崇岩峻壑之地，勢必不能。每見緊望之邑，其書院之近孔道者，輒假為傳舍迎候輿衛，不數年而生徒散矣，堂廡圮矣。若是者比比焉。茲幸書院之建，左依宮牆，右鄰學署，既不傆為供張之所，而遠離闤闠，其地清穆而敞閒。諸生遭遇隆平，沐浴膏澤，復得此地，以藏修游息，其勤勉當何如也！

余又稽鍾靈書院舊稽，稱歸入書院者，有官荒地千餘畝，今並無一二存者，遍搜舊牘，悉已散失，並見經守之難也。茲官師之修脯、生童之膏火，僅得廣君所捐一千緡，余涖任後，又捐二百緡，擇商民之老成者，歲權其息。大倉之旁，舊有市鋪七十餘間，俾墟鬻茲土者，歲納其租，計一歲所入無多，余深懼其不給，既捐俸百金以為之倡，更望邑之賢士大夫共贊其成，以期久遠不廢，庶無負廣君剏始之心也夫。是為之記。

峽口禹廟碑

原夫統系承於五帝，敷土之烈獨隆，隨刊徧於九州。鬈河之功，最大蓋溯陽紆之巨派。探板桐之遙源，枝流之并千渠。懸水之高，萬仞噓吸則轉旋，星宿蓄洩則鼓蕩風雷。而龍門未開，呂梁尚阻，元氣滔濯，百脈沸騰。異聚灰之可堙，豈捧土之能塞。使非神奇特起，聖睿挺生，何以奠坼副之黃輿，拯沈菑之赤子乎？

溯自石紐，降精玉、斗表，覘幹夫之蠱，分帝之憂。靈黿呈括象之圖，神龍獻導川之畫，丈人之稱九潦，將軍之號百蠱，五伯宣力，八神受命，咸稟指麾而助順，並宣勞勩以奏功。遂使霍蒲之地悉返耕桑，巢窟之氓盡登衽席。非天下之至神，其孰能與於此。

峽口者，黃流之險阨，紫塞之巨防也。舊稱銅口，亦曰青山。岜巑對

峙，似重樓之百常；突兀相望，伴圓闕之雙起。奔湍為之縛束，磧石為之
整落。下通伊闕，旁帶流沙。窅崖闢鳥獸之門，駴水集蛟鼉之窟。上有禹
廟，由來已久，飛欄虛構，浮柱相承，像設崇嚴，儀衛森列，所以資呵
護，妥神靈也。或者謂神功廣運，靈蹟遐宣，是以東造絕蹟，西延積石，
南逾赤岸，北達寒門。降雲華於清都，鑠支祈於惡浪，夷岳封青泥之檢，
洮水受黑玉之書。共知九野之平成，何待一方之尸祝，祀典得無近褻，明
神方且弗歆，殊不知其用力深者，其感人也遠。睹洪瀾之湍悍，識底定之
艱難，疏鑿居四瀆之先，勤勞分九載之半。胼手胝足，績用最多，馭氣乘
風，魂魄猶眭。

　　曩日，北阿之享歸，成功於上穹，今茲朔塞之祠，垂明禋於萬禩，亦
民之不忘舊德也，而何疑哉？惟是丹青歲久，霜露年侵，棟幹庸庰，宋廡
哆剝，徒襲卑宮之舊，未抒崇德之忱。制府福嘉勇公因巡閱之餘，行朝謁
之禮，憫摧殘之落構，察隱嶙之餘基，鳩工庀材，凝工度木，測景經始，
赳日藏功。金爵承雲，璇題納月。千尋桂柱，峙鰲背以巍峩；百尺梅梁，
化龍鱗而飛動。冕旒肅穆，寶光騰宛委之珪；椒苢氤氳，香氣覆昆吾之
鼎。將鐫樂石，遠命鮑生，知聖德之莫名，如天容之難繪，探秘文於岳
瀆，敢摹岣嶁之碑，囿淺見於方隅，僅紀崑崙之派云爾。

靈州移建太平寺碑

　　原夫禮燈王於石室，須陟名山，謁梵帝於香城。先尋福地丹崖崒嵂，
識檀特之高峰，碧嶂巃嵷，仰耆闍之峻嶽，千欒跨險，百栱凴虛，發雲構
於自然，極神功之不測，是以簡栖頭陀之頌。

　　蘭成麥積之銘，佐公天光之碑，子昇寒陵之石，莫不寫林霞之奇秀，
狀岩壑之幽深，遂使鵝殿增輝，龍宮長價，勒翠珉而不敝，標白㲲以長
新。若乃寶地迥於囂塵，靈境局於平壤，築昆侖之土，不過三成，開般若
之堂，無逾十笏。縱為椽筆，徒事華辭，何足以照燭人天，發揮龍象。然
而法惟平等，寧陋夫偏隅？教推廣大，不遺於荒徼。甂五乘以導迷途，宏
六度而濟塵劫，在有心者，能無述焉？

　　惟靈武之故城，即河奇之舊苑，沙瀾匝地，東接楊榆之關，河流帶
犬，西連雞鹿之塞。爰有梵刹，近崤亭皋，雖岡巒乏隱嶙之奇，而川原有
奧衍之勢。徒觀其靈宮四柱，祇樹雙林，星毫月面，供寶相之莊嚴；珠網

銀繩，護蓮臺之香妙；百枝鐙影，光搖怯夜之旛；九乳鐘音，響苔占風之鐸。崇軒間出，層構相承，已足狀紫塞之觀瞻，作青郊之屏障矣。矧夫闡微妙之法藏，具調御之神通。流傳沙界，諷光音之經；震動風輪，建塗毒之鼓。雪山吹藥，慧伏眾魔；苦海浮航，慈濟羣品。俾蜑慄之土俗，共結勝因；率剽悍之人風，爭趨善果。詎非象教之宏誘、法王之神化歟？方今遐邇乂安，中外禔福，種人內嚮，裔士永寧。七政均明，躋蒼生於曼壽；三階齊色，慶豐年之樂康。見瑞星雲，降甘露雨。此太平寺之所由名也。是則嘉禾合穎，詎讓蕋芴之芬；密樹垂陰，即是菩提之彩；元齠黃髮，俱遊釋梵天宮；野菽溪毛，如厴衹洹法供。又何必訪裁民之國、登化人之臺，求鷲窟之净居、企鹿野之華苑也哉？

　　惟是舊基卑濕，流潦浸滔，高櫚岌以將傾，繚垣舉而不直，苔侵玉座，雨壞寶衣，奔流深黑，非關刼燒之餘，驚沙坐飛，似集微塵之眾。余職司守，惡然於心，爰出俸金，以倡善信，更命僧心，福摹之四境，以廣檀施。鳩工庀材，凝土度木，去故址三百餘步，築平臺二十餘丈。雕甍映日，鵬翼將騫；翠瓦排雲，魚麟欲動。寶龕忽徙，疑忉利之飛來；紺宇潛移，肖化城之涌出。

　　是役也，檀行髣趨，役徒麕至。闢三空之勝境，啟七華之妙覺，分菴羅之净土，樹堅固之貞林，諸天則籍以閑安，法吕亦此焉遊集。某未通釋典，摛寫葉之元詞，夙慕禪宗，喻貫華之微旨，非云宣揚正覺，於以歌詠太平。迺為頌曰：

　　靈郊净域，朔塞香林。松關左闢，茵閣斜臨。近帶華薄，旁連碧潯。圓鏡四照，洪鐘一音。持戒定慧，越去來今。丹青歲古，霜露年深。堤衝蟻穴，潦集牛涔。銀楹哆剝，珠字銷沉。金容雨立，瑞象塵侵。萬善咸起，眾力克任。康時胥樂，至教同欽。手雨七寶，掌出雙金。①層臺駭矚，麗堵崟崟。影藏怖鴿，樂應靈禽。花雨灑落，松風嘯吟。慧日夜朗，慈雲晝陰。定香浥浥，静梵愔愔。早耽白業，敢悶清襟。憑廣長舌，寫妙明心。眞如不住，了義難尋。

---

　　①　〔校〕金：此字原脫，張建華等整理本據國立蘭州圖書館 1947 年抄本《重修靈州志》（以下簡稱“甘圖本”）補。

鹽州過飲馬泉①　李益

綠楊著水草如煙，②　舊是鹽州飲馬泉。③
幾處吹笳明月夜，何人倚劍白雲天？④
從來凍合關山路，⑤　今日分流漢使前。⑥
莫遣行人照容鬢，⑦　恐驚憔悴入新年。

夜上受降城聞笛⑧

回樂峰前沙似雪，⑨　受降城外月如霜。⑩

---

　　①　［校］鹽州過飲馬泉：此同《乾隆甘志》卷四九《藝文·詩》，《三體唐詩》卷四題作《過九原飲馬泉》，《唐詩品彙》卷八七、《全唐詩》卷二八三題作《鹽州過胡兒飲馬泉》，《全唐詩》卷二八三並注“一作‘過五原胡兒飲馬泉’”。

　　②　［校］綠楊著水草如煙：“草”，《文苑英華》卷二九九《過五原至飲馬泉》作“宛”。“著”，此同《全唐詩》卷二八三《鹽州過胡兒飲馬泉》、《乾隆甘志》卷四九《藝文·詩·鹽州過飲馬泉》，《三體唐詩》卷四《過九原飲馬泉》、《唐詩品彙》卷八七《鹽州過胡兒飲馬泉》作“着”。

　　③　［校］鹽州：《三體唐詩》卷四《過九原飲馬泉》，《唐詩品彙》卷八七、《全唐詩》卷二八三《鹽州過胡兒飲馬泉》，《乾隆甘志》卷四九《藝文·詩·鹽州過飲馬泉》均作“胡兒”。

　　④　［校］人：此同《全唐詩》卷二八三《鹽州過胡兒飲馬泉》，《文苑英華》卷二九九《過五原至飲馬泉》作“時”。

　　⑤　［校］路：此同《唐詩品彙》卷八七、《全唐詩》卷二八三《鹽州過胡兒飲馬泉》、《乾隆甘志》卷四九《藝文·詩·鹽州過飲馬泉》，《三體唐詩》卷四《過九原飲馬泉》作“道”。

　　⑥　［校］分流：此同《唐詩品彙》卷八七、《全唐詩》卷二八三《鹽州過胡兒飲馬泉》、《乾隆甘志》卷四九《藝文·詩·鹽州過飲馬泉》，《三體唐詩》卷四《過九原飲馬泉》作“流分”。

　　⑦　［校］遣：此同《三體唐詩》卷四《過九原飲馬泉》、《全唐詩》卷二八三《鹽州過胡兒飲馬泉》、《乾隆甘志》卷四九《藝文·詩·鹽州過飲馬泉》，《唐詩品彙》卷八七《鹽州過胡兒飲馬泉》作“道”。

　　⑧　［校］夜上受降城聞笛：此同《全唐詩》卷二八三、《古今詩刪》卷二二、《唐詩紀事》卷三〇，《文苑英華》卷二一二題作《聞笛》。據《古今詩刪》卷二二、《唐詩紀事》卷三〇，此詩作者系李益。

　　⑨　［校］回樂峰：此同《古今詩刪》卷二二《夜上受降城聞笛》，《全唐詩》卷二八三《夜上受降城聞笛》作“回樂峰”，並注“一作‘烽’”，《唐詩紀事》卷三〇《夜上受降城聞笛》作“回樂烽”，並注“烽，烽火台也”。

　　⑩　［校］城外：此同《古今詩刪》卷二二《夜上受降城聞笛》，《唐詩鏡》卷三四《夜上受降城聞笛》作“城上”，《唐詩紀事》卷三〇《夜上受降城聞笛》作“城下”，《全唐詩》卷二八三《夜上受降城聞笛》亦作“城下”，並注“一作‘上’，一作‘外’”。

不知何處吹蘆管，① 一夜征人盡望鄉。

城鹽州　白居易

城鹽州，城鹽州，城在五原原上頭。
蕃東節度鉢闡布，忽見新城當要路。
金烏飛傳贊普聞，② 建牙傳箭集羣臣。
君臣赭面有憂色，③ 皆言勿謂唐無人。
自築鹽州十餘載，左紝氊求不犯塞。④
晝牧牛羊夜捉生，長去新城百里外。
諸邊急警勞戍人，⑤ 惟此一道無烟塵。
靈夏潛安誰復辯，秦原暗通何處見？
郦州馴路好馬來，長安藥肆黃芪賤。⑥
城鹽州，⑦ 鹽州未城天子憂。

---

① 〔校〕蘆管：《全唐詩》卷二八三《夜上受降城聞笛》亦作"蘆管"，並注"一作'笛'"。

② 〔校〕金烏：此同《白居易詩集校注》卷三、《白氏長慶集》卷三、《樂府詩集》卷九八、《全唐詩》卷四二六《城鹽州》。按：《白居易詩集校注》卷三此詩校記云："《白氏諷諫》、神田本等抄本作'金烏'"。

③ 〔校〕君臣赭面有憂色："君臣"，此同《白居易詩集校注》卷三、《白氏長慶集》卷三、《樂府詩集》卷九八、《全唐詩》卷四二六《城鹽州》。按：《白居易詩集校注》卷三此詩校記云："《白氏諷諫》、神田本等抄本作'羣臣'"。"赭"，此同《白居易詩集校注》卷三《城鹽州》，《白氏長慶集》卷三《城鹽州》作"頳"，《全唐詩》卷四二六、《樂府詩集》卷九八《城鹽州》作"頳"。

④ 〔校〕左紝：原作"至今"，據《白居易詩集校注》卷三、《白氏長慶集》卷三、《樂府詩集》卷九八、《全唐詩》卷四二六《城鹽州》改。

⑤ 〔校〕急警勞戍人：此同《白居易詩集校注》卷三、《白氏長慶集》卷三、《樂府詩集》卷九八、《全唐詩》卷四二六《城鹽州》。按：《白居易詩集校注》卷三此詩校記云："〔急警〕《白氏諷諫》、神田本等抄本作'警急'。〔勞戍人〕 神田本等抄本作'勞戎人'"。

⑥ 〔校〕長安藥肆黃芪賤："藥肆"，此同《白居易詩集校注》卷三、《白氏長慶集》卷三、《樂府詩集》卷九八、《全唐詩》卷四二六《城鹽州》。按：《白居易詩集校注》卷三此詩校記云："神田本等抄本作'藥價'"。"黃芪"，《白居易詩集校注》卷三、《白氏長慶集》卷三、《全唐詩》卷四二六《城鹽州》作"黃耆"，《樂府詩集》卷九八《城鹽州》作"黃耆"。

⑦ 〔校〕城鹽州鹽州未城天子憂：此同《白居易詩集校注》卷三、《樂府詩集》卷九八、《全唐詩》卷四二六《城鹽州》，《白氏長慶集》卷三《城鹽州》作"城鹽州城鹽州未城天子憂"。按：《白居易詩集校注》卷三此詩校記云："〔城鹽州〕 神田本等抄本三字重。"

德宗按圖自定計，非關將略與廟謀。
吾聞高宗中宗世，北虜猖狂最難制。①
韓公創築受降城，三城鼎峙屯漢兵。
東西亘絕數千里，耳冷不聞胡馬聲。②
如今邊將非無策，心笑韓公築城壁。
相看養寇為身謀，各握強兵固恩澤。
願分今日邊將恩，褒贈韓公封子孫。
誰能將此鹽州曲，翻作歌詞聞至尊?③

送李騎曹之靈武④ 　郎士元⑤

一歲一歸寧，涼天數騎行。
河來當塞曲，⑥ 山遠與沙平。
縱獵旗風捲，聽笳帳月生。

---

① ［校］猖狂：原作“猖獗”，據《白居易詩集校注》卷三、《白氏長慶集》卷三、《樂府
詩集》卷九八、《全唐詩》卷四二六《城鹽州》改。

② ［校］耳冷：此同《白居易詩集校注》卷三、《白氏長慶集》卷三、《樂府詩集》卷九
八、《全唐詩》卷四二六《城鹽州》。按：《白居易詩集校注》卷三此詩校記云：“馬本、《唐音
統籤》作‘耳聆’，公文本、曾本《白氏諷諫》作‘耳聽’。”

③ ［校］翻作：此同《白居易詩集校注》卷三、《白氏長慶集》卷三、《樂府詩集》卷九八、
《全唐詩》卷四二六《城鹽州》。按：《白居易詩集校注》卷三此詩校記云：“神田本等抄本作
‘播作’。”

④ ［校］送李騎曹之靈武：《唐百家詩選》卷七、《全唐詩》卷二四八題作《送李騎曹之靈
武寧侍》，《唐僧弘秀集》卷三、《瀛奎律髓》卷三○、《石倉歷代詩選》卷一○六、《全唐詩》
卷八一三題作《送李騎曹之武寧》，《全唐詩》卷八一三並注云：“一作‘送威武李騎曹之靈武寧
省’”，《文苑英華》卷二八四、《古今禪藻集》卷四題作《送威衛李騎曹之靈武寧省》。

⑤ ［校］郎士元：此同《唐百家詩選》卷七、《全唐詩》卷二四八《送李騎曹之靈武寧
侍》，《文苑英華》卷二八四《送威衛李騎曹之靈武寧省》、《石倉歷代詩選》卷一○六《送李騎
曹之武寧》作“釋無可”，《全唐詩》卷八一三《送李騎曹之武寧》、《古今禪藻集》卷四《送威
衛李騎曹之靈武寧省》作“無可”，《瀛奎律髓》卷三○《送李騎曹之武寧》作“顧非熊”。

⑥ ［校］曲：此同《唐百家詩選》卷七《送李騎曹之靈武寧侍》，《文苑英華》卷二八四
《送威衛李騎曹之靈武寧省》，《唐僧弘秀集》卷三《送李騎曹之武寧》，《石倉歷代詩選》卷一
○六《送李騎曹之武寧》，《全唐詩》卷二四八《送李騎曹之靈武寧侍》、卷八一三《送李騎曹
之武寧》，《瀛奎律髓》卷三○《送李騎曹之武寧》。按：《全唐詩》卷八一三於“曲”下注云：
“一作‘盡’，一作‘斷’”。

新鴻引寒色，① 回日滿京城。②

送鄒明府遊靈武　賈島

曾宰西畿縣，③ 三年馬不肥。
債多憑劍與，④ 官滿載書歸。
邊雪藏行徑，林風透卧衣。
靈州聽曉角，客舘未開扉。

送李騎曹靈州歸覲⑤　張籍

翩翩出上京，幾日到邊城？
漸覺風沙處，⑥ 還將弓箭行。
席箕侵路暗，野馬見人驚。
軍府知歸慶，應教數騎迎。

---

① ［校］寒：原作"塞"，據《唐百家詩選》卷七《送李騎曹之靈武寧侍》，《文苑英華》卷二八四《送威衛李騎曹之靈武寧省》，《唐僧弘秀集》卷三《送李騎曹之武寧》，《石倉歷代詩選》卷一〇六《送李騎曹之武寧》，《全唐詩》卷二四八《送李騎曹之靈武寧侍》、卷八一三《送李騎曹之武寧》，《瀛奎律髓》卷三〇《送李騎曹之武寧》改。

② ［校］滿：此同《唐百家詩選》卷七《送李騎曹之靈武寧侍》，《文苑英華》卷二八四《送威衛李騎曹之靈武寧省》，《唐僧弘秀集》卷三《送李騎曹之武寧》，《石倉歷代詩選》卷一〇六《送李騎曹之武寧》，《全唐詩》卷二四八《送李騎曹之靈武寧侍》、卷八一三《送李騎曹之武寧》，《瀛奎律髓》卷三〇《送李騎曹之武寧》。按：《全唐詩》卷八一三於"滿"下注云："一作'落'"。

③ ［校］西畿縣："畿"，原作"幾"，據《長江集》卷三、《瀛奎律髓》卷二四、《全唐詩》卷五七二《送鄒明府遊靈武》，《朔方新志》卷五《詞翰·詩·送鄒明府遊靈武》等改。

④ ［校］憑：《長江集》卷三《送鄒明府遊靈武》，《瀛奎律髓》卷二四、卷三〇《送鄒明府遊靈武》，《石倉歷代詩選》卷七二《送鄒明府遊靈武》，《全唐詩》卷五七二《送鄒明府遊靈武》均作"平"，《朔方新志》卷五《詞翰·詩·送鄒明府遊靈武》作"憑"。按：《長江集》卷三於"平"下注云："一作'憑'"，《瀛奎律髓》卷二四注云："'平'一作'憑'"。

⑤ ［校］送李騎曹靈州歸覲：此同《張司業集》卷三、《全唐詩》卷三八四，《文苑英華》卷二七七作"送李騎曹靈川歸覲"。

⑥ ［校］處：此同《文苑英華》卷二七七《送李騎曹靈川歸覲》，《張司業集》卷三、《全唐詩》卷三八四《送李騎曹靈州歸覲》作"起"。

送靈州田尚書　薛逢

陰風獵獵滿旗竿，① 白草颭颭劍戟攢。②

九姓羌渾隨漢節，六州蕃落縱戎鞍。③

霜中入塞琱弓硬，④ 月下翻營玉帳寒。

今日路傍誰不指，⑤ 穰苴門户慣登壇。

峽口山⑥ 〔張舜民〕

青銅峽裏韋州路，⑦ 十去從軍九不回。⑧

---

①　[校] 旗：此同《文苑英華》卷二八一、《古今事文類聚遺集》卷十、《唐詩鼓吹》卷二、《石倉歷代詩選》卷九四、《全唐詩》卷五四八《送靈州田尚書》等，《唐詩品彙》卷八九《送靈州田尚書》作“旌”。按：《全唐詩》卷五四八於“旗”下注云：“一作‘旌’”。

②　[校] 戟：此同《唐詩鼓吹》卷二、《唐詩品彙》卷八九、《石倉歷代詩選》卷九四《送靈州田尚書》，《文苑英華》卷二八一、《古今事文類聚遺集》卷十、《全唐詩》卷五四八《送靈州田尚書》作“氣”。按：《全唐詩》卷五四八於“氣”下注云：“一作‘戟’”。

③　[校] 六州蕃落縱戎鞍：“蕃落”，此同《文苑英華》卷二八一、《唐詩鼓吹》卷二、《唐詩品彙》卷八九、《全唐詩》卷五四八《送靈州田尚書》等，《石倉歷代詩選》卷九四《送靈州田尚書》作“番落”，《古今事文類聚遺集》卷十《送靈州田尚書》作“蕃漢”。“縱”，《文苑英華》卷二八一、《古今事文類聚遺集》卷十、《唐詩鼓吹》卷二、《唐詩品彙》卷八九、《全唐詩》卷五四八《送靈州田尚書》等均作“從”，《石倉歷代詩選》卷九四《送靈州田尚書》作“跨”。

④　[校] 硬：此同《文苑英華》卷二八一、《古今事文類聚遺集》卷十、《唐詩鼓吹》卷二、《石倉歷代詩選》卷九四、《全唐詩》卷五四八《送靈州田尚書》等，《唐詩品彙》卷八九《送靈州田尚書》作“響”。按：《全唐詩》卷五四八於“硬”下注云：“一作‘響’”。

⑤　[校] 今日路傍誰不指：“傍”，此同《文苑英華》卷二八一、《唐詩鼓吹》卷二、《石倉歷代詩選》卷九四、《全唐詩》卷五四八《送靈州田尚書》等，《古今事文類聚遺集》卷十、《唐詩品彙》卷八九《送靈州田尚書》作“旁”。“指”，此同《文苑英華》卷二八一、《唐詩鼓吹》卷二、《唐詩品彙》卷八九、《石倉歷代詩選》卷九四、《全唐詩》卷五四八《送靈州田尚書》等，《古今事文類聚遺集》卷十《送靈州田尚書》作“識”。

⑥　宋張舜民撰《畫墁集》卷四《西征回途中二絕》收有此詩，詩名“峽口山”為後人所加。

⑦　[校] 青銅峽：此同《東坡志林》卷四、《畫墁集》卷四《西征回途中二絕》、《漁隱叢話》前集卷五二、《詩人玉屑》卷十八《西征二絕》，《仇池筆記》卷下《西征途中詩》、《東原錄》、《類說》卷十《西征途中詩》作“青岡峽”，《朔方新志》卷五《詞翰·詩·峽口山》作“青銅硤”。據《寧夏歷史地理考》卷一二，“青銅峽”當作“青岡峽”。

⑧　[校] 十：原作“千”，據《東坡志林》卷四、《畫墁集》卷四《西征回途中二絕》、《漁隱叢話》前集卷五二、《詩人玉屑》卷十八《西征二絕》、《朔方新志》卷五《詞翰·詩·峽口山》改。

白骨似沙沙似雪，^① 憑君莫上望鄉臺。^②

漢渠春漲^③ 〔朱栴〕

神河浩浩來天際，別絡分流號漢渠。
萬頃腴田霑灌溉，千家禾黍足耕鋤。
三春雪水桃花泛，二月和風梆眼舒。
追憶前人疏鑿後，於今利澤福吾居。

月湖夕照

萬頃清波映夕陽，晚風時驟漾晴光。
暝煙低接漁村近，遠水高連碧漢長。
兩兩忘機鷗戲浴，^④ 雙雙照水鷺遊翔。
北來南客添鄉思，彷彿江南水國鄉。

靈武秋風

翠輦曾經此地過，時移世變奈愁何。
秋風古道聞笳鼓，落日荒郊牧馬馳。^⑤
遠近軍屯連戍壘，糢糊碑刻繞煙蘿。

---

① ［校］沙沙：此同《東坡志林》卷四、《畫墁集》卷四《西征回途中二絕》、《漁隱叢話》前集卷五二、《詩人玉屑》卷十八《西征二絕》，《仇池筆記》卷下、《類說》卷十《西征途中詩》作“山山”。

② ［校］憑君莫上：“憑君”，《東坡志林》卷四、《畫墁集》卷四《西征回途中二絕》、《漁隱叢話》前集卷五二、《詩人玉屑》卷十八《西征二絕》均作“將軍”。“莫上”，《東原錄》、《畫墁集》卷四《西征回途中二絕》作“休上”。

③ 《漢渠春漲》、《月湖夕照》、《靈武秋風》為朱栴《寧夏八景圖詩》中的三首，另外五首為《黃沙古渡》、《黑水故城》、《賀蘭晴雪》、《官橋柳色》、《梵剎鐘聲》，另有《寧夏八景圖詩序》一篇。參見《正統寧志》卷下《題詠》。

④ ［校］忘：原作“忌”，據《朔方新志》卷五《詞翰·詩·月湖夕照》改。

⑤ ［校］馳：原作“馳”，據《朔方新志》卷五《詞翰·詩·靈武秋風》、《寧夏府志》卷二一《藝文·詩·靈武秋風》改。

興亡千古只如此，不必登臨感慨多。

興武暫憩[①]〔總制　楊一清〕

簇簇青山隱戍樓，暫時登眺使人愁。
西風畫角孤城曉，[②] 落日晴沙萬里秋。
甲士解鞍休戰馬，農兒持券買耕牛。
翻思未築邊牆日，[③] 曾得清平似此不。

峽口吟　僉事　齊之鸞

生犀飲河欲北渡，海月忽來首東顧。
馮夷舉手揮神鞭，鐵角半催河上路。
至今夜行水泣聲，罔象欷歔鬼姦露。
土人作渠灌稻田，玄靈委順不敢怒。[④]

至靈州

復入人烟境，村墟鷄犬聞。
沙黄偏映日，樹緑正連雲。
古道流河潤，高嵐壓虜氛。
服箱轅下牸，束餉馬池軍。

---

① ［校］興武暫憩：此同《朔方新志》卷五《詞翰·詩》、《寧夏府志》卷二一《藝文·詩·興武暫憩》，《弘治寧志》卷八《雜詠類》題作《興武營》，《乾隆陝志》卷九六、《御選明詩》卷七六、《明詩綜》卷二八均題作《孤山堡》。

② ［校］曉：原作“晚”，據《弘治寧志》卷八《雜詠類·興武營》，《乾隆陝志》卷九六、《明詩綜》卷二八《孤山堡》改。

③ ［校］翻思：此同《朔方新志》卷五《詞翰·詩·興武暫憩》、《寧夏府志》卷二一《藝文·詩·興武暫憩》，《乾隆陝志》卷九六、《明詩綜》卷二八《孤山堡》均作“回思”。

④ ［校］玄靈：原避清聖祖玄燁諱改作“元靈”，據《朔方新志》卷五《詞翰·詩·峽口吟》回改。

九日登花馬池城　〔王瓊〕

白池青草古鹽州，倚嘯高城豁望眸。
河朔氊廬千里迥，① 涇原旌節隔年留。②
轅門菊酒生豪興，雁塞風雲愜壯遊。
諸將祇今多衛霍，③ 佇看露布上龍樓。

宿小鹽池

弭節鹽池側，秋光淡戍臺。
雁聲雲外墮，夜雨樹間來。
猛士安能得，邊愁不可裁。
長歌聊徙倚，或有伏車哀。

同徐聽菴、李環溪遊閘上，戲分田、塍二韻

為惜膏腴等石田，聊因就下引涓涓。
渠開荒野資羣力，橋鎖奔湍效往賢。
灌溉縈周千頃地，氤氳密動萬家煙。④
旁流復導闌干外，綜錯高低景亦妍。
渠成水到瀉雲塍，即看農工處處興。
喜動兩河觀察使，事聞分陝大中丞。
殷勤命作千秋計，措置欣逢比歲登。

---

① 〔校〕河朔：原作"河翔"，據《朔方新志》卷五《詞翰·詩·九日登花馬池城》、《乾
隆甘志》卷四九《藝文·詩·九日登花馬池城》改。
② 〔校〕涇原：原作"涇源"，據《嘉靖寧志》卷三《寧夏後衛·形勝》引《九日登花馬
池城》、《朔方新志》卷五《詞翰·詩·九日登花馬池城》改。
③ 〔校〕祇：原作"至"，據《嘉靖寧志》卷三《寧夏後衛·形勝》引《九日登花馬池
城》、《朔方新志》卷五《詞翰·詩·九日登花馬池城》改。
④ 〔校〕氤氳：《寧夏府志》卷二一《藝文·詩·同徐聽菴李環溪遊閘上戲分田塍二韻》
作"氳氤"。

亭榭橋梁齊就緒，須知終始有師承。

青銅禹蹟　〔翰林　栗爾璋　郡人〕

銅峽中間兩壁蹲，何年禹廟建山根。
隨刊八載標新蹟，疏鑿千秋有舊痕。
溟溯源流推遠德，採風作述識高門。
黃河永著安瀾頌，留取豐功萬古存。

初至奎文書院呈蓉裳刺史兼示諸生二十韻　武威　郭楷　雪莊

靈武古雄郡，控邊啟奧區。
茲邦合多幸，仙吏實分符。
文雅觀新政，陽春自舊敷。
開堂延教授，闢舘聚生徒。
卜地黌宮近，分流泮水俱。
巍峨瞻廟貌，慎重樹碑趺。
禮器儼三古，弦歌猶一隅。
脩鱗潛密藻，翩鳳待高梧。
妙簡真才士，交推謬腐儒。
聲名雖竊忝，學術本荒蕪。
未獲吞丹篆，空勞摯白駒。
吟成敢屬和，酒熟即相呼。
奇字時堪訪，元言許共娛。
琳函披秘藏去聲。寶鑑映清矑。
觀海從今始，談天哂昔愚。
諸君方進步，此道有亨衢。
信是朋來遠，方知德不孤。
鳴鐘期大叩，鑄劍仰洪爐。
休負文翁化，寧吹齊國竽。
經明偕計吏，黼黻重天都。

初夏放舟青銅峽口因登百塔寺用松陵集中楞伽精舍倡和韵　金匱　楊芳燦　蓉裳

靈源出青銅，分流潤郊郭。
疏為龍骨渠，萬頃膏腴廓。
夏始眾綠長，和氣銷疹瘼。
雙峰青刺天，畫日光澹泊。
掏怒喧波濤，呀開門崖崿。
堅逾玉璧城，險過石匱閣。
沿堤行水來，露冕褰車箔。
不辭跋履勞，暫得登臨樂。
嵐光破空碧，霞氣紛華罳。
俯瞰九曲流，貫注長不涸。
却登橛頭船，輕身冒險惡。
捩柁捷有神，可喜亦可愕。
龍門投箭筈，瞿塘斷行笮。
蛟虬怒欲立，夔蝄紛可摸。
潭渦翻雪車，石稜避霜鍔。
轉丸下峻坂，駃馬脫羈絡。
掠耳震砰訇，奪眸眩煇爚。
亂流萬人呼，出險千丈落。
迅若乘颷輪，翩如躡雲屩。
吏道苦拘檢，塵機多礙着。
偶然得一快，似亦天所酢。
尋幽入梵宮，憑高望六幕。
巉屼百浮圖，阿誰所鎸鑿。
浮柱倚危岑，層構臨巨壑。
疑是阿育王，來此蒭叢薄。
門鼠緣埀藤，怖鴿觸懸鐸。
同遊得辯才，談空相應諾。
雛逐野千行，已免睡蚺蠚。

天香聞杳靄，貝典瓵深博。
徘徊日移晷，微吟招隱作。
静境足甾迆，非祗為禪縛。
伊余眈白業，藜藿甘寂寞。
試作物外觀，心口自營度。
七寶座莊嚴，八關齋儌恪。
平生默自懺，豈止一重錯。
何時遂微尚，林泉好棲托。
行隨拾橡猿，坐對巢松鶴。

同作　無錫　侯士驤　凌衢

雙峰束洪流，屹立儼銅郭。
長河溢星宿，汎濫實曠廓。
大哉神禹力，疏鑿祛民瘼。
一方資灌溉，萬類得棲泊。
懸崖扞駴湍，犇濤突巉崿。
艱疑上瞿塘，險踰登棧閣。
首夏事清眺，巾車揭疏箔。
偶於風沙窟，快覓山水樂。
日輪沉碎光，激灎翻赭堊。
劇愁地肺搖，恐致天池涸。
探奇歷幽復，嗜僻窮怪惡。
蹟峻足屢躩，瞰虛心卒愕。
乘興招野航，放溜解輕筰。
雲嵐生倒影，黛色紛可摸。
掞柁箭離弦，回擿鳥脫絡。
風門沙喧雷，水齧石淬鍔。
入峽天忽低，有目頓成曨。
平生負跳盪，到此驚膽落。
踏浪學飛鳬，破空下煙屬。
徑渡千仞淵，始知身所著。

奇險雖暫經，夙願得交酢。
野迥綠成海，林深雲聚幕。
孤嶂孤寺蹲，百塔百靈鑿。
紺殿枕層岡，丹甍架危壑。
人稀市聲遠，境靜塵慮薄。
雜花布妙香，清籟戛疎鐸。
得道須慧業，茲言心已諾。
倘墮野狐窟，何以祛毒蠚。
空空談辟支，瑣瑣務施博。
直以貪生故，妄希釋梵作。
佞佛竟無成，終身被禪縛。
羌余蠟游屐，偶來証寂寞。
霽景愜遐慕，貝典窮隱度。
選勝造幽微，齋心自清恪。
始悔當濃春，縮屋真大錯。
嘯咏得微悟，煙霞有深托。
赤壁逐坡仙，橫江夢歸鶴。

同作　浦江　周為漢　嶓東

韅紲苦風塵，岔坲厭城郭。
夏始溯長河，一葉泛寥廓。
窮薄險能輕，煙霞癖成癨。
中流浪簸掀，勢放不容泊。
迎面排亂山，吞帆辟雙崿。
窈窕隱堂隍，巇㟧峙樓閣。
倒影疑堆煙，捲霧忽開箔。
浩渺流波平，曠蕩客心樂。
盤渦矗洄漩，頹壁雜丹堊。
槳急堤欲行，沙露川恐涸。
峽勢漸逼窄，波形陡深惡。
魚沫腥或聞，怪氣黑可愕。

怒發千鈞弩，驟断轆轤索。

絕岸幸許登，裂石不敢摸。

呀豁鑱雲根，蘄㘞磨蓮鍔。

羣山亂犇突，一徑細連絡。

盪日波有光，奪睛目恐曤。

俯白駭雲生，捫碧愁天落。

攀蘿捨疲笻，印苔躡棕屩。

路轉境乍開，地寂心無着。

山僧啟禪扃，揖客歡酬酢。

登塔禮金仙，入龕揭珠幕。

巖竅神丁開，崖厂鬼斧鑿。

向背拱千巒，晦明變眾壑。

蛟囚樹屈盤，雷聚水噴薄。

濛濛散空香，泠泠聞清鐸。

嗟余事遠遊，山林負宿諾。

道緣苦未深，俗慮廹相蠚。

敗車驅簿笨，褐衣曳寬博。

自憐世網覊，空吟招隱作。

邂逅愜林泉，倏忽擺纏縛。

盪胸吸流影，瞠目望大漠。

長嘯何激昂，奇句偶裁度。

暫得任疏頑，誰能守勤恪。①

吁嗟慕榮利，趨向良乖錯。

何當謝塵氛，幽棲遂遠托。

駐景逐飛仙，雲中控孤鶴。

受降城　楊芳燦　蓉裳

萬里榆關道，韓公有舊城。

草埋危堞墮，風挾怒沙鳴。

---

① ［校］勤：此字原脫，張建華等整理本據甘圖本補。

戍士橐弓臥，邊氓負耒耕。
無勞甕門設，蕃部久輸誠。

前題　郭楷　雪莊

韓公受降處，遺堞至今存。
獨展臨邊策，寧誇列騎屯。
山形猛虎踞，地勢鬥龍蹲。
健筆鐫碑碣，千秋說呂溫。

前題　松江　俞訥　鋼夫

故壘餘荒草，韓公舊列營。
秋風吹古道，落日照邊城。
百雉寒苔碧，重關暮角鳴。
自誇身手健，常傍塞垣行。

前題　侯士驤

欲訪韓公蹟，蒼茫大夏西。
城分三足峙，天入四垂低。
原古棲禾黍，時清息鼓鼙。
憑高無限意，弔古且留題。

前題　錫山　秦崏源　蘭臺

突兀三城舊，周防萬里遐。
弓刀嚴列堠，旌旆擁平沙。
地險爭魚齒，天驕制犬牙。
只今蕃落靜，長策未須誇。

前題

朔塞巖城古，蒼茫認廢垣。
雄邊千騎靜，危堞萬人屯。
已足挶驕虜，何勞置甕門。
拂雲祠畔望，蘆管起遙原。

過僕固懷恩墓　楊芳燦

唐代當中葉，漁陽起判藩。
驍雄出裨將，義憤救中原。
酣戰摧强敵，孤軍領外援。
假威添虎翼，恊力剪鯨吞。
左僕班資貴，真王爵秩尊。
氣驕非易制，寵極轉成怨。
反側由羣議，寬仁負主恩。
養癰分節鎮，召亂誘羌渾。
自詫功無並，寧知禍有源。
飲章爭告變，諛語尚陳寃。
蘇峻懷非望，龐萌肆妄言。
士擐三載甲，宛率六軍屯。
涇水全師覆，鳴沙數騎奔。
餘生逃斧鑕，殘骨載轀輬。
壞道沉碑失，陰厓破冢存。
悲風作嗚咽，疑是健兒魂。

前題　郭楷

連岡欝黃雲，四塞慘白日。
陰風沙石號，短草冷蕭瑟。
遙遙見孤邱，蓬蒿荒不銍。

云是懷恩塚，年多阡碣失。
有唐昔中葉，安史亂侵軼。
所賴朔方軍，僇力奮羣率。
如何塚中人，功名乃不卒。
釁因雲京搆，情緣奉先窒。
四鎮徒陰謀，六罪漫口實。
焚如良自取，猶幸逭斧鑕。
封忝異姓王，名污史臣筆。
阿母揮白刃，逐賊蒙優恤。
愛女系天潢，遠嫁崇禮秩。
忠孝爾竟虧，魂魄應慚慄。
千秋遺壙在，已作狐兒窟。
月夜牧馬歸，何處鬼雄叱。

前題　侯士驤

軋牟山前走劇賊，千里連營甲光黑。
兩京已潰哥舒降，健將從戎鐵勒。①
將軍許國初靡他，陣前研子揮霜戈。
營門角響宵傳兵，馬鬣冰寒曉渡河。
河陽一鼓摧堅壁，叱咤英風萬人敵。②
功成自懼置閑散，請為降奴建旄節。
養癰河北從茲始，論古純臣詎如是。
縱無讒口伺含沙，未必功名竟堪恃。
六罪陳詞隙已成，搆之況有辛雲京。
當時悔過入待罪，主恩猶可全其生。
計不出此乃再誤，养兵召寇當遲暮。
鳴沙歸骨逭天刑，強固性成終不悟。
闔門死事四十人，不幸馬革留殘身。

---

① ［校］健將從戎鐵勒：張建華等整理本《校勘記》曰，甘圖本作"健將從戎狼山鐵"。
② ［校］英：此字後原衍一"英"字，據刪。

可憐百戰中興將，末路披猖作判臣。
我來憑弔徑荒壠，陰風匝地寒雲重。
咫尺難尋靈武臺，夕陽衰草寒雲重。

小池鹽　楊承憲

飴鹽誰種出雲塍，回樂池頭用不勝。
豈藉牢盆人代鬻，但攜筐筥野堪承。
沙瀾晝涌明於雪，鱗氣春團凈似冰。
經宿乍看絲雨散，滿川已見玉華凝。
非同安邑因風熟，應比昆吾逐月增。
暖漲土花青結繡。晴涵水暈白生稜。
飛霜詎為凌秋勁，積素還宜待日蒸。
薄靄漸銷痕皎皎，浮漚微浣影層層。
鑿厓應笑勞無益，引潵何須巧自矜。
莎磧元精搜窔窦，荒畦銀汞掃重仍。《物類相感》志："鹽根，一名'太陽元精'，明凈者如汞。"
堆盤表潔形堪肖，入鼎和羹味可憑。
寧俟沃波朝聚橐，不勝沸火夜溝燈。
産連谿水收難竭，[1] 成藉陰陽價豈騰。
千里負餱皆攜載，萬夫侵曉共擔登。
利輕一孔民爭藉，釐惜窮邊賊有恒。
果是盛朝寬大處，天藏無盡愜休徵。《魏書》元雍奏云：[2]"鹽者，天藏也。"

靈武臺　侯士驤

朔方形勝西陲雄，一隅再造誇唐宗。
至德遺蹤杳難問，荒臺淪沒生蒿蓬。
漁陽鼙鼓動羣醜，函關失險無人守。

---

① ［校］水：此字原脫，張建華等整理本據甘圖本補。
② 參見《魏書》卷一一○《食貨志》。

阿瞞夜半出延秋，崎嶇蜀棧乘騾走。

紫盖黃旗指劍州，馬嵬父老苦遮留。

至尊已狥權宜策，殿下須從恢復謀。

裴冕堪為北道主，回風捲甲趨靈武。

白衣宰相佐風雲，黑矟將軍擁貔虎。

玉璽西來士氣生，居然號令眾心傾。

花門共躍勤王騎，葉護長驅蕩寇兵。

軍聲遠震連關隴，令公將將能持重。

戈鋋百道怒鯨奔，旋看駮鹿無遺種。

虎帳龍韜據上游，奇功指顧兩京收。

捷書飛達蛾眉嶺，仙仗重開花蕚樓。①

掃除氛祲清宮闕，表迎避位情非飾。

黃袍手著似嬰兒，此日何曾虧子職。

倉皇行在建旌旗，想見神靈呵護時。

誰信邊城三尺土，當年曾築太平基。

邊牆　楊芳燦

野日荒荒外，邊牆入望遙。

風高原散馬，雲迴塞盤雕。

蒸土頹垣在，沉沙折戟銷。

登臨無限感，戰壘認前朝。

前題　郭楷　雪莊

一帶繚垣峙，雄邊制四鄰。

黃沙今夜月，白骨古時人。

飲馬窟猶在，鳴刀蹟已陳。

時清烽戍減，耕牧樂斯民。

---

① ［校］花：此字原脫，據《新唐書》卷八一《讓皇帝傳》、《大明一統志》卷三二《陝西布政司·西安府·宮室》、張建華等整理本補。

前題　松江　俞訥

斥堠烽煙静，沿壕長綠沙。
高臺蹲健鶻，荒蹟臥明駝。
地利宜耕牧，邊氓息鎧戈。
驅車徑廢堞，懷古漫悲歌。

前題　侯士驤

古堞儼周遭，黃雲補斷壕。
客心沉戍角，邊日澹征袍。
野濶牛羊小，天空鷹隼高。
康時本無外，設險笑徒勞。

前題　秦崙源

野霧冷冥冥，斜陽下古亭。
客愁侵夜拆，戍火亂秋星。
土銼眠難稳，村醪醉易醒。
他年談舊事，曾向塞垣徑。

前題　楊承憲

縱目長城外，黃雲幾萬層。
霜高秋試馬，風勁客呼鷹。
自有四夷守，休誇一障乘。
數聲邊角動，平楚暮煙凝。

靈州古槐　石渠

上古有大椿，八千歲為春，八千歲為秋，此説非無因。

靈州衙齋有槐樹，輪囷離奇饒生趣。

或云齊景公愛槐，犯者即刑傷入墓。

或云甘泉谷移來，投子雲曾作賦。

或云音聲忽出自都堂，或云片片見相西天王，或云神堯入關先植此，紛紛臆說皆愚。

卬卬謂不材之木常能壽綠，[1] 不知肥紅不瘦，且能不受令於天，[2] 飽耐霜雪神逾堅。

但今無論年與月，亦無論其全與刖，即此清陰蔽我廬，生意欣欣超清越。

更兼桑柘榆棷蔭四郊，鷹鸇徙兮鸞鳳巢。

古樹生枝徵嘉政，芙蓉綠水聊解嘲。

邊城秋易知行

草綠赫連臺，遲遲春日暮。

西風偏早來，騷屑撼庭樹。

溶溶月流銀，瀲瀲璣凝露。

蘭膏焵明霜，鴈影牕前度。

我欲寄尺書，渺渺情難訴。

寒蛩扶戶吟，和盡淒涼句。

和蓉裳九日橫城登高放歌

吳山絕頂崔岂嶤，遊人九日恣登高。

廿年行腳未曾到，夢中夜夜聞江濤。

醒回詫訝身是客，呼厨快作去聲。重陽餻。[3]

一餐香飫金釵溜，駕言何處勘遊敖。

城西仙尉折簡召，師弟甥舅相聯鑣。

---

① ［校］綠：張建華等整理本《校勘記》曰，甘圖本作“禄”。

② ［校］令：張建華等整理本《校勘記》曰，甘圖本作“食”。

③ ［校］聲：此字原漫漶不清，據意補。

琉璃杯深琥珀紫，瑪瑙盤飣紅葡萄。
一呌帽落杯在手，顧覺右手空無螯。
有酒不飲君記取，非直亡羊而補牢。
歸問閽人車停處，報君今在長城壕。
雄邊絕塞佳節併，極目千里紓煩忉。
詰朝相見話未已，新詩袖出輝銀毫。
星軺軥輗塵坌集，夫君不讓劉郎豪。
讀罷還君三嘆息，吾儕幸與昇平遭。
此地絕古稱險要，紛紛割據雄脽尻。
天順以後棄河外，河水一夜紛馳騖。
鐵柱泉邊虎豹窟，艻苦灘頭豺狼嘷。
今看西山如駮馬，穹廬遠徙弓矢櫜。
驛舍星連炊煙接，明駝橐橐來西羘。
文華武英峰簇簇，會葬何用戈矛操。
君今攝官已三載，政成民俗無訿訌。
銅口河流建瓴注，石岡砂磧恣芟薅。
幅員千里隱一國，宰割正合操牛刀。
迎刃而解導窾理，羨君餘事主風騷。
登高懷古作林立，一見咋舌誰喧囂。
勝地良辰禁不得，放歌例合歸吾曹。
風雨重陽句難續，寸鐵持向蘭山鏖。

督渠工夜宿山村　華原　梁楚翹

日暮渠工罷，孤村獨夜閒。
風輕聞水浪，月朗對柴關。
古寺全依石，人家半在山。
更深眠未穩，鄉夢此時還。

九日重遊東塔寺

勝地經年到，清罏九日開。

河流當檻曲，塔影過城來。
露冷黄花瘦，風踈碧草催。
坐臨無限意，目極小山隈。
古刹堪瀠眺，携囊上翠微。
夕陽孤鳥沒，斷澗白雲飛。
曲徑僧歸晚，空壇客過稀。
徘徊金像下，秋色冷巖扉。

秋登太平寺寺築高臺建成

層臺巍聳傍雲橫，殿宇周回落照清。
客到煙林開曲徑，坐來霜葉下高城。
侵牕午日薰蘭氣，入檻秋風散謦聲。
向晚依依未歸去，棲鴉啼上一輪明。

大成殿旁古松

聖德垂無極，凌空見古松。
青柯經百代，素影傲三冬。
常伴笙竽響，時親劍珮容。
近階依矗矗，承溜藉蒙茸。
老幹應棲鶴，虯枝欲化龍。
崇高排巨闕，茂密隱踈鐘。
自有秋陽暴，還因泮水濃。
後彫誰爾詠，千載許相逢。

歷代邊防事蹟誌第十七

靈邑自漢時界匈奴，唐初北鄰突厥，後又接近吐蕃，宋則陷入西夏，為戎馬衝踐之地。我國家重熙累洽，邊境清寧，百餘年來，此都人士久不識兵戈為何物矣，而試即歷代邊防事蹟取而覆之，始嘆民之生彼時者孔棘，而本朝功德之隆，遠邁漢唐萬萬者，其涵濡為最深也。覽斯編者，勿徒視為陳蹟也可。

邊防

漢元封元年，上既置張掖、燉煌郡，① 自制封禪儀，將登封太山。又以古者先振兵釋旅，然後封禪，詔曰："南越、② 東甌，咸伏其辜。西蠻、北夷，頗未輯睦。朕將巡邊陲，躬秉武節，置十二部將軍，③ 親帥師焉。"乃行，自雲陽，歷上郡、西河、④ 五原，出長城，北登單于臺，至朔方，臨北河，勒兵十八萬騎，⑤ 旌旗徑千餘里。⑥ 遣郭吉告單于曰："南越王頭已懸北闕，今單于能戰，天子自將待邊；不能，即南面而臣於漢。"單于讋不敢出。帝乃還，祭黃帝塚而釋兵。

魏太平真君五年，以刁雍為薄骨律鎮將，到任上言："富平西南三十

---

① 置張掖、燉煌郡事在元鼎六年（前111）。武帝始封泰山改元元封，故其後"將登封太山"事亦在元封元年（前110）之前。

② ［校］南越：原作"南粵"，據《漢書》卷六《武帝本紀》、《資治通鑑》卷二〇改。

③ ［校］置十二部將軍：此六字原脫，據《漢書》卷六《武帝本紀》、《資治通鑑》卷二〇補。

④ ［校］上郡西河：此四字原脫，據《漢書》卷六《武帝本紀》、《資治通鑑》卷二〇補。

⑤ ［校］騎：此字原脫，據《漢書》卷六《武帝本紀》、《資治通鑑》卷二〇補。

⑥ ［校］徑：此字原脫，據《漢書》卷六《武帝本紀》、《資治通鑑》卷二〇補。

里，有艾山，南北二十六里，東西四十五里，鑿以通河，似禹舊蹟。其兩岸作溉田大渠，廣十餘步，山南引水入渠。河水激急，沙土漂流。今渠高於河水二丈三尺，水不得上。艾山北，河中有洲渚，水分為二，西河小狹。臣求來年正月於分河之下五里平地鑿渠，築其兩岸，令高一丈。北行四十里，還入古高渠。又北八十里，合一百二十里。計用四千人，四十日功。可溉官私田四萬餘頃。"七年，又表曰："奉詔高平、安定、統萬及臣所守四鎮，運穀五十萬斛，付沃野鎮，以供軍糧。臣鎮去沃野八百里，道多深沙，必致滯陷。計車五千乘，運十萬斛，百餘日乃得一返。今求於河水之次，造船二百艘。一船勝二千斛，放舟順流，五日而至，功輕於車十倍有餘。"

文帝大統元年，遣李虎擊曹泥。[1] 虎招諭費也頭之眾，與之共攻靈州。凡四旬，曹泥請降，虎克靈州。

二年，[2] 高歡自將萬騎襲魏夏州，不火食，四日而至。縛稍為梯，[3] 遂入其城，擒刺史斛拔彌俄突，因而用之。留張瓊將兵鎮守，遷其部落以歸。靈州刺史曹泥與婿涼州刺史劉豐復叛降東魏。魏人圍之，水灌其城，不沒者四尺。歡發阿至羅騎徑渡靈州，遠出魏師之後，魏師退。歡追泥及豐，收其遺戶五千以歸。

隋文帝開皇五年，令崔仲方發丁男三萬，於朔方、靈武築長城。東至黃河，西距綏州，南至勃出嶺，[4] 綿亘七百里。

十八年，詔蜀王秀出靈州道，擊突厥。

十九年春，遣楊素出靈州道擊突厥，路逢魚俱羅。與語大悅，即奏請同行。俱羅與數騎奔擊，瞋目大呼，往返若飛。

是年，突厥犯塞，以段文振為行軍總管拒之。遇達頭可汗於沃野，擊破之。明年，率眾出靈州道以備胡，無虜而還。

---

① ［校］李虎：又作"李諱"，參見《周書》卷一《校勘記》［二六］。

② ［校］二年：《北齊書》卷二《神武帝紀》作"三年正月甲子"。按：《北齊書》所載"三年"指天平三年（536），與大統二年為一年。

③ ［校］稍：原作"稍"，據《北齊書》卷二《神武帝紀》、寧夏府志》卷二二《雜記·紀事》改。

④ ［校］勃出嶺：原作"勃山嶺"，據《北史》卷三二、《隋書》卷六〇《崔仲方傳》，《大事記續編》卷四六改。

　　煬帝大業九年，靈武白瑜娑兵起。① 賊帥白瑜娑，刦牧馬，連突厥，隴右多被其患，謂之"奴賊"。

　　唐貞觀三年，回紇與諸部攻薛延陀，殘之，并有其地，遂南踰賀蘭山，境諸河。遣使者獻欵，太宗為幸靈州，次涇陽，受其功。

　　十年春正月，突厥阿史那社爾來降，以為左驍衛大將軍，處其部落於靈州之北。② 留社爾於京師，尚公主，典屯兵。③

　　太宗時，以延陀滅，欲并契苾等降之，復遣江夏王道宗率阿史那社爾等分部窮討，帝幸靈州，節度諸將。於是鐵勒十一部皆歸命天子。

　　十七年，薛延陀來納幣，詔絕其婚。先是，薛延陀執契苾何力，上遣使與和親，許以公主妻之，何力歸。是年，遣其侄來納幣，獻羊馬。何力言不可與婚。帝曰："吾已許之，不可失言。"何力曰："敕令夷男來親迎，④ 彼必不敢來，⑤ 絕之有名。"上乃詔幸靈州，召真珠可汗會禮。⑥ 真珠欲行，其臣曰："往必不返。"真珠曰："天子聖明，遠近皆服。今親幸靈州，以愛主妻我，得見天子，死不憾矣，薛延陀何患無君？"又多以牛羊為聘，⑦ 經沙磧死者過半。乃責以聘禮不備，絕之。⑧

　　高宗咸亨三年，⑨ 吐谷渾畏吐蕃之偪，⑩ 徙靈州，其故地盡入吐蕃。

---

　　① ［校］白瑜娑：原作"白瑜婆"，《隋書》卷四《煬帝紀》作"白榆妄"，據《資治通鑒》卷一八二改。下同。

　　② ［校］處其部落於靈州之北：此同《寧夏府志》卷二二《雜記·紀事》，《新唐書》卷一一〇《阿史那社爾傳》作"處其部於靈州"。

　　③ ［校］尚公主典屯兵："公"字原脱，"典"原作"興"，均據《新唐書》卷一一〇《阿史那社爾傳》改補。

　　④ ［校］敕令夷男來親迎：《歷代名臣奏議》卷三四一《四裔》、《經濟類編》卷六九《邊塞類二·禦夷》作"願且遷延敕夷男使親迎"。

　　⑤ ［校］彼：原作"被"，據《歷代名臣奏議》卷三四一《四裔》、《經濟類編》卷六九《邊塞類二·禦夷》改。

　　⑥ ［校］真珠可汗：《新唐書》卷一一〇《契苾何力傳》作"毗伽可汗"。

　　⑦ ［校］牛羊：《歷代名臣奏議》卷三四一《四裔》、《經濟類編》卷六九《邊塞類二·禦夷》作"羊馬"。

　　⑧ 《新唐書》卷一一〇《契苾何力傳》載："毗伽果不敢迎，鬱邑不得志，恚而死。"與本誌異。

　　⑨ ［校］三年：原作"二年"，據《新唐書》卷二二一上《吐谷渾傳》、《資治通鑒》卷二〇二改。

　　⑩ ［校］偪：《資治通鑒》卷二〇二作"強"。

弘道元年，① 突厥寇蔚州，② 崔智辯敗死。③ 或議棄豐州，保靈、④
夏。唐休璟以為不可，上疏曰：“豐州控河遏寇，號為襟帶。秦漢以來，
常郡縣之。土田肥美，宜耕牧。隋季棄之，貞觀之末，募人實之，西北始
安。今廢之，則河濱之地復為賊有，靈、夏等州人不安業，非國家利。”
高宗從其言。後授靈州都督，乃陳方略，復四鎮。

中宗嗣聖十三年，⑤ 默啜寇涼州，執都督許欽明。其後寇靈州，以欽
明自隨。至城下，使說守將降。明呼曰：“我乏食，求美醬良米及墨。”
意欲城中選良將，引精兵夜襲虜營，而城中無喻其意者，遂被害。

十九年，⑥ 突厥寇鹽、夏，遂寇并州，遣薛季昶、⑦ 張仁愿禦之。⑧

神龍二年十二月，突厥默啜寇鳴沙，靈武軍大總管沙吒忠義與戰，⑨
軍敗。

代宗廣德二年，⑩ 僕固懷恩反，寇太原。初，回紇辭歸國，上詔僕固
懷恩護送之。至太原，節度使辛雲京疑其反，閉門不出。雲京與中使駱奉
先力言懷恩有反狀。⑪ 恩奏劾辛雲京，朝廷和解之。於是不入朝，上書自

---

① ［校］弘道元年：此同《資治通鑑》卷二〇三，《舊唐書》卷九三、《新唐書》卷一一
一《唐休璟傳》係此事於永淳中，疑誤。“弘道”，原避清高宗弘曆諱改作“宏道”，據唐高宗李
治年號回改。下同。

② ［校］寇蔚州：此同《資治通鑑》卷二〇三，《舊唐書》卷九三、《新唐書》卷一一一
《唐休璟傳》作“圍豐州”。

③ ［校］崔智辯：原作“崔智辨”，據《舊唐書》卷九三、《新唐書》卷一一一《唐休璟
傳》，《資治通鑑》卷二〇三改。另，《舊唐書》卷九三、《新唐書》卷一一一《唐休璟傳》均載
崔智辯戰死，《資治通鑑》卷二〇三載其兵敗，為虜所擒。

④ ［校］靈：原作“寧”，據《舊唐書》卷九三、《新唐書》卷一一一《唐休璟傳》，《資
治通鑑》卷二〇三，《寧夏府志》卷二二《雜記·紀事》改。下同。

⑤ 中宗嗣聖十三年，即周武則天“萬歲通天元年”（696）。

⑥ 中宗嗣聖十九年，即長安二年（702）。

⑦ ［校］薛季昶：原作“薛旭”，據《新唐書》卷二一五上《突厥傳》、《資治通鑑》卷二
〇七、《通鑑紀事本末》卷二九改。

⑧ ［校］張仁愿：此同《資治通鑑》卷二〇七、《通鑑紀事本末》卷二九，《新唐書》卷
二一五上《突厥傳》作“張仁亶”。

⑨ ［校］軍大：此二字原脫，據《新唐書》卷二一五上《突厥傳》、《資治通鑑》卷二〇
八、《通鑑紀事本末》卷二九補。

⑩ 《通鑑紀事本末》卷三二載，僕固懷恩反寇太原之事發生於代宗廣德元年（763）。

⑪ ［校］中使駱奉先：《新唐書》卷二二四上《叛臣傳》載“監軍駱奉先”，《資治通鑑》
卷二二三、《通鑑紀事本末》卷三二作“中使駱奉仙”。

訟。遣其子瑒攻太原，為其下焦暉、白玉攻殺之。其都虞候張維岳殺焦、① 白，而竊其功，傳首京師。懷恩入，白其母，母提刀逐之。懷恩棄其母，引兵據靈州。顏真卿、李抱真皆請用郭子儀鎮朔方，② 上從之。

大曆二年九月，吐蕃圍靈州。冬十月，路嗣恭擊却之。

三年九月，吐蕃寇靈州，朔方將白元光敗之。壬辰，又敗之於靈武。

八年，吐蕃寇靈州，郭子儀敗之於七級渠。

〔貞元〕九年，城鹽州。初，鹽州既陷，塞外無復保障。吐蕃常阻絕靈武，侵擾鄜坊。詔發兵城鹽州。又詔涇原、山南、劍南各發兵深入吐蕃，以分其勢。城之二旬而畢，命節度使杜彥光戍之，由是靈武、銀、夏、河西獲安。

《唐書·突厥傳》③

突厥默啜自立為可汗，篡位數年，始攻靈州，多殺略士民。武后以薛懷義為朔方道行軍大總營，凡十八將軍出塞，雜華蕃步騎擊之，不見虜而還。

契丹李盡忠等反，默啜請擊賊自效，④ 詔可。冊拜遷善可汗。引兵擊契丹，會盡忠死，襲松漠部落，盡得孫萬榮妻子輜重，⑤ 酋長奔潰。武后美其功，復詔命冊拜。未及行，俄攻靈、勝二州，⑥ 縱殺略，為屯將所敗。默啜負勝輕中國，有驕志，大抵兵與頡利時略等，地縱廣萬里，諸蕃聽命。歲入邊，戍兵不得休，乃高選魏元忠檢校并州長史，按屯以待。又徙元忠靈武道行軍大總管，備虜。

長安三年，默啜遣使請婚獻馬，后渥賜其使。⑦ 中宗始即位，入攻鳴沙，於是靈武軍大總管沙吒忠義與戰，⑧ 不勝，死者幾萬人。帝詔絕昏，

---

① ［校］都虞候張維岳：“都虞候”，職官名，原作“都虞侯”，據《資治通鑒》卷二二三、《通鑑紀事本末》卷三二改。下同。“張維岳”，《資治通鑒》卷二二三、《通鑑紀事本末》卷三二、《寧夏府志》卷二二《雜記·紀事》作“張維嶽”。

② ［校］李抱真：原作“李抱玉”，據《資治通鑒》卷二二三改。

③ 參見《新唐書》卷二一五上、二一五下《突厥傳》。

④ ［校］賊：原作“賦”，據《新唐書》卷二一五上《突厥傳》改。

⑤ ［校］孫萬榮：原作“李萬榮”，據《新唐書》卷二一五上《突厥傳》及本卷《校勘記》［五］改。

⑥ ［校］勝：原作“殺”，據《新唐書》卷二一五上《突厥傳》改。

⑦ ［校］賜：《新唐書》卷二一五上《突厥傳》作“禮”。

⑧ ［校］吒：原作“陀”，據《新唐書》卷二一五上《突厥傳》改。

購斬默啜者王以國。默啜殺我行人鴻臚卿臧思言，詔左屯衛大將軍張仁亶為朔方道大總管屯邊。明年，始築三受降城於河外，障絕寇路。

睿宗時，默啜攻九姓，戰磧北，九姓潰，人畜皆死，思結等部來降，帝悉官之。拜薛訥朔方道行軍大總管，① 太僕卿呂延祚、靈州刺史杜賓客備邊。② 默啜有拔野古殘眾所殺，傳首京師。

永泰、大曆間，吐蕃再遣使者來聘，於是戶部尚書薛景仙往報。詔宰相與吐蕃使者盟。俄寇靈州，掠宜祿，郭子儀精甲三萬戍涇陽，入屯奉天。靈州兵破虜二萬，上級五百首。

大曆三年，虜引眾十萬復攻靈州，邠寧馬璘、③ 朔方將白元光再破其眾，獲馬羊數千。

八年，虜六萬騎侵靈州，敗民稼，進寇涇、邠，渾瑊與戰不利，復整卒夜襲其營；涇原馬璘以兵掩之潘原。射豹皮將死，軍中夜哭，虜乃遁去。璘收所俘士及男女而還。

大曆十三年，虜以四萬騎寇靈州，塞漢、御史、尚書三渠以擾屯田，為朔方留後常謙光所逐。

貞元二年，④ 吐蕃請盟。言靈鹽節度使杜希全、涇原節度使李觀，⑤ 外蕃所信，請主盟。帝使報曰：“希全守靈州，有分地，不可以越境，以渾瑊為會盟使。”虜卒敗盟，火鹽、夏二州廬舍，頹郛堞而去，希全分兵保之。

貞元八年，吐蕃寇靈州，陷水口，塞營田渠。發河東、振武兵，合神策軍擊之，虜引還。

自虜得鹽州，塞防無以障遏，而靈武單露，鄜坊侵迫，寇日以驕，數入為邊患。帝復詔城之，使涇原、劍南、山南深入窮討，分其兵，毋令專向東方。詔朔方、河中、晉絳邠寧兵馬副元帥渾瑊、朔方靈、鹽、豐、夏、綏、銀節度都統杜希全及邠寧節度張獻甫等五節度合兵三萬，以左右神策將軍胡堅、張昌為鹽州行營節度使，板築之，役者六千人，餘皆陳城

---

① ［校］薛訥：原作“薛納”，據《新唐書》卷二一五上《突厥傳》改。

② ［校］杜賓客：此三字原脫，據《新唐書》卷二一五上《突厥傳》補。

③ ［校］邠寧馬璘：此四字原脫，據《新唐書》卷二一六下《吐蕃傳》補。

④ ［校］貞元二年：據《新唐書》卷二一六下《吐蕃傳》載，吐蕃此次請盟當為貞元三年。

⑤ ［校］涇原節度使李觀：此七字原脫，據《新唐書》卷二一六下《吐蕃傳》補。

下。九年始裁，① 閲二旬訖功，而虜兵不出。

貞元十六年，靈州破虜於烏蘭橋。十七年，吐蕃大侵靈州。

元和十二年，② 吐蕃使論矩立藏來朝，未出境，吐蕃寇宥州，與靈州兵戰定遠城，虜不勝，斬首二千級。

穆宗即位，虜引兵入屯靈州，靈州兵擊劫之。

長慶元年，吐蕃遣使來朝，且乞盟，詔許之。大臣豫盟者悉載名於策。方盟時，吐蕃以壯騎屯魯州，靈州節度使李進誠與戰大石山，破之。

大中三年，靈武節度使李欽取安樂州，詔為威州。

五代後梁開平三年，岐王李茂貞因梁將劉知俊來降，③ 使知俊將兵取梁靈州以處。朔方節度韓遜遣使告急於梁。梁主遣康懷貞、④ 寇彥卿將兵攻邠寧以救之，克寧、衍二州，⑤ 拔慶州南城，遊兵及涇州之境。知俊聞之，解圍引還。梁主急召懷貞等還。知俊據險邀之，⑥ 懷貞大敗，僅以身免。

後唐明宗天成四年，以康福為朔方節度使。初，福善胡語，明宗退朝多召入，訪以時事，福以胡語對。安重誨惡之，謂之曰：“汝但妄奏事，會當斬若。”福懼，求外補。重誨以福為朔方節度使，⑦ 以靈武邊胡有兵禍，福見唐主泣辭。唐主命更他鎮，重誨不可，不得已以兵送之。福至方渠，⑧ 遇羌兵邀之，福擊敗之。至青銅峽，⑨ 又遇野利、大蟲二族數千帳，

---

① ［校］裁：此同《四庫》本《新唐書》卷二一六下《吐蕃傳》，《新唐書》卷二一六下《吐蕃傳》作“裁”。疑當作“裁”。

② ［校］元和：原作“永貞”，據《新唐書》卷二一六下《吐蕃傳》改。

③ ［校］李茂貞：原作“李守貞”，據《舊五代史》卷十三、《新五代史》卷四四《劉知俊傳》改。

④ ［校］康懷貞：此同《資治通鑑》卷二六七、《通鑑紀事本末》卷三八，《舊五代史》卷五《梁書·太祖紀》、《新五代史》卷四四《劉知俊傳》作“康懷英”。《舊五代史》卷二三《康懷英傳》載：“康懷英，兗州人也。本名懷貞，避末帝御名，故改之。”

⑤ ［校］克寧衍二州：此同《資治通鑑》卷二六七、《通鑑紀事本末》卷三八，《五代春秋》作“克寧慶衍三州”。

⑥ ［校］險：原作“除”，據《資治通鑑》卷二六七、《通鑑紀事本末》卷三八改。

⑦ ［校］朔方：此二字後《新五代史》卷四六《康福傳》有“河西軍”三字，《資治通鑑》卷二七六有“河西”二字。

⑧ ［校］至方渠：原作“方至渠”，據《新五代史》卷四六《康福傳》、《資治通鑑》卷二七六、《寧夏府志》卷二二《雜記·紀事》改。

⑨ ［校］青銅峽：《舊五代史》卷九一《康福傳》作“青崗峽”，《新五代史》卷四六《康福傳》作“青岡峽”，《資治通鑑》卷二七六作“青剛峽”。

又擊破之，遂進至靈州。自是朔方始受代。

後晉高祖天福四年，靈州戍將王彥忠據懷遠城叛。高祖遣供奉官齊延祚往招諭之。彥忠降，延祚殺之。高祖怒其擅殺，除延祚名，重杖配流。

開運三年，靈州党項作亂。初，馮暉在靈州，留拓跋彥超於州下，故諸部不敢為寇。及將罷鎮而縱之。王令溫代鎮，不存撫羌胡，以中國法繩之，羌胡怨怒。彥超與石存、也廝褒三族，① 共攻靈州。六月，晉復以馮暉為朔方節度使，② 將關西兵擊羌胡。暉引兵過旱海，糗糧已盡。拓跋彥超眾數萬，扼要路，據水泉以待之。軍中大懼。暉以賂求和於彥超，彥超許之。自旦至日中，使者往返數四，③ 兵未解。藥元福曰："虜知我饑渴，陽許和以困我耳。④ 若至暮，則吾輩成擒矣。今虜雖眾，精兵不多，依西山而陣者是也。其餘步卒，不足為患。請公嚴陣以待我，我以精騎犯西山兵，小勝則舉黃旗，大軍合勢擊之，破之必矣。"乃帥騎先進，用短兵力戰。彥超小卻，元福舉黃旗，暉引兵赴之，彥超大敗。明日，暉入靈州。

宋太祖建隆二年，靈武節度使馮繼業獻馬五百、橐駝百、野馬二。乾德二年，靈武饑，轉涇粟以餉。

太宗至道元年，以會州觀察使、知清遠軍田紹斌為靈州兵馬都部署。⑤ 二年五月，李繼遷寇靈州。九月，夏州、延州行營言破李繼遷於烏白池。

至道三年，以殿前都虞候王昭遠為靈州路都部署。⑥ 二月丙申朔，靈州行營破李繼遷。

真宗初即位，夏人寇靈州合河，都部署楊瓊擊走之。

咸平四年八月戊申，出環慶至靈州地圖險要示宰相，議戰守方略。閏十二月壬午，⑦ 靈州言河外砦主李瓊等以城降西夏。

咸平五年三月丁酉，李繼遷陷靈州，知州裴濟死之。六年，以西涼府

---

① ［校］也廝褒："褒"字原脫，據《資治通鑒》卷二八五補。

② ［校］朔方節度使：此同《舊五代史》卷一二五、《資治通鑒》卷二八五，《舊五代史》卷八四作"靈州節度使"。

③ ［校］四：原作"回"，據《資治通鑒》卷二八五改。

④ ［校］許和：原作"調和"，據《資治通鑒》卷二八五改。

⑤ ［校］田紹斌：原作"田詔斌"，據《宋史》卷五《太宗本紀》改。

⑥ ［校］都虞候王昭遠：原作"都虞候王昭速"，據《宋史》卷五《太宗本紀》改。

⑦ ［校］壬午：原作"壬年"，據《宋史》卷六《真宗本紀》改。

六谷首領潘羅支為朔方軍節度、靈州西面都巡檢使。

　　哲宗時，鍾傳議取靈武，環慶亦請出師。命折可適將萬騎往。即薄靈州川，夏人扶老挾幼，中夜入州城。明日，俘獲甚夥，而慶兵不至，乃引還。

　　元豐四年，王師西征，名涇原副都總管劉昌祚，率蕃漢兵五萬受環慶高遵裕節制。昌祚先至靈州，幾得城。遵裕嫉其功，遣使止之，不用其計，遂以潰歸。

　　孝宗乾道六年，夏主仁孝分國與其相任得敬。得敬相夏二十餘年，潛懷異志，誣殺宗親大臣，① 仁孝不能制。乃分西南路及靈州囉龐嶺地與得敬為國，且上表於金，為得敬請封。金主以問宰相。尚書令李石等曰："事關彼國，② 我何與焉？不如許之。"金主曰："有國之君，豈肯無故分國與人，此必權臣逼奪，非夏主本意。③ 夏稱藩既久，一旦逼於賊臣，朕為四海主，豈能容此？當為誅之。"乃賜仁孝詔曰："先業所傳，亦當固守，今茲請命，未知措意所在，當遣使來詢問。"得敬始懼，仁孝乃謀誅之。秋八月，任得敬伏誅。

　　光宗紹熙四年，④ 夏主仁孝卒，子純佑立。仁孝在位五十五年，始建太學於國，立小學於禁中，親為訓導，尊孔子為帝。然權臣擅命，國勢日衰，自此始也。

　　寧宗嘉定二年，蒙古入靈州，夏主安全降，夏自是益衰。

　　萬曆十年，靈州卒楊文遇、馬景亂。洪武初，略定陝西，殘元部落率眾歸附。立靈州守禦千户所，其屬處於瓦渠四里為民，號"土達"，使自耕食。簡其壯者充營卒。文遇、景乃土達楊倘兀、馬火丹之孫也，素獷悍。萬曆十年，參將許汝繼以勇名，擢靈州，任甫五月，濕束部卒，⑤ 御下過嚴，小犯者必繩以軍法，怨讟大生。汝繼察知，愈恨之不少假，眾益怒，文遇、景遂謀為亂，黨與響應。四月八日，啓參將署直入，郭濟逞凶先之，汝繼赤身起，迎截濟髮，至死髮猶在握。宅中男婦並見戕，無噍

<hr>

① ［校］殺：此字原脫，據《金史》卷一三四《西夏傳》補。

② ［校］彼國：原作"本國"，據《金史》卷一三四《西夏傳》改。

③ ［校］夏主：《金史》卷一三四《西夏傳》作"夏王"。

④ ［校］四年：原作"五年"，據《宋史》卷四八六《夏國傳》、《金史》卷一三四《西夏傳》改。

⑤ ［校］束：原作"東"，據《寧夏府志》卷二二《雜記·紀事》改。

類。文遇、景等開北門出迎其黨徐龍，掌所千户蒯訓、千户戴儒遂閉門以守，賊不得入，奪馬逸走。餘賊奪商民騾馬出南門，乘隙肆摽掠。同知吕珩馳使告變，巡撫晉應槐、兵備道劉堯卿檄遊擊唐堯輔攝靈州事，令廣武、中衞守將王保等據邊口。把總李鯤、楊朝率兵於九泉山、沙渠諸處追賊，獲三十餘人。楊文遇、馬景等並斬於市。

歷代祥異誌第十八

怪異之事，聖人所不道，然自五石六鶂之異書於《春秋》，而後世史家代有《五行》傳其事，雖不經見，亦可以識天地之大，無所不有矣。故余纂斯志，而以祥異終焉。

貞觀二十年九月辛亥，靈州地震，有聲如雷。

二十三年四月，靈州河清。

大中三年十月辛巳，上都及靈武、鹽、夏等州地震，壞廬舍，壓死數十人。①

長慶元年九月，② 靈州奏黃河清。

咸通十四年，靈州陰晦。

乾符六年秋，夏州雲霧晦冥，自旦及禺中乃觧。③

調露元年，鳴鶂羣飛入塞，相繼敝野。④ 至二年正月，還復北飛。至靈、夏北，悉墮地而死，視之，皆無首。

太平興國三年，靈州獻官馬駒，足有二距。

---

① ［校］數十人：原作"數千人"，據《新唐書》卷三五《五行志》改。

② ［校］元年：原作"七年"。"長慶"年號紀年僅4年。《唐會要》卷二九載，長慶元年九月，靈州奏黃河清，從硤口至定遠界二百五十里見底。"《文獻通考》卷二九七載："穆宗長慶元年七月，河水赤，三日止。九月，靈州奏黃河清，從陝至定遠界二百五十里見底。"據改。本誌與《嘉靖陝志》卷四〇《政事》、《康熙陝志》卷三〇《祥異》、《乾隆甘志》卷二四《祥異》、《寧夏府志》卷二二《雜記·祥異》同誤。

③ ［校］乾符六年秋夏州雲霧晦冥自旦及禺中乃觧：原作"六年秋夏州雲霧晦冥旦及禺中乃觧"，據《新唐書》卷三六《五行志》補。《新唐書》卷三六《五行志》載："咸通十四年七月，靈州陰晦。乾符六年秋，多雲霧晦冥，自旦及禺中乃解。"未言夏州事。纂者顯將兩段史料雜糅，且將"靈州"誤寫為"夏州"。

④ ［校］敝：《舊唐書》卷三七、《新唐書》卷三四《五行志》，《寧夏府志》卷二二《雜記·祥異》作"蔽"。

雍熙二年，靈州芝草生，知州侯贇刻木為其狀來獻。

至道二年十月，靈、夏等州地震，城郭廬舍多壞。占曰"兵、饑"。是時，西夏寇靈州。

成化十年十月丁酉，靈州大沙井驛地震，有聲如雷。自後晝夜累震。至十一月甲寅，一日十一震，城堞房屋多圮。

十八年，靈州李景芳家白鼠晝遊，次年，其子中鄉試。

皇清康熙九年，寧夏河溢，淹靈州南關居民。

十八年，惠安堡生員張璧家豬生八子，① 皆有肉角、四目、三目、② 五足者，旋死。

三十三年，靈州民王邦彥妻一產四男子。

四十七年，靈州井中見龍。

雍正十一年又十月，霜花雪綹四十餘日。

景泰間，有李姓者至古靈州城東北鐵柱泉，傍有窟，偕一僕爇燈以入。行二十步，推開一石門，有銅鑄釋像，傍有二僧屍，覆以錦衾，其面如生，而金貝之類環具左右。李恣意取之，將出，風颯颯，燈息門閉，鼓鈸齊鳴。李恐懼欲死，盡棄所取者，俄於傍窟匍匐而出。明日，集眾往掘之，堅不能入，機械如洛陽也。③《朔方志》。④

---

① ［校］張璧：原作"張辟"，據《乾隆甘志》卷二四《祥異》改。

② ［校］三目：原作"三足"，據《乾隆甘志》卷二四《祥異》改。

③ ［校］機械如洛陽也：此六字原脫，據《弘治寧志》卷三《靈州守禦千戶所·祥異》、《寧夏府志》卷二二《雜記·軼事》補。

④ 參見《弘治寧志》卷三、《嘉靖寧志》卷三《靈州守禦千戶所·祥異》，《朔方新志》卷三《古蹟》。

〔豐延泰〕靈州誌跋

國有史，家有乘，而邑有志，皆所以彙輯憲章、維持政教也。余承乏甘省近十年矣，大憲不以余不才，每委任邊劇。凡所歷之處，小心祇職，罔或自逸，而尤以舉墜修廢為己任，未嘗以事之難為而輒止。

嘉慶戊午夏，余以邊俸報滿，自新疆見代抵省，閱二月，復委署寧郡之靈邑。蓋靈邑在寧屬為河東巨屏，實北陲形勝之區也。余嘗考歷代故事，知是邑自漢初建置，迨有唐遂成重鎮，設大都督府，有鷄田、鹿塞之州，回樂、燭龍之境，輪廣近千餘里，其間如山川扼塞、戍守機宜，史官言之詳矣。然載籍汗漫，搜討頗艱，而邊荒文字殘缺，士大夫家乘復不概見。倘使經制碩畫有關邑治，與夫潛德幽光，為國史所不載者，一任其散逸放失，邈不可稽，將何以彙輯憲章、維持政教耶？余曰是不可以無志。

先是梁溪楊蓉裳刺史官是邑，與余同志，曾經草創而苦未就緒。適武威郭雪莊進士主是邑講席，余就與謀之。雪莊曰："公是舉，誠勝事，某當竭力成之。但采集未備，或苦疏漏，奈何？"余曰："何傷哉？自古作述之盛，率非獨見所成，如班、馬二史，馬既本《春秋》《國語》《世本》諸書，而班復因馬補綴整齊，又皆父子相承，續成厥事。至范蔚宗書，又因《漢官儀》《東觀記》及謝承諸本，始集大成。然則美備相因，後先相待，自然之勢也。今蓉裳刺史之所草創未就，而有待於余者，余既為纂成之矣。假使後之君子或有蒐羅完富，足以補是書所未及者，不妨更修飾潤色，增成巨觀，此余之幸，[①] 抑亦蓉裳之所樂也，其又何嫌焉？"

於是酌定門類，以此編列，書成凡二百餘版。余乃捐俸付梓，使有成

---

① ［校］之幸：此二字原漫漶不清，據張建華等整理本補。下文"門類""以此編""使有成績""遂援筆而""畏艱輒止者""蓋余之素志""嘉平月穀旦""延泰岐東氏敬跋"等均據同書補。

績，遂援筆而書其末，以見夫舉墜修廢，未嘗畏艱輒止者，蓋余之素志如此。

　　峕嘉慶三年，歲次戊午，嘉平月穀旦。署靈州知州、皋蘭縣知縣長白豐延泰岐東氏敬跋。

光緒《靈州志》

（清）陳必淮　纂修　蔡淑梅　校注

丁稅賦額誌第九①

古者計丁授地，而地無曠土；後世按地課丁，而丁無正額。丁之額，仍以地為額也。靈州壤臨大漠，②地之沙鹹者居多。然渠水所灌率宜麥稻，而斥鹵之地復產鹽，③以補丁稅之不及。④其餘山硝瘠地徵額尤從其薄。⑤夫稽隱漏、⑥嚴督促，有司之職也；而制經費、課殿最，亦國家之法也。於催科之中寓撫字之意，是在善為政者之隨時調劑爾。今錄丁稅賦額為一編，⑦而以歷代鹽法、茶法今昔同異綴其後，⑧俾觀者得窺全豹而裁別焉。⑨

丁稅賦額

查靈州自同治紀元回匪變亂，州城兩次失陷，案卷全行焚燬，所有自嘉慶三年以迄道光二十一年丁賦增蠲大半無從查考。茲仿照賦役全書並地丁，考成二冊，互相考核，截至道光二十三年起，光緒三十三年止。

原額屯更養廉共地三千八百八十七頃二十畝一分三釐四毫五絲九忽，又收自乾隆十六年起至道光五年止，續墾入額地一百九十三頃二十畝六分

---

① ［校］丁稅賦額誌：原作“丁賦額稅”，據《靈州誌蹟》卷二《丁稅賦額誌第九》及本志書例改補。

② ［校］臨：《靈州誌蹟》卷二《丁稅賦額誌第九》作“鄰”。

③ ［校］斥：原作“斤”，據《靈州誌蹟》卷二《丁稅賦額誌第九》改。

④ ［校］及：《靈州誌蹟》卷二《丁稅賦額誌第九》作“給”。

⑤ ［校］地：《靈州誌蹟》卷二《丁稅賦額誌第九》作“田”。

⑥ ［校］漏：原作“陋”，據《靈州誌蹟》卷二《丁稅賦額誌第九》改。

⑦ ［校］丁稅賦額：原作“丁賦額稅”，據《靈州誌蹟》卷二《丁稅賦額誌第九》改。

⑧ ［校］今昔同異：《靈州誌蹟》卷二《丁稅賦額誌第九》無此四字。

⑨ ［校］窺全豹而：《靈州誌蹟》卷二《丁稅賦額誌第九》無此四字。

一釐二，共原額新增屯更養廉地、山水地四千八十頃四十七畝七分四釐四毫五絲九忽。

額外牛息菜糧四百五石一斗九升。

一除雍正九年，在於"酌請分疆定域"案內，請設花馬池州同，分管熟地八百二十二頃八十五畝二分六釐。

又除牛息藥糧四百五石一斗九升。

又除河衝沙壓並自乾隆十三年起至光緒二十九年止，勘明河崩沙壓不能墾復地六百五十頃二十九畝一釐九毫九絲五忽。

又除同治十一年，在於"分疆定域"等事案內，請改寧夏水利同知為寧靈撫民同知，其城衞即州屬原有金積堡是焉，分管原額山水地一千三百三十三頃八十三畝五分五釐。

又除新設平遠縣，其城衞即州屬原有下馬關是焉，分管原額山地九十九頃一十畝六分。①

尚實剩原額屯更養廉山水地一千一百七十四頃三十九畝三分一釐四毫六絲四忽。

內除現荒未墾屯更養廉山水地一百七十五頃四十二畝九分八釐。

現在實熟原額屯更養廉山水地九百九十八頃九十六畝三分三釐四毫六絲四忽。內：

上則全田七十三頃五十八畝零。每畝徵糧一斗二升、草四分六釐三毫、銀八釐八絲五忽。

中則全田一百四頃五十畝零。每畝徵糧一斗二升、草四分六釐三毫、銀三釐一毫八絲。

上民田三百三十四頃二十五畝零。每畝徵糧八升、草三分三釐、銀八釐八絲五忽。

中民田壹百二十九頃七十畝零。每畝徵糧八升、草三分、銀三釐一毫八絲。

一則沙田壹十一頃四畝零。每畝徵糧三升、銀七釐八絲五忽。

一則減田二十九頃四十五畝零。每畝徵糧八升、銀二釐一毫八絲。

二則減田六十七頃八十七畝零。每畝徵糧六升四勺四抄三撮七圭五粟四粒六顆、銀二釐一毫八絲。

---

① ［校］山地：疑當作"山水地"。

銀田三十二頃七十畝零。每畝徵銀三分三釐一毫。

硝全田八十二頃九十七畝零。[1] 每畝徵銀一分五釐七毫二絲。

半硝田九十六頃一十三畝零。每畝徵銀六釐二毫七絲五忽四微三纖八渺八漠。

一則山田七十三畝零。每畝徵糧三升三合九勺七抄一撮七圭六粟、銀二分六釐九毫七絲二忽八微一纖四塵一渺。

二則山田六頃四十畝零。每畝徵糧三升三合，銀一分八釐一絲一忽六纖八塵七渺。

三則山田二十九頃九十三畝零。每畝徵糧七合、銀七毫六絲八忽七微六纖七塵七渺一漠。

查舊志尚有中全田、土兵田、二則沙田、沙薄田、硝鹹全田、硝鹹減田、硝鹹田、硝田、硝鹹民田、硝民田、全田、蘪穀上田、蘪穀中田、蘪穀下田、口糧田等田一十五頃四畝，均撥歸寧靈廳、平遠縣二處分管。

通共原額並新增本色夏秋倉斗正項糧壹萬九千一百一十八石六斗八升三合，內除奉文停徵並沖壓不能墾復豁除糧三千四百一十五石二斗五升零四勺，又除劃撥寧靈、平遠二處分管糧八千七百八十石五斗六升五合七勺，又除荒蕪地畝無從徵收糧三百五十六石八合六勺，現在實應徵糧六千五百六十六石八斗五升八合三勺。內：

小麥一千一百六十九石六斗四升六合三勺。

豌豆二千二百一十三石零七升九合八勺。[2]

粟米一千二百一十二石一斗七升四合四勺。

青豆一千九百七十一石九斗五升七合八勺。

通共原額並新增本色七斤、穀草二萬三千一百六十七束九釐八毫。

通共原額並新增地畝糧草折色銀七百二十六兩九錢四分五釐。

又九釐銀八百七十兩五分八釐。

又銀田硝銀市價紋銀二百一十四兩四錢四分二釐。

又牛犋銀四十四兩一錢八分二釐。

原額身差人丁四百三十，丁八分，各起科則不等，於雍正五年，在

---

① ［校］硝：原作“銷”，據《靈州誌蹟》卷二《丁稅賦額誌第九·丁稅賦額》改。

② ［校］豌：原作“莞”，據《靈州誌蹟》卷二《丁稅賦額誌第九·丁稅賦額》改。

“請傚以糧載丁”案內，①奉旨通省以糧載丁，按照實徵地畝銀兩均載丁銀。每糧一石均載丁銀一分六釐一絲五忽，共應徵丁銀二百一十六兩七錢五分七釐。②

以上共應徵地丁銀二千七十二兩三錢八分四釐。內除奉文停徵並冲壓不能墾復豁免銀三百五十五兩四錢四分四毫，又除劃撥寧靈、平遠二處分管銀七百五十三兩一錢二分二釐，又除荒蕪地畝無從徵收銀一百三十八兩五錢二分一釐六毫八絲四忽。現在實應徵地丁起存銀八百二十五兩二錢九分九釐九毫一絲六忽。內應存留：

文武各壇廟春秋二大祭祭祀銀三十二兩七錢二分。

惠安鹽捕通判俸工銀一百七十六兩。

奉裁鹽課大使俸工銀四十三兩五錢二分解司。

奉裁鄉飲銀三兩解司。

驛餉銀三百四十一兩九錢七分一釐九毫一絲六忽。

起運銀二百二十八兩八分八釐解司。

花馬池州同分管靈州

原額地八百九十五頃五畝三分八釐。內：

民地八百八十九頃八十五畝三分八釐。每畝徵黃米七合。

屯地五頃九十畝。每畝徵青豆三升。

以上共應徵糧六百四十石一斗七升七合七勺。內：

黃米六百二十二石四斗零七合七勺。

青豆一十七石七斗。

應徵丁銀一十兩一錢八分三釐。

鹽法

寧夏鹽捕廳靈州花馬小池產鹽，地方週圍三十六里零。其池設有壕墻，③按年疏築，限隔內外。

舊鹽井二百眼，額壩夫二百名。徵紙價銀五百二十二兩三錢四分，工

---

① ［校］載：原作“代”，據下文及《寧夏府志》卷七《田賦·賦額》改。

② ［校］應：《靈州誌蹟》卷二《丁稅賦額誌第九·丁稅賦額》無此字。

③ ［校］其池：《靈州誌蹟》卷二《丁稅賦額誌第九·鹽法》無“其”字。

食銀二千四百五十七兩六錢。撈鹽六萬一千四百四十石，引六萬一千四百四十張。徵課銀一萬三千二百四十兩三錢二分。又於雍正六年，在"鹽井增添"案內，查出新井二百二眼，共四百二眼，共額𥔷夫四百二名。①雍正十三年，在"署員成效已著"案內，②增引六千張，共新舊引六萬七千四百四十張。原額每引徵銀一錢一分五釐五毫。自康熙十五年至二十五年，在於"量增鹽課"各案內，遞有加增。除康熙二十年恩詔"豁免遇閏增課"，二十五年部議"停徵五分加增"二案外，現額每引徵銀二錢一分五釐五毫，共徵課銀一萬四千五百三十三兩三錢二分，按年解布政司奏銷。額產鹽六萬七千四百四十石，在於平〔涼〕、慶〔陽〕兩府，各廳、州、縣、並寧夏河東各營、堡行銷。

靈州所屬

吳忠堡等一十九堡，③原額引二千四百八十六張，④徵課銀五百三十五兩七錢三分三釐。⑤自同治變亂後，除割撥寧靈、平遠二處管轄外，現在只剩山水一十二堡，因人煙無多，銷售不廣，且鹽務既不踹州，又無商人承辦，刻下尤能銷引若干，徵課若干，州中無案可考。⑥

附歷代鹽法

《周禮》有鹽人之職，⑦漢置鹽鐵官，鹽政之設舊矣；而寧夏鹽池至唐始見於史。

《唐‧食貨志》載：⑧"鹽州五原有烏池、白池、瓦池、細項池，靈州

---

① ［校］共：《靈州誌蹟》卷二《丁稅賦額誌第九‧鹽法》無此字。
② ［校］成效已著案內：原作"內成效已著案"，據《寧夏府志》卷七《田賦‧鹽法》改。
③ ［校］吳忠堡等：《靈州誌蹟》卷二《丁稅賦額誌第九‧鹽法》作"吳忠等堡"。
④ ［校］四百：《靈州誌蹟》卷二《丁稅賦額誌第九‧鹽法》作"三百"。
⑤ ［校］徵課銀五百三十五兩七錢三分三釐：《靈州誌蹟》卷二《丁稅賦額誌第九‧鹽法》作"額徵課銀五百一十四兩一錢八分三厘"。
⑥ ［校］"自同治"句至"可考"句：《靈州誌蹟》卷二《丁稅賦額誌第九‧鹽法》無此段文字。
⑦ 參見《周禮‧鹽人》。
⑧ 參見《新唐書》卷五四《食貨志》。

有温泉池、兩井池、長尾池、五泉池、紅桃池、廻樂池、弘静池，① 會州有河池，三州皆輸米以代鹽。"②

周廣順二年敕令慶州榷鹽務：③ 今後每有青鹽一石，抽稅錢八百八十五陌、④ 鹽一斗；白鹽一石，抽稅錢五百八十五陌，⑤ 鹽五升。⑥ 此外不得別有邀求。

宋至道末，凡禁榷之地，官立標識、候望以曉民。其課鹽通商之地，陝西則京兆、⑦ 鳳翔府、同、⑧ 華、耀、乾、商、涇、原、邠、寧、儀、渭、鄜、坊、丹、延、⑨ 環、慶、秦、隴、鳳、階、成州、保安、鎮戎軍。按：宋初鹽莢，只聽州縣給賣，初未嘗有官鈔也。⑩ 雍熙二年，令商人所在納銀，赴京請領交引，蓋邊郡入納算請始見於此。端拱二年，置折中倉，令商人輸粟京師，蓋在京輸粟算請始見於此。天聖七年，令商人榷貨物入納銀錢，⑪ 蓋在京入納錢銀算請始見於此。⑫ 八年，⑬ 以兵部員外郎范祥鈔法，⑭ 令商人就邊郡入錢四貫八百售一鈔，

---

① ［校］弘静池：原避清高宗弘曆諱改作"宏静池"，據《新唐書》卷五四《食貨志》回改。

② ［校］輸米：原作"輸粟"，據《新唐書》卷五四《食貨志》改。

③ ［校］周廣順二年敕令慶州榷鹽務："二年"，此同《五代會要》卷二六《鹽》、《文獻通考》卷十五《征榷考二‧鹽鐵》，《舊五代史》卷一四六《食貨志》、《冊府元龜》卷五〇四《關市》均作"三年"。"榷"，原作"權"，據《靈州誌蹟》卷二《丁稅賦額誌第九‧鹽法》改。

④ ［校］八百八十五陌：此同《五代會要》卷二六《鹽》、《文獻通考》卷十五《征榷考二‧鹽鐵》，《舊五代史》卷一四六《食貨志》、《冊府元龜》卷五〇四《關市》均作"八百文以八十五為陌"。

⑤ ［校］五百八十五陌：此同《五代會要》卷二六《鹽》、《文獻通考》卷十五《征榷考二‧鹽鐵》，《舊五代史》卷一四六《食貨志》、《冊府元龜》卷五〇四《關市》均作"五百"。

⑥ ［校］五升：原作"一升"，據《舊五代史》卷一四六《食貨志》、《五代會要》卷二六《鹽》、《冊府元龜》卷五〇四《關市》、《文獻通考》卷十五《征榷考二‧鹽鐵》改。

⑦ ［校］陝西：原作"京西"，據《宋史》卷一八一《食貨志》改。

⑧ ［校］同：原作"固"，據《宋史》卷一八一《食貨志》改。

⑨ ［校］延：此字原股，據《宋史》卷一八一《食貨志》補。

⑩ ［校］官：《靈州誌蹟》卷二《丁稅賦額誌第九‧鹽法》作"客"。

⑪ ［校］銀錢：《靈州誌蹟》卷二《丁稅賦額誌第九‧鹽法》作"錢銀"。

⑫ ［校］算請：《靈州誌蹟》卷二《丁稅賦額誌第九‧鹽法》作"算"。

⑬ ［校］八年：據《宋史》卷一八一《食貨志》、《長編》卷一六五，當為"慶曆八年"。

⑭ ［校］兵部員外郎范祥："兵部員外郎"，此同《夢溪筆談》卷十一《官政》，《長編》卷一六五作"屯田員外郎"。"范祥"，原作"范詳"，據《宋史》卷一八一《食貨志》、《夢溪筆談》卷十一《官政》改。

至觧池請鹽二百斤，任其私賣，得錢以實塞下，省數十郡搬運之勞。行之既久，鹽價時有低昂。① 又於京師置都鹽院，陝西轉運司自遣官主之。京師食鹽，斤不足三十五錢，則歛而不發，以長鹽價，② 過四十，則大發庫鹽，以壓商利。使鹽價有常，而鈔法有定。行之數十年，③ 人以為利。

元昊時，請售青白鹽。宋以其味佳值賤，入中國則擾邊，且阻觧池，絀國用，遂不許。

至元元年，④ 各州縣户口額辦鹽課，運官召商發賣，惟陝西運司官每年預期差人分道齎引，⑤ 遍散州縣。陝西食鹽之户，該辦課二十萬三千一百六十四錠有餘。⑥ 內鞏昌、延安等處認定課鈔一萬六千二百七十一錠，慶陽、環州、⑦ 鳳翔、興元等處歲辦課一萬七千九百八十五錠。其餘課鈔因關陝旱飢，民多流亡，至順三年鹽課，十分為率，減免四分。行之三載，尚多虧負。時至元二年，監察御史帖木兒不花及廉訪使胡通奉疏：⑧ “陝西百姓，許食觧鹽，地遠脚力艱澁。今後若因大河以東之民分定課程，⑨ 買食觧鹽，大河以西之民，計口攤課，⑩ 任食韋紅之鹽，則官不被擾，民無蕩產之禍矣。且觧鹽結之於風，韋紅鹽產之於地；東鹽味苦，西鹽味甘，又豈肯舍其美而就其惡乎？使陝西百姓一概均攤觧鹽之課，令食韋紅之鹽，則鹽吏免巡禁之勞，⑪ 而民亦受惠矣。”因命陝西行省官及李御史、⑫ 運司同知郝

---

① ［校］時：原作“始”，據《夢溪筆談》卷十一《官政》、《靈州誌蹟》卷二《丁稅賦額誌第九·鹽法》改。

② ［校］鹽價：原作“下價”，據《夢溪筆談》卷十一《官政》改。

③ ［校］數十年：“十”字原脫，據《夢溪筆談》卷十一《官政》補。

④ ［校］至元元年：原作“元”，據《元史》卷九七《食貨志》改。

⑤ ［校］預：《元史》卷九七《食貨志》作“豫”。

⑥ ［校］有餘：此二字原脫，據《元史》卷九七《食貨志》補。

⑦ ［校］環州：原同《靈州誌蹟》卷二《丁稅賦額誌第九·鹽法》作“環縣”，據《元史》卷九七《食貨志》、《寧夏府志》卷七《田賦·鹽法》改。

⑧ ［校］使：原作“便”，據《元史》卷九七《食貨志》改。

⑨ ［校］因：《元史》卷九七《食貨志》作“令”。

⑩ ［校］口：原作“日”，據《元史》卷九七《食貨志》改。

⑪ ［校］鹽：原作“監”，據《元史》卷九七《食貨志》改。

⑫ ［校］史：原作“吏”，據《元史》卷九七《食貨志》、《靈州誌蹟》卷二《丁稅賦額誌第九·鹽法》改。

中順會鞏昌、延安、興元、^① 奉元、^② 鳳翔、邠州等官，與總帥汪通議，俱稱當從帖木兒不花、胡通奉所言，限以黃河為界，陝西之民從便食用韋紅二鹽，^③ 解鹽依舊西行，^④ 紅鹽不許東渡。獨郝同知言：^⑤ "運司每歲辦課四十五萬錠，陝西該辦二十萬錠，今止認七萬錠，餘十三萬錠，從何處恢辦？"議不合而散。户部遂參照至順二年例，以涇州白家河永為定界，聽民食用，仍督所在軍民官嚴行禁約，勿致韋紅二鹽犯境侵課。^⑥ 中書省如所議行之。^⑦

　　洪武間，靈州鹽課司歲辦靈州二百八十六萬七千四百七斤。

　　萬曆六年，歲解寧夏鎮年例銀一萬三千三百四十二兩。

　　成化二十三年，^⑧ 移萌城批驗所於紅德城堡。令黑城、乾溝二路鹽車俱抵慶陽府城市卸載。^⑨ 商人同店主執引驗過，赴行鹽地方。貨賣畢，引目付店主銷繳。^⑩

　　弘治二年，令靈州鹽課司行鹽地方仍舊於平涼、靜寧、隆德、^⑪ 慶陽、^⑫ 環縣等處。

　　嘉靖八年，議准大池增三萬三千六百二十六引，小鹽池增二萬二千四

---

① ［校］興元："興"字原脱，據《元史》卷九七《食貨志》、《靈州誌蹟》卷二《丁税賦額誌第九·鹽法》補。

② ［校］奉元：原作"奉先"，據《元史》卷九七《食貨志》、《寧夏府志》卷七《田賦·鹽法》改。

③ ［校］韋紅二鹽：疑當作"韋紅之鹽"，即韋州紅鹽池之鹽。參見《元史》卷九七《食貨志》校勘記［四］。

④ ［校］鹽：原作"引"，據《元史》卷九七《食貨志》改。

⑤ ［校］言：原作"鹽"，據《元史》卷九七《食貨志》、《乾隆甘志》卷十八《鹽法》改。

⑥ ［校］韋紅：原倒作"紅韋"，據《元史》卷九七《食貨志》乙正。

⑦ ［校］所：原作"何"，據《元史》卷九七《食貨志》、《寧夏府志》卷七《田賦·鹽法》改。

⑧ ［校］二十三年：原作"二十二年"，據《明會典》卷三六《鹽法》、《乾隆甘志》卷十八《鹽法》改。

⑨ ［校］城市：《明會典》卷三六《鹽法》作"城市閭廂"。

⑩ ［校］引目付店主銷繳："引目"，原作"引自"，據《明會典》卷三六《鹽法》、《乾隆甘志》卷十八《鹽法》改。"付"，《明會典》卷三六《鹽法》作"赴"。

⑪ ［校］隆德：此同《明會典》卷三六《鹽法》，《靈州誌蹟》卷二《丁税賦額誌第九·鹽法》作"隴德"。

⑫ ［校］慶陽：《明會典》卷三六《鹽法》作"政平慶陽"。

百一十七引。每引銀二錢五分，卧引銀一錢，共一萬九千六百一十五兩，送平涼府收貯，專備祿糧。十四年，題准靈州小鹽池額鹽三千一百零五引，專供花馬池一帶修邊支用。其加增鹽三萬引，召商開中，三邊輪流買馬，或接濟軍餉支用。三十四年，奏准陝西行鹽地方，每鹽二百斤為一引，每引收銀四錢五分。西鹽三分搭配漳鹽八分。① 俱聽分守隴右道監理收銀，年終解送花馬池營管糧衙門防秋兵馬支用。

隆慶五年，題准花馬池大小二池鹽，每引照鹽四倍。河東令各商報納，每引增銀一錢二分，共五錢二分，其卧引銀一錢二分。西路斗底銀一錢五分，共增課銀七千有奇。

成化九年，差御史一員巡視河東運司，並陝西、靈州大小二池鹽課，其陝西、河南所屬分巡各道官帶管鹽法者，② 悉聽節制。慶陽府每歲委佐貳官一員，③ 監支靈州鹽課司商人納馬官鹽及民間食鹽。

舊志：④ 原額鹽三千二百餘引。弘治九年，延〔綏〕、寧〔夏〕二鎮輪招馬匹，尋仍奏革。正德初，總制楊一清奏擬河東運司例，每引收銀一錢五分，課增五萬二千引。時戶部又奏改易芻糧。其引與淮、浙同在南京戶部關支。劉瑾專恣，又令北京戶部亦造引板。於是真贗不分，新故俱滯。瑾既敗，兩奉詔裁革。奸深弊固，猶不能禁。總制劉天和、巡撫楊守禮，檄僉事孟霦議“照寧夏小鹽池，乃天生自然之利，窮邊軍餉之需，何先年人人願中，以為奇貨可居，今日報納，無人視之，以為陷阱。皆緣舊引未清，新鹽阻滯，邊方雖有鹽池之設，軍需畧無分文之裨。嚴法清查，其弊始革”。巡撫張潤尋又奏：“復萌城批驗，鹽法稍通，然課猶未甚。今則增至淮引八萬五千，浙引十萬九千五百。夏之邊需，故取足於屯糧，歲有定數，不足則請給帑銀。嘉靖年間，請發內帑不敷，乃派淮、浙鹽引以充急用。或淮多浙少，或淮浙相均，一視歲計盈縮量派。嘉〔靖〕、隆〔慶〕之際，始定以淮四浙六。官價淮引五錢，浙引三錢五分。照派定糧草輸足，各赴淮浙運司守支。淮引微有奇贏，浙引虧折太甚。加

---

① ［校］三分：此同《靈州誌蹟》卷二《丁稅賦額誌第九·鹽法》，《寧夏府志》卷七《田賦·鹽法》作“二分”。

② ［校］帶管：“管”字原脫，據《乾隆甘志》卷十八《鹽法》補。

③ 據《明會典》卷三六《鹽法》，此事奏準於成化二十三年（1487）。

④ 參見《朔方新志》卷一《食貨·鹽法》。

以開召不時，斗頭高估，① 諸商遂極困矣。② 萬曆初，巡撫羅鳳翔寬減芻糧斗頭，商困稍解。迨後內璫寓於江南驗引，專掣內商賄買夾帶，一引十池。③ 此竇既開，邊商鹽引難售，資斧虧折，困苦如水益深。」又云：「二十年兵變，開城糧餉缺乏。巡撫周光鎬題增淮鹽八萬引，官價每引五錢；長蘆鹽二萬引，官價每引二錢五分，共算銀四萬五千兩，隨同額鹽招商輸納糧草，以備軍興，庶幾定屬經制。④ 不意三十七年復將前項鹽引銀兩停發，改濟別邊。後巡撫黃嘉善題討；⑤ 暫准三萬兩接濟。又巡撫崔景榮題討，僅歲復一萬而終無濟於挪借。巡撫楊應聘再題討復疏，下部未覆。」

按：鹽池之在三山兒者曰大鹽池，⑥ 在故鹽城之西北者曰小鹽池，⑦ 其他名字羅等池最多，⑧ 皆分隸大小鹽池。⑨ 其鹽大都不勞人力，因風自生，殆天產以資邊需者也。又《地里志》「懷遠縣有鹽池三」，⑩ 去城南、北各三十里俱有池一，⑪ 其產不多，官亦不禁。不知於古何名。河東邊外

---

　　① ［校］斗頭：原作「高頭」，據本志下文及《朔方新志》卷一《食貨·鹽法》改。

　　② ［校］極：《寧夏府志》卷七《田賦·鹽法》、《靈州誌蹟》卷二《丁稅賦額誌第九·鹽法》作「稱」。

　　③ ［校］一引十池：「十」，原作「小」，據《寧夏府志》卷七《田賦·鹽法》改。「池」，《寧夏府志》卷七《田賦·鹽法》、《靈州誌蹟》卷二《丁稅賦額誌第九·鹽法》作「鹽」。

　　④ ［校］屬：《靈州誌蹟》卷二《丁稅賦額誌第九·鹽法》作「為」。

　　⑤ 黃嘉善及下文提及崔景榮、楊應聘等人之疏參見《朔方新志》卷二《內治·錢糧》所附各疏。

　　⑥ ［校］鹽池之在三山兒者：「池」字原脫，據《弘治寧志》卷三《靈州守禦千戶所》、《朔方新志》卷一《食貨·鹽法》、《寧夏府志》卷七《田賦·鹽法》補。

　　⑦ ［校］城：原作「池」，據《寧夏府志》卷七《田賦·鹽法》改。按：鹽城，即靈州古城。據考古發現其遺址位於今鹽池縣城西南75公里的西破城，在今鹽池縣馮記溝鄉老鹽池村。參見任曉霞撰《鹽州古城今何在》。《弘治寧志》卷三、《嘉靖寧志》卷三《靈州守禦千戶所·屬城》，《朔方新志》卷一《食貨·鹽法》均作「靈州城」。

　　⑧ ［校］其他名字羅等池最多：此同《朔方新志》卷一《食貨·鹽法》，《弘治寧志》卷三、《嘉靖寧志》卷三《靈州守禦千戶所·屬城》作「其餘若花馬池字羅池狗池硝池石溝兒池」。

　　⑨ ［校］大小鹽池：「小」字原脫，據《弘治寧志》卷三《靈州守禦千戶所·屬城》補。「鹽池」，《弘治寧志》卷三《靈州守禦千戶所·屬城》作「池」。

　　⑩ 參見《舊唐書》卷三八《地理志》。

　　⑪ ［校］去城南北各三十里：「南」，此字原脫，據《弘治寧志》卷三、《嘉靖寧志》卷三《靈州守禦千戶所·屬城》，《朔方新志》卷一《食貨·鹽法》補。「三十」，此同《朔方新志》卷一《食貨·鹽法》，《弘治寧志》卷三、《嘉靖寧志》卷三《靈州守禦千戶所·屬城》作「三十餘」。

有花馬、① 紅柳、鍋底三池，以邊外棄。② 以上係舊志。③

茶法

寧夏茶引原額四百道，每引額茶一百一十四斤，交課銀三兩九錢。順治九年，招商承辦，寧夏商額引二百五十道，靈州商額引一百道，中衛商額引五十道。嗣因食茶人少，消售維艱。康熙時，寧夏商告繳引八十道，靈州商告繳引三十道。舊志。

靈州自同治亂後，劃分寧靈、平遠，一州三分，每年消茶不過八九石之譜，並無成引。

課稅④

靈州原有當鋪五十座，每座歲收當課銀五兩，一歲共收銀二百五十兩。自變亂後，疆土分裂，街市荒涼，現在共開當鋪八座。光緒二十三年，奉文每當鋪一座加徵銀二十兩，每座歲收銀二十五兩，一歲共收銀二百兩。

牙課，⑤ 原額歲納銀三十兩四錢，自變亂後，現在共領帖三張，每張歲收牙課銀六錢，一歲共收銀一兩八錢。自光緒二十八年，奉文起每張加徵銀六錢，一歲共收銀三兩六錢。

田房契稅，歲無定額。每價銀一兩，照例收稅銀三分。

靈州經管稅口：本城商畜稅一處，歲收無額；橫城口牲畜稅一處，歲收無額；花馬池口商畜稅一處，歲收無額；吳忠堡牲畜稅一處，歲收無額。

---

① ［校］邊：此同《朔方新志》卷一《食貨·鹽法》，《弘治寧志》卷三、《嘉靖寧志》卷三《靈州守禦千戶所·屬城》作“邊墻”。

② ［校］以邊外棄：《弘治寧志》卷三、《嘉靖寧志》卷三《靈州守禦千戶所·屬城》作“俱以境外棄之”，《朔方新志》卷一《食貨·鹽法》作“以境外棄”。

③ ［校］以上係舊志：《靈州誌蹟》卷二《丁稅賦額誌第九·鹽法》無此五字。參見《弘治寧志》卷三、《嘉靖寧志》卷三《靈州守禦千戶所·屬城》，《朔方新志》卷一《食貨·鹽法》，《寧夏府志》卷七《田賦·鹽法》，《靈州誌蹟》卷二《丁稅賦額誌第九·鹽法》。

④ ［校］課稅：《靈州誌蹟》卷二《丁稅賦額誌第九》無此二字。

⑤ ［校］牙課：《靈州誌蹟》卷二《丁稅賦額誌第九·茶法》作“牙帖”。

查舊志，[①] 尚有惠安、同心、興武三稅。惠安堡稅業於光緒二十年奉文裁撤，同心城稅撥歸平遠縣經收，興武營稅變亂後廢弛。

又於光緒元年奉設：本城百貨釐金局一處，吳忠堡百貨釐金局一處，白土崗百貨釐金局一處，惠安堡百貨釐金局一處，花馬池百貨釐金局一處，橫城堡百貨釐金局一處。

以上共添設釐金局六處。向不歸州承辦，由大局派委抽收，收銀若干章程，如何由該局逐收逐解，州中無案可考。光緒三十二、三兩年，又改為百貨統捐、土藥統捐、羊隻皮毛統捐，設局分收，惟皮毛統捐暫歸州辦，歲收若干，尚無定額。

---

① 參見《寧夏府志》卷七《田賦·雜稅》、《靈州誌蹟》卷二《丁稅賦額誌第九·雜稅》。《寧夏府志》卷七《田賦·雜稅》載："惠安、同心城、興武營各堡，歲收課銀二百五十兩"。

水利源流誌第十

太史公作《河渠》一書曰：[1]"甚哉，水之為利害也！"然則修濬有方，斯人享其利，一或失之而潰決為虞，[2]亦其勢然與。靈州舊有秦漢二渠，自同治初回匪亂後，經陝甘總督左文襄公，以靈州地方遼闊，漢回襍處，風氣强悍，地方官有鞭長莫及之勢，遂奏請劃安寧靈、平遠二屬，以便控制，而漢渠即分為寧靈廳所有矣。靈州只剩秦渠一渠，所有劃留之早元、吳忠、新接、胡家等堡，並州城四門三路五牌上腴諸田悉受秦渠灌溉，[3]而寧靈廳屬之金秦四里，亦同受其利焉。[4]每歲春濬，民間自備夫料，官紳督作，[5]其良法美意，前人經畫備矣。然地勢之高卑，堤坿之厚薄，渠口之廣狹，[6]往往隨時改易，必長吏親為營度，而以時稽覈其間，使猾胥奸民無由滋弊。[7]庶幾渠水所經，民享其利，而不虞其害也夫。

水利源流

《史記·河渠書》：[8]自武帝築宣房後，朔方、西河、河西皆引河以灌

---

① 參見《史記》卷二九《河渠書》。

② ［校］決：《靈州誌蹟》卷二《水利源流誌第十》作"浹"。

③ ［校］腴：《靈州誌蹟》卷二《水利源流誌第十》作"腴"。

④ ［校］"自同治"句至"其利焉"句：《靈州誌蹟》卷二《水利源流誌第十》作"凡臨城上腴諸田悉沿渠上下以資其灌溉之利"。

⑤ ［校］官紳督作：《靈州誌蹟》卷二《水利源流誌第十》無此四字。

⑥ ［校］渠：《靈州誌蹟》卷二《水利源流誌第十》作"蘆"。

⑦ ［校］奸：《靈州誌蹟》卷二《水利源流誌第十》作"惰"。

⑧ 參見《史記》卷二九《河渠書》。

田。① 又《匈奴傳》云：②“驃騎封狼居胥山。漢渡河，③ 自朔方以西至令居，往往通渠置田，官吏卒五六萬人。”④ 此寧夏河渠所由昉也。《西羌傳》又云：⑤ 虞詡奏復朔方、⑥ 西河、⑦ 上郡，使謁者郭璜激河浚渠為屯田。⑧ 則開漢渠者，虞詡、郭璜矣。

唐渠不見開鑿由始。《唐書》：⑨ 李聽為靈州大都督長史，⑩ 於境內復故光祿廢渠以溉田。寧夏在唐時為懷遠縣，隸靈州。凡唐書所言靈州，皆兼寧夏，五原有光祿塞，漢光祿勛徐自為所築。⑪ 渠名光祿，意亦自為所開。然則今之唐渠，或亦漢舊渠而復浚於唐與耳。⑫《吐蕃傳》載：⑬“虜酋馬重英寇靈州，奪御史、尚書、填漢三渠。”⑭ 皆謂漢渠。惟靈州有特進渠。⑮《地理志》云“長慶四年詔開”，⑯ 而亦不著其人。

又後魏刁雍請自富平西南三十里有艾山，⑰ 鑿以通河。⑱ 富平，即寧

---

① ［校］灌：《靈州誌蹟》卷二《水利源流誌第十》作“溉”。

② 參見《史記》卷一一〇《匈奴傳》。

③ ［校］漢：原作“汗”，據《史記》卷一一〇《匈奴傳》、《靈州誌蹟》卷二《水利源流誌第十》改。

④ ［校］五六萬人：此四字原脫，據《史記》卷一一〇《匈奴傳》補。

⑤ 參見《後漢書》卷八七《西羌傳》。

⑥ ［校］虞詡：原作“虞翊”，據《後漢書》卷八七《西羌傳》、《靈州誌蹟》卷二《水利源流誌第十》改。下同。

⑦ ［校］西河：原作“河西”，據《後漢書》卷八七《西羌傳》改。

⑧ ［校］謁：原作“竭”，據《後漢書》卷八七《西羌傳》、《靈州誌蹟》卷二《水利源流誌第十》改。

⑨ 參見《舊唐書》卷一三三、《新唐書》卷一五四《李聽傳》。

⑩ ［校］大都督：《舊唐書》卷一三三《李聽傳》作“大都督府”。

⑪ ［校］漢：原作“汗”，據《靈州誌蹟》卷二《水利源流誌第十》改。

⑫ ［校］與耳：《靈州誌蹟》卷二《水利源流誌第十》作“耳”。

⑬ ［校］吐蕃傳：原作“吐番傳”，據《新唐書》卷二一六下《吐蕃傳》改。

⑭ ［校］奪御史尚書填漢三渠：原作“塞漢御史尚書光祿三渠”，據《資治通鑒》卷二二五改。

⑮ ［校］特進渠：《四庫》本《唐會要》卷八九《疏鑿利人》作“時逐渠”。

⑯ 參見《新唐書》卷三七《地理志》“靈州靈武郡”條“迴樂”下注文。

⑰ ［校］西南：原作“西”，據《魏書》卷三八《刁雍傳》改。

⑱《魏書》卷三八《刁雍傳》載：“富平西南三十里，有艾山，南北二十六里，東西四十五里，鑿以通河，似禹舊跡”，後因“渠溉高懸，水不得上”，故刁雍上表奏請“來年正月，於河西高渠之北八里，分河之下五里，平地鑿渠”。《寧夏府志》卷四《古蹟》載，刁雍“上表，請自艾山南鑿渠通河，溉公私田四萬頃。”故刁雍上表所請非鑿艾山以通河，而是在艾山以南平地上鑿渠通水。

夏地西三十里，今有廢渠，疑即艾渠。

　　宋劉昌祚圍夏城，城人決黃河七級渠以灌營。《元和志》言“千金陂在靈武縣北四十二里。漢渠在縣南五十里，從漢渠北流四十餘里始為千金陂。①其左右又有胡渠、御史、百家等八渠。”②宋楊瓊，史稱其開渠溉田，今皆不知其處。

　　元郭守敬、董文用修復唐來、漢延各渠，更立插堰，今漢、唐二壩是也。舊制以薪木，明僉事汪文輝易以石，工益固。

　　國朝康熙四十七年，水利同知王全臣開大清渠。③雍正四年，又欽命侍郎通智、單疇書等開惠農渠，與漢、唐並列，河渠之利益廣。

　　靈州、中衛各有渠。舊志：元張文謙疏“興州古唐來、漢延二渠，及夏、④靈、應理、鳴沙四州正渠十，⑤支渠大小共六十八渠。”⑥然大抵唐、⑦漢故蹟，文謙為增治疏濬者居多，不自元始也。

　　秦渠，自州屬青銅峽開口，至州城北門外洩入溁河，延長一百二十里。正閘二空曰秦閘，⑧尾閘曰黑渠閘。大支渠一十二道，灌田九萬八千九百餘畝。⑨康熙時，參將李山重修，以石礱底，⑩歲省夫料無算。後又續開大支渠十道，⑪口大一尺二三至一尺七八寸不等，俱係木口。開自何時，無從查考。光緒三十年，沿河渠堤沖刷。前知州廖公葆泰，籌款督修，費工料八萬有奇。三十二年，權知州陳公必准重加修葺，又費工料三萬餘金。三十三年，堤復潰決。三十四年，陳公必准重守是邦，大加修

　　①　［校］千金陂：《元和郡縣圖志》卷四《關內道》作“千金大陂”。

　　②　參見《元和郡縣圖志》卷四《關內道》。

　　③　［校］王全臣：原作“王金臣”，據《寧夏府志》卷八《水利·源流》、卷十二《職官·宦蹟》，《靈州誌蹟》卷二《水利源流誌第十》改。

　　④　［校］興州古唐來漢延二渠及：此十字原脫，據《朔方新志》卷二《內治·宦蹟》補。

　　⑤　［校］州：原作“川”，據《寧夏府志》卷八《田賦·水利·源流》改。

　　⑥　［校］六十八渠：“渠”，《靈州誌蹟》卷二《水利源流誌第十》無此字。

　　⑦　［校］然：此字原無，據《靈州誌蹟》卷二《水利源流誌第十》補。

　　⑧　［校］秦閘：原作“拳閘”，據《靈州誌蹟》卷二《水利源流誌第十》改。

　　⑨　［校］灌田九萬八千九百餘畝：《靈州誌蹟》卷二《水利源流誌第十》作“灌民田一十一萬七百畝零”。

　　⑩　［校］以石礱底：《靈州誌蹟》卷二《水利源流誌第十》“以”前有“俱”字，“底”後有“長百餘丈”四字。

　　⑪　自本句始至本段末是抄本補充內容，《靈州誌蹟》卷二《水利源流誌第十》無此部分內容。

理，又費銀四萬之譜。夫秦渠自前以來，每歲所費不過千金及二三千金而止，近年動費至數萬者，何故？以河水之東趨也。河水何以東趨？以峽口下挑水之豬嘴碼頭圮廢也。然則豬嘴碼頭不誠為秦渠一大關鍵哉。是年，陳公以東河下之曹河江家灣受害較甚，先將東河築埧以挑其水，成效昭然。又察其豬嘴碼頭猶存故址，議圖規復，已稟，蒙督憲升賞賜萬金，又准在出糶倉糧項下提盈接濟。果能有成，則上有豬嘴碼頭，下有東河新埧，行見何復故道，水不東趨，是又吾靈秦渠之一大轉機也，億萬蒼生引領望之矣。

兵額營汛驛遞誌第十二

靈州、花馬、興武、橫城及各營堡，防兵併一千五百九十八名，其分為馬兵者五百一十一，步兵者一百九十一，守兵者八百九十六。其各營汛、塘墩合九十六。驛遞八，為馬一百，有二十夫。六十九塘，馬一百八，夫五十四。此舊有也，[①] 迨因邊防無事，庫款支絀，於"裁兵節餉"案內，迭奉裁汰，並自變亂後，劃分寧靈、平遠等處管轄外，現在共有兵二百九十八名，內馬兵五十一，步兵二百一十三，守兵三十四。塘墩合八十五，驛遞六，馬九十四，夫四十七。塘站夫馬廢未安設。凡兵之糧餉、馬之草料、夫之工食，稱是嘗試論之。古之名臣有偶歷邊屯，悉取其兵數、屯戎及道路、斥堠之所，[②] 疏為方寸小冊，以備察覽。一旦有事，不須指顧，[③] 而擘畫已定，蓋是數者皆籌邊之要晷也，因各輯其類而志之。

兵額

靈州營併分防臨河、石溝二堡，共兵七十一名。內馬兵一十七名，步兵五十四名。

橫城營併分防清水、紅山二堡，共兵五十六名。內馬兵六名，步兵五十名。

興武營併分防毛卜喇堡，共兵五十九名。內馬兵九名，步兵五十名。

花馬池營併分防安定、惠安二堡，共兵一百一十二名。內馬兵一十九

---

① 自本句始至下文"塘站夫馬廢未安設"句，是抄本補充內容，《靈州誌蹟》卷二《兵額營汛驛遞誌第十二》無此段文字。

② ［校］斥堠：《靈州誌蹟》卷二《兵額營汛驛遞誌第十二》"堠"後有"走集"二字。

③ ［校］須：《靈州誌蹟》卷二《兵額營汛驛遞誌第十二》作"煩"。

名，步兵五十九名，守兵三十四名。

　　查各營汛兵馬銀餉，由寧夏鎮赴司領發，其糧料草束，估由州中支領。

　　舊志內花馬池營分防韋州堡汛，靈州營分防同心城汛，① 均分隸平遠縣轄境內。

營汛邊墩②

　　橫城營邊墩十四處：③ 通關閻門墩、④ 有互市，俗名夷場，專以買賣羊隻為業。⑤ 石嘴邊墩、出水墊，以上屬橫城。安邊墩、大鴛墩閻門、⑥ 鎮羅邊墩、窰兒邊墩，以上屬紅山堡。⑦ 廟兒邊墩、塔兒邊墩、定遠邊墩、金湯墩、閻門。靖邊墩、古寺邊墩、柔遠墩，以上屬清水營。⑧

　　興武營邊墩十六處：⑨ 苦水邊墩、平安墩、閻門墩、⑩ 沙溝邊墩、雙溝邊墩、鹹口邊墩、西沙邊墩、沙嶺邊墩、興武營、閻門。高梁邊墩、硝地邊墩、⑪ 乾溝邊墩、半箇城墩、清字邊墩、鎮邊墩、中沙邊墩。

---

　　① 《靈州誌蹟》卷二《兵額營汛驛遞誌第十二·兵額》載，“花馬池營併分防安定、惠安、韋州三堡”，“靈州營併分防同心城、臨河堡二處”。

　　② ［校］營汛邊墩：《靈州誌蹟》卷二《兵額營汛驛遞誌第十二·營汛》作“營汛”。

　　③ ［校］邊墩：《寧夏府志》卷十一《職官·營汛》、《靈州誌蹟》卷二《兵額營汛驛遞誌第十二·營汛》作“墩”。

　　④ ［校］通關閻門墩：《寧夏府志》卷十一《職官·營汛》、《靈州誌蹟》卷二《兵額營汛驛遞誌第十二·營汛》無“墩”字。

　　⑤ ［校］俗名夷場專以買賣羊隻為業：《寧夏府志》卷十一《職官·營汛》、《靈州誌蹟》卷二《兵額營汛驛遞誌第十二·營汛》無此十二字。

　　⑥ ［校］大鴛墩閻門：《寧夏府志》卷十一《職官·營汛》、《靈州誌蹟》卷二《兵額營汛驛遞誌第十二·營汛》作“大鴛墩”，“閻門”為注文。

　　⑦ ［校］屬：《靈州誌蹟》卷二《兵額營汛驛遞誌第十二·營汛》作“分屬”。

　　⑧ ［校］屬：《靈州誌蹟》卷二《兵額營汛驛遞誌第十二·營汛》作“分屬”。

　　⑨ ［校］邊墩：《寧夏府志》卷十一《職官·營汛》、《靈州誌蹟》卷二《兵額營汛驛遞誌第十二·營汛》作“墩”。

　　⑩ ［校］閻門墩：《寧夏府志》卷十一《職官·營汛》、《靈州誌蹟》卷二《兵額營汛驛遞誌第十二·營汛》“墩”後有注文“閻門”二字。

　　⑪ ［校］硝地：《寧夏府志》卷十一《職官·營汛》、《靈州誌蹟》卷二《兵額營汛驛遞誌第十二·營汛》作“硝池”。

花馬池營邊墩二十一處：① 茨茨溝邊墩、十一舖邊墩、七舖邊墩、闇門墩、② 四舖邊墩，以上分屬安定堡。二十三舖邊墩、二十一舖邊墩、十九舖邊墩、十六舖邊墩、十三舖邊墩、八舖邊墩、三舖邊墩、二舖邊墩、長城關、闇門。二舖邊墩、五舖邊墩、七舖邊墩、九舖邊墩、十三舖邊墩、十七舖邊墩、二十舖邊墩，③ 與延綏定邊營接界。

以上各邊墩，每墩原設防兵三名，現在廢弛。④

靈州營一十七處：磁窰寨墩、新墩子墩、茨烟墩、上十里墩、麥崗子墩、白土墩、舊石溝墩、紅窰墩、深沙溝墩、晏湖墩、夏家堡墩、馬站墩、⑤ 魚湖墩、野馬墩，以上屬靈州。河東關墩、⑥ 木場墩、平湖墩，以上屬臨河堡。

舊志內尚有大紅溝墩、⑦ 白崖口汛、紅石崗汛、胭脂川汛，原屬同心城，現隸平遠縣。紅寺兒汛、水頭兒汛、滾泉汛、大墅子水汛，原屬紅寺堡，現隸寧靈廳。

花馬營八處：二道溝汛、傅家地坑汛、武家塪汛，⑧ 以上屬花馬池。十里墩、紅墩子墩、湯房墩、西路塘房墩、東路塘房墩，以上屬惠安堡。⑨

---

① ［校］邊墩：《寧夏府志》卷十一《職官·營汛》、《靈州誌蹟》卷二《兵額營汛驛遞誌第十二·營汛》作“墩”。

② ［校］闇門墩：“闇門”原是“七舖邊墩”後注文，據《寧夏府志》卷十一《職官·營汛》、《靈州誌蹟》卷二《兵額營汛驛遞誌第十二·營汛》及本志書例改補。

③ ［校］二十：《寧夏府志》卷十一《職官·營汛》、《靈州誌蹟》卷二《兵額營汛驛遞誌第十二·營汛》作“二十一”。

④ ［校］“以上”句至“廢弛”句：《寧夏府志》卷十一《職官·營汛》、《靈州誌蹟》卷二《兵額營汛驛遞誌第十二·營汛》作“以上各墩防兵三名”。

⑤ ［校］馬站墩：《寧夏府志》卷十一《職官·營汛》、《靈州誌蹟》卷二《兵額營汛驛遞誌第十二·營汛》作“馬站湖墩”。

⑥ ［校］河東關墩：《寧夏府志》卷十一《職官·營汛》、《靈州誌蹟》卷二《兵額營汛驛遞誌第十二·營汛》作“河東關汛”。

⑦ 《靈州誌蹟》卷二《兵額營汛驛遞誌第十二·營汛》載“靈州營”營汛邊墩共二十五處，包含上文所列十七處及此處所列八處。又，“大紅溝墩”，《寧夏府志》卷十一《職官·營汛》作“大紅溝汛”。

⑧ ［校］塪：《寧夏府志》卷十一《職官·營汛》、《靈州誌蹟》卷二《兵額營汛驛遞誌第十二·營汛》作“淌”。

⑨ ［校］西路塘房墩東路塘房墩：此同《靈州誌蹟》卷二《兵額營汛驛遞誌第十二·營汛》載此二處邊墩屬惠安堡，《寧夏府志》卷十一《職官·營汛》載其屬安定堡。

舊志內尚有威達墩、[①] 雄峯墩、大口子汛、石板泉汛、[②] 石頭坂汛，原屬韋州，現隸平遠縣。

興武營四處：峭汲塘房墩、[③] 西倒墩塘房墩，以上屬興武營。鎮安塘房墩、石山塘房墩，以上屬毛卜喇。[④]

橫城營五處：大墩塘房墩、石嘴塘房墩，以上屬橫城營。出水塘房墩、鎮羅塘房墩，以上屬紅山堡。[⑤] 廟兒塘房墩，屬清水營。

按：前明嘉靖築河東新墻後，盡減其馬，以省草料之費，息餵養之勞，惟置軍夫沿溝壘守之，謂之"擺邊"。給事中管律著論非之，其畧曰："亙三百六十餘里，皆虜入寇之路。步計一軍該十二萬，[⑥] 猶虞稀闊，矧見軍未及十之三乎？《法》曰：[⑦] '以逸待勞者勝。'擺邊，晝夜戒嚴，恐非逸道。倘虜眾分道而來，則十萬之眾豈能一呼成陣？首尾勢不相援。為今之計，宜息肩養銳，聯絡於諸寨，待其來也，相機禦之。如不果禦，隨向往而追逐之。況兵貴奇正，患無應援；將貴主一，患在勢分。擺邊之舉有五弊焉：[⑧] 無奇正，無應援，主將不一，士卒分散。以五弊之謀，禦方張之虜，不資敵之利乎？"舊志。[⑨]

驛遞

在城驛，東至清水驛六十里，[⑩] 西至寧夏縣王洪驛三十里。額設馬四

---

　　① 《靈州誌蹟》卷二《兵額營汛驛遞誌第十二·營汛》載"花馬營"營汛邊墩共十三處，包含上文所列八處及此處所列五處。

　　② ［校］板：此同《靈州誌蹟》卷二《兵額營汛驛遞誌第十二·營汛》，《寧夏府志》卷十一《職官·營汛》作"坂"。

　　③ ［校］峭汲：此同《靈州誌蹟》卷二《兵額營汛驛遞誌第十二·營汛》，《寧夏府志》卷十一《職官·營汛》作"哨汲"。

　　④ ［校］屬：《靈州誌蹟》卷二《兵額營汛驛遞誌第十二·營汛》作"分屬"。

　　⑤ ［校］屬：《靈州誌蹟》卷二《兵額營汛驛遞誌第十二·營汛》作"分屬"。

　　⑥ ［校］該：《朔方新志》卷二《外威·邊防》作"皆"。

　　⑦ 參見《孫子·軍爭篇》。

　　⑧ 五弊：下文僅列出四弊。《嘉靖寧志》卷三《寧夏後衞·邊防》載："今擺邊之謀，一舉而五弊存焉：無奇正，無應援，主將不一而運用參差，士卒分散而氣力單弱，悉難於節制矣。"

　　⑨ 參見《嘉靖寧志》卷三《寧夏後衞·邊防》、《寧夏府志》卷十一《職官·營汛》。

　　⑩ ［校］清水驛：《靈州誌蹟》卷二《兵額營汛驛遞誌第十二·驛遞》作"紅山胭"。

匹，夫二名。①

横城驛，東至紅山驛三十里，西至寧夏縣在城驛三十里。額設馬一十八匹，夫九名。

紅山驛，東至清水驛四十里。額設馬一十八匹，夫九名。

清水驛，東至興武驛六十里。額設馬一十八匹，夫九名。

興武驛，東至安定驛六十里。額設馬一十八匹，夫九名。

安定驛，東至花馬驛六十里。額設馬一十八匹，夫九名。

以上六驛共額馬九十四匹，每匹日支草料銀七分，一歲共支銀二千三百六十八兩八錢。

外備站價銀三百七十六兩。

遇閏加支銀一百九十七兩四錢。

共額夫四十七名，每名日支工食銀三分，一歲共支銀五百七兩六錢。

遇閏加支銀四十二兩三錢。

又每歲每馬一匹，例准倒馬二分，共應准倒馬一十八匹八分。每匹應支例價銀八兩，一歲共應支倒馬例價銀一百五十兩四錢。遇閏不加，遇建不扣。

統計一歲共應支夫、馬、工料、外備站價並倒馬例價等項銀三千四百二兩八錢。

遇閏加支銀二百三十九兩七錢。

查舊志內同心城驛業分隸平遠縣安設，② 花馬池驛分隸花馬池清軍廳安設，③ 其橫城、紅山、清水、毛卜喇、④ 興武、永興、安定、高平、花馬等九塘，自變亂後廢，未安設。

---

① ［校］二：《寧夏府志》卷十一《職官·驛遞》、《靈州誌蹟》卷二《兵額營汛驛遞誌第十二·驛遞》作"三"。

② 《寧夏府志》卷十一《職官·驛遞》、《靈州誌蹟》卷二《兵額營汛驛遞誌第十二·驛遞》載有同心城驛、花馬驛及下文所列九塘所在位置及所設馬、夫之數。

③ ［校］花馬池驛：《寧夏府志》卷十一《職官·驛遞》作"花馬驛"，《靈州誌蹟》卷二《兵額營汛驛遞誌第十二·驛遞》作"花馬馹"。

④ ［校］毛卜喇：《寧夏府志》卷十一《職官·驛遞》、《靈州誌蹟》卷二《兵額營汛驛遞誌第十二·驛遞》作"毛卜"。

歷朝宦蹟誌第十三

　　朔方《宦蹟》一編，托始周南仲。考南仲在周文王世為將帥，當是時，周公助睢麟之化，召伯有甘棠之惠，而《出車》一詩，獨誇設旐建旌之盛，非以地重邊防、人高武節，故與夫文武異用，而殊塗同歸。鄒魯遺訓載在《芹藻》之章，秦雍雄風備見《小戎》之什。假使禦戎虜以弦歌，何異章甫而揖盜也。今考秦漢以來二千餘年間，名將偉畧有功斯土者，輯而錄之，將俾績炳旗常勳昭青簡，永不墜云。

歷代宦蹟

周
南仲，周之卿士，城朔方，伐西戎。在《詩·小雅》。[1]

秦
蒙恬。秦始皇使蒙恬將三十萬眾，[2] 北逐戎狄，悉收河南地。因河為塞，築四十四縣城臨河，徙謫戍以充之。[3] 通直道，自九原至雲陽，因邊山險塹谿谷，起臨洮至遼東萬餘里。

漢
衞青，河東平陽人。元朔二年，出雲中至隴西，捕首虜數千、畜百餘

---

　　① 《詩經·小雅·出車》：“天子命我，城彼朔方。赫赫南仲，玁狁于襄。”

　　② ［校］三十萬：此同《史記》卷八八《蒙恬傳》，《史記》卷一一○《匈奴傳》作“十萬”。

　　③ ［校］謫：原作“適”，據《史記》卷六《秦始皇本紀》改。

萬，① 走白羊、樓煩王，② 遂取河南地，為朔方郡。封長平侯。上曰：“匈奴逆天理，亂人倫，暴長虐老，以盜竊為務，行詐諸蠻夷，造謀籍兵，③ 數為邊害，故興師遣將，以征厥罪。《詩》不云乎，‘薄伐獫狁，④ 至於太原’，‘出車彭彭，城彼朔方’。⑤ 今車騎將軍青渡西河至高闕，獲首二千三百級，⑥ 車輜畜產畢收為鹵，已封為列侯，遂西定河南地。按榆谿舊塞，絕梓領，梁北河，討蒲泥，破符離，執訊獲醜，全甲兵而還。其益封青三千八百戶。⑦ 其後屢出朔方，以功拜大將軍。

蘇建，衛青校尉，封平陵侯，築朔方城。主父偃言朔方地肥饒，外阻河，蒙恬城以逐匈奴。⑧ 內省轉輸，⑨ 廣中國，滅虜之本也。⑩ 上覽其說，遂置朔方郡。⑪ 公孫弘以為罷弊中國，⑫ 奉無用之地。上使朱買臣等難弘，發十策，弘不得一，謝曰：“願罷西南夷，⑬ 專事朔方。”上許之。

郭昌，驃騎封狼居胥山，是後匈奴遠遁，而幕南無王庭。漢度河自朔方以西至令居，往往通渠置田，官吏卒五六萬。⑭ 天子巡邊，親至朔方，勒兵十八萬騎以見武節。匈奴數使奇兵侵犯漢邊，漢乃拜郭昌為拔胡將軍，及浞野侯屯朔方，以備寇。⑮

————————

① ［校］百餘萬：《史記》卷一一一《衛將軍驃騎列傳》作“數十萬”。

② ［校］王：原衍作“至王”，據《史記》卷一一一《衛將軍驃騎列傳》、《朔方新志》卷二《內治·宦蹟》、《寧夏府志》卷十二《職官·宦蹟》刪“至”字。

③ ［校］籍：《史記》卷一一一《衛將軍驃騎列傳》作“藉”。

④ ［校］狁：原作“允”，據《詩經·小雅·六月》改。

⑤ 參見《詩經·小雅·出車》：“出車彭彭，旂旐央央。天子命我，城彼朔方”。

⑥ ［校］首：《史記》卷一一一《衛將軍驃騎列傳》作“首虜”。

⑦ ［校］三千八百：此同《漢書》卷五五《衛青傳》，《史記》卷一一一《衛將軍驃騎列傳》作“三千”。

⑧ ［校］城：《史記》卷一一二《主父偃傳》作“城之”。

⑨ ［校］轉輸：《史記》卷一一二、《漢書》卷六四上《主父偃傳》作“轉輸戍漕”。

⑩ ［校］虜：《史記》卷一一二、《漢書》卷六四上《主父偃傳》作“胡”。

⑪ ［校］郡：此字原脫，據《史記》卷一一二《主父偃傳》補。“置朔方”事當在下文載“上使朱買臣等難弘”後，參見《史記》卷一一二、《漢書》卷六四上《主父偃傳》。

⑫ ［校］公孫弘：原避清高宗弘曆諱改作“公孫宏”，據《史記》卷一一二《平津侯列傳》回改。下同。

⑬ ［校］西南夷：《史記》卷一一二《平津侯列傳》作“西南夷滄海”。

⑭ ［校］官：原作“宮”，據《史記》卷一一〇《匈奴傳》改。

⑮ ［校］以備寇：《史記》卷一一〇《匈奴傳》作“以東備胡”。

鄧遵，元初三年為度遼將軍，[①] 率南單于及左鹿蠡王須沈萬騎，擊零昌於靈州，斬首八百餘級，[②] 封須沈為破虜侯，金印紫綬，賜金帛財物各有差。[③]

魏

源子雍，[④] 字靈和。少好文雅，篤志於學。推誠待士，士多歸之。遷夏州刺史，適朔方胡反，圍城，城中食盡。子雍詣東夏州運糧，[⑤] 為胡帥所擒。子雍以義感眾，不為屈，胡帥遂降。糧道既通，二夏以全。封樂平縣公。[⑥]

宇文泰，夏州刺史賀拔岳遣泰詣洛陽密陳高歡反狀。魏主喜，以岳為都督二十州諸軍事。岳遂引兵屯平涼。夏州刺史彌俄突附岳，靈州刺史曹泥附歡。岳以夏州被邊要重，表用泰為刺史。泰遣李虎擊曹泥，虎等招諭費也頭之眾，與之共攻靈州。凡四旬，曹泥請降。高歡自將萬騎襲夏州，不火食四日而至。縛稍為梯，夜入其城，擒刺史解拔彌俄突，因而用之。留張瓊將兵鎮守，遷其部以歸。靈州曹泥復叛降東魏。[⑦] 西魏圍之，[⑧] 水灌其城，不沒者四尺。歡發阿至羅騎徑度靈州，遠出西魏師後。西魏師退，歡迎泥，拔其遺户五千以歸。

---

① 《後漢書》卷八九《南匈奴傳》載，元初元年（114），以烏桓校尉鄧遵為度遼將軍。元初三年（116），是以“度遼將軍”的身份領兵。

② ［校］八百：原作“八萬”，據《後漢書》卷八七《西羌傳》、《東觀漢記》卷九《鄧遵傳》、《資治通鑒》卷五〇改。

③ ［校］財物：《後漢書》卷八七《西羌傳》無此二字。

④ ［校］源子雍：原作“原子雍”，據《魏書》卷四一《源子雍傳》、《北史》卷二八《源子邕傳》改。“子雍”，《北史》卷二八《源子邕傳》作“子邕”。

⑤ ［校］東夏州：《魏書》卷四一《源子雍傳》載：“子雍泣而謂公曰：‘……吾今向東州，得數月之食，還與諸人保全必矣。’遂自率羸弱，向東夏運糧”。《北史》卷二八《源子邕傳》亦載子邕“遂自率羸弱向東夏運糧”。

⑥ ［校］樂平縣公：《魏書》卷四一《源子雍傳》作“樂平縣開國公”。

⑦ ［校］曹泥：《寧夏府志》卷十二《職官·宦蹟》作“刺史”。

⑧ ［校］西魏：《寧夏府志》卷十二《職官·宦蹟》作“魏人”。

〔北〕周

源雄，字世畧。少寬厚，美姿容。周以伐齊功，^① 封朔方公。^② 歷冀、平二州刺史。

隋

王仁恭，字元實，天水上邽人。工騎射。從楊素擊突厥於靈州，以功拜上開府。

元冑，洛陽人。素有威名，拜靈州總管，^③ 北夷甚憚焉。

唐

江夏郡王道宗，高祖時為靈州總管。時梁師都弟洛仁連突厥兵數萬傅於壘，^④ 道宗閉城守，伺隙出戰，破之。高祖謂裴寂曰：^⑤“昔魏任城王彰有却敵功，^⑥ 道宗似之。”因封任城王。始突厥郁射設入居五原，道宗逐出之，震耀威武，斥地贏千里。貞觀元年，召拜鴻臚卿，遷大理。太宗方經畧突厥，復授靈州都督。

崔敦禮，字安上，雍州咸陽人。太宗時，以兵部侍郎出為靈州都督。還，拜兵部尚書。詔撫輯回紇、鐵勒部姓，會薛延陀寇邊，與李勣合兵破之，置祁連州處其餘眾。

魏元忠，宋州宋城人。武后時以御史大夫為隴右諸軍大使，以討吐蕃，^⑦ 又為靈武道行軍大總管禦突厥。馭軍持重，雖無赫然功，亦未嘗敗。

---

① 〔校〕周：此字原脫，據《寧夏府志》卷十二《職官·宦蹟》補。

② 〔校〕朔方公：此同《北史》卷二八《源雄傳》，《隋書》卷三九《源雄傳》作“朔方郡公”。

③ 〔校〕總管：原作“大總管”，據《隋書》卷四〇《元冑傳》改。

④ 〔校〕洛仁：原作“洽仁”，據《新唐書》卷七八《江夏郡王道宗傳》改。

⑤ 〔校〕裴寂：原作“斐寂”，據《新唐書》卷七八《江夏郡王道宗傳》改。

⑥ 〔校〕却：原作“郤”，據《新唐書》卷七八《江夏郡王道宗傳》改。

⑦ 〔校〕吐蕃：原作“吐藩”，據《新唐書》卷一二二《魏元忠傳》改。下同。

　　張仁愿，華州下邽人。本名仁亶，① 有文武材。神龍二年，② 朔方軍總管沙吒忠義為突厥所敗，③ 詔仁愿攝御史大夫代之。既至，賊已去，引兵躡擊，夜掩其營，破之。始朔方軍與突厥以河為界，時默啜悉兵西擊突騎施，仁愿請乘虛取漠南地，於河北築三受降城，絕虜南寇路。表留歲滿兵以助功，役者盡力，六旬而三城就。以拂雲為中城，南直朔方，西城南直靈武，東城南直榆林，三壘相距各四百餘里。又於牛頭、朝那山北置烽堠千八百所。④ 自是突厥不敢踰山牧馬。歲費省億計，⑤ 減鎮兵數萬。景龍二年，拜左衞大將軍，⑥ 同中書門下三品，封韓國公。仁愿為將，號令嚴，將吏信伏，按邊撫師，賞罰必直功罪。後人思之，為立祠受降城，出師輒享焉。在朔方，奏用御史張敬忠、何鸞、長安尉寇泚、⑦ 鄠尉王易從、始平主簿劉體微分總軍事，太子文學柳彥昭為管記，義烏尉晁良貞為隨機，皆著稱，後至大官，世名仁愿知人。

　　姚崇，字元之，陝州硤石人。武后時以司僕卿，同鳳閣鸞臺三品，⑧

---

　　① 仁亶：因避唐睿宗李旦諱而改爲“仁愿”。

　　② ［校］二年：此同《資治通鑒》卷二〇八，《舊唐書》卷九三、《新唐書》卷一一一《張仁愿傳》均作“三年”。

　　③ ［校］朔方軍總管沙吒忠義：“朔方軍總管”，此同《舊唐書》卷九三、《新唐書》卷一一一《張仁愿傳》，《資治通鑒》卷二〇八作“靈武軍大總管”。“吒”，原作“叱”，據《舊唐書》卷九三、《新唐書》卷一一一《張仁愿傳》，《資治通鑒》卷二〇八，《寧夏府志》卷十二《職官·宦蹟》改。

　　④ ［校］又於牛頭朝那山北置烽堠千八百所：“朝那山”，《元和郡縣圖志》卷四《關內道·西受降城》作“牟那山”，校勘記［一二五］云：“《考證》：《唐書》、《通典》並誤作‘朝那山’，後人或即指為安定之朝那，失之遠矣。”“烽堠”，此同《太平寰宇記》卷三九《關西道·豐州·西受降城》，《舊唐書》卷九三、《新唐書》卷一一一《張仁愿傳》，《資治通鑒》卷二〇九均作“烽候”。“千八百”，原作“千三百”，據《舊唐書》卷九三、《新唐書》卷一一一《張仁愿傳》，《資治通鑒》卷二〇九，《太平寰宇記》卷三九《關西道·豐州·西受降城》改。

　　⑤ ［校］費省：《新唐書》卷一一一《張仁愿傳》、《弘治寧志》卷二《宦蹟》作“損費”。

　　⑥ ［校］左衞：原作“右衞”，據《舊唐書》卷九三、《新唐書》卷一一一《張仁愿傳》改。

　　⑦ ［校］寇泚：原作“寇沘”，據《新唐書》卷一一一《張仁愿傳》、《寧夏府志》卷十二《職官·宦蹟》改。

　　⑧ ［校］同鳳閣鸞臺三品：《新唐書》卷一二四《姚崇傳》載，姚崇曾原本兼夏官尚書、同鳳閣鸞臺三品，後詔改春官，又因張易之譖姚崇於后，故“降司僕卿，猶同鳳閣鸞臺三品。出為靈武道大總管。”《舊唐書》卷九六《姚崇傳》載：“由是為易之所譖，改為司僕卿，知政事如故，使充靈武道大總管。”可知，姚崇出任靈武道大總管時的身份只為“司僕卿”。

出為靈武道大總管。張柬之等謀誅二張，① 崇適自屯所還，遂參計議。以功封梁縣侯。

張說，字道濟，洛陽人。開元中王晙討康待賓，詔說相聞經署。時党項羌亦連兵攻銀城，說將步騎萬人出合河關掩擊，破之。十年，詔為朔方節度大使，② 親行五城。八月，康待賓餘黨康願子反，掠牧馬，西涉河出塞，說追討，③ 至木盤山擒之。④ 乃議徙河曲六州殘寇於唐、鄧、仙、豫間，⑤ 空河南朔方地。奏罷緣邊戍兵三十萬悉還農。⑥

牛仙客，涇州鶉觚人。開元末，為朔方行軍大總管。⑦ 嗇事省用，倉庫積實，器械鋒銳。遷工部尚書、同中書門下三品。

渾瑊，本鐵勒九姓之渾部也。父釋之，有才武，從朔方軍，積戰功，累遷寧朔郡王。廣德中，與吐蕃戰沒。瑊年十一，善騎射，隨釋之防秋，朔方節度使張齊丘戲曰：⑧ "與乳媼俱來耶？" 是歲即立功。⑨ 後從李光弼、郭子儀擊吐蕃，⑩ 與李晟收復京城，累功封咸寧郡王。

---

① 二張：指武則天的寵臣張易之及其弟昌宗。

② ［校］朔方：此同《新唐書》卷一二五《張說傳》，《舊唐書》卷九七《張說傳》作"朔方軍"。

③ ［校］追：《新唐書》卷一二五《張說傳》作"進"。

④ ［校］木盤山：此同《舊唐書》卷九七《張說傳》，《新唐書》卷一二五《張說傳》作"木槃山"。

⑤ ［校］乃議徙河曲六州殘寇於唐鄧仙豫間："六州"，原作"二州"，據《舊唐書》卷九七、《新唐書》卷一二五《張說傳》改。"殘寇"，《新唐書》卷一二五《張說傳》作"殘胡五萬"。《舊唐書》卷九七《張說傳》載："於是移河曲六州殘胡五萬餘口配許、汝、唐、鄧、仙、豫等州。"

⑥ ［校］三十萬：此三字原脫，據《寧夏府志》卷十二《職官·宦蹟》補。又，"三十萬"，《舊唐書》卷九七《張說傳》作"二十餘萬"，《新唐書》卷一二五《張說傳》作"二十萬"。

⑦ ［校］行軍大總管："行軍大"三字原脫，據《舊唐書》卷一〇三、《新唐書》卷一三三《牛仙客傳》補。

⑧ ［校］張齊丘：原避孔子諱改作"張齊邱"，據《新唐書》卷一五五《渾瑊傳》回改。下同。

⑨ ［校］立功：《新唐書》卷一五五《渾瑊傳》作"立跳盪功"。

⑩ ［校］後從李光弼郭子儀擊吐蕃：《舊唐書》卷一三四《渾瑊傳》載："安禄山構逆，瑊從李光弼出師河北，定諸郡邑"，"既而肅宗即位於靈武，瑊統兵赴行在，至天德，遇蕃軍入寇，瑊擊敗之"，疑渾瑊從李光弼是為平定安禄山叛亂，後擊敗吐蕃軍時未必仍從李光弼。

王忠嗣，以武功至左金吾衛將軍。① 本負勇敢，② 及為將，乃能持重。俄為河西、隴右、朔方、河東節度，佩四將印，控制萬里。每互市，高估馬價，諸胡爭以馬求市，胡馬遂少。

郭子儀，華州鄭人。天寶十四載，安祿山反，詔子儀為衞尉卿、靈武郡太守，③ 充朔方節度使，率本軍東討。後明皇幸蜀，肅宗即位靈武，詔班師。子儀與李光弼率步騎五萬赴行在。時朝廷草昧，④ 眾單寡，軍容闕然，及是國威大振。拜子儀兵部尚書，同中書門下平章事，仍總節度。時帝倚朔方軍為根本焉。大曆三年，⑤ 吐蕃入寇，⑥ 詔率師五萬屯奉天，子儀遣將白元光破虜於靈武。九年入朝，上書曰：“朔方，國北門，西禦犬戎，北虞獫狁，五城相去三千里。⑦ 開元、天寶中，戰士十萬，馬三萬，僅支一隅。自先帝受命靈武，戰士從陛下征討無寧歲。頃以懷恩亂，瘢傷凋耗，亡三分之二，比天寶中止十之一。臣惟陛下制勝，力非不足，但簡練不至，進退未一，時淹師老，地廣勢分。願於諸道料精卒滿五萬者，⑧ 列屯北邊，則制勝可必。”後以功封汾陽王，謚忠武。

杜黃裳，字遵素，⑨ 京兆萬年人。⑩ 擢進士第。郭子儀辟佐朔方府，子儀入朝，使主留事。李懷光與監軍陰謀矯詔誅大將，⑪ 以動眾心，欲代

---

① ［校］左：此字原脫，據《舊唐書》卷一〇三、《新唐書》卷一三三《王忠嗣傳》補。

② ［校］負：此字原脫，據《新唐書》卷一三三《王忠嗣傳》補。

③ ［校］郡：此字原脫，據《舊唐書》卷一二〇、《新唐書》卷一三七《郭子儀傳》，《靈州誌蹟》卷二《歷朝宦蹟誌第十三》補。

④ ［校］“子儀”句至“草昧”句：“在時”，原倒作“時在”，據《新唐書》卷一三七《郭子儀傳》、《靈州誌蹟》卷二《歷朝宦蹟誌第十三》乙正。

⑤ ［校］大曆：原避清高宗弘曆諱改作“大歷”，據《新唐書》卷一三七《郭子儀傳》回改。下同。

⑥ ［校］吐蕃：原作“吐藩”，據《寧夏府志》卷十二《職官·宦蹟》改。

⑦ ［校］三千里：此同《新唐書》卷一三七《郭子儀傳》，《舊唐書》卷一二〇《郭子儀傳》作“三千餘里”。

⑧ ［校］五萬：“五”字原脫，據《新唐書》卷一三七《郭子儀傳》補。《舊唐書》卷一二〇《郭子儀傳》載：“於諸道各抽精卒，成四五萬。”

⑨ ［校］遵素：原作“遵來”，據《舊唐書》卷一四七、《新唐書》卷一六九《杜黃裳傳》改。

⑩ ［校］萬年：此同《新唐書》卷一六九《杜黃裳傳》，《舊唐書》卷一四七《杜黃裳傳》作“杜陵”。按：杜陵當為漢時舊名。

⑪ ［校］大將：《新唐書》卷一六九《杜黃裳傳》作“大將等”，《寧夏府志》卷十二《職官·宦蹟》作“大將軍等”。

子儀。① 黃裳得詔，判其非，以質懷光，懷光流汗服罪。於是諸將狠驕難制者，② 黃裳皆以子儀令易置，③ 眾不敢亂。後至宰相。④

李晟，洮州臨潭人。大曆初，李抱玉署晟右將軍。⑤ 吐蕃寇靈州，抱玉授以兵五千擊之，辭曰：“以眾則不足，以謀則多。”乃請千人。由大震關趨臨洮，屠定秦堡，執其帥慕容谷鍾，虜乃解靈州去。遷開府儀同三司，累功封西平郡王。

史敬奉，靈州牙將。⑥ 吐蕃十五萬眾圍鹽州，刺史李文悅竭力拒之，凡二十七日。⑦ 敬奉言於朔方節度使杜叔良，請兵解圍。叔良以二千五百人與之。⑧ 敬奉行旬餘無聲問，眾以為俱沒矣。無何，敬奉自他道出吐蕃背，吐蕃驚潰，敬奉奮擊，大破之。

杜希全，朔方節度。軍令嚴整，人畏其威。奉天之狩，引兵赴難。賊平，遷檢校尚書左僕射、⑨ 靈鹽豐夏節度使。

崔知溫，字禮仁，⑩ 許州鄢陵人。為靈州司馬。境有渾、⑪ 斛薩萬帳，數擾齊民，農皆釋耒，習騎射以扞賊。知溫表徙河北，自是人得就耕，田

---

① ［校］代：原作“伐”，據《舊唐書》卷一四七、《新唐書》卷一六九《杜黃裳傳》、《靈州誌蹟》卷二《歷朝宦蹟誌第十三》改。

② ［校］狠：原作“狼”，據《新唐書》卷一六九《杜黃裳傳》、《寧夏府志》卷十二《職官·宦蹟》改。

③ ［校］黃裳：此二字原脫，據《新唐書》卷一六九《杜黃裳傳》、《寧夏府志》卷十二《職官·宦蹟》補。

④ ［校］後至宰相：《寧夏府志》卷十二《職官·宦蹟》無此四字。《新唐書》卷一六九《杜黃裳傳》載：“由是平夏、翦齊、滅蔡、復兩河，以機秉還宰相，紀律設張，赫然號中興，自黃裳啓之。”

⑤ ［校］右將軍：《舊唐書》卷一三三《李晟傳》作“右軍都將”，《新唐書》卷一五四《李晟傳》作“右軍將”。

⑥ ［校］靈州牙將：此同《靈州誌蹟》卷二《歷朝宦蹟誌第十三》，《寧夏府志》卷十二《職官·宦蹟》無此四字。

⑦ ［校］凡二十七日：此同《靈州誌蹟》卷二《歷朝宦蹟誌第十三》，《寧夏府志》卷十二《職官·宦蹟》“日”後有“吐蕃不能克”五字。

⑧ ［校］二千五百：此同《舊唐書》卷一五二《史敬奉傳》，《新唐書》卷一七〇《史敬奉傳》作“二千”。

⑨ ［校］檢校尚書左僕射：此七字原脫，據《新唐書》卷一五六《杜希全傳》補。

⑩ ［校］禮仁：原作“體仁”，據《新唐書》卷一〇六《崔知溫傳》、《寧夏府志》卷十二《職官·宦蹟》改。

⑪ ［校］境：原作“琇”，據《新唐書》卷一〇六《崔知溫傳》、《靈州誌蹟》卷二《歷朝宦蹟誌第十三》改。

野始安。特詔同門下三品，遷中書令。

五代

康福，蔚州人。明宗時，靈武韓洙死，其弟澄立，① 而偏將李從賓作亂。② 朝廷以福為涼州刺史、③ 河西軍節度使，④ 破吐蕃於青岡峽，⑤ 威聲大振。居靈武三歲，歲常豐稔，有馬千駟，蕃彝畏服。

張希崇，字德峯，幽州薊人。遷靈武節度使。靈州地接戎狄，戍兵餉道，常苦抄掠。希崇乃開屯田，⑥ 教士耕種，⑦ 軍以足食。⑧ 又能招輯夷落，自回鶻、瓜、沙皆遣使入貢。居四歲，上書求還內地。晉高祖入立，復拜靈武節度使。

馮暉，魏州人。降晉高祖，拜義成節度使，⑨ 徙鎮靈武。靈武自唐明宗以後，市馬糴粟，給賜軍士。自關以西，轉輸供億，⑩ 民不堪役。青岡、土橋之間，氐、羌剽掠，商旅多阻。暉至，推以恩信，部族懷惠，止息侵奪。然後廣屯田，以省轉餉，治倉庫、亭館千餘區。多出俸錢，民不加賦，管內大治。党項拓跋彥超為最大，暉至，超來謁，遂留之，為起第於城中，遇之甚厚，因服諸族。

---

　　① ［校］弟：此同《新五代史》卷四六《康福傳》，《新五代史》卷四〇《韓遜傳》作"子"，本卷校勘記［二］云："此云'洙子澄'，恐誤。"

　　② ［校］李從賓：此同《新五代史》卷四六《康福傳》，《新五代史》卷四〇《韓遜傳》作"李賓"。

　　③ ［校］福：此字原脫，據《靈州誌蹟》卷二《歷朝宦蹟誌第十三》補。

　　④ ［校］河西軍：原作"河西郡"，據《舊五代史》卷九一、《新五代史》卷四六《康福傳》改。《舊五代史》卷九一《康福傳》作"充朔方河西等軍節度"，《新五代史》卷四六《康福傳》作"朔方河西軍節度使"。

　　⑤ ［校］青岡峽：此同《新五代史》卷四六《康福傳》，《舊五代史》卷九一《康福傳》作"青崗峽"。

　　⑥ ［校］希崇："崇"字原脫，據《新五代史》卷四七《張希崇傳》、《寧夏府志》卷十二《職官‧宦蹟》補。

　　⑦ ［校］士：此字原脫，據《新五代史》卷四七《張希崇傳》補。

　　⑧ ［校］食：此同《靈州誌蹟》卷二《歷朝宦蹟誌第十三》，《寧夏府志》卷十二《職官‧宦蹟》此字後有"而省轉饋"四字。

　　⑨ ［校］義成節度使：《舊五代史》卷一二五《馮暉傳》作"滑州節度使"，《新五代史》卷四九《馮暉傳》作"義成軍節度使"，《弘治寧志》卷二《宦蹟》作"義成節度"。

　　⑩ ［校］億：此同《靈州誌蹟》卷二《歷朝宦蹟誌第十三》，《新五代史》卷四九《馮暉傳》、《寧夏府志》卷十二《職官‧宦蹟》均作"給"。

　　藥元福，① 并州晉陽人。晉開運中，為威州刺史。蕃酋拓跋彥超等攻靈州，詔以河陽節度馮暉鎮朔方，召關右兵進討，以元福將行營騎兵。元福與暉出威州土橋西，遇彥超兵七千餘，元福轉戰五十里，殺千級，② 擒三十餘人。朔方距威州七百里，無水草，號旱海，師須齎糧以行，至耀德食盡。彥超等眾數萬，③ 布為三陣，扼要路，據水泉，以待暉軍，軍中大懼。暉以玉帛求鮮和，④ 彥超許之。至日中，列陣如故。元福曰："彼知我軍飢渴，邀我於險，欲困我耳。遷延至暮，則吾黨成擒矣"。"彼雖眾而精兵絕少，依西山為陣者是也。"乃以麾下先擊西山兵，敵果潰，元福舉旗招，暉軍繼進，彥超大敗，橫尸蔽野。是夕，入清遠軍。明日，至靈州。元福入宋，為檢校太尉，鎮陝州。⑤

宋

　　馮繼業，字嗣宗，暉之子也。幼敏慧，有度量。以父任補朔方軍節度使，⑥ 暉卒，遂代其父，為朔方留後。以郊祀恩，加靈州大都督府長史。建隆初來朝，以駝馬寶器為獻。後拜靜難軍節度使。

　　王侁，秦州副將，帝遷之靈州。⑦ 與田仁朗等討李繼遷。⑧ 繼遷陷三族，仁朗次綏州，請益兵。帝聞三族已陷，竄仁朗商州。侁出銀州北，⑨

---

　　① ［校］藥元福：原作"葉元福"，據《舊五代史》卷八四《少帝紀》、《宋史》卷二五四《藥元福傳》及《靈州誌蹟》卷四《歷代邊防事蹟誌第十七》改。

　　② ［校］殺千級：此同《宋史》卷二五四《藥元福傳》，《舊五代史》卷八四《少帝紀》作"斬首千餘級"。

　　③ ［校］等：此字原脫，據《宋史》卷二五四《藥元福傳》、《寧夏府志》卷十二《職官·宦蹟》補。《宋史》卷二五四《藥元福傳》載，此次攻靈州者除三族酋長拓跋彥超外，還有石存、乜廝褒。

　　④ ［校］暉以玉帛求鮮和："玉帛"，《宋史》卷二五四《藥元福傳》作"金帛"。"鮮和"，《宋史》卷二五四《藥元福傳》、《寧夏府志》卷十二《職官·宦蹟》均作"和解"。

　　⑤ ［校］為檢校太尉鎮陝州：《宋史》卷二五四《藥元福傳》載，"加檢校太尉"與"移鎮陝州"之事發生在後周世宗時期，並非入宋之後。

　　⑥ ［校］節度使：《靈州誌蹟》卷二《歷朝宦蹟誌第十三》作"節院使"。

　　⑦ ［校］靈州：此同《靈州誌蹟》卷二《歷朝宦蹟誌第十三》，《朔方新志》卷二《內治·宦蹟》作"秦州"。

　　⑧ ［校］田仁朗：原作"田仁郎"，據《宋史》卷二七五《田仁朗傳》、卷四九一《党項傳》，《寧夏府志》卷十二《職官·宦蹟》改。下同。

　　⑨ ［校］銀州：原作"銀川"，據《宋史》卷二五七《李繼隆傳》、卷四九一《党項傳》，《寧夏府志》卷十二《職官·宦蹟》改。

破悉利諸族。① 麟州諸蕃皆請納馬贖罪，討繼遷。侁與所部兵入濁輪川，斬賊首五十級，② 繼遷遁去。郭守文復與尹憲擊鹽城諸蕃，焚千餘帳。由是銀、麟、夏三州蕃百二十五族內附，户萬八千餘。③

劉綜，字居正，虞鄉人。咸平中，夏人擾邊，詔以綜為轉運副使，時靈州孤危，獻言者或請棄之。綜力上言：“靈州民淳土沃，為邊陲巨屏，④ 所宜固守，以為扞蔽。”詔從其請。語詳《藝文》。⑤

董遵誨，涿州范陽人。領靈州路巡檢，豁達多方畧。在通遠軍凡十四年，⑥ 安撫一面，夏人悅服。嘗有剽掠進奉使兵器者，帳下欲討之。夏人懼，盡歸所畧，拜伏請罪。自是各謹封界，秋毫無犯。

段思恭，澤州晉城人。代馮繼業知靈州，太祖壯其往，賜窄衣、金帶、錢二百萬，仍以途涉諸部，令別齎金帛以遺之。思恭下車，矯繼業之失，綏撫夷落，訪求民病，悉奏免之。

侯贇，并州太原人。知靈州，按視蕃落，宴犒以時，得邊士心，部內大治。在朔方十餘年，上念久次，求可代者而難其人。卒，贈本衛上將軍。

安守忠，字信臣，并州晉陽人。初知靈州，在官七年，⑦ 繼徙夏州。每西戎犯邊，戰無不捷，録功就拜濮州團練使。

侯延廣，汾州平遥人。淳化二年，李繼遷始擾夏臺，命延廣知靈州，賜金帶名馬。會趙保忠陰結繼遷，朝廷命騎將李繼隆率兵問罪，以延廣護其軍。既而夏臺平，⑧ 趙保忠就縛。手詔褒美。延廣在靈州，部下嚴，人悅服，繼遷數辟其鋒。⑨ 監軍康贊元害其功，誣奏，詔還。至道間，繼遷寇靈州，朝廷謀帥。錢若水稱延廣再知靈州，兼兵馬都部署，獨引數十騎

---

①　[校] 諸族：原作“諸砦”，據《宋史》卷二五七《李繼龍傳》、卷四九一《党項傳》改。

②　[校] 五十：原作“五千”，據《宋史》卷四九一《党項傳》改。

③　[校] 户萬八千餘：《宋史》卷四九一《党項傳》作“萬六千一百八十九户”。

④　[校] 邊陲：《宋史》卷二七七《劉綜傳》作“西陲”。

⑤　參見《靈州誌蹟》卷三《藝文誌第十六上》載劉綜撰《靈州不可棄議》一文。

⑥　[校] 通遠軍：原作“懷遠軍”，據《宋史》卷二七三《董遵誨傳》改。

⑦　[校] 在官七年：此四字原在“繼徙夏州”四字後。《宋史》卷二七五《安守忠傳》載，安守忠“太平興國初，移知靈州，在官凡七年。雍熙二年，改知易州，徙夏州。”據改。

⑧　[校] 平：此字原脫，據《靈州誌蹟》卷二《歷朝宦蹟誌第十三》補。

⑨　[校] 數：《靈州誌蹟》卷二《歷朝宦蹟誌第十三》作“素”。

之鎮。戎人素服其威名，皆相率引避。

慕容德豐，字日新，太原人。淳化三年知延州，① 時侯延廣在靈武，或言其得虜情，倔強難制，命德豐代之，為四方館使兼都部署。時穀價踴貴，德豐出私廩賑飢民，全活者眾。②

李繼隆，上黨人。至道二年，白守宗、〔白〕守榮、馬紹忠等送糧靈州，③ 為繼遷所邀，敗浦洛河。④ 上聞之，怒，亟命繼隆為靈、環十州都部署，討繼遷。

王昭遠，益州成都人。⑤ 色黑，又名"鐵山"。至道中，李繼遷擾西鄙，絕靈武糧道，命昭遠為靈州路都部署，⑥ 護二十五州芻粟，虜不敢犯。

田紹斌，汾州人。靈州馬步軍部署，⑦ 入蕃討賊，斬首二千級，獲馬、羊、⑧ 駝二萬計，以給諸軍。

曹璨，字韜光，武惠王彬子。至道初，知靈州，徙河西鈐轄。⑨ 後以麟、府、濁輪副部署，出蕃兵邀繼遷，俘馘甚眾。

丁罕，潁州人。淳化五年，以容州觀察使領靈環路行營都部署，與繼遷戰，斬獲數萬。

郭密，貝州經城人。充靈州兵馬都部署。訓練士卒，號令嚴明，夏人畏服，邊境以寧。

鄭文寶，字仲賢。太宗時，授陝西轉運副使，前後自環慶部糧越旱海入靈武者十二次。曉達蕃情，習其語。經由部落，每宿酋長帳中，⑩ 其人或呼為父。⑪ 朝廷議城古威州，遣使訪文寶，言："威州在清遠軍西北八

① ［校］三年：原作"二年"，據《宋史》卷二五一《慕容德豐傳》改。
② ［校］者：原作"甚"，據《宋史》卷二五一《慕容德豐傳》改。
③ ［校］白守宗守榮馬紹忠等："白守宗守榮"、"等"，此六字原脫，據《宋史》卷二五七《李繼隆傳》補。
④ ［校］浦洛河：原作"洛浦河"，據《宋史》卷二五七《校勘記》［八］改。
⑤ ［校］益州成都：原作"冀州"，據《宋史》卷四七九《王昭遠傳》改。
⑥ ［校］靈州路：原作"靈武路"，據《弘治寧志》卷三《靈州守禦千戶所·宦蹟》、《寧夏府志》卷十二《職官·宦蹟》改。
⑦ ［校］軍部署：原作"都部署"，據《宋史》卷二八〇《田紹斌傳》改。
⑧ ［校］羊：原作"牛"，據《宋史》卷二八〇《田紹斌傳》改。
⑨ ［校］鈐轄："鈐"，原作"鈴"，據《靈州誌蹟》卷二《歷朝宦蹟誌第十三》改。
⑩ ［校］每：原作"或"，據《宋史》卷二七七《鄭文寶傳》改。
⑪ ［校］或：原作"每"，據《宋史》卷二七七《鄭文寶傳》改。

十里樂山之西。唐大中時，靈武朱叔明收長樂州，邠寧張君緒收六關，[①]即其地也。故壘未圮，[②] 水甘土沃，有良木薪秸之利，約葫蘆、臨洮二河，壓鳴沙、蕭關兩戍，東控五原，北固峽口，足以襟帶西涼、咽喉靈武，城之便。"

張凝，滄州無棣人。少有武畧，倜儻自任。咸平四年，代潘璘為邠寧環慶靈州路副都部署。時斥候數擾，轉運使劉綜懼飛輓不給，問計於凝，凝曰："今當深入，因敵資糧，不足慮也。"乃自白豹鎮率兵入敵境，生擒賊將，燒蕩三百餘帳、劫糧八萬，獲牛馬、甲器二萬，降九百餘人。

楊瓊，汾州西河人。至道初，改防禦使，靈慶路副都部署、[③] 河外都巡檢使。賊累寇疆，瓊守禦有功，敗賊於合河鎮北，擒獲甚多。導黃河，溉民田千頃，增戶口，益課利，時號富強。

潘羅支，六谷酋長。[④] 李繼和言其願戮力討夏，乃授〔潘羅支〕朔方節度。[⑤] 保吉陷西涼，羅支偽降，保吉受之不疑。羅支遽集六谷蕃部合擊之，保吉大敗，中流矢死。

明

沐英，定遠人。洪武十年，以征西副將軍從鄧愈出塞，渡黃河，耀兵崑崙。轉戰數千里，俘斬萬計。[⑥] 論功封西平侯。十三年，脫火赤犯順。英由靈武口渡黃河，歷賀蘭山，涉流沙，分為四翼。自以驍勇衝其中堅，[⑦] 啣枚夜薄其營，生擒脫火赤及知院愛足全部以歸。封黔寧王。卒，謚昭靖，配享廟庭。

---

①　[校] 邠寧：原作"郊寧"，據《宋史》卷二七七《鄭文寶傳》改。按：六關，即石門、驛藏、木峽、制勝、六盤、石峽六關，位於今寧夏固原市境內。

②　[校] 未：此字原脫，據《宋史》卷二七七《鄭文寶傳》補。

③　[校] 副都部署："都"後原衍"督"字，據《宋史》卷二八〇《楊瓊傳》刪。

④　[校] 六谷：原作"六合"，據《宋史》卷六《真宗本紀》、《宋史》卷四九二《吐蕃傳》改。下同。

⑤　《宋史》卷四九二《吐蕃傳》載，李繼和言其願戮力討夏是在咸平四年（1001），授潘羅支為朔方軍節度事在咸平六年（1003），《靈州誌蹟》與本志將二事連敘。

⑥　[校] 俘斬：原作"俘獲"，據《明史》卷一二六《鄧愈傳》改。

⑦　[校] 勇：《明史》卷一二六《沐英傳》作"騎"。

史昭，①直隸藁城人。以父敬功授寧夏，世襲指揮，遂家焉。累以軍功歷總兵。宣德元年，挂征西將軍印，鎮寧夏，所統官軍悉聽節制。虜也先脫干為患，昭出奇計擒之。昭用兵有紀律，料敵制勝，所向成功。家傳稱昭常出征，經大漠，人馬渴甚，昭潛心默禱，忽前有茅菴。訪之，見二尼僧，②隨所指引得甘泉如注，師用濟。旋踪蹟之，菴尼皆不復見，惟遺一包裹，內鐵燕一支，兵書一篋，自是謀畧益神。每行軍，則置鐵燕於帳前，以候風色，占驗動靜，毫髮無爽。於花馬池建築四步戰臺，至今尚存。壽八十三，卒於官。

史昭，合肥人。宣德七年，以征西將軍鎮寧夏。孛的達里麻犯邊，遣兵擊之，至潤台察罕，③俘獲甚眾。進都督同知。正統初，昭以寧夏孤懸河外，東抵綏德二千里，曠遠難守，請於花馬池築哨馬營，增設烽堠，直接哈剌兀速之境，④邊備大固。尋進右都督，居寧夏十二年，老成重慎，政舉兵修，邊境無事。

盧茂，成化間以都指揮守備靈州，驍勇兼人。到任之二日，敵以百騎來犯，茂單騎馳突之，俄敵漸眾，而茂兵亦至，奮呼一擊，斬其犯陣一將。餘遁去，數歲不敢近靈州邊。

---

　① ［校］史昭：原同《寧夏府志》卷十二《宦蹟》、《靈州誌蹟》卷二《歷朝宦蹟誌第十三》作"史劍"，據《明宣宗實錄》卷八八、《明史》卷一七四《史昭傳》改。下文"史鋪"條"劍姪孫"之"劍"，同改爲"昭"。按：文獻未載明朝寧夏總兵中有名"史劍"者。《明宣宗實錄》卷八八、《明史》卷一七四《史昭傳》均載，宣德七年（1432）任寧夏總兵者名"史昭"。自《弘治寧志》卷二《寧夏總鎮·宦蹟·國朝主將》始，"史昭"誤作"史劍"，且載其能以鐵燕子料勝負事，其後，本志及《嘉靖陝志》卷十九《全陝名宦·寧夏總兵》、《嘉靖寧志》卷二《寧夏總鎮·宦蹟·國朝主將》、《朔方新志》卷二《内治·宦蹟·寧夏總兵》、《寧夏府志》卷十二《宦蹟》、《靈州誌蹟》卷二《歷朝宦蹟誌第十三》等均襲《弘治寧志》之誤和所載能以鐵燕子料勝負事。下文合肥人史昭與本條疑爲同一人。

　② ［校］僧：此字原脫，據《寧夏府志》卷十二《職官·宦蹟》補。

　③ ［校］台：原作"臺"，據《明史》卷一七四《史昭傳》、《寧夏府志》卷十二《職官·宦蹟》改。

　④ ［校］兀：原作"九"，據《明史》卷一七四《史昭傳》、《寧夏府志》卷十二《職官·宦蹟》改。

　　王驥，字尚德，束鹿人。① 正統九年，② 命與都御史陳鎰巡邊。③ 初，寧夏備邊軍，半歲一更，後邊事亟，三年乃更，軍士日久疲罷，又益選軍餘防冬，④ 家有五六人在邊者，軍用重困。驥請歲一更，當代者以十月至，而代者留至來年正月乃遣歸，⑤ 邊備足而軍不勞。帝善其議，行之諸邊。卒年八十三，贈靖遠侯，謚忠毅。

　　秦紘，⑥ 字世纓，單人。弘治十四年秋，⑦ 寇大入花馬池，敗官軍孔壩溝。詔起紘戶部尚書兼右副都御史，⑧ 總制三邊。紘馳至，祭亡掩骼，奏録死事指揮朱鼎等五人，恤軍士戰沒者家。劾治敗將楊琳等四人罪，更易守將，練壯士，興屯田，申明號令，軍聲大振。又請於花馬池迤西至小鹽池二百里，築十堡以固邊防。又作戰車，名“全勝”，詔頒其式於諸邊。在事三年，四鎮晏然。卒，贈少保，謚襄毅。

　　史鏞，⑨ 昭姪孫。年十八世襲指揮同知，以功陞靈州參將。正德五年，⑩ 寘鐇反，鏞飛報陝西諸路兵，令集近地聲援。先率眾把守黃河要口，奪其船，使賊不得渡。於是諸軍繼進，賊遂平。

　　叢蘭，字廷秀，文登人。正德間以戶部右侍郎督理三邊軍餉，⑪ 後兼管固〔原〕、靖〔遠〕等處軍務。蘭上言：“靈州鹽課，請照例開中，招商糴糧。軍士折色，主者多尅減。乞選委隣近有司散給。”並從之。

---

　　① ［校］束鹿人：此三字原脫，據《寧夏府志》卷十二《職官·宦蹟》補。

　　② ［校］九年：此同《明史》卷一七一《王驥傳》，《弘治寧志》卷二、《嘉靖寧志》卷二《寧夏總鎮·宦蹟》均作“八年”。

　　③ ［校］陳鎰：原作“陳謚”，據《明史》卷一七一《王驥傳》、《寧夏府志》卷十二《職官·宦蹟》改。

　　④ ［校］餘：此字原脫，據《明史》卷一七一《王驥傳》、《寧夏府志》卷十二《職官·宦蹟》補。

　　⑤ ［校］正月：原作“十月”，據《明史》卷一七一《王驥傳》改。

　　⑥ ［校］秦紘：原作“秦綋”，據《明史》卷一七八《秦紘傳》改。下同。

　　⑦ ［校］弘治：原作“成化”，據《明史》卷一七八《秦紘傳》改。

　　⑧ ［校］兼右副都御史：此六字原脫，據《明史》卷一七八《秦紘傳》補。

　　⑨ ［校］史鏞：此同《明史》卷一七五《曹雄傳》，《明史》卷一一七《慶王栘傳》作“史墉”。

　　⑩ ［校］五年：原作“二年”，據《明史》卷十六《武宗本紀》、《明史》卷一一七《慶王栘傳》、《明史紀事本末》卷四四《寘鐇之叛》等改。

　　⑪ ［校］右：此字原脫，據《明史》卷一八五《叢蘭傳》補。

　　楊一清，丹徒人。弘治十五年，擢左副都御史，督理陝西馬政。會寇大入花馬池，詔命一清巡撫陝西。甫受事，寇已退。乃選精卒教演之。創平虜、紅古二城，以援固原。築垣瀕河以捍靖虜。又為三邊總制。安化王寘鐇反，①　一清部將仇鉞捕執之。一清馳至鎮，宣布德意，安撫士民，不貪其功，夏人德之。

　　王瓊，太原人。嘉靖七年，代王憲督理三邊軍務。時北寇常為邊患，明年，以數萬騎寇寧夏，已又犯靈州，瓊督遊擊梁震等邀斬七十餘人。②其秋，按行塞下，虜帳遠遁，耀兵而還。

　　劉天和，麻城人。嘉靖十五年，總制三邊軍務，倣前總督秦紘制雙輪車，③　練諸邊將士。吉囊陷花馬池塞，④　斬失守指揮二人。⑤　敵侵固原，東出乾溝，⑥　令任傑等襲其後，捕斬二百級。⑦　論功加太子太保、兵部尚書。又城鐵柱泉，扼北虜入寇之路，邊人賴之。

　　王崇古，字學甫，蒲州人。嘉靖四十三年，改右僉都御史，巡撫寧夏。崇古喜談兵，具知諸邊阨塞，⑧　修戰守，納降附，數出兵搗巢。故寇累殘他鎮，而寧夏獨完。隆慶初，代陳其學，進總督陝西、延〔綏〕、寧〔夏〕、甘肅軍務。崇古指畫地圖，分授諸大將趙岢、雷龍等。數有功。着力兔行牧河東，⑨　龍潛出興武，襲破其營，斬獲甚多。吉能犯邊，⑩　為防秋兵所過，移營白城子。龍等出花馬、長城關與戰，大敗之。崇古在陝七年，前後獲首功無算。卒，贈太保，諡襄毅。

　　李震，字刟泉，鎮番人。庠生，襲祖職協守寧夏。王崇古駐花馬池，

----

①　〔校〕寘鐇：“鐇”字原脫，據《靈州誌蹟》卷二《歷朝宦蹟誌第十三》補。

②　〔校〕七十：原作“七千”，據《明史》卷一九八《王瓊傳》、《寧夏府志》卷十二《職官·宦蹟》改。

③　〔校〕總督：“總”字原脫，據《明史》卷二○○《劉天和傳》補。

④　《明史》卷二○○《劉天和傳》載，吉囊於花馬池遭劉天和伏擊，潰敗而逃，未曾攻陷過花馬池城。

⑤　《明史》卷二○○《劉天和傳》載，斬指揮事發生在吉囊寇固原之時。

⑥　〔校〕東出乾溝：原作“東乾溝溝”，據《寧夏府志》卷十二《職官·宦蹟》改。

⑦　《明史》卷二○○《劉天和傳》載，任傑等所斬獲之數量爲四百四十餘級。

⑧　〔校〕阨：原作“扼”，據《明史》卷二二二《王崇古傳》改。

⑨　〔校〕着力兔：原作“著力兔”，據《明史》卷二二二《王崇古傳》改。

⑩　〔校〕吉能：原作“吉龍”，據《明史》卷二二二《王崇古傳》、《寧夏府志》卷十二《職官·宦蹟》改。參見《國朝獻徵錄》卷三九《王公崇古墓志銘》、《明穆宗實錄》卷三九“隆慶三年十一月戊寅”條。

知套虜有異謀，以輕騎三千屬震，為虜所覺，部分精銳逆戰，震劈其堅陣，突入帳中，所遇强壯盡殲之。白城子之捷，以震功為最。陞甘肅總兵，掛平羌將軍印，脩葺五郡磚城。

王效，延綏人。讀書能文辭，嫺韜畧。騎射絕人，中武會試。嘉靖十一年冬，充總兵官，代周尚文鎮寧夏。吉囊犯鎮遠關，效與梁震、鄭時、史經敗之栁門。[1]　追北蜂窩山，蹙溺之河，斬首百四十有奇。璽書獎賚。吉囊十萬騎復窺花馬池，效同震拒之不得入。虜趨固原，又趨青山峴，大掠安定、會寧。效移師還援，破之安定，再破之靈州，斬首百五十餘級。十五年，賊據芀苦灘、打磑口等地，[2]　效率副總兵馮大倫、[3]　任傑奮擊之，[4]　斬獲無算，賊乃遠遁。

黃正，慶陽人，靈州備御都司。[5]　真鏪作亂，潛謀赳日渡河。正先機歛奪船，屯兵據守，賊不敢動。先定預防之策，正實與有功焉。陞都督僉事。

張九德，字威仲，慈谿人，為河東兵備。時悍丁金白、張威等因調遣殺領官，九德聞變，即大書撫榜，前導安衆。密擒渠魁置之法，寧鎮以安。天啟二年，靈州河大決，九德建石堤禦河，歲省功役無算。秦渠常苦涸，[6]　漢渠常苦漲，[7]　九德築長垜以護秦，[8]　開蘆口以洩漢，計復燕田數百頃，號“張公堤”。歷任六年，以卓異擢巡撫去。先是，靈州有祠，祀楊一清及王瓊，自九德去任，鎮人奉而三之，更其額曰“三賢”。

靳桂香，靈州參將。明季無為教稱居士作亂，夜入城，殺河東道曹孟

---

①　［校］鄭時史經：《明史》卷二一一《王效傳》無此四字。

②　［校］打磑口：此同《嘉靖寧志》卷二《俘捷》，《明史》卷二一一《王效傳》作“打鎧口”。按：《嘉靖寧志》卷二《俘捷》載，芀苦灘之捷發生於嘉靖十五年（1536），打磑口之捷發生於嘉靖十六年（1537）。

③　［校］馮大倫：原作“馮大險”，據《嘉靖寧志》卷二《俘捷》改。

④　《嘉靖寧志》卷二《俘捷》載，芀苦灘之捷，“總兵官王效、副總兵任傑、遊擊將軍鄭時、參將史經會兵擊之，斬首九十餘級，虜乃遠遁。”打磑口之捷，“總兵官王效，副總兵任傑，遊擊鄭時、馮大倫會兵大破之，斬首百級以歸。”

⑤　［校］備御：原作“禦備”，據《寧夏府志》卷十二《職官·宦蹟》改。

⑥　［校］秦渠：此同《靈州誌蹟》卷二《歷朝宦蹟誌第十三》，《寧夏府志》卷十二《職官·宦蹟》作“秦家渠”。

⑦　［校］漢渠：此同《靈州誌蹟》卷二《歷朝宦蹟誌第十三》，《寧夏府志》卷十二《職官·宦蹟》作“漢家渠”。

⑧　［校］護：《靈州誌蹟》卷二《歷朝宦蹟誌第十三》作“獲”。

吉。時桂香已卸事，乃率眾守城門，使賊不得出，盡攻殺之。

國朝①

張公，諱瑞珍，字寶卿，安徽壽州進士。同治元年八月，知州事。公明敏多奇策。是時，平遠預望城把總馬兆元與金積堡馬化漋狼狽為奸，率眾圍州城，公與前任訥公穆棟額協同守禦。公慮城內回民之內應也，先由郡城東運大木一根，紅布包裹，稱係請來開花大炮置城上，口對回民叢居之處，朝夕禮拜，曰："若回民有變，當以大炮從事"。而城回惕惕然未敢蠢動。又於城上多集石土木板。一日見圍，賊佯作退勢。公曰："此必從地道攻入也。"急令於城外有民房之處，在城內對挖長溝，嵌以磁壜，使瞽者伏聽之，果有鍬鋤之聲。從南城外張姓宅內挖入，旋用火藥轟開城垣丈餘，石土木板齊下堵築，賊未得逞。自九月圍至十月，晝夜戒嚴，經寧夏道督隊來援，城圍始解。二年二月，公解任之省，州之人臥轍攀轅，如失怙恃，公謂當至省，面稟列憲，多派兵來以救一州百姓。奈當時賊氛四起，餉絀兵單，竟無一卒來援，致令是年十月，而州城即為之不守也。天實為之，謂之何哉？

周公，諱浩，字溶生，浙江會稽人。吏員出身。同治五年，署理花馬池州同。正值軍務倥傯，公辦理城防，勸捐富戶，率民日夜巡守，不辭勞瘁，錢項歸紳董經理，公只總其大成。八年二月初二日，陝回夜來攻城，已上北牆，公率紳民合晉直兩營制兵，極力撲打，傷賊甚眾，天明圍解。九年四月初九日，陝回陳阿洪率賊三千餘人前來攻打，至二十六日夜猛撲登城，公與卓勝軍綏君殿臣極力迎擊，賊始退去。是城二次保全者，公力居多，自此積勞病故。公為官清廉，身後蕭條，經公之弟赴寧郡告幫，蒙恤其忠，助送二千餘金，始得興櫬旋里。紳民至今感頌。

王公鎮墉，字協亭，湖南湘鄉人。同治十二年，知州事。秉性仁慈，與民同好惡。蓋靈州所賴以水利灌田者，惟秦渠而已。公當大難甫平之後，秦渠敗壞已極，公親詣工所，率作興事，晝巡工次，夜宿柴棚四十餘天，形瘦柴立，古所謂"溺猶己溺，飢猶己飢"者，我公其庶幾焉？并又將秦壩關公館舊址建立秦渠公所。每歲春工得有棲止，皆公力也。維時

---

① 《靈州志》補充記載了同治元年至光緒三十四年間（1862—1908）任職於靈州、花馬池的張瑞珍、周浩、王鎮墉、孫承弼、廖葆泰、陳必准、王式金7位清人事蹟。

陝甘督憲左以靈州漢回雜處，易啟釁端，分別安插，命公辦理，善後悉協機宜，為之親書"廉勤節愛"四字匾額以褒美之。去之日，州之人攀轅臥轍，如失怙恃，迄今追論，尚有為之流涕者。《詩》曰：[①]"樂只君子，民之父母。"公之謂歟！

孫公承弼，字玉田，漢軍正白旗人。光緒二年知州事。為政以興利除弊，重士親賢為務。公至之日，知舊有魁文書院，經賊蹂躪，於是議購朱姓舊宅，斟酌損益，更名靈文書院，以為培植人才之本。是年，秦晉苦旱，饑民多聚此就食。公捐廉籌賑，居以棲流所，按日給粥餅並施棉衣，饑民之賴以全活者甚眾。本年五月，州境蝗蝻擁聚，民情驚懼。公率同紳民極力撲捕，復齋戒沐浴，徒步虔禱，蝗蝻自去，禾稼無傷。後又收買蝻子四萬餘觔，盡其餘孽，費錢無算，竟以被讒去位。州人惜之，出城之日，紳民衣冠拜送，並製"急公好義"匾額，以志其感。嗣復回本任，公益勤求治理，乃以盡心民瘼，精力過勞，旋於十三年一疾不起。傷哉！州人稟請修建專祠，未奉批准。

廖公葆泰，字寅階，雲南石屏人。光緒二十一年，河湟變亂，適公署狄道，吏目、督憲聞公知兵，飭募葆字馬隊以勦賊。洊保授靈州知州。光緒二十九年蒞任時，黃水溢漲，秦渠自峽口至減水閘三十餘里，一片汪洋，沿堤冲壞。公焦慮萬狀。乃先作秋工，饒灌冬水，為來年播種地步，旋傳集紳民議作明年春工。公慮工大費繁，民力艱難，先向董星五宮保假銀萬兩，採辦工料，并預派收柴總理，在沿河各工所催收柴束。明年屆期興工，公茅次工所，躬親督率，沐雨櫛風，四十餘天，鬚髮為之半白。是役也，攤派民間料錢二萬餘緡，民夫三千有奇，柴數十萬束，月餘竣事，民賴安全。公善政綦多，此尤其最大者。公晚年猶喜武事，持砲命中，十不失一。好馳馬往來，馳驟顧盼，自雄曰："時事多艱，聊習此，以待上之驅策耳。"乙巳冬，[②]以疾辭任，旋調署河州。丁未冬，[③]仍回本任。戊申正月，[④]竟以積勞一疾不起，州人哀之。

陳公必淮，字三洲，湖南巴陵人。先從事西寧總兵鄧景亭軍門幕府。

---

① 參見《詩經·小雅·南山有臺》。

② 乙巳：清德宗載湉光緒三十一年（1905）。

③ 丁未：光緒三十三年（1907）。

④ 戊申：光緒三十四年（1908）。

光緒二十一年，戡定湟亂，公贊襄之力居多。二十七年，皇上由陝回鑾，公充護蹕各軍營務處。三十一年冬，權知州事。公為政以培養元氣、除暴安良為務。先是州屬賭盜最盛，民力艱難，公力為嚴禁，令各安耕種并教樹桑種棉，以為自強致富之源。州屬漢回雜處，向若仇讎，公遇事開導，不偏不倚，近嫌隙漸泯，且願有通婚姻者。州處邊徼向多搶親忤逆等事，公謂此乃官之教化不先，深自引責，勸懲兼施，罔敢再犯。州轄地數百里，公不時巡閱，遇有詞訟，隨處判剖，時人引為召伯甘棠聽政之比。公外柔內剛，平日周歷鄉村，詢問疾苦，刺刺不休。一涉詞訟，則即毅然曰此非談論公事之地也，以故人樂親而不敢肆。庚子以後，① 朝廷銳意維新，詔立學堂、巡警、就地籌款。公念靈民瘠苦，首禁攤派，惟整頓舊有款項，并酌收磁窰、石溝炭稅、橫城羊稅。於城內吳忠堡設立巡警兩處，將舊有靈文書院改為高等小學堂，增建齋舍，招生開學，是為吾靈開辦學堂、巡警之始。丙午冬，② 公觧任回省。戊申二月，③ 蒙省憲俯念靈事維艱，仍命公重守斯土。公至之日，知秦渠敗壞狀，即進紳民而謂之曰："秦渠為吾民衣食所出，秦渠不修，民生何賴？" 公乃選派紳董計工估料，並稟假萬金，率作興事。工竣後，水小不能上渠，民情惶迫。公沿河相度，見東河可以決水灌渠，旋築埧，塞河決口引水。故是年寧靈漢渠及河西各渠皆苦無水，而秦渠獨無缺水憂者，皆公力也。馬萬太，大盜也。二十七年，由山西張家口聚眾，擁入甘境，經寧夏，官軍擊散漏網，去年仍來吳忠堡結盟拜會，人莫敢捕。公購線拿獲正法，并擒治黨羽數人。自是賊匪斂蹟。州屬東山地曠人稀，為州人羊圈所在，賊人徃來宰食，率以為常，非從賊也，距官遠而不敢抗也。自經公嚴辦後，東山民人始得安枕。為之製 "官清民自安" 碑額，以紀其事。公自再任，求治益切，遇民間有疾苦事，輒為之廢寢忘餐，尤善於聽訟。人有譽之者曰："聽訟何奇，惟無訟為難耳。" 嗚呼！此亦可覘公之所志矣。公嘗謂："兩度靈州，與靈民有緣，倘不能為民計久遠之安，非獨負我靈民，且大負我上憲也。" 噫！斯言也，非仁人君子之用心，曷至此？但祝久於其位，福我靈民，是則億兆蒼生所馨香而默禱者耳。

---

① 庚子：光緒二十六年（1900）。
② 丙午：光緒三十二年（1906）。
③ 戊申：光緒三十四年（1908）。

　　王公式金，字度如，蘭州皋蘭人。中乙酉科舉人。① 光緒二十二年授靈州學正。時大難之後，人不知學，公主講書院，訓迪愍懃，文風大振。士人至今感之。

---

① 乙酉：光緒十一年（1885）。

參考文獻

一　古代文獻

（一）陝甘寧舊志

《陝西通志》：（清）賈漢復、李楷等纂，中國國家圖書館藏清康熙六至七年（1667 至 1668）刻本。簡稱《康熙陝志》。

《甘肅通志》：（清）許容等修撰，中國國家圖書館藏乾隆元年（1736）刻本。簡稱《乾隆甘志》。

《寧夏志》：（明）朱栴撰，日本國立國會圖書館藏明萬曆二十九年（1601）重刻本；寧夏人民出版社 1996 年版吳忠禮箋證本；中國社會科學出版社 2015 年版胡玉冰、孫瑜校注本。簡稱《正統寧志》。

《弘治寧夏新志》：（明）胡汝礪撰，《天一閣藏明代方志選刊續編》影印明朝弘治刻本，上海書店 1990 年版；寧夏人民出版社 2010 年版范宗興整理本；中國社會科學出版社 2015 年版胡玉冰、曹陽校注本。簡稱《弘治寧志》。

《嘉靖寧夏新志》：（明）管律等修，《天一閣藏明代方志選刊》影印明嘉靖刻本，上海古籍書店 1961 年版；寧夏人民出版社 1982 年版陳明猷校勘本；中國社會科學出版社 2015 年版邵敏校注本。簡稱《嘉靖寧志》。

《萬曆朔方新志》：（明）楊壽等編，《故宮珍本叢刊》影印明萬曆刻本，海南出版社 2001 年版；中國社會科學出版社 2015 年版胡玉冰校注本。簡稱《朔方新志》。

《銀川小志》：（清）汪繹辰纂，南京圖書館藏乾隆二十年（1755）稿本；寧夏人民出版社 2000 年版張鍾和、許懷然整理本；中國社會科學出版社 2015 年版柳玉宏校注本。

《寧夏府志》：中國國家圖書館藏乾隆四十五年（1780）刻本；寧夏人民

出版社 1992 年版陳明猷整理本；中國社會科學出版社 2015 年版胡玉
　　冰、韓超校注本。

《嘉慶靈州誌蹟》：（清）楊芳燦監修，郭楷纂修，中國國家圖書館藏嘉慶
　　四年（1799）刻本；寧夏人民出版社 1996 年版張建華、蘇昀校注本。

《靈州志》：中國國家圖書館藏光緒三十四年（1908）抄本。

　　（二）經部

《尚書正義》：（漢）孔安國傳，（唐）孔穎達等正義，北京大學出版社
　　2000 年版。

《毛詩正義》：（漢）毛亨傳、鄭玄箋，（唐）孔穎達等正義，北京大學出
　　版社 2000 年版。

《周禮注疏》：（漢）鄭玄注，（唐）賈公彥疏，北京大學出版社 2000
　　年版。

　　（三）史部

《史記》：（漢）司馬遷撰，中華書局 2013 年版。

《漢書》：（漢）班固撰，中華書局 1962 年版。

《後漢書》：（南朝宋）范曄撰，中華書局 1965 年版。

《晉書》：（唐）房玄齡等撰，中華書局 1974 年版。

《魏書》：（北齊）魏收撰，中華書局 1974 年版。

《隋書》：（唐）魏徵等撰，中華書局 1973 年版。

《北史》：（唐）李延壽撰，中華書局 1974 年版。

《舊唐書》：（後晉）劉昫等撰，中華書局 1975 年版。

《新唐書》：（宋）歐陽修、宋祁撰，中華書局 1975 年版。

《舊五代史》：（宋）薛居正等撰，中華書局 1976 年版。

《新五代史》：（宋）歐陽修撰，徐無黨注，中華書局 1974 年版。

《宋史》：（元）脫脫等撰，影印文淵閣《四庫全書》本，（臺北）商務印
　　書館 1986 年版；中華書局 1977 年版。

《遼史》：（元）脫脫等撰，中華書局 1974 年版。

《金史》：（元）脫脫等撰，中華書局 1975 年版。

《元史》：（明）宋濂等撰，中華書局 1976 年版。

《明史》：（清）張廷玉等撰，中華書局 1974 年版。

《資治通鑒》：（宋）司馬光編著，中華書局 1956 年版。

《續資治通鑒長編》：（宋）李燾撰，中華書局 2004 年第 2 版。簡稱《長編》。

《通鑒紀事本末》：（宋）袁樞撰，中華書局 1965 年版。

《東觀漢記》：（漢）劉珍等撰，吳樹平校注，中州古籍出版社 1987 年版。

《東都事略》：（宋）王稱撰，影印文淵閣《四庫全書》本，（臺北）商務印書館 1986 年版。

《明清歷科進士題名碑錄》：（清）李周望撰，影印美國夏威夷大學藏清刻本，（臺北）華文書局 1969 年版。

《元和郡縣圖志》：（唐）李吉甫撰，賀次君點校，中華書局 1983 年版。

《太平寰宇記》：（宋）樂史撰，王文楚等點校，中華書局 2007 年版。

《輿地廣記》：（宋）歐陽忞撰，李勇先、王小紅校注，四川大學出版社 2003 年版。

《大明一統志》：（明）李賢等撰，影印明天順監刻本，三秦出版社 1990 年版。

《大清一統志》：影印文淵閣《四庫全書》本，（臺北）商務印書館 1986 年版。

《嘉慶重修一統志》：（清）穆彰阿、潘錫恩等纂修，《續修四庫全書》影印《四部叢刊續編》本，上海古籍出版社 2002 年版。

《水經注集釋訂訛》：（清）沈炳巽撰，影印文淵閣《四庫全書》本，（臺北）商務印書館 1986 年版。

《括地志》：（唐）李泰等著，賀次君輯校，中華書局 1980 年版。

《通典》：（唐）杜佑撰，王文錦等點校，中華書局 1988 年版。

《五代會要》：（宋）王溥撰，影印文淵閣《四庫全書》本，（臺北）商務印書館 1986 年版。

《明會典》：（明）李東陽等修，影印文淵閣《四庫全書》本，（臺北）商務印書館 1986 年版。

《清朝文獻通考》：浙江古籍出版社 1988 年版。

（四）子部

《武經總要》：（宋）曾公亮、丁度等奉敕撰，影印文淵閣《四庫全書》本，（臺北）商務印書館 1986 年版。

《東原録》：（宋）龔鼎臣撰，《叢書集成初編》據《藝海珠塵》本排印，
　　中華書局 1985 年版。

《新校正夢溪筆談》：（宋）沈括撰，胡道靜校注，中華書局 1957 年版。

《東坡志林》：（宋）蘇軾著，劉文忠評註，中華書局 2007 年版。

《太平御覽》：（宋）李昉等修撰，夏劍欽等校點，河北教育出版社 1994
　　年版。

《冊府元龜》：（宋）王欽若等撰，中華書局 1960 年版。

《玉海》：（宋）王應麟撰，江蘇古籍出版社、上海書店 1987 年版。

《南村輟耕録》：（元）陶宗儀撰，中華書局 1980 年版。

（五） 集部

《李遐叔文集》：（唐）李華撰，影印文淵閣《四庫全書》本，（臺北）商
　　務印書館 1986 年版。

《吕衡州集》：（唐）吕温撰，影印文淵閣《四庫全書》本，（臺北）商務
　　印書館 1986 年版。

《白居易詩集校注》：（唐）白居易撰，謝思煒校注，中華書局 2006 年版。

《畫墁集》：（宋）張舜民撰，清知不足齋刻本。

《道園學古録》：（元）虞集撰，《四部叢刊初編》影印明景泰覆元小字
　　本，商務印書館 1929 年版。

《趙時春文集校箋》：（明）趙時春撰，趙志強整理，天津古籍出版社
　　2012 年版。

《文苑英華》：（宋）李昉等編，中華書局 1966 年版。

《唐文粹》：（宋）姚鉉編，影印文淵閣《四庫全書》本，（臺北）商務印
　　書館 1986 年版。

《唐百家詩選》：舊題（宋）王安石編，影印《四庫全書》本，（臺北）
　　商務印書館 1986 年版。

《樂府詩集》：（宋）郭茂倩編撰，中華書局 1979 年版。

《詩人玉屑》：（宋）魏慶之編，影印文淵閣《四庫全書》本，（臺北）商
　　務印書館 1986 年版。

《三體唐詩》：（宋）周弼編，影印文淵閣《四庫全書》本，（臺北）商務
　　印書館 1986 年版。

《唐詩鏡》：（明）陸時雍輯，影印文淵閣《四庫全書》本，（臺北）商務

印書館 1986 年版。

《古今詩刪》：（明）李攀龍編，影印文淵閣《四庫全書》本，（臺北）商務印書館 1986 年版。

《唐詩品彙》：（明）高棅編選，影印明朝汪宗尼校訂本，上海古籍出版社 1982 年；影印文淵閣《四庫全書》本，（臺北）商務印書館 1986 年版。

《石倉歷代詩選》：（明）曹學佺編，影印文淵閣《四庫全書》本，（臺北）商務印書館 1986 年版。

《全唐詩》（增訂本）：中華書局編輯部點校，中華書局 1991 年版。

《四六法海》：（明）王志堅編，影印文淵閣《四庫全書》本，（臺北）商務印書館 1986 年版。

《唐詩紀事》：（宋）計有功編，影印文淵閣《四庫全書》本，（臺北）商務印書館 1986 年版。

《苕溪漁隱叢話》：（宋）胡仔纂集，廖德明校點，人民文學出版社 1962 年版。

《瀛奎律髓》：（元）方回撰，影印文淵閣《四庫全書》本，（臺北）商務印書館 1986 年版。

二　現當代文獻

（一）著作

《中國地方志聯合目錄》：中國科學院北京天文臺編，中華書局 1985 年版。

《中國地方志總目提要》：金恩暉、胡述兆編，（臺北）漢美圖書有限公司 1996 年版。

《甘肅省圖書館藏地方志目錄》：甘肅省圖書館編，蘭州大學出版社 1996 年版。

《寧夏方志述略》：高樹榆等編著，吉林省圖書館學會 1985 年內部發行。

《明清進士題名碑錄索引》：朱保炯、謝沛霖，上海古籍出版社 1989 年版。

《中國恒星觀測史》：潘鼐，學林出版社 1989 年版。

《寧夏歷史地理考》：魯人勇等編著，寧夏人民出版社 1993 年版。

《燉煌天文曆法文獻輯校》：鄧文寬編，江蘇古籍出版社 1996 年版。

《傳統典籍中漢文西夏文獻研究》：胡玉冰著，中國社會科學出版社 2007
　　年版。

《寧夏歷代碑刻集》：銀川美術館編，寧夏人民出版社 2007 年版。

《寧夏歷史地理變遷》：吳忠禮、魯人勇、吳曉紅著，寧夏人民出版社
　　2008 年版。

《方志與寧夏》：范宗興等著，寧夏人民出版社 2008 年版。

《寧夏地方志研究》：胡玉冰著，中國社會科學出版社 2012 年版。

（二）論文

《築"三受降城"時間考》：方曉撰，《理論學習》1984 年第 6 期。

《〈靈州誌蹟〉的史料價值》：白述禮撰，《寧夏社會科學》1985 年第
　　1 期。

《淺談〈靈州誌蹟〉的作者和版本》：白述禮撰，《寧夏圖書館通訊》
　　1985 年第 3 期。

《〈靈州誌蹟〉評析》：白述禮撰，載高樹榆等編《寧夏方志述略》，吉林
　　圖書館學會 1985 年內部發行。

《寧夏方志考》：高樹榆撰，《寧夏圖書館通訊》1980 年第 1 期。

《寧夏方志錄》：高樹榆撰，《寧夏史志研究》1988 年第 2 期。

《寧夏方志評述》：高樹榆撰，《圖書館理論與實踐》1993 年第 3 期。

《寧夏回族自治區地方志述評》：高樹榆撰，載金恩暉、胡述兆編《中國
　　地方志總目提要》，漢美圖書有限公司 1996 年版。

《三受降城修築時間考》：王亞勇撰，《內蒙古師範大學學報》1988 年第
　　3 期。

《元潘昂霄〈河源志〉名稱考實》：雪子撰，《中國歷史地理論叢》1989
　　年第 2 期。

《靈武舊志書評價》：陳永中撰，《寧夏史志研究》1994 年第 6 期。

《靈州"三賢祠"——〈乾隆寧夏府志〉、〈靈州誌蹟〉、〈朔方道志〉校
　　勘三則》：陳永中撰，《寧夏文史》第 21 輯（2005 年），寧夏文史研究
　　館編。

《〈嘉慶靈州誌蹟〉考》：劉海晏撰，《寧夏史志研究》2001 年第 2 期。

《寧夏靈武市古文獻考述》：馬佳撰，寧夏大學漢語言文學專業 2007 屆碩
　　士研究生畢業論文（胡玉冰教授指導）。